嵩嵩 BOOKS

曾國藩家書

〔清〕曾国藩 著

若水古社 注

广陵书社
江苏·扬州

图书在版编目（CIP）数据

曾国藩家书 / (清) 曾国藩著 ; 若水古社注. -- 扬州 : 广陵书社, 2022.2
ISBN 978-7-5554-1800-9

Ⅰ. ①曾… Ⅱ. ①曾… ②若… Ⅲ. ①曾国藩（1811-1872）—书信集 Ⅳ. ①K827=52

中国版本图书馆CIP数据核字(2021)第264496号

书　　名　曾国藩家书
著　　者　〔清〕曾国藩 著　若水古社 注
责任编辑　胡　珍

出版发行　广陵书社
扬州市四望亭路2-4号　邮编　225001
（0514）85228081（总编办）　85228088（发行部）
http://www.yzglpub.com　E-mail:yzglss@163.com

印刷装订　北京盛通印刷股份有限公司

开　　本　880毫米×1230毫米　1/32
印　　张　20
字　　数　400千字
版　　次　2022年2月第1版
印　　次　2022年2月第1次印刷
标准书号　ISBN 978-7-5554-1800-9
定　　价　88.00元

出版说明

一、此次出版的《曾国藩家书》为简体、横排、标点本。以二十世纪三十年代上海世界书局印行的仿古字版《曾文正公家书》为底本，同时参考近年来学术界对曾国藩的最新研究成果，编辑整理而成。

二、本书包括《禀祖父母》《禀父母》《禀叔父母》《致诸弟》《与二子书》等五部分。

三、原书中的夹注、旁注予以保留，在编排上采用与正文不同的字体、字号加以区别，以便于读者阅读、理解。

四、此次编辑出版以忠于原作为原则，对有据可查的疏漏错误进行了校勘订正，对不可考据的疑问则遵照原文收录。对难以理解的字词典故、典章制度等文史知识做了精练注解，对信中涉及的人物、地名做了简要介绍，对生僻字做了注音。

前言

梁启超曾说:“曾文正者,岂惟近代,盖有史以来不一二睹之大人也已;岂惟中国,抑全世界不一二睹之大人也已。”

曾国藩(1811—1872),字伯涵,号涤生,是中国历史上最有影响的人物之一,也被称为“中国封建社会的最后一尊偶像”。他的人生、他的智慧和思想,以及他的人格修炼,深深影响了近现代乃至当代中国人。

曾国藩二十八岁中进士,授翰林院庶吉士,散馆后授检讨,之后在京十年七迁,连升十级,先后任四川乡试正考官、翰林院侍讲学士、内阁学士、礼部右侍郎,历署兵、工、刑、吏等部侍郎;四十三岁,组建湘军;五十岁,出任两江总督;五十四岁,平复天京叛乱,受封一等伯爵;五十五岁,创建江南制造总局;六十岁,处理天津教案;六十二岁,提出在美国设立“中国留学生事务所”……被誉为“一代通才”“千古第一完人”。

然而,这样一位侍奉了道光、咸丰、同治三代君王,历时三十四年恩宠不衰、德高望重的官场大人,对自己、对家人却极其严格自律。曾国藩自为官之初便勤通家书,虽然他本人著述流传下来的并不多,但是仅一部皇皇家书(以及一部《求阙斋日记》），便记录了他一生的心路历程，包括修身、齐家、治学、交友、用人、从政等在每个人生关口思索与自省的细节，足以体现他的学识、造诣、智慧和修养。

曾国藩对于家人、兄弟、子女的叮嘱和教诲是巨细靡遗的，大到汇报家国大事、嘱托家人“持盈保泰”的人生哲理，小到药方、食谱、教子习字的笔画、笔法，无一不娓娓道来。

《左传》云：“太上有立德，其次有立功，其次有立言。虽久不废，此之谓不朽。”曾国藩以他的执着、克己、勤勉、远见，成就了一生不朽的功德。他留下的《曾文正公家书》，成为伟人毛泽东的“咏芝珍藏”。蒋介石也曾说：“曾文正家书及书札，为任何政治家所必读。”梁启超更推崇他的著作，称“吾谓曾文正集，不可不日三复也”。

曾国藩在家书中曾提及成事准则：“凡人作一事，便须全副精神注在此一事，首尾不懈，不可见异思迁。”这简单朴素的一句话，也值得我们在今天甚嚣尘上的名利欲望之世界中深思。

人物简介

祖父，曾玉屏（1774—1849）

号星冈，是对曾国藩一生影响最大的人。曾国藩曾形容祖父“声如洪钟，见者惮慑，而温良博爱，物无不尽之情”。曾玉屏年少失学，游手好闲，被村中长辈讥笑，他闻之自责不已，卖掉骑行的马匹，从此徒步而行，日出而作，勤俭务农，家族也越来越兴旺。他对子孙要求严格，修建祖祠、讲求礼仪、敬老扶贫。他教导家人不信巫医僧徒，要求子女好学不倦，希望他们能够成为有学问、有修养的人才。他订立的四字家训“书、蔬、鱼、猪”，被曾国藩继承和发扬。曾玉屏逝世于道光二十九年，享年七十六岁。

祖母，王氏（1767—1846）

“孝恭雍穆，娣姒钦其所为，自酒浆缝纫以至礼宾承祭，经纪百端，曲有仪法。”王氏到老年仍亲自检点家政，勤俭持家，对晚辈慈爱宽厚。王氏逝世于道光二十六年，享年八十岁。

父亲，曾麟书（1790—1857）

字竹亭，一生困于科场。曾麟书自幼接受父亲的严格要求，父亲指望他通过读书获取功名，但他天资愚钝，平生虽勤于学，考过十次童试，但都名落孙山，直到四十三岁第十七次参加乡试才考中生员，成为曾氏家族几百年来第一个秀才，但已仕途无望。曾麟书教子有方，重视家庭教育，创办了家塾“利见斋”，教导子女勤勉苦读，不重在求速成效，而在于“教之有常，自然有效，学之有心，业必有成”。

母亲，江氏（1785—1852）

“湘乡处士沛霖公女，来嫔曾门，事舅姑四十余年，饎爨必躬，在视必恪，宾祭之仪，百方检饬。”江氏拥有中国传统女性的许多优秀品德。勤劳淑德，操持家务克勤克俭，所生五男四女，“尺布寸缕，皆一手拮据”。她受家学影响，粗识文字，谨守曾门家训。曾国藩的父亲常以“人众家贫为虑”，江氏或以自强之言勉之，或谐语以劝解。她常对丈夫说：“（吾家子女虽多，但）某业读，某业耕，某业工贾。吾劳于内，诸儿劳于外，岂忧贫哉？”江氏逝世于咸丰二年。

叔父，曾骥云（1807—1860）

号高轩，无子，抚曾国华为嗣。曾骥云一生不得功名，在家乡主持家族事务。

四弟，曾国潢（1820—1886）

原名国英，字澄侯，族中排行第四。捐监生出身。他比长兄曾国藩小九岁。长兄在外读书做官，他担负起教导其他几个弟弟、帮父亲料理家务的责任。曾国潢天资平庸，仕途不顺，于是在家协助父亲、叔父打理家族事务、教育幼弟、建祠修房。太平天国运动爆发后，他曾协办团练，配合清政府镇压太平军。

六弟，曾国华（1822—1858）

字温甫，族中排行第六，从小过继给叔父为子，科考只中监生。咸丰五年，湘军被困江西，曾国华“倍道走武昌，乞师以拯兄难”，攻克咸宁等六县。曾国藩曾说：“使吾有生还之日，温甫力也。”咸丰八年十月，曾国华战死三河镇，清政府加赠他为太常寺卿、追赠通议大夫，入祀京师昭忠祠。

九弟，曾国荃（1824—1890）

字沅浦（甫），号叔淳，又名子植，族中排行第九。曾国荃比曾国藩小十三岁，史载“少年奇气，倜傥不群”。咸丰二年，他考取优贡，之后协助曾国藩对太平军作战，攻破天京。曾国荃对清政府可谓功不可没，对曾国藩的帮助在诸弟中也最大。曾国荃以破城有功加太子少保衔，封一等伯爵。后历任陕西、山西巡抚，两广总督，光绪十年任礼部尚书、两江总督兼通商事务大臣，光绪十五年加太子太保衔，翌年卒于位，谥“忠襄”。

季弟，曾国葆（1829—1862）

字季洪，又字事恒，是曾国藩五兄弟中最年幼者。曾国葆自幼体弱，读书却很用功。咸丰三年，曾国葆协助兄长对太平军作战。咸丰十一年，与曾国荃合围安庆，其后随曾国荃围攻天京，病死军营。清政府追赠他为内阁学士，谥“靖毅”。

长子，曾纪泽（1839—1890）

字劼刚，号梦瞻，晚清著名外交家。曾纪泽自幼接受严格教育，通经史、工诗文、精算术。及长，因受洋务运动影响，研究西方科学文化，是一个秉承“经世致用”新思维的知识分子，有“学贯中西”之誉。他曾担任清政府驻英、法公使，力图促进清政府外交政策的改革。1880 年，曾纪泽兼任驻俄公使，赴莫斯科与俄国谈判。通过他锲而不舍的据理力争，双方最终签署了《中俄伊犁条约》（也就是俗称的《中俄改订条约》）。清政府以多付四百万卢布的代价，收回了伊犁九城的主权，换回了两万多平方公里的领土。

次子，曾纪鸿（1848—1881）

字栗诚，数学家。曾纪鸿不热衷仕途而酷爱数学，并通天文、地理、舆图诸学。他主张学习西方，认为中国历史悠久，数学已渐近失传，而近三百年来，西方各国反能推阐古法，翻陈出新。这促使他学习西方语言文字，细心研究西方代数学，并对瑞士数学家欧拉的方法加以改进，最终推导出圆周率小数点后一百位的数字。有《对数详解》《圜率考真图解》《粟布演草》等数学专著传世。三十四岁即英年早逝。

目　录

禀祖父母

禀父母

禀叔父母

致诸弟

与二子书

禀祖父母

禀祖父·请救济族人

祖父大人万福金安：

四月十一日由折差发第六号家信，十六日折弁又到。孙男等平安如常，孙妇亦起居维慎，曾孙数日内添吃粥一顿，因母乳日少，饭食难喂，每日两饭一粥。

今年散馆，湖南三人皆留，全单内共留五十二人，仅三人改部属，三人改知县。翰林衙门现已多至百四五十人，可谓极盛。琦善已于十四日押解到京，奉上谕派亲王三人、郡王一人、军机大臣、大学士、六部尚书会同审讯，现未定案。梅霖生同年因去岁咳嗽未愈，日内颇患咯血。同乡各京官宅皆如故。

澄侯弟三月初四在县城发信已经收到，正月二十五信至今未接，兰姊以何时分娩？是男是女？伏望下次示知。

楚善八叔事，不知去冬是何光景？如绝无解危之处，则二伯祖母将穷迫难堪，竟希公之后人将见笑于乡里矣。孙国藩去冬已写信求东阳叔祖兄弟，不知有补益否？此事全求祖父大人作主。如能救焚拯溺，何难嘘枯回生[1]！

---

1 嘘枯回生：枯了的吹气使其生长，生长着的吹气使其枯干。

伏念祖父平日积德累仁，救难济急，孙所知者已难指数。如廖品一之孤、上莲叔之妻、彭定五之子、福益叔祖之母及小罗巷、樟树堂各庵，皆代为筹画，曲加矜恤。凡他人所束手无策、计无复之者，得祖父善为调停，旋乾转坤，无不立即解危，而况楚善八叔同胞之亲、万难之时乎？孙因念及家事，四千里外杳无消息，不知同堂诸叔目前光景。又念家中此时亦甚艰窘，辄敢冒昧饶舌，伏求祖父大人宽宥无知之罪。楚善叔事如有说法之处，望详细寄信来京。

兹逢折便，敬禀一二。即跪叩祖母大人万福金安。

道光二十一年辛丑四月十七日

禀祖父·告一家病况及同乡病故事

孙男国藩跪禀祖父大人万福金安：

五月十八日孙在京发第八号家信，内有六弟文二篇，广东事抄报一纸，本年殿试朝考单一纸，寄四弟、六弟新旧信二封，绢写格言一幅，孙国荃寄呈文四篇、诗十首、字一纸，呈堂上禀三纸，寄四弟信一封，不审已收到否？六月初五日接家信一封，系四弟四月初十日在省城发，得悉一切，不胜欣慰。

孙国藩日内身体平安。国荃于二十三日微受暑热，服药一帖，次日即愈；初三日复患腹泻，服药二帖即愈。曾孙甲三于二十三日腹泻不止，比请郑小珊诊治，次日添请吴竹如，皆云系脾虚而兼受暑气，三日内服药六帖，亦无大效。二十六日添请本京王医，专服凉药，渐次平复。初一、二两日未吃药，刻下病已全好，惟脾元尚亏，体尚未复。孙等自知细心调理，观其行走如常，饮食如常，不吃药即可复体，堂上不必挂念。家孙妇身体亦好，婢仆如旧。

同乡梅霖生病于五月中旬日日加重，十八日上床，二十五日子时仙逝。胡云阁先生亦同日同时同刻仙逝。梅霖生身后一切事宜，系陈岱云、黎月乔与孙三人料理。戊戌同年赙仪[1]共五百两，吴甄甫夫子戊戌总裁进京，赙赠百两，将来一概共可张罗千余金。计京中用费及灵柩回南途费不过用四百金，其余尚可周恤遗孤。

自五月下旬以至六月初，诸事殷繁，荃孙亦未得读书。六弟前寄文来京，尚有三篇孙未暇改。广东事已成功，由军功升官及戴花翎[2]、蓝翎[3]者共二百余人。将上谕抄回前半节，其后半载升官人名未及全抄。

昨接家信，始知楚善八叔竹山湾田于去冬归祖父大人承买，八叔之家稍安，而我家更窘迫，不知祖父如何调停？去冬今年如何说法？望于家信内详示。

孙等在京别无生计，大约冬初即须借账，不能备仰事之资寄回，不胜愧悚。吴春冈分发浙江，告假由江南回家，七月初

1 赙仪（fù yí）：给办丧事的人家送的礼。

2 花翎：五品以上官员佩戴。

3 蓝翎：六品以下官员佩戴。

起程。余容续禀。即禀祖父、祖母大人万福金安。孙跪禀。

道光二十一年六月初七日

禀祖父·告在京中窘状及孙妇等病情

孙男国藩跪禀祖父大人万福金安：

六月初七日发家信第九号，二十九日早接丹阁十叔信，系正月二十八日发，始知祖父大人于二月间体气违和，三月已痊愈，至今康健如常，家中老幼均吉，不胜欣幸。四弟于五月初九寄信、物于彭山屺处，至今尚未到，大约七月可到。

丹阁叔信内言去年楚善叔田业卖与我家承管，其中曲折甚多。添梓坪借钱三百四十千，其实只三百千，外四十千系丹阁叔兄弟代出。丹阁叔因我家景况艰窘，勉强代楚善叔解危，将来受累不浅。故所代出之四十千自去冬至今不敢向我家明言，不特不敢明告祖父，即父亲、叔父之前，渠[1]亦不敢直说。盖事前说出，则事必不成；不成，则楚善叔逼迫无路，二伯祖母奉养必阙，而本房日见凋败，终无安静之日矣。事后说出，则我家既受其累，又受其欺，祖父大人必怒，渠更无辞可对，无地自容，故将此事写信告知孙男，托孙原其不得已之故，转禀告祖父大人。现在家中艰难，渠所代出之四十千，想无钱可以付

---

1 渠：他。

渠。八月心斋兄南旋，孙拟在京借银数十两，付回家中，归楚[1]此项，大约须腊底可到，因心斋兄走江南回故也。

孙此刻在京，光景渐窘，然当京官者，大半皆东扯西支，从无充裕之时，亦从无冻饿之时，家中不必系怀。孙现经管长郡会馆事，公项存件亦已无几。孙日内身体如恒，九弟亦好。甲三自五月二十三日起病，至今虽痊愈，然十分之中尚有一二分未尽复旧。刻下每日吃炒米粥二餐，泡冻米吃二次。乳已全无，而伊亦要吃。据医云此等乳最不养人，因其夜哭甚，不能遽[2]断乳。从前发热烦躁、夜卧不安、食物不化及一切诸患，此时皆已去尽，日日嬉笑好吃。现在尚服补脾之药，大约再服四五帖，本体全复，即可不药。孙妇亦感冒三天，郑小珊云："服凉药后，须略吃安胎药。"目下亦健爽如常。

甲三病时，孙妇曾于五月二十五日跪许装修家中观世音菩萨金身，伏求家中今年酬愿。又言西冲有寿佛神像，祖母曾叩许装修，亦系为甲三而许，亦求今年酬谢了愿。

梅霖生身后事办理颇如意，其子可于七月扶榇[3]回南。同乡各官如常。家中若有信来，望将王率五家光景写明。肃此谨禀祖父母大人万福金安。

道光二十一年六月二十九日

---

1 归楚：还清。旧时书信用语。

2 遽（jù）：立即。

3 榇（chèn）：棺材。

禀祖父母·告生一女

孙男国藩、国荃跪禀祖父母大人万福金安：

十一月初二日孙发家信第十五号，外小鞋四双，由宝庆武举唐君带至湘乡县城罗宅，大约新正可到。

十五日戌刻，孙妇产生一女。是日孙妇饮食起居如故，更初始作势，二更即达生，极为平安。寓中所雇仆妇，因其刁悍，已于先两日遣去，亦未请稳婆，其断脐、洗三诸事，皆孙妇亲自经手。

曾孙甲三于初十日伤风，十七大愈，现已复元，系郑小珊医治。孙等在京身体如常。同乡李碧峰在京，孙怜其穷苦无依，接在宅内居住，新年可代伊找馆也。谨禀。

道光二十一年十一月十九日

禀祖父母·请漆寿具及告英军占宁波

孙男国藩跪禀祖父母大人万福金安：

三月十一日发家信第四号，四月初十、二十三发第五号、第六号。后两号皆寄省城陈家，因寄有银、参、笔、帖等物，待诸弟晋省时当面去接。四月二十一日接壬寅第二号家信，内祖父、父亲、叔父手书各一，两弟信并诗文俱收。伏读祖父手谕，字迹与早年相同，知精神较健。家中老幼平安，不胜欣幸。

游子在外，最重惟平安二字。

承叔父代办寿具，兄弟感恩，何以图报！湘潭带漆，必须多带。此物难辨真假，不可邀人去同买，反有奸弊。在省考试时，与朋友问看漆之法，多问则必能知一二。若临买时向纸行邀人同去，则必吃亏。如不知看漆之法，则今年不必买太多，待明年讲究熟习，再买不迟。

今年添新寿具之时，祖父母寿具必须加漆，以后每年加漆一次。四具同加，约计每年漆钱多少？写信来京，孙付至省城甚易，此事万不可从俭。子孙所为报恩之处，惟此最为切实，其余皆虚文也。孙意总以厚漆为主，由一层以加至数十层，愈厚愈坚。不必多用瓷灰、夏布等物，恐其与漆不相胶粘，历久而脱壳也。然此事孙未尝经历讲究，不知如何而后尽善。家中如何办法，望四弟详细写信告知，更望叔父教训诸弟经理。

心斋兄去年临行时，言到县即送银二十八两至我家。孙因十叔所代之钱，恐家中年底难办，故向心斋通挪[1]，因渠曾挪过孙的。今渠既未送来，则不必向渠借也。家中目下敷用不缺，此孙所第一放心者。孙在京已借银二百两，此地通挪甚易，故不甚窘迫，恐不能顾家耳。

曾孙姊妹二人体甚好，四月二十三日已种牛痘。牛痘万无一失，系广东京官设局济活贫家婴儿，不取一钱。兹附回种法一张，敬呈慈览。湘潭、长沙皆有牛痘公局，可惜乡间无人

1 通挪：通融挪借。

知之。

英夷去年攻占浙江宁波府及定海、镇海两县，今年退出宁波，攻占乍浦，极可痛恨，京城人心安静如无事时，想不日可殄灭也。孙谨禀。

道光二十二年四月二十七日

禀祖父母·告九弟已归家

孙男国藩跪禀祖父母大人万福金安：

七月初五日发第九号信，内言六月二十四后，孙与岱云意欲送家眷回南，至七月初一谋之于神，乃决计不送。

初五日发信后，至初八日，九弟仍思南归，其意甚坚，不可挽回，与孙商量，孙即不复劝阻。九弟自从去年四月父亲归时，即有思归之意。至九月间，则归心似箭。孙苦苦细问，终不明言其所以然。年少无知，大抵厌常而喜新，未到京则想京，既到京则想家，在所不免。又家中仆婢，或对孙则恭敬，对弟则简慢，亦在所不免。孙于去年决不许他归，严责曲劝，千言万语，弟亦深以为然，几及两月，乃决计不归。今年正月病中又思归，孙即不敢复留矣。三月复原后，弟又自言不归，四、五、六月读书习字，一切如常。至六月底，因孙有送家眷之说，而弟之归兴又发。孙见其意，是为远离膝下，思归尽服事之劳。且逆夷滋扰，外间讹言可畏，虽明知蕞尔螳臂，不足以当车辙，而九弟既非在外服官，即宜在家承欢，非同有职位者闻警而告假，使人笑其无胆，骂其无义也。且归心既动，若强留在此，则心如悬旌，不能读书，徒废时日。兼此数层，故孙比即定计，打发他回，不复禁阻。恰好郑莘田先生名世任，长沙人，癸酉拔贡，小京官，由御史升给事中，现放贵西兵备道。将去贵州上任，迂道走湖南省城，定于十六日起程，孙即将九弟托他结伴同行。

此系初八、九起议，十四日始决计，即于数日内将一切货物办齐，十五日雇车。郑宅大车七辆，渠已于十三日雇定，九弟雇轿车一辆，价钱二十七千文。时价轿车本只要二十三千，孙见车店内有顶好官车一辆，牲口亦极好，其车较常车大二寸，深一尺，坐者最舒服，故情愿多出大钱四千，恐九弟在道上受热生病。雇底下人名向泽，其人新来，未知好歹，观其光景，似尚有良心者。昨九弟出京七日，在任丘县寄信来京，云向泽伺候甚好。十六日未刻出京，孙送至城外二十里，见道上有积潦甚多，孙大不放心，恐路上有翻车陷车等事，深为懊悔。二十三日接到弟在途中所发信，始稍放心。兹将九弟原信附呈。孙交九弟途费纹银三十二两整，先日交车行上脚大钱十三千五百文，及上车现大钱六千文两项在外，外买货物及送人东西另开一单，九弟带回。外封银十两，敬奉堂上六位老人吃肉之赀[1]，孙对九弟云，万一少途费，即扯此银亦可，若到家后，断不可以他事借用此银，然途费亦断不至少也。向泽订工费大钱二千文，已在京交楚。郑家与九弟在长沙分队，孙

1 赀（zī）：同“资”。

嘱其在省换小船到县，向泽即在县城开销他。向泽意欲送至家，如果至家，留住几日打发，求祖父随时斟酌。

九弟自到京后，去年上半年用功甚好。六月因甲三病，耽搁半月余。九月弟欲归，不肯读书，耽搁两月。今春弟病耽搁两月。其余工夫，或作或辍，虽多间断，亦有长进。计此一年半之中，惟书法进功最大。外此则看《纲鉴》卅六本，读《礼记》四本，读《周礼》一本，读《斯文精萃》两本半，因《周礼》读不熟，故换读《精萃》。作文六十余篇，读文三十余首。父亲出京后，孙未尝按期改文，未尝讲书，未能按期点诗文，此孙之过，无所逃罪者也。读文作文全不用心，凡事无恒，屡责不改，此九弟之过也。好与弟谈伦常，讲品行，使之扩见识，立远志，目前已颇识为学之次第，将来有路可循，此孙堪对祖父者也。待兄甚敬，待侄辈甚慈，循规蹈矩，一切匪彝[1]慆淫[2]之事毫不敢近，举止大方，性情挚厚，此弟之好处也。弟有最坏之处，在于不知艰苦。年纪本轻，又未尝辛苦，宜其不知，再过几年应该知道。

九弟约计可于九月半到家。孙恐家中骇异，疑兄弟或有嫌隙，致生忧虑，故将在京、出京情形述其梗概。至琐细之故，九弟到家详述，使堂上大人知孙兄弟绝无纤介之隙也。

孙身体如常，惟常耳鸣，不解何故。孙妇及曾孙兄妹二人皆好。丫环因其年已长，其人太蠢，已与媒婆兑换一个，京城有

1 匪彝：违背常规的行为。

2 慆（tāo）淫：怠慢放纵。

官媒婆，凡买妾买婢，皆由她经纪。彼此不找一钱。此婢名双喜，天津人，年十三岁，貌比春梅更陋，而略聪明。寓中男仆皆如故。

同县谢果堂先生为其子捐盐大使，王道嶐王恒信之侄。捐府经历，黄鉴之子捐典史，以外无人。

孙在京一切自宜谨慎，伏望堂上大人放心。孙谨禀。

道光二十二年八月初一日

禀祖父母·论高丽参之功用及与英国议和

孙男国藩跪禀祖父母大人万福金安：

九月十三日接到家信，系七月父亲在省所发，内有叔父信及欧阳牧云致函，知祖母于七月初三日因占犯致恙，不药而愈，可胜欣幸。

高丽参足以补气，然身上稍有寒热，服之便不相宜，以后务须斟酌用之，若微觉感冒，即忌用此物。平日康强时，和入丸内服最好。然此时家中想已无多，不知可供明年一单丸药之用否？若其不足，须写信来京，以便觅便寄回。四弟、六弟考试又不得志，颇难为怀，然大器晚成，堂上不必以此置虑。闻六弟将有梦熊[1]之喜，幸甚。近叔父为婶母之病劳苦忧郁，有怀莫宣，今六弟一索得男，则叔父含饴弄孙，瓜瓞日蕃，其乐何

1 梦熊：生男孩儿的征兆。

如！唐镜海先生德望为京城第一，其令嗣[1]极孝，亦系兄子承继者，先生今年六十五岁，得生一子，人皆以为盛德之报。

英夷在江南，抚局已定。盖金陵为南北咽喉，逆夷既已扼吭而据要害，不得不权为和戎之策，以安民而息兵。去年逆夷在广东曾经就抚，其费去六百万两。此次之费，外间有言二千一百万者。又有言此项皆劝绅民捐输不动帑藏[2]者，皆不知的否。现在夷船已全数出海，各处防海之兵陆续撤回，天津亦已撤退。议抚之使系伊里布、耆英及两江总督牛鉴三人。牛鉴有失地之罪，故抚局成后即革职拿问。伊里布去广东代奕山为将军，耆英为两江总督。自英夷滋扰，已历二年，将不知兵，兵不用命，于国威不无少损。然此次议抚，实出于不得已，但使夷人从此永不犯边，四海宴然安堵，则以大事小，乐天之道，孰不以为上策哉？

孙身体如常，孙妇及曾孙兄妹并皆平安。同县黄晓潭鉴荐一老妈吴姓来。渠在湘乡苦请他来，而其妻凌虐婢仆，百般惨酷，黄求孙代为开脱。孙接至家住一月，转荐至方夔卿太守宗钧处，托其带回湖南，大约明春可到湘乡。

今年进学之人，孙见题名录，仅认识彭惠田一人，不知二十三四都进人否？谢宽仁、吴光煦取一等，皆少年可慕。一等第一题名录刻黄生平，不知即黄星平否？

孙每接家信，常嫌其不详，以后务求详明。虽乡间田宅婚

1 令嗣：才德美好的儿子。

2 帑藏（tǎng zàng）：国库。

嫁之事，不妨写出，使游子如神在里门。各族戚家，尤须一一示知，幸甚。敬请祖父母大人万福金安。余容后呈。孙谨禀。

道光二十二年九月十七日

禀祖父母·告升翰林院侍讲

孙男国藩跪禀祖父母大人万福金安：

二月十九日，孙发第二号家信。三月十九日发第三号交金竺虔，想必五月中始可到省。孙以下阖家皆平安。

三月初六日，奉上谕于初十日大考翰詹[1]，在圆明园正大光明殿考试。孙初闻之，心甚惊恐，盖久不作赋，字亦生疏。向来大考，大约六年一次。此次自己亥岁二月大考，到今仅满四年，万不料有此一举，故同人闻命下之时无不惶悚。孙与陈岱云等在园同寓。初十日卯刻进场，酉正出场，题目另纸敬录，诗赋亦另誊出。通共翰詹一百二十七人，告病不入场者三人，邵灿，己亥湖南主考；锡麟、江泰来，安徽人。病愈仍须补考。在殿上搜出夹带比交刑部治罪者一人，名如山，戊戌同年。其余皆整齐完场。十一日皇上亲阅卷一日，十二日钦派阅卷大臣七人，阅毕拟定名次进呈。皇上钦定一等五名，二等五十五名，三等五十六名，四等七名。孙蒙皇上天恩，拔取二等第一名。湖南六翰

1 翰詹：翰林詹事。

林，二等四人，三等二人，另有全单。十四日引见，共升官者十一人，记名候升者五人，赏缎者十九人。升官者不赏缎。孙蒙皇上格外天恩，升授翰林院侍讲，十七日谢恩。现在尚未补缺，有缺出即应孙补。其他升降赏赉，另有全单。湖南以大考升官者，从前雍正二年。惟陈文肃公名大受，乾隆朝宰相。一等第一，以编修升侍读，近来道光十三年。胡云阁先生二等第四，以学士升少詹，并孙三人而已。孙名次不如陈文肃之高，而升官与之同，此皇上破格之恩也。孙学问肤浅，见识庸鄙，受君父之厚恩，蒙祖宗之德荫，将来何以为报？惟当竭力尽忠而已。

金竺虔于昨二十一日回省，孙托带五品补服四付、水晶顶戴二座、阿胶一斤半、鹿胶一斤、耳环一双。外竺虔借银五十两，即以付回。昨在竺虔处寄第三号信，信面信里皆写银四十两，发信后渠又借去十两，故前后二信不符。竺虔于五月半可到省，若六弟、九弟在省，则可面交；若无人在省，则家中专人去取，或诸弟有高兴到省者亦妙。

今年考差，大约在五月中旬，孙拟于四月半下园用功。孙妇现已有喜，约七月可分娩。曾孙兄妹并如常。寓中今年添用一老妈，用度较去年略多。此次升官，约多用银百两。东扯西借，尚不窘迫。不知有邯郸报[1]来家否？若其已来，开销不可太多。孙十四引见，渠若于二十八以前报到，是真邯郸报，赏银四五十两可也。若至四月始报，是省城伪报，赏数两足矣。家

1 化用“邯郸梦”以喻自己如今的际遇。

中景况，不审何如？伏恳示悉为幸。孙跪禀。

道光二十三年三月二十三日

禀祖父母·报告考差

孙男国藩跪禀祖父母大人万福金安：

四月二十日，孙发第五号家信，不知到否？五月二十九接到家中第二号信，系三月初一发。六月初二日接第三号信，系四月十八发的。具悉家中老幼平安，百事顺遂，欣幸之至。

六弟下省读书，从其所愿，情意既畅，志气必奋，将来必大有成，可为叔父预贺。祖父去岁曾赐孙手书，今年又已半年，不知目力何如？下次信来，仍求亲笔书数语示孙。大考喜信，不知开销报人钱若干？

孙自今年来身体不甚好，幸加意保养，得以无恙。大考以后全未用功。五月初六日考差，孙妥帖完卷，虽无毛病，亦无好处。首题“使诸大夫国人皆有所矜式”，经题“天下有道，则行有枝叶”，诗题“赋得角黍，得经字”。共二百四十一人进场。初八日派阅卷大臣十二人，每人分卷二十本。传闻取七本，不取者十三本。弥封未拆，故阅卷者亦不知所取何人，所黜何人，取与不取一概进呈，恭候钦定。外间谣言某人第一，某人未取，俱不足凭，总待放差后，方可略测端倪。亦有真第一而不得，有真未取而得差者，静以听之而已。同乡考差九人，皆妥当完卷。六月初一，放云南主考龚宝莲、辛丑榜眼。段大章，戊戌同年。贵州主考龙元僖、王桂。庚子湖南主考。

孙在京平安，孙妇及曾孙兄妹皆如常。前所付银，谅已到家。高丽参目前难寄，容当觅便寄回。六弟在城南，孙已有信托陈尧农先生。同乡官皆如旧。黄正斋坐粮船来，已于六月初二到京。余容后禀。

道光二十三年六月初六日

禀祖父母·请将银馈赠戚族

孙国藩跪禀祖父母大人万福金安：

二月十四孙发第二号信，不知已收到否？孙身体平安，孙妇及曾孙男女皆好。孙去年腊月十八曾寄信到家，言寄家银一千两，以六百为家中还债之用，以四百为馈赠亲族之用，其分赠数目，另载寄弟信中，以明不敢自专之义也。后接家信，知兑啸山百三十千，则此银已亏空一百矣。顷闻曾受恬丁艰，其借银恐难遽完，则又亏空一百矣。所存仅八百，而家中旧债尚多。馈赠亲族之银，系孙一人愚见，不知祖父母、父亲、叔父以为可行否？伏乞裁夺。

孙所以汲汲馈赠者，盖有二故：一则我家气运太盛，不可不格外小心，以为持盈保泰之道。旧债尽清，则好处太全，恐盈极生亏；留债不清，则好中不足，亦处乐之法也。二则各亲戚家皆贫，而年老者，今不略为佽[1]助，则他日不知何如。自孙入都后，如彭满舅曾祖、彭王姑母、欧阳岳祖母、江通十舅，已死数人矣。再过数年，则意中所欲馈赠之人，正不保何若矣！家中之债，今虽不还，后尚可还；赠人之举，今若不为，后必悔之。

此二者，孙之愚见如此。然孙少不更事，未能远谋，一切求祖、父、叔父作主，孙断不敢擅自专权。其银待欧阳小岑南归，孙寄一大箱衣物，银两概寄渠处，孙认一半车钱，彼时再有信回。孙谨禀。

道光二十四年三月初十日

禀祖父母·告送率五回家及生女

孙国藩跪禀祖父母大人万福金安：

八月二十七日接到七月十五、二十五两次所发之信，内祖父、母各一信，父亲、母亲、叔父各一信，诸弟亦皆有信，欣悉一切，慰幸之至。叔父之病，得此次信始可放心。祖父正月手书之信，孙比收他处，后偶忘之，近亦寻出。孙七月二十发第九号信，不知到否？

八月二十八日，陈岱云之弟送灵榇回南，坐粮船，孙以率

1 佽（cì）：帮助。

五妹夫与之同伴南归。船钱饭钱，陈宅皆不受。孙送至城外，率五挥泪而别，甚为可怜。率五来意，本欲考供事，冀得一官以养家。孙以供事必须十余年乃可得一典史，宦海风波，安危莫卜，卑官小吏，尤多危机。每见佐杂末秩，下场鲜有好者。孙在外已久，阅历已多，故再三苦言，劝率五居乡，勤俭守旧，不必出外做官。劝之既久，率五亦以为然。其打发行李诸物，孙一一办妥，另开单呈览。

孙送率五归家，即于是日申刻生女。母女俱平安。前正月间，孙寄银回南，有馈赠亲族之意，理宜由堂上定数目，方合《内则》“不敢私与”之道。孙比时糊涂，擅开一单，轻重之际，多不妥当，幸堂上各大人斟酌增减，方为得宜，但岳家太多，他处相形见绌，孙稍有不安耳。率五至家，大约在春初可以到家。渠不告而出，心中怀惭，到家后望大人不加责，并戒家中及近处无相讥讪为幸。孙谨禀。

道光二十四年八月二十九日

禀祖父母·告曾孙爱习字及晒皮衣之法

孙国藩跪禀祖父母大人万福金安：

十月二十一日发十二号家信，想已收到。孙在京平安，孙妇及曾孙男女四人皆好。曾孙最好写字，散学后则在其母房中，多写至更初犹不肯睡，骂亦不止。目下天寒墨冻，脱手写多不成字，兹命之写禀安帖寄呈，以博堂上大人一欢笑而已。

上半年所付黑狸皮褂，不知祖父大人合身否？闻狸皮在南边易于回潮，黑色变为黄色，不知信否？若果尔，则回潮天气须勤勤检视。又凡收皮货，须在省城买樟脑，其色如白淮盐，微带黄色，其气如樟木，用皮纸包好，每包约寸许，每衣内置三四包，收衣时仍将此包置衣内。又每年晒皮货，晒衣之日不必折收，须过两天，待热气退尽乃收。

江西家受恬明府昨有信来，云此银今冬必付到，不知近来接到否？如未接到，则立即写信来京，再去催取，兑银之难，往往如此。同乡唐镜海先生三年以来连生三子，而长者前以病殇[1]，幼者昨又以痘殇，仅存次子，尚未周岁，良可悼叹。现在京官甚少，仅二十二人，昨十月二十五日谢恩，赴宫门叩头者仅到三人，尤非盛时气象。兹将谢折付回呈览。

王率五到家，须即寄一信。仕四已于八月初到省，不知曾到我家否？母亲生日，京中仅客一席，待明年当付寿屏回。家中有所需之物，须写信来，明年会试后寄归。孙谨禀。

道光二十四年十一月二十一日

1 殇：未成年而死。

禀祖父母·报告补侍读及皇上求雪

孙国藩跪禀祖父母大人万福金安：

十一月二十二日发十三号信。二十九日祖母大人寿辰，孙等叩头遥祝，寓中客一席，次日请同县公车[1]一席。初七日，皇上御门，孙得转补翰林院侍读，所遗侍讲缺，许乃钊补升。侍讲转侍读，照例不谢恩，故孙未具折谢恩。

今冬京中未得厚雪，初九日设三坛求雪，四、五、六阿哥诣三坛行礼，皇上亲诣太高殿行礼，十一日即得大雪。天心感召，呼吸相通，良可贺也。

孙等在京平安。曾孙读书有恒，惟好书写，见闲纸则乱画，请其母钉成本子。孙今年用度尚宽裕，明年上半年尚好，至五月后再作计[2]。昨接曾兴仁信，知渠银尚未还，孙甚着急，已写信去催，不知家中今年可窘迫否？

同乡京官皆如故。冯树堂、郭筠仙在寓亦好。荆七自五月出去，至今未敢见孙面，在同乡陈洪钟主事家，光景亦好。若使流落失所，孙亦必宥而收恤之。特渠对人言，情愿饿死，不愿回南，此实难处置。孙则情愿多给银两使他回去，不愿他在京再犯出事，望大人明示以计，俾孙遵行。四弟等自七月寄信来后，至今未再得信，孙甚切望。

严太爷在京引见，来拜一次，孙回拜一次，又请酒，渠未赴

1 公车：进京应试的举人。

2 有版本此处尚有一“较”字。

席。此人向有狂妄之名，孙己亥年在家，一切不与之计较，故相安于无事，大约明春可回湘乡任。孙谨禀。

道光二十四年十二月十四日

禀祖父·欲另寻祖母坟地

孙男国藩跪禀祖父大人万福金安：

去年十二月十七发第二十二号信，并挽联一包、朱心泉诰命[1]一轴，交徐玉山太守带交萧辛五处，想三月可到。又于二十日发第二十三号信交折弁[2]，想二月可到。新正十五日，接到家中十一月十九日所发信，敬悉大人之病已愈大半，不知近日得全愈否？孙去冬信言须参用化痰之药，不知可从否？

祖母已于十二月初十安葬，甚好甚好。但孙有略不放心者。孙幸蒙祖父福佑，忝居卿大夫之末，则祖母坟茔必须局面宏敞，其墓下拜扫之处须宽阔，其外须建立诰封牌坊，又其外须立神道碑。木斗冲规模隘小，离河太近，无立牌坊与神道碑之地，是以孙不甚放心。意欲从容另寻一地，以图改葬，不求富贵吉祥，但求无水蚁，无凶险，面前宏敞而已，不知大人以为何如？若可，则家中在近境四十里内从容寻地可也。余俟续具。孙谨禀。

道光二十七年正月十七日

---

1 诰命：皇帝任命官员，或授赠给官员家属的荣誉证书。

2 折弁（biàn）：专为地方大员送奏折到京的邮差。

禀父母

禀父母·述到京后之状况

男国藩跪禀父亲、母亲大人膝下：

去年十二月十六日，男在汉口寄家信，付湘潭人和纸行，不知已收到否？后于二十一日在汉口开车，二人共雇二把手小车六辆，男占三辆半。行三百余里，至河南八里汉度岁。正月初二日开车，初七日至周家口，即换大车。雇三套篷车二辆，每套钱十五千文。男占四套，朱占二套。初九日开车，十二日至河南省城，拜客耽搁四天，获百余金。十六日起行，即于是日三更，趁风平浪静，径渡黄河，二十八日到京。一路清吉平安，天气亦好，惟过年二天微雪耳。

到京在长郡会馆卸车。二月初一日移寓南横街千佛庵。屋四间，每月赁钱四千文，与梅、陈二人居址甚近。三人联会，间日一课，每课一赋一诗誊真。初八日是汤中堂[1]老师大课，题“智若禹之行水赋”，以“行所无事则智大矣”为韵，诗题“赋得‘池面鱼吹柳絮行’，得‘吹’字”，三月尚有大课一次。同年未到者不过一二人，梅、陈二人皆正月始到。岱云江南、山东之行

1 汤中堂：汤金钊（1772—1856），字敦甫，浙江萧山人。二十二岁举乡试第一，二十七岁中进士。曾先后任左都御史、礼部尚书、吏部尚书、工部尚书、户部尚书。终年八十五岁，谥为文端。

无甚佳处，到京除偿债外，不过存二三百金，又有八口之家。

男路上用去百金，刻下光景颇好。接家眷之说，郑小珊现无回信。伊若允诺，似尽妥妙；如其不可，则另图善计，或缓一二年亦可，因儿子太小故也。

家中诸事都不挂念，惟诸弟读书不知有进境否？须将所作文字诗赋寄一二首来京。丹阁叔大作亦望寄示。男在京一切谨慎，家中尽可放心。

又禀者，大行皇后于正月十一日升遐，百日以内禁薙发，期年禁燕会音乐。何仙槎年伯于二月初五日溘逝。是日男在何家早饭，并未闻其大病，不数刻而凶问至矣。没[1]后，加太子太保衔。其次子何子毅已于去年十一月物故[2]。自前年出京后，同乡相继殂逝者夏一卿、李高衢、杨宝筠三主事，熊子谦、谢切庵及何氏父子，凡七人，光景为之一变。

男现慎保身体，自奉颇厚。季仙九师升正詹，放浙江学政，初十日出京。廖钰夫师升尚书。吴甄甫师任福建巡抚。朱师、徐师灵榇并已回南矣。

詹有乾家墨，到京竟不可用，以胶太重也，拟仍付回，或退或用，随便。接家眷事，三月又有信回家中。信来须将本房及各亲戚家附载详明，堂上各老人须一一分叙，以烦琐为贵。

谨此跪禀万福金安。

道光二十年庚子岁二月初九日

---

1 有版本作“殁”。

2 物故：指人死亡。

禀父·谨守保身之训

男国藩跪禀父亲大人万福金安：

自闰三月十四日在都门拜送父亲，嗣后共接家信五封：十五日接四弟在涟滨所发信，系第二号，始知正月信已失矣；二十二日接父亲在二十里铺发信；四月二十八巳刻接在汉口寄曹颖生家信；申刻又接在汴梁寄信；五月十五接父亲到长沙发信，内有四弟信、六弟文章五首。诸悉祖父母大人康强，家中老幼平安，诸弟读书发奋，并喜父亲出京一路顺畅，自京至省仅三十余日，真极神速！

男于闰三月十六发第五号家信，四月十一发六号，十七发七号，不知家中均收到否？迩际男身体如常，每夜早眠，起亦渐早。惟不耐久思，思多则头昏，故常冥心于无用，优游涵养，以谨守父亲保身之训。

九弟功课有常，《礼记》九本已点完，《鉴》已看至三国，《斯文精萃》诗、文各已读半本。诗略进功，文章未进功。男亦不求速效，观其领悟，已有心得，大约手不从心耳。

甲三于四月下旬能行走，不须扶持，尚未能言。无乳可食，每日一粥两饭。冢妇[1]身体亦好，已有梦熊之喜。婢仆皆如故。

今年新进士龙翰臣得状元，系前任湘乡知县见田年伯之世兄。同乡六人，得四庶常、两知县。复试单已于闰三月十六付

1 冢妇：嫡长子之妻。

回，兹又付呈殿试朝考全单。同乡京官如故。郑莘田给谏[1]服阕[2]来京。梅霖生病势沉重，深为可虑。黎樾乔老前辈处，父亲未去辞行，男已道达此意。广东之事，四月十八得捷音，兹将抄报付回。男等在京自知谨慎，堂上各老人不必挂怀。

家中事，兰姊去年生育，是男是女？楚善事如何成就？伏望示知。男谨禀。即请母亲大人万福金安。

道光二十一年五月十八日

禀父·筹划归还借款

男国藩跪禀父亲大人万福金安：

五月十八日发家信第八号，知家中已经收到。六月初七发第九号，内有男呈祖父禀一件，国荃寄四弟信一件。七月初二发第十号，内有黄芽白菜子，不知俱已收到否？

男等接得父亲归途三次信：一系河间二十里铺发，一汴梁城发，一武昌发。又长沙发信亦收到。六月二十九接丹阁叔信。七月初九彭山屺到京，接到四弟在省所寄《经世文编》一部，慎诒堂《四书》《周易》各一部，小皮箱三口，有布套龙须草席一床，信一件，又叔父手书，得悉一切：谱已修好，楚善叔事已有成局，彭山屺处兑钱四十千文。外楚善叔信一件，岳父信

1 给谏：官员，系六科给事中的别称。

2 服阕：守丧期满除服。

一件。七月二十七日接到家信二件，一系五月十五在家写，一系六月二十七在省写。外欧阳牧云信一，曾香海信一，心斋家信二，荆七信一，俱收到。

彭山屺进京，道上为雨泥所苦，又值黄河水涨，渡河时大费力，行李衣服皆湿。惟男所寄书，渠收贮箱内，全无潮损，真可感也！到京又以腊肉、莲茶送男。渠于初九晚到，男于十三日请酒，十六日将四十千钱交楚。渠于十八日赁住黑市，离城十八里，系武会试进场之地，男必去送考。

男在京身体平安。国荃亦如常。男妇于六月二十三、四感冒，服药数帖痊愈，又服安胎药数帖。孙纪泽自病痊愈后，又服补剂十余帖，辰下体已复元，每日行走欢呼，虽不能言，已无所不知。食粥一大碗，不食零物。仆婢皆如常。周贵已荐随陈云心回南，其人蠢而负恩。萧祥已跟别人，男见其老成，加钱呼之复来。

男目下光景渐窘，恰有俸银接续，冬下又望外官例寄炭资[1]，今年尚可勉强支持，至明年则更难筹画。借钱之难，京城与家乡相仿，但不勒追强逼耳。前次寄信回家，言添梓坪借项内，松轩叔兄弟实代出钱四十千，男可寄银回家，完清此项。近因完彭山屺项，又移徙房屋，用钱日多，恐难再付银回家。

男现看定屋在绳匠胡同北头路东，准于八月初六日迁居。初二日已搬一香案去，取吉日也。棉花六条胡同之屋，王翰城言冬间极不吉，且言重庆下者不宜住三面悬空之屋，故遂迁移。

1 炭资：以买炭名义给付或者收入的灰色资金。

绳匠胡同房每月大钱十千，收拾又须十余千。心斋借男银已全楚[1]，渠家中付来银五百五十两，又有各项出息，渠言尚须借银出京，不知信否。

广东事[2]前已平息，近又传闻异辞。参赞大臣隆文已病死，杨芳已告病回湖南。七月间又奉旨派参赞大臣特依顺往广东查办。八月初一日，又奉旨派玉明往天津，哈哴阿往山海关。黄河于六月十四日开口，汴梁四面水围，幸不淹城。七月十六，奉旨派王鼎、慧成往河南查办。现闻泛溢千里，恐其直注洪泽湖。又闻将开捐名“豫工”，例办河南工程也。

男已于七月留须。楚善叔有信寄男，系四月写，备言其苦。近闻衡阳田已卖，应可勉强度日。戊戌冬所借十千二百，男曾言帮他，曾禀告叔父，未禀祖父大人，是男之罪，非渠之过。其余细微曲折，时成时否，时朋买，时独买，叔父信不甚详明。楚善叔信甚详，男不敢尽信。总之，渠但免债主追逼，即是好处。第目前无屋可住，不知何处安身？若万一老亲幼子栖托无所，则流离四徙，尤可怜悯！以男愚见，可仍使渠住近处，断不可住衡阳。求祖父大人代渠谋一安居。若有余赀，则佃田耕作。又求父亲寄信问朱尧阶，备言楚善光景之苦与男关注之切，问渠所管产业可佃与楚善耕否？渠若允从，则男另有信求尧阶，租谷须格外从轻。但路太远，至少亦须耕六十亩方可了吃。尧阶寿屏，托心斋带回。

---

1 全楚：还清。有的版本此处无“全”字。

2 此信写于 1841 年，此处“广东事”是指第一次鸦片战争。

严丽生在湘乡不理公事，簠簋不饬[1]，声名狼藉，如查有真实劣迹，或有上案，不妨抄录付京。因有御史在男处查访也，但须机密。

四弟、六弟考试不知如何？得不足喜，失不足忧，总以发愤读书为主。史宜日日看，不可间断。九弟阅《易知录》，现已看至隋朝。温经先穷一经，一经通后，再治他经，切不可兼营并骛，一无所得。

右谨禀父母亲大人万福金安。

道光二十一年八月初三日

禀父母·借银寄回家用

男国藩跪禀父母亲大人万福金安：

八月初三日，男发家信第十一号，信甚长，不审已收到否？十四日接家信，内有父亲、叔父并丹阁叔信各一件，得悉丹阁叔入泮[2]，且堂上各大人康健，不胜欣幸。

男于八月初六日移寓绳匠胡同北头路东，屋甚好，共十八间，每月房租京钱二十千文。前在棉花胡同，房甚逼仄，此时房屋爽垲[3]，气象轩敞。男与九弟言，恨不能接堂上各大人来京住此。

1 簠簋（fǔ guǐ）不饬：本义为“不整理食具”，这里言“不廉洁”之义。

2 入泮（pàn）：专为新晋秀才举办的一种仪式。

3 爽垲（kǎi）：高爽干燥。

男身体平安，九弟亦如常，前不过小恙，两日即愈，未服补剂。甲三自病体复元后，日见肥胖，每日欢呼趋走，精神不倦。冢妇亦如恒。九弟《礼记》读完，现读《周礼》。

心斋兄于八月十六日出京，男向渠借银四十千，付至家用。渠允于到湘乡时送银二十八两交勤七叔处转交男家，且言万不致误。男订待渠到京日偿还其银，若到家中，不必还他。又，男有寄冬菜一篓、朱尧阶寿屏一付在心斋处。冬菜托交勤七叔送至家，寿屏托交朱啸山转寄。香海处，月内准有信去。王睢园处，去冬有信去，至今无回信，殊不可解。颜字不宜写白折[1]，男拟改临褚、柳。

去年跪托叔父大人之事，承已代觅一具，感戴之至，泥首万拜。若得再觅一具，即于今冬明春办就更妙。敬谢叔父，另有信一函。在京一切，自知谨慎。男跪禀。

道光二十一年八月十七日

禀父母·九弟急欲南归

男国藩跪禀父母亲大人万福金安：

八月十四接家信三件，内系得父亲信一，叔父信一，丹阁

---

1 白折：旧时科举考试中用的书体。康有为《广艺舟双楫》："应制之书，约分二种：一曰大卷，应殿试者也；一曰白折，应朝考者也。试差大考，御史、军机、中书教习，皆用白折。"

叔信一。十八日男发家信第十二号，不知已收到否？

男等在京身体平安，甲三母子如常。惟九弟迫思南归，不解何故。自九月初间即言欲归，男始闻骇异，再四就询，终不明言。不知男何处不友，遂尔开罪于弟，使弟不愿同居。男劝其明白陈辞，万不可蕴藏于心，稍生猜疑。如男有不是，弟宜正容责之，婉言导之，使男改过自赎。再三劝谕，弟终无一言。如男全无过愆，弟愿归侍定省，亦宜写信先告知父亲，待回信到时，家中谕令南归，然后择伴束装，尚未为晚。男因弟归志已决，百计阻留，劝其多住四十天，而弟仍不愿，欲与彭山屺同归。彭会试罢屈，拟九月底南旋，现在尚少途费，待渠家寄银来京。男目下已告匮，九弟若归，途费甚难措办。

英夷在浙江滋扰日甚。河南水灾，豫、楚一路，饥民甚多，行旅大有戒心。胡咏芝前辈扶榇南归，行李家眷雇一大船，颇挟重赀，闻昨已被抢劫，言之可惨。九弟年少无知，又无大帮作伴，又无健仆，又无途费充裕，又值道上不甚恬谧之际，兼此数者，男所以大不放心，万万不令弟归。即家中闻之，亦万万放心不下。男现在苦留九弟在此，弟若婉从，则读书如故，半月内男又有禀呈；弟若执拗不从，则男当责以大义，必不令其独行。

自从闰三月以来，弟未尝片语违忤，男亦从未加以词色，兄弟极为湛乐。兹忽欲归，男寝馈难安，辗转思维，不解何故，男万难辞咎。父亲寄谕来京，先责男教书不尽职、待弟不友爱之罪，后责弟少年无知之罪，弟当翻然改寤。男教训不先，鞠爱[1]不切，不胜战栗待罪之至。伏望父母亲俯赐惩责，俾知悛悔遵守，断不敢怙过饰非，致兄弟仍稍有嫌隙。男谨禀告家中，望无使外人闻知，疑男兄弟不睦，盖九弟不过坚执，实无丝毫怨男也。男谨禀。

道光二十一年九月十五日

禀父母·九弟暂不归家

男国藩跪禀父母亲大人万福金安：

十月十七日接奉在县城所发手谕，知家中老幼安吉，各亲戚家并皆如常。七月二十五由黄恕皆处寄信，八月十三日由县附信寄折差，皆未收到。男于八月初三发第十一号家信，十八发第十二号，九月十六发第十三号，不知皆收到否？

男在京身体平安。近因体气日强，每天发奋用功，早起温经，早饭后读二十三史，下半日阅诗、古文。每日共可看书八十页，皆过笔圈点，若有耽搁，则止看一半。

九弟体好如常，但不甚读书。前八月下旬迫切思归，男再四劝慰，询其何故，九弟终不明言，惟不读书，不肯在上房共饭。男因就弟房二人同食，男妇独在上房饭，九月一月皆如此。弟待男恭敬如常，待男妇和易如常，男夫妇相待亦如常，但不解其思

1 鞠爱：宠爱、爱抚。

归之故。男告弟云“凡兄弟有不是处，必须明言，万不可蓄疑于心。如我有不是，弟当明争婉讽，我若不听，弟当写信禀告堂上。今欲一人独归，浪用途费，错过光阴，道路艰险，尔又年少无知，祖父母、父母闻之，必且食不甘味，寝不安枕，我又安能放心？是万不可也”等语。又写书一封，详言不可归之故，共二千余字，又作诗一首示弟。弟微有悔意，而尚不读书。十月初九，男及弟等恭庆寿辰。十一日，男三十初度，弟具酒食，肃衣冠，为男祝贺，嗣是[1]复在上房四人共饭，和好无猜。

昨接父亲手谕，中有示荃男一纸，言“境遇难得，光阴不再”等语，弟始愧悔读书。男教弟千万言，而弟不听，父亲教弟数言，而弟遽惶恐改悟，是知非弟之咎，乃男不能友爱，不克[2]修德化导之罪也。伏求更赐手谕，责男之罪，俾男得率教改过，幸甚。

男妇身体如常。孙男日见结实，皮色较前稍黑，尚不解语。男自六月接管会馆公项，每月收房租大钱十五千文，此项例听经管支用，俟交卸时算出，不算利钱。男除用此项外，每月仅用银十一二两，若稍省俭，明年尚可不借钱。比家中用度较奢华，祖父母、父母不必悬念。男本月可补国史馆协修官，此轮次挨派者。

英夷之事，九月十七大胜，在福建、台湾生擒夷人一百三十三名，斩首三十二名，大快人心。

1 嗣是：这次之后。

2 不克：不能。

许吉斋师放甘肃知府，同乡何宅尽室南归，余俱如故。同乡京官现仅十余人。敬呈近事，余容续禀。男谨禀。

又呈附录诗一首云：

松柏翳危岩，葛藟[1]相钩带。兄弟匪他人，患难亦相赖。行酒烹肥羊，嘉宾填门外。丧乱一以闻，寂寞何人会？维鸟有鹡鹡，维兽有狼狈。兄弟审[2]无猜，外侮将予奈？顾为同岑石，无为水下濑。水急不可矶，石坚犹可磕。谁谓百年长，仓皇已老大。我迈而斯征，辛勤共粗粝。来世安可期，今生勿玩愒[3]！

道光二十一年十月十九日

禀父母·在外借债过年

男国藩跪禀父母亲大人万福金安：

十一月十八男有信寄呈，写十五日生女事，不知到否？昨十二月十六日奉到手谕，知家中百凡顺遂，不胜欣幸。

男等在京身体平安，孙男孙女皆好。现在共用四人，荆七专抱孙男，以春梅事多，不能兼顾也。孙男每日清早与男同起，即送出外，夜始接归上房。孙女满月，有客一席。九弟读书近有李碧峰同居，较有乐趣。男精神不甚好，不能勤教，亦不督

1 葛藟（gě lěi）：藤类蔓生植物。

2 审：真实，确实。

3 玩愒（kài）：“玩岁愒日”的略语，谓贪图安逸，旷废时日。

责。每日兄弟语笑欢娱，萧然自乐，而九弟似有进境。兹将昨日课文原稿呈上。

男今年过年，除用去会馆房租六十千外，又借银五十两。前日冀望外间或有炭资之赠，今冬乃绝无此项。闻今年家中可尽完旧债，是男在外有负累，而家无负累，此最可喜之事。岱云则南北负累，时常忧贫。然其人忠信笃敬，见信于人，亦无窘迫之时。

同乡京官俞岱青先生告假，拟明年春初出京。男有干鹿肉托渠带回。杜兰溪、周华甫皆拟送家眷出京。岱云约男同送家眷，男不肯送，渠谋亦中止。

彭山屺出京，男为代借五十金，昨已如数付来。心斋临行时，约送银二十八两至勤七叔处转交我家，不知能践言否？

嗣后家中信来，四弟、六弟各写数行，能写长信更好。男谨禀。

道光二十一年十二月二十一日

禀父·便附家中茶叶及大布

男国藩、国荃跪禀父亲大人万福金安：

去年十二月二十一日发平安信第十七号，内呈家中信六件，寄外人信九件，不知已收到否？

男与九弟身体清吉。冢妇亦平安。孙男甲三体好，每日吃粥两顿，不吃零星饮食，去冬已能讲话。孙女亦体好，乳食最多。合寓顺适。

今年新正[1]，景象阳和，较去年正月甚为暖烘。兹因俞岱青先生南回，付鹿脯一方，以为堂上大人甘旨之需。鹿肉恐难寄远，故熏腊附回。此间现熏有腊肉、猪舌、猪心、腊鱼之类，与家中无异。如有便附物来京，望附茶叶、大布而已，茶叶须托朱尧阶清明时在永丰买，则其价亦廉，茶叶亦好。家中之布附至此间，为用甚大，但家中费用窘迫，无钱办此耳。

同县李碧峰苦不堪言，男代与张罗，已觅得馆，每月学俸银三两。在男处将住三月，所费无几，而彼则感激难名。馆地现尚未定，大约可成。

在京一切，自知谨慎。即请父母亲大人万福金安。

道光二十二年壬寅正月初七日

禀父母·九弟择日南归

男国藩跪禀父母亲大人万福金安：

新正初七日，男发第一号家信，并鹿脯一方，托俞岱青先生交彭山屺转寄，不知到否？去年腊月十九发家信，内共信十余封，想已到矣。初七日信系男荃代书。

1 新正：指农历新年正月。

初八早，男兄弟率合寓上下焚香祝寿。下半日荃弟患病，发热畏寒，遍身骨节痛，胁气疼痛，次早请小珊诊，系时疫症，连日服药，现已大愈。小珊云：“凡南人体素阴虚者，入京多患此症。”从前彭棣楼夫妇皆患此症。罗苏溪、劳辛阶、郑小珊、周华甫亦曾有此病。男庚子年之病，亦是此症。其治法不外滋阴祛邪，二者兼顾。九弟此次之病，又兼肝家有郁，胃家有滞，故病势来得甚陡，自初八至十三，胁气疼痛，呻吟之声震屋瓦，男等日夜惶惧，初九即请吴竹如医治，连日共请四医，总以竹如为主，小珊为辅。十四日胁痛已止，肝火亦平，十五日已能食粥，日减日退，现在微有邪热在胃。小珊云：“再过数日，邪热祛尽，即可服补剂，本月尽当可复体还元。”

男自己亥年进京，庚子年自身大病，辛丑年孙儿病，今年九弟病，仰托祖父母、父母福荫，皆保万全，何幸如之！因此思丁酉春祖父之病，男不获在家伏侍，至今尚觉心悸。九弟意欲于病起复体后归家，男不敢复留，待他全好时，当借途费，择良伴，令其南归，大约在三月起行。

英逆去秋在浙滋扰，冬间无甚动作。若今春不来天津，或来而我师全胜，使彼片帆不返，则社稷苍生之福也！黄河决口，去岁动工，用银五百余万，业已告竣，腊底又复决口。湖北崇阳民变，现在调兵剿办，当易平息。余容续禀。男谨呈。

道光二十二年正月十八日

禀父母·九弟习字长进

男国藩跪禀父母亲大人万福金安：

正月十七日发第二号家信，不知已收到否？男身体平安，男妇亦如常。九弟之病自正月十六日后日见强旺，二月一日开荤，现已全复元矣。二月以来，日日习字，甚有长进。男亦常习小楷，以为明年考差之具。近来改临智永《千字文》帖，不复临颜、柳二家帖，以不合时宜故也。孙男身体甚好，每日佻达欢呼，曾无歇息。孙女亦好。

浙江之事，闻于正月底交战，仍尔不胜，去岁所失宁波府城，定海、镇海二县城，尚未收复。英夷滋扰以来，皆汉奸助之为虐。此辈食毛践土[1]，丧尽天良，不知何日罪恶贯盈，始得聚而歼灭！湖北崇阳县逆贼钟人杰为乱，攻占崇阳、通城二县。裕制军即日扑灭，将钟人杰及逆党槛送京师正法，余孽俱已搜尽。钟逆倡乱不及一月，党羽姻属皆伏天诛。黄河去年决口，昨已合龙，大功告成矣。

九弟前病中思归，近因难觅好伴，且闻道上有虞，是以不复作归计。弟自病好后，亦安心，不甚思家。李碧峰在寓住三月，现已找得馆地，在唐同年李杜家教书，每月俸金二两，月费一千。男于二月初配丸药一料，重三斤，约计费钱六千文。

男等在京谨慎，望父母亲大人放心。男谨禀。

道光二十二年二月二十四日

1 食毛践土：意为吃的食物和居住的土地都是国君所有。

禀父母·告孙女种牛痘及经济状况

男国藩跪禀父母亲大人万福金安：

二月二十三日发家信第三号，不知已收到否？正月所寄鹿脯想已到。三月初奉大人正月十二日手谕，具悉一切。又知附有布匹、腊肉等在黄茀卿处，第不知黄氏兄弟何日进京，又不知家中系专人送至省城，抑托人顺带也。

男在京身体如常，男妇亦清吉。九弟体已复元。前二月间因其初愈，每日只令写字养神。三月以来，仍理旧业，依去年功课。未服补剂，男分丸药六两与他吃，因年少不敢峻补[1]。孙男女皆好，拟于三月间点牛痘。此间牛痘局系广东京官请名医设局积德，不索一钱，万无一失。

男近来每日习帖，不多看书。同年邀为试帖诗课，十日内作诗五首，用白折写好公评，以为明年考差之具。又吴子序同年有两弟在男处附课看文。又金台书院每月月课男亦代人作文，因久荒制艺，不得不略为温习。

此刻光景已窘，幸每月可收公项房钱十五千，外些微挪借，即可过度。京城银钱比外间究为活动。家中去年彻底澄清，余债无多，此真可喜。蕙妹仅存钱四百千，以二百在新窑食租，不知住何人屋？负薪汲水，又靠何人？率五素来文弱，何能习劳！后有家信，望将蕙妹家事琐细详书。余容后禀。男谨呈。

道光二十二年三月十一日

---

1 峻补：猛补、大补，用强力补益药治疗气血大虚或阴阳暴脱的方法。

禀父母·两弟患业不精

男国藩跪禀父母亲大人万福金安：

六月二十八日接到家书，系三月二十四日所发，知十九日四弟得生子，男等合室相庆。四妹生产虽难，然血晕亦是常事，且此次既能保全，则下次较为容易。男未得信时，常以为虑，既得此信，如释重负。

六月底，我县有人来京捐官[1]王道嶐。渠在宁乡界住，言四月县考时，渠在城内并在彭兴岐云门寺、丁信风两处面晤四弟、六弟，知案首是吴定五。男十三年在陈氏宗祠读书，定五才发蒙作起讲[2]，在杨畏斋处受业。去年闻吴春冈说定五甚为发奋，今果得志，可谓成就甚速。其余前十名及每场题目，渠已忘记，后有信来，乞四弟写出。

四弟、六弟考运不好，不必挂怀。俗语云：不怕进得迟，只要中得快。从前邵丹畦前辈甲名，四十三岁入学，五十二岁作学政，现任广西藩台。汪郎渠鸣相于道光十二年入学，十三年点状元。阮芸台元前辈于乾隆五十三年县、府试皆未取头场，即于其年入学中举，五十四年点翰林，五十五年留馆，五十六年大考第一，比放浙江学政，五十九年升浙江巡抚。些小得失不足患，特患业之不精耳。两弟场中文若得意，可将原卷领出寄京，若不得意，不寄可也。

---

1 捐官：向国家捐纳钱物以取得官职。

2 起讲：八股文分“破题”“承题”“起讲”“入题”“起股”等，“起讲”为第三段文字。

男等在京平安。纪泽兄妹二人体甚结实，皮色亦黑。

逆夷在江苏滋扰，于六月十一日攻陷镇江，有大船数十只在大江游弋，江宁、扬州二府颇可危虑。然而天不降灾，圣人在上，故京师人心镇定。

同乡王翰城继贤，黔阳人，中书科中书。告假出京，男与陈岱云亦拟送家眷南旋，与郑莘田、王翰城四家同队出京。郑名世任，给事中，现放贵州贵西道。男与陈家本于六月底定计，后于七月初一请人扶乩[1]，另纸录出大仙示语。似可不必轻举妄动，是以中止。现在男与陈家仍不送家眷回南也。

同县谢果堂先生兴峣来京，为其次子捐盐大使，男已请至寓陪席。其世兄与王道嶐尚未请，拟得便亦须请一次。

正月间俞岱青先生出京，男寄有鹿脯一方，托找彭山屺转寄，俞后托谢吉人转寄，不知到否？又四月托李昺冈荣灿寄银寄笔，托曹西垣寄参，并交陈季牧处，不知到否？前父亲教男养须之法，男仅留上唇须，不能用水浸透，色黄者多，黑者少，下唇拟待三十六岁始留。男每接家信，嫌其不详，嗣后更愿详示。男谨禀。

道光二十二年六月初十日

1 扶乩（jī）：一种占卜方式，一般是在簸箕或筛子上插一根棍儿，由两位童男女扶持，默念祈求之语，棍儿会在沙盘或面粉上写出字句来，以传达神之所示。

禀父母·九弟路上安否

男国藩跪禀父母亲大人万福金安：

八月初二日发第十号家信，内载九弟南旋事甚详，不审到否？九弟自七月十六出京，二十三即有信来京，嗣后在道上未发信来，刻下想已到樊城矣。不知道上果平安否？男实难放心。

黄河决口百九十余丈，在江南桃源县之北，为患较去年河南不过三分之一。逆夷在江南半月内无甚消息，大约和议已成。

同县有黄鉴者，为口外宣化巡检，去年回家，在湘乡带一老妈来京，因使用不合，仍托人携带南归，现寄居男寓，求男代觅地方附回，途费则黄自出。谢果堂先生已于八月初六出京，住京两月，与男极相投洽，临别依依难舍。同乡如唐镜海、俞岱青、谢果堂三前辈，皆老成典型，于男皆青眼相待。何子贞全家皆已来京。

男妇及孙男女身体如常。此次折差于七月十六在省起身，想父亲彼时尚在省城，不知何以无信？陈岱云家信言学院十六封门，四弟、六弟府考渠亦不知。彭王姑墓志铭，九弟起程时，仓卒未及写，今写毕，又无便寄，求告知征一表叔。

正月十二所办寿具，不知已漆否？万不可用黄二漆匠。此人男深恶之，他亦不肯尽心也。彭宫五亦不可用，彼未学过，且太迟钝。余俟续禀。男谨禀。

道光二十二年八月十二日

禀父母·痛改过失

男国藩跪禀父母亲大人万福金安：

十月二十二奉到手谕，敬悉一切。

郑小珊处小隙已解。男从前于过失每自忽略，自十月以来，念念改过，虽小必惩，其详具载示弟书中。耳鸣近日略好，然微劳即鸣。每日除应酬外，不能不略自用功，虽欲节劳，实难再节。手谕示以节劳、节欲、节饮食，谨当时时省记。

萧辛五先生处，寄信不识靠得住否？龙翰臣父子已于十月初一日到京，布匹线索俱已照单收到，惟茶叶尚在黄恕皆处，恕皆有信与男，本月可到也。男妇等及孙男女皆平安，余详与弟书。谨禀。

道光二十二年十月二十六日

禀父母·年漆寿材一次

男国藩跪禀父母亲大人万福金安：

十二月十四奉到十月初七手谕，敬悉一切。芝妹又小产，男恐其气性太躁，有伤天和，亦于生产有碍，以后须平心和气，伏望大人教之。

朱备之世兄任宝庆同知，其人浑朴，京师颇有笑其憨者，实则笃厚君子也。龙见田年伯来京，男请酒，渠辞不赴。意欲再请翰臣，待明春始办席也。在省未送程仪[1]，待见面可说明。

漆寿具既用黄二漆匠，亦好，男断不与此等小人计较，但恐其不尽心耳。闻瓷灰不可多用，多用则积久易脱，不如多漆厚漆，有益无损，不知的否？以后每年四具必须同漆一次，男每年必付四两银至家，专为买漆之用。九弟前带回银十两，为堂上吃肉之费，不知已用完否？男等及孙男女身体俱如常。今年用费共六百余金，绝不窘手，左右逢原，绰有余裕，另有寄弟信详言之。正月祖父大人七十大寿，男已作寿屏两架，明年有便，可付回一架。

今年京察，京城各衙门京察，堂官[2]出考语，列等第，取一等者即外放道府。湖南惟黎樾乔得一等。翰林未满三年俸者，例不京察。

同乡黄茀卿兄弟到京，收到茶叶一篓，重二十斤，尽可供二年之食。惟托人东西太大，不免累赘，心实不安，而渠殊不介意也。在京一切，自知谨慎。男谨禀。

道光二十二年十二月二十日

---

1 程仪：旧指送给出行者的钱物。

2 堂官：明清时中央各部长官如尚书、侍郎等的统称，因在各衙署大堂上办公而得名。

禀父母·促四弟季弟师觉庵。六弟九弟下省读书

男国藩跪禀父母亲大人万福金安：

正月八日恭庆祖父母双寿。男去腊作寿屏二架，今年同乡送寿对者五人，拜寿来客四十人。早面四席，晚酒三席，未吃晚酒者，于十七日、二十日补请二席。又请人画《椿萱重荫图》，观者无不叹羡。

男身体如常。新年应酬太繁，几至日不暇给，媳妇及孙儿俱平安。

正月十五接到四弟、六弟信。四弟欲偕季弟从汪觉庵师游，六弟欲偕九弟至省城读书。男思大人家事日烦，必不能在家塾照管诸弟，且四弟天分平常，断不可一日无师，讲书改诗文，断不可一课耽搁。伏望堂上大人俯从男等之请，即命四弟、季弟从觉庵师，其束脩[1]银，男于八月付回，两弟自必加倍发奋矣。六弟实不羁之才，乡间孤陋寡闻，断不足以启其见识而坚其志向。且少年英锐之气不可久挫，六弟不得入学，既挫之矣；欲进京而男阻之，再挫之矣；若又不许肄业省城，则毋乃太挫其锐气乎？伏望堂上大人俯从男等之请，即命六弟、九弟下省读书。其费用男于二月间付银二十两至金竺虔家。

夫家和则福自生，若一家之中，兄有言弟无不从，弟有请兄无不应，和气蒸蒸而家不兴者，未之有也。反是而不败者，亦未之有也。伏望大人察男之志，即此敬禀叔父大人，恕不另

---

1 束脩（xiū）：“学费”之代称。

具。六弟将来必为叔父克家之子，即为吾族光大门第，可喜也。谨述一二，余俟续禀。

道光二十三年正月十七日

禀父母·顺四弟六弟之意任其来京读书

男国藩跪禀父母亲大人万福金安：

正月十七日，男发第一号家信，内呈堂上信三页，复诸弟信九页，教四弟与厚二从汪觉庵师，六弟、九弟到省从丁秩臣，谅已收到。二月十六日接到家信第一号，系新正初三交彭山屺者，敬悉一切。

去年十二月十一，祖父大人忽患肠风，赖神灵默佑，得以速痊，然游子闻之，尚觉心悸。六弟生女，自是大喜。初八日恭逢寿诞，男不克在家庆祝，心尤依依。

诸弟在家不听教训，不甚发奋，男观诸弟来信，即已知之。盖诸弟之意，总不愿在家塾读书。自己亥年男在家时，诸弟即有此意，牢不可破。六弟欲从男进京，因散馆去留未定，故比[1]时未许。庚子年接家眷，即请弟等送，意欲弟等来京读书也。特以祖父母、父母在上，男不敢专擅，故但写诸弟而不指定何人。迨九弟来京，其意颇遂，而四弟、六弟之意尚未遂也。年年株守家园，时有耽搁，大人又不能常在家教之，近地又无良

1 比：另有版本作“彼”。

友，考试又不利，兼此数者，怫郁难申，故四弟、六弟不免怨男。其可以怨男者有故：丁酉在家教弟，威克厥爱[1]，可怨一矣；己亥在家未尝教弟一字，可怨二矣；临进京不肯带六弟，可怨三矣；不为弟另择外傅，仅延丹阁叔教之，拂厥本意，可怨四矣；明知两弟不愿家居，而屡次信回，劝弟寂守家塾，可怨五矣。惟男有可怨者五端，故四弟、六弟难免内怀隐衷，前次含意不申，故从不写信与男，去腊来信甚长，则尽情吐露矣。

男接信时，又喜又惧。喜者，喜弟志气勃勃，不可遏也；惧者，惧男再拂弟意，将伤和气矣。兄弟和，虽穷氓小户必兴；兄弟不和，虽世家宦族必败。男深知此理，故禀堂上各位大人俯从男等兄弟之请，男之意实以和睦兄弟为第一。九弟前年欲归，男百般苦留，至去年则不复强留，亦恐拂弟意也。临别时，彼此恋恋，情深似海。故男自九弟去后，思之尤切，信之尤深。谓九弟纵不为科目中人，亦当为孝弟中人。兄弟人人如此，可以终身互相依倚，则虽不得禄位，亦何伤哉！

恐堂上大人接到男正月信必且惊而怪之，谓两弟到衡阳，两弟到省，何其不知艰苦，擅自专命。殊不知男为兄弟和好起见，故复缕陈一切，并恐大人未见四弟、六弟来信，故封还附呈，总愿堂上六位大人俯从男等三人之请而已。

伏读手谕，谓男教弟宜明言责之，不宜琐琐告以阅历工夫。男自忆连年教弟之信不下数万字，或明责，或婉劝，或博称，

1 威克厥爱：威严超过宠爱。

或约指，知无不言，总之尽心竭力而已。

男妇、孙男女身体皆平安，伏乞放心。男谨禀。

道光二十三年二月十九日

禀父母·盘查国库巨案

男国藩禀父母亲大人万福金安：

三月二十日，男发第三号信，二十四日发第四号信，谅已收到。托金竺虔带回之物，谅已照信收到。男及男妇、孙男女皆平安如常。男因身子不甚壮健，恐今年得差劳苦，故现服补药，预为调养，已作丸药二单。考差尚无信，大约在五月初旬。

四月初四，御史陈公上折直谏，此近日所仅见，朝臣仰之如景星庆云。兹将折稿付回。三月底盘查国库，不对数银九百二十五万两，历任库官及查库御史皆革职分赔，查库王大臣亦摊赔，此从来未有之巨案也。湖南查库御史有石承藻、刘梦兰二人，查库大臣有周系英、刘权之、何凌汉三人，已故者令子孙分赔，何家须赔银三千两。

同乡唐诗甫李杜选陕西靖边县，于四月二十一出京。王翰城选山西冀宁州知州，于五月底可出京。余俱如故。

男二月接信后，至今望信甚切。男谨禀。

道光二十三年四月二十日

禀父母·暂缓儿女联姻

男国藩跪禀父母亲大人万福金安：

五月十一接到四月十三自省城所发信，具悉一切。母亲齿痛，不知比从前略松否？现服何药？下次望四弟寄方来看。叔父之病至今未愈，想甚沉重，望将药方病症书明寄京。刘东屏医道甚精，然高云亭犹嫌其过于胆大，不知近日精进何如？务宜慎之又慎。

王率五荒唐如此，何以善其后？若使到京，男当严以束之，婉以劝之。明年会试后偕公车南归，自然安置妥当，家中尽可放心，特恐其不到京耳。

本家受恬[1]之银，男当写信去催。江西抚台系男戊戌座师，男可写信提及，亦不能言调剂之说。常南陔之世兄，闻其宦家习气太重，孙男孙女尚幼，不必急于联婚。且男之意，儿女联姻，但求勤俭孝友之家，不愿与宦家结契联婚，不使子弟长奢惰之习，不知大人意见何如？望即日将常家女庚退去，托阳九婉言以谢。渠托买高丽参，因亲事不成，亦不便买。

本家道三兄弟托荐馆，男当代为留心。然分发湖南者，即使在京答应，未必到省果去找他，此亦不可靠者也。常南陔处，即由男写信回复。

前男送各戚族家银两，不知祖父、父亲、叔父之意云何？男之浅见，不送则家家不送，要送则家家全送；要减则每家减

1 受恬：曾兴仁，字受恬，善化人。曾任宜春等县知县。

去一半，不减则家家不减。不然，口惠而实不至，亲族之间嫌怨从生，将来衅生不测，反成仇雠。伏乞堂上审慎施行，百叩百叩。男谨禀。

道光二十四年五月十二日

禀父母·无法位置妹夫

男国藩跪禀父母亲大人万福金安：

五月十二日，男发第六号信，其信甚厚，内有寄欧阳小岑、黄仙垣、梁菉庄三处货物单。此刻三人想俱到省，不审已照单查收否？

男及男妇身体清吉。孙儿亦好，六月十七日《三字经》读完，十八日读《尔雅》起。二孙女皆好。冯树堂、郭筠仙皆在寓如常。王率五妹夫于五月二十三日到京，其从弟仕四同来。二人在湘潭支钱十千，在长沙搭船，四月十二日至汉口，在汉口杉牌厂内住十天，二十二在汉口起身，步行至京，道上备尝辛苦，幸天气最好，一路无雨无风，平安到京。在道上仅伤风两日，服药二帖而愈。到京又服凉药二帖，补药三帖，现在精神全好。初到京时，遍身衣裤鞋袜皆坏，件件临时新制，而率五仍不知艰苦。京城实无位置他处，只得暂留男寓，待有便即令他回家。男自调停妥当，家中不必挂心，蕙妹亦不必着急。至于仕四，目前尚在男寓吃饭，待一月既满，如有朋友回南，则荐仕四作仆人带归，如无便可荐，则亦只得麾[1]之出门，不能长留男寓也。湖北主考仓少平系男同年相好，男托仓带仕四到湖北，仓七月初一出京，男给仕四钱约六千，即可安乐到家。本不欲优待他，然不如此，则渠必流落京城，终恐为男之累，不如早打发他回为妥。

祖父大人于四月鼻血多出，男闻不胜惶恐。闻率五说祖父近日不吃酒，不甚健步，不知究竟何如？万求一一详示。叔父病势似不轻，男尤挂心，务求病症开示。

男教习庶吉士五月十八日上学，门生六人。二十日蒙皇上御勤政殿召见，天语垂问及男，奏对约共六七十句。今年考差只剩河南、山东、山西三省，大约男已无望。男今年甚怕放差[2]，盖因去年男妇生产是踏花生[3]，今年恐走旧路，出门难以放心。且去年途中之病，至今心悸。男日来应酬已少，读书如故。寓中用度浩繁，共二十口吃饭，实为可怕。居家保身一切，男知谨慎，大人不必挂念。男谨禀。

道光二十四年六月二十三日

---

1 麾：下命令。

2 放差：皇帝差派廷臣执行某项特定任务。

3 踏花生：俗语谓新生儿双脚先下为“踏花生”。

禀父母·劝弟除骄傲气

男国藩跪禀父母亲大人万福金安：

六月二十三日男发第七号信交折差，七月初一日发第八号交王仕四手，不知已收到否？

六月二十日接六弟五月十二书，七月十六接四弟、九弟五月二十九日书，皆言忙迫之至，寥寥数语，字迹潦草，即县试案首前列皆不写出。同乡有同日接信者，即考古、考老生皆已详载，同一折差也。各家发信迟十余日而从容，诸弟发信早十余日而忙迫，何也？且次次忙迫，无一次稍从容者，又何也？

男等在京大小平安，同乡诸家皆好，惟汤海秋于七月八日得病，初九未刻即逝。六月二十八考教习，冯树堂、郭筠仙、朱啸山皆取。湖南今年考差，仅何子贞得差，余皆未放。惟陈岱云光景最苦。男因去年之病，反以不放为乐。王仕四已善为遣回。率五大约在粮船回，现尚未定。渠身体平安，二妹不必挂心。叔父之病，男累求详信直告，至今未得，实不放心。甲三读《尔雅》，每日二十余字，颇肯率教[1]。

六弟今年正月信欲从罗罗山[2]处附课，男甚喜之。后来信绝不提及，不知何故？所付来京之文，殊不甚好。在省读书二年，不见长进，男心实忧之而无如何，只恨男不善教诲而已。大抵第一要除骄傲气习，中无所有而夜郎自大，此最坏事。四弟、

1 率教：遵从教导。

2 罗罗山：罗泽南，号罗山，系曾国藩好友。

九弟虽不长进，亦不自满。求大人教六弟，总期不自满足为要。余俟续呈。男谨禀。

道光二十四年七月二十日

禀父母·教弟注重看书

男国藩跪禀父母亲大人万福金安：

八月二十九日男发第十号信，备载二十八生女及率五回南事，不知已收到否？

男身体平安。家妇月内甚好，去年月里有病，今年尽除去。孙儿女皆好。初十日顺天乡试发榜，湖南中三人，长沙周荇农原名康立。中南元。率五之归，本拟附家心斋处。因率五不愿坐车，故附陈岱云之弟处，同坐粮船。昨岱云自天津归，云船不甚好，男颇不放心，幸船上人多，应可无虑。

诸弟考试后，尽肄业小罗巷庵，不知勤惰若何？此时惟季弟较小，三弟俱年过二十，总以看书为主。我境惟彭薄墅先生看书略多，自后无一人讲究者，大抵为考试文章所误。殊不知看书与考试全不相碍，彼不看书者，亦仍不利考如故也。我家诸弟，此时无论考试之利不利，无论文章之工不工，总以看书为急。不然，则年岁日长，科名无成，学问亦无一字可靠，将来求为塾师而不可得。或经或史，或诗集文集，每日总宜看二十页。男今年以来，无日不看书，虽万事匆忙，亦不废正业。

闻九弟意欲与刘霞仙同伴读书，霞仙近来见道甚有所得，九弟若去，应有进益，望大人斟酌行之，男不敢自主。此事在九弟自为定计，若愧奋直前，有破釜沉舟之志，则远游不负；若徒悠忽因循，则近处尽可度日，何必远行百里外哉？求大人察九弟之志而定计焉。余容续呈。男谨禀。

道光二十四年九月十九日

禀父母·京寓庆祝寿辰

男国藩跪禀父母亲大人万福金安：

九月二十日，男发十一号信，内有寄刘霞仙一封，想已收到。

男身体平安，读书日有常课，自六月底起，至今未尝间断一天。男妇如常，渐渐有乳。孙男读书有恒，已读《尔雅》一本，共四本，大约明年下半年可读完。此书太难，他书则易为力矣。三孙女皆好，余亦合室平安。男自七月起，寓中已养车马，每年须费百金。因郭雨三奉讳[1]出京，渠车马借与男用，渠曾借男五十金，亦未见还。

率五在东昌有信来京，兹附呈。渠在道上，船钱火食皆陈

1 奉讳：居丧。

宅的，所需用者不过剃头、吃烟而已，故男仅给银十两，钱五千而已。意谓钱已够用，银可剩下到家也。兹渠到东昌已将钱用完，不知余银敷用否？若不敷，陈处挪移自易，然男已不放心。

邹至堂来，望付茶叶一篓、大小剪刀各二把，其余布匹、腊肉之类俱不必付，盖家中极难办，路上极难带也。初九日，父亲大人寿辰，京寓客共三席。十一月初三日，母亲大人六十寿辰，男不获在家庆祝，不胜瞻恋。男拟于寿辰后作寿屏一架，即留在京张挂，不必付回。诸弟读书，不知明年定在何处？望于今冬写信告知，男不胜悬望。谨禀。即跪叩父母亲大人双寿大喜。

道光二十四年十月二十一日

禀父母·寄书物等回家

男国藩跪禀父母亲大人：

男于三月初六日蒙恩得分会试房，四月十一日发榜出场，身体清吉，合室平安。所有一切事宜，写信交折差先寄。兹因啸山还家，托带纹银百两，高丽参斤半，《子史精华》六套，《古文辞类纂》二套，《绥寇纪略》一套，皆六弟信要看之书。高丽参男意送江岷山、东海二家六两，以冀少减息银，又送金竺虔之尊人二两，以报东道之谊，听大人裁处。男尚办有送江家、金家及朱岚暄挂屏，俟郭筠仙带回，又有寿屏及考试笔等物，亦俟他处寄回。余俟续具。男谨禀。

道光二十五年四月十五日

禀父母·不可入署说公事或与人构讼

男国藩跪禀父母亲大人膝下：

五月初六日，男发第六号家信后，十七日接到诸弟四月二十二日在县所发信，欣悉九弟得取前列第三，余三弟皆取前二十名，欢慰之至。

诸弟前所付诗文到京，兹特请杨春皆改正付回。今年长进甚速，良可忻慰。向来六弟文笔最矫健，四弟笔颇笨滞，观其“为仁矣”一篇，则文笔大变，与六弟并称健者。九弟文笔清贵，近来更圆转如意。季弟诗笔亦秀雅。男再三审览，实堪怡悦。

男在京平安。十六、七偶受暑，服药数帖，禁荤数日而愈，现已照常应酬。男妇服补剂已二十余帖，大有效验。医人云：“虚弱之症，能受补则易好。”孙男女及合室下人皆清吉。

长沙馆于五月十二日演戏题名，状元、南元、朝元三匾同日张挂，极为热闹，皆男总办，而人人乐从。头门对联云：“同科十进士，庆榜三名元。”可谓盛矣。

同县邓铁松在京患吐血病，甚为危症，大约不可挽回。同乡有危急事，多有就男商量者，男效祖大人之法，银钱则量力佽助，办事则竭力经营。

严丽生取九弟置前列，男理应写信谢他，因其平日官声不甚好，故不愿谢，不审大人意见何如？我家既为乡绅，万不可入署说公事，致为官长所鄙薄。即本家有事，情愿吃亏，万不可与人构讼，令官长疑为倚势凌人，伏乞慈鉴。男谨禀。

道光二十五年五月二十九日

禀父母·专人去取借款

男国藩跪禀父母亲大人万福金安：

五月三十日发第七号家信，内有升官谢恩折及四弟、九弟、季弟诗文，不知到否？男于五月中旬出瘟疹，服药即效，已痊愈矣，而余热未尽。近日头上生癣，身上生热毒，每日服银花、甘草等药。医云内热未散，宜发出，不宜遏抑。身上之毒，至秋即可全好，头上之癣，亦不至蔓延。又云恐家中祖茔上有不洁处，虽不宜挑动，亦不可不打扫。男以皮肤之患不甚经意，仍读书应酬如故，饮食起居一切如故。男妇服附片、高丽参、熟地、白术等药已五十余日，饭量增加，尚未十分壮健，然行事起居亦复如常。孙男女四人并皆平安，家中仆婢皆好。

前有信言寄金年伯高丽参二两，此万不可少，望如数分送。去年所送戚族银，男至今未见全单。男年轻识浅，断不敢自作主张。然家中诸事，男亦愿闻其详，求大人谕四弟将全单开示为望。

诸弟考试，今年想必有所得。如得入学，但择亲属拜客，不必遍拜，亦不必请酒，盖恐亲族难于应酬也。

同县邓铁松之病略好，男拟帮钱送他回家，但不知能至家否？宝庆公车邹柳溪死，一切后事皆男经理。谢占人、黄麓西皆分发江苏，周子佩、夏阶平皆分吏部主事。

曾受恬去午所借钱，不知已寄到否？若未到，须专人去取，万不可再缓。如心斋亦专差，则两家同去；如渠不专差，则我家独去。家中近日用度何如？男意有人做官，则待邻里不可不略松，而家用不可不守旧，不知是否？男国藩谨禀。

道光二十五年六月十九日

禀父母·诸弟愿意来否

男国藩跪禀父母亲大人万福金安：

六月二十一日，男发第八号家信，不审到否？中言头上生癣，身上生热毒云云，近日请医细看，头上亦非癣也，皆热毒耳。用生地煮水常洗，或用熬浓汁法厚涂患处即愈。现在如法洗涂，大有效验。盖本因血热而起，适当郁蒸天气而发，生地凉血滋润，所以奏功。特此告知，望大人放心。寓中大小平安。陈岱云之妾于二十二日到京，其幼子寄在男处养者，渠已于二十四日接归自养。同乡各家并皆如旧。

李双圃象鹍先生由贵州藩台进京，奉旨以三品京堂候补。虽在渠为左迁，而湖南多一京官，亦自可喜。

今年考试，想四位老弟中必有入泮者，然世事正难逆料，万一皆不得售[1]，则诸弟必牢骚抑郁、愤懑不平，此亦人之情也。如果郁忧，则问四弟、六弟、九弟三人中或有愿进京者，不妨来京一游，可以广耳目，豁心胸，可以叙兄弟之乐，亦男所甚望也。如诸弟不愿来，则不必强，恐其到京而急于思归也。如有一位入学者，则亦不必，恐家中既办印卷[2]，又办途费，银钱艰窘也。如皆不进而诸弟又甚愿来，则望大人张罗途费，毋阻其愤发之志而遏其抑郁之气，幸甚。如季弟愿来，则须有一兄同来乃妥。

邓铁松病势日危，恐不复能回南。屡劝之勿服药，渠皆不听，今之病者皆药误之也。

去年大人教男写字不宜斜脚，男近日已力除此弊。自去年六月起，无论行楷大小字皆悬腕悬肘，是以力足而不精致，伏求大人教训。男谨禀。

道光二十五年七月初一日

禀父母·身上热毒未好

男国藩跪禀父母亲大人万福金安：

六月二十一日发第八号家信，七月初二日发第九号信，想

1 售：达到（目的）。

2 印卷：考试前考生向相关机构交纳试纸，加盖官印，以成诗卷。

俱收到。十四日接到四弟在省发信，内有大人手谕，具悉一切，不胜欣慰。家乡一切近事及去年分赠之项，至是始昭然明白矣。

男在京平顺，惟身上热毒至今未好，其色白，约有大指头大一颗，通身约有七八十颗，鼻子两旁有而不成堆，余皆成堆，脱白皮痂，发里及颈上约二十余颗，两胁及胸腹约五十余，现以治癣之法治之，有效与否，尚不敢必。幸喜毫无他病，饮食起居如常，读书、写字、应酬亦如常。男妇服补剂渐好。孙儿读《尔雅》后读《诗经》，已至《凯风》，朔望行礼，颇无失仪。孙女及合寓皆平安。

荆七在陈宅，光景尚好。男想叫他回来，不好安置，他亦觍颜不愿回家。若男得主考、学政，或放外官，则一定叫他回来，带他上任。京官毫无出息，陈宅有小印结分，故荆七在陈宅比我家好些。男已将此意告荆七，乞家中并告渠兄弟也。

前次写升官信，未详职守。詹事府本是东宫辅导太子之官，因本朝另设有上书房教阿哥，故詹事府诸官毫无所事，不过如翰林院为储才养望之地而已。男居此职，仍日以读书为业。

汪觉庵师寿文准于八月折差付回。温甫弟生子不育，想不免伤感。然男三十始生子，六弟今年二十三耳，叔父母不必忧虑。四弟与常家对亲甚好。男拟寄挽联一付，挽常老太姻母。亦在下次寄回。同乡诸家如旧，惟何子贞脚痛已久，恐仓卒难好，邓铁松病亦难好，余俱平安。男谨禀。

道光二十五年七月十六日

禀父母·请祖父换蓝顶

男国藩跪禀父母亲大人万福金安：

十月初二，男发十五号家信。二十八日接到手谕第九号，系九月底在县城所发者。

男等在京平安。男身上疮毒至今未得全好，中间自九月中旬数日，即将面上痊愈，毫无痂痕，系陈医之力。故升官时召见无陨越之虞。十月下半月，又觉微有痕迹，头上仍有白皴皮，身上尚如九月之常。照前七、八月则已去其大半矣，一切饮食起居，毫无患苦。四弟、六弟用功皆有定课，昨二十八始开课作文。孙男纪泽《郑风》已读毕，《古诗十九首》亦已读毕。男妇及三孙女皆平顺。

前信言宗毅然家银三十两，可将谢山益家一项去还。顷接山益信，云渠去江西时，嘱其子办苏布平元丝银四十两还我家，想送到矣。如已到，即望大人将银并男前信送毅然家。渠是纹银，我还元丝，必须加水[1]，还他三十二两可也。萧辛五处鹿胶，准在今冬寄到。

初十皇太后七旬万寿，皇上率千官行礼。四位阿哥皆骑马而来，七阿哥仅八岁，亦骑马，雍容真龙种气象。十五日皇上颁恩诏于太和殿，十六日又生一阿哥。皇上于辛丑年六秩，壬寅年生八阿哥，乙巳又生九阿哥，圣躬老而弥康如此。

1 水：货币中银的含量。

男得请封章，如今年可用玺[1]，则明春可寄回；如明夏用玺，则秋间寄回。然既得诏旨，则虽诰轴未归，而恩已至矣。望祖父先换蓝顶，其四品补服，候男在京寄回，可与诰轴并付。湖南各家俱平安。余俟续具。男谨禀。

道光二十五年十月二十九日

禀父母·拟为六弟纳监

男国藩跪禀父母亲大人万福金安：

十一月初一发十六号家信，内有覃恩[2]条例单，不知收到否？男头上疮癣至今未愈，近日每天洗二次，夜洗药水，早洗开水，本无大毒，或可因勤洗而好。闻四弟言，家中连年生热毒者八人，并男共九人，恐祖坟有不洁净处，望时时打扫，但不可妄为动土，致惊幽灵。四弟、六弟及儿妇、孙男女等皆平安。

男近与同年会课作赋，每日看书如常，饮食起居如故。四弟课纪泽读，师徒皆有常程。六弟文章极好，拟明年纳监下场，但现无银，不知张罗得就否。

同乡唐镜海先生已告病，明春即将回南。所著《国朝学案》一书，系男约同人代为发刻，其刻价则系耦庚先生所出。前门内有义塾，每年延师八人，教贫户子弟三百余人，昨首事杜姓

1 用玺：皇家签章。

2 覃（tán）恩：广施恩惠。

已死，男约同人接管其事，亦系集腋成裘，男花费亦无几。

纪泽虽从四弟读书，而李竹屋先生尚在男宅住，渠颇思南归，但未十分定计耳。

诰封二轴，今年不能用玺，明年乃可寄回。萧辛五七月处，已于十一月寄鹿胶一斤、阿胶半斤与他。家中若须鹿胶、阿胶，望付信来京，以便觅寄。男谨禀。

道光二十五年十一月二十日

禀父母·报告两次兼职

男国藩跪禀父母亲大人万福金安：

乙巳十一月二十二日发家信十七号，其日同乡彭棣楼放广西思恩府知府。二十四日，陈岱云放江西吉安府知府。岱云年仅三十二岁，而以翰林出为太守，亦近来所仅见者，人皆代渠庆幸，而渠深以未得主考、学政为恨。且近日外官情形，动多掣肘，不如京官清贵安稳。能得外差，固为幸事，即不得差，亦可读书养望，不染尘埃。岱云虽以得郡为荣，仍以失去玉堂为悔，自放官后，摒挡[1]月余，已于十二月二十八出京。

是夕渠有家书到京，男拆开。接大人十一月二十四所示手谕，内叔父及九弟、季弟各一信，彭茀庵表叔一信，具悉家中

1 摒挡：收拾。

一切事。前信言莫管闲事，非恐大人出入衙门，盖以我邑书吏[1]欺人肥己，党邪嫉正。设有公正之乡绅，取彼所鱼肉之善良而扶植之，取彼所朋比之狐鼠而锄抑之，则于彼大有不便，必且造作谣言，加我以不美之名，进谗于官，代我构不解之怨。而官亦阴庇彼辈，外虽以好言待我，实则暗笑之而深斥之，甚且当面嘲讽。且此门一开，则求者踵至，必将日不暇给，不如一切谢绝。今大人手示亦云杜门谢客，此男所深为庆幸者也。

男身体平安。热毒至今未好，涂药则稍愈，总不能断根。十二月十二，蒙恩充补日讲起居注官；二十二日又得充文渊阁直阁事。两次恭谢天恩，兹并将原折付回。讲官共十八人，满八缺，汉十缺，其职司则皇上所到之处，须轮四人侍立。直阁事四缺，不分满汉，其职司则皇上临御经筵之日，四人皆侍立而已。

四弟、六弟皆有进境。孙男读书已至《陈风》。男妇及孙女等皆好。

欧阳牧云有信来京，与男商请封及荐馆事。二事男俱不能应允，故作书婉转告之。外办江绸套料一件、丽参二两、鹿胶一斤、对联一付，为岳父庆祝之仪。恐省城寄家无便，故托彭棣楼带至衡阳学署。

朱尧阶每年赠谷四十石，受惠太多，恐难为报，今年必当辞却。小斗四十石不过值钱四十千，男每年可付此数到家，不可再受他谷，望家中力辞之。毅然家之银想已送矣，若未送，

1 书吏：承办文书的吏员。

须秤元银三十二两，以渠来系纹银也。

男有挽联，托岱云交萧辛五转寄毅然家，想可无误。岱云归，男寄有冬菜十斤、阿胶二斤、笔四枝、墨四条、同门录十本；彭棣楼归，男寄有蓝顶二个、四品补服四付，俱交萧辛五家转寄，伏乞查收。男谨禀。

道光二十六年丙午正月初三日

禀父母·病在肝虚

男国藩跪禀父母亲大人万福金安：

正月初三日发第一号家信。初七日彭棣楼太守出京，男寄补服四付、蓝顶二个，又寄欧阳沧溟先生江绸褂料一件、对联一付、高丽参二两、鹿胶一斤，又寄彭茀庵表叔鹿胶一斤。二月初寄第三号家信，想俱收到。

男等在京合室平安。男病尚未痊愈，二月初吃龙胆泻肝汤，甚为受累，始知病在肝虚，近来专服补肝之品，颇觉有效，以首乌为君，而加以蒺藜、山药、赤芍、菟丝诸味。男此时不求疮癣遽好，但求脏腑无病，身体如常，即为如天之福。今年虽不能得差，男亦毫无怨尤。

同乡张钟涟丁艰[1]，男代为张罗一切，令之即日奔丧回里。黎

---

1 丁艰：即“丁忧”，指遭逢父母丧事。

樾乔于二月十四到京。

四弟近日读书专以求解为急，每日摘疑义二条来问，为男煮药求医及纪泽教读，皆四弟独任其劳。六弟近日文思大进，每月作四书文六首、经文三首，同人无不击节称赏。

请封之事，大约六月可以用玺，秋冬可以寄家。余详四弟书中。男谨禀。

道光二十六年二月十六日

禀父母·请勿悬望得差

男国藩跪禀父母亲大人万福金安：

上次男写信略述癣病情形，有不去考差之意。近有一张姓医，包一个月治好，偶试一处[1]，居然有验，现在赶紧医治，如果得好，男仍定去考差，若不愈，则不去考差。总之，考与不考，皆无关紧要。考而得之，不过多得钱耳。考而不得，与不考同，亦未必不可支持度日。每年考差三百余人，而得差者通共不过七十余人，故终身翰林屡次考差而不得者，亦常有也，如我邑邓笔山、罗九峰是已。男只求平安，伏望堂上大人勿以得差为望。

四弟已写信言男病，男恐大人不放心，故特书此纸。男谨禀。

道光二十六年三月二十五日

1 一处：即“一剂”。

禀父母·附呈考差诗文

男国藩跪禀父母亲大人万福金安：

四月十七日男发第八号家信，言男一定考差。五月初二日赴圆明园，初六日在正大光明殿考试，共二百七十人入场，湖南凡十二人。首题为“无为小人儒”，次题“任官惟贤才”一节，诗题“灵雨既零，得沾字”。男两文各七百字，全卷未错落一字，惟久病之后两眼朦胧，场中写前二开不甚得意，后五开略好。今年考差，好手甚多，男卷难于出色。兹命四弟誊头篇与诗一首寄回，伏乞大人赐观，知男在场中不敢潦草，则知男病后精神毫无伤损，可以放心；知男写卷不得意，则求大人不必悬望得差。堂上大人不以男病为忧，不以得差为望，则男心安恬矣。

男身上癣疾，经张医调治，已愈十之七矣。若从此渐渐好去，不过闰月可奏全效。寓中大小平安。男妇有梦熊之喜，大约八九月当生。四弟书法日日长进。冯树堂于五月十七到京，以后纪泽仍请树堂教，四弟可专心读书。六弟捐监[1]，拟于本月内上兑，填写三代履历、里邻户长一切，男自斟酌，大人尽可放心。纪泽书已读至“浩浩昊天”，古诗已读半本，书皆熟。三孙女皆平安。

同乡各家皆如常，惟湘阴易问斋文溶丁艰。湖南在京小考

1 捐监：纳粟报捐入国子监为监生。

入学者六人，皆系好手。黄正斋小京官六年报满，三月已升主事。杜兰溪四月升员外郎，今年亦与考差。

京师今年久旱，屡次求雨，尚未优渥，皇上焦思。未知南省年岁何如也？男谨禀。

道光二十六年五月十七日

禀父母·六弟成就功名

男国藩跪禀父母亲大人万福金安：

五月十八日发第九号家信，内有考差诗文。男自考差后，癣疾日愈，现在头面已不甚显矣，身上自腰以上亦十去七八，自腿以下尚未治。万一放差，尽可面圣谢恩，但如此顽病而得渐好，已为非常之喜，不敢复设妄想矣。

六弟捐监，于五月二十八日具呈，闰月初兑银，二十一日可领照，六月初一日可至国子监考到，十五即可录科。仰承祖、父、叔父之余荫，六弟幸得成就功名，敬贺敬贺。

男身体平安，现服补气汤药，内有高丽参、焦术。男妇及孙男女四人并如常。自树堂来教书之后，四弟工课益勤。六弟近日文章虽无大进，亦未荒怠。余俟续呈。男谨禀。

道光二十六年闰五月十五日

禀父母·请敬接诰封轴

男国藩跪禀父母亲大人万福金安：

闰五月二十六日，男发家信第十一号，想已收到。邹云陔出粤西差，男寄有高丽参半斤、鹿胶一斤、膏药三十个、眼药三包、张湘纹金顶一品，大约七月初可到省城，家中月半后可接到也。

六弟六月初一日在国子监考到，题“视其所以”，经题“闻善以相告也”二句，六弟取列一百三名。二十五日录科，题“齐之以礼”，诗题“荷珠，得珠字”，六弟亦取列百余名。两次皆二百余人入场。

男等身体皆平安，男妇及孙男女皆安泰。今年诰封轴[1]数甚多，闻须八月始能办完发下。男于八月领到即恳湖南新学院带至长沙。男另办祖父母寿屏一架，华山石刻陈抟所书“寿”字一个，新刻诰封卷一百本，共四件，皆交新学院带回，转交陈岱云家。求父亲大人于九月二十六七赴省。邹云陔由广西归，过长沙不过十月初旬。渠有还男银八十两，面订交陈季牧手。父亲或面会云陔，或不去会他，即在陈宅接钱亦可。十月下旬新学院即可到省，渠有关防，父亲万不可去拜他，但在陈家接诰轴可也。若新学院与男素不相识，则男另觅妥便寄回，亦在十月底可到省，最迟亦不过十一月初旬。父亲接到，带归县城，

1 诰封轴：书写皇帝命令的卷轴。

寄放相好人家或店内，至二十六日令九弟下县去接。二十八日夜，九弟宿贺家坳等处。二十九日祖母大人八十大寿，用吹手执事接诰封数里，接至家，于门外向北置一香案，上竖圣旨牌位，将诰轴置于案上，祖父母率父母望北行三跪九叩首礼。

寿屏请萧史楼写。史楼现未得差，若八月不放学政，则渠必告假回籍，诰轴托渠带归亦可也。一切男自知裁酌。兹寄回黄芽白菜子一包，求查收。余俟续呈。男谨禀。

道光二十六年七月初三日

禀父母·毋以男不得差及六弟不中为虑

男国藩跪禀父母亲大人万福金安：

九月十七日接读第五、第六两号家信，喜堂上各老人安康，家事顺遂，无任欢慰。

男今年不得差，六弟乡试不售，想堂上大人不免内忧。然男则正以不得为喜。盖天下之理，满则招损，亢则有悔；日中则昃，月盈则亏，至当不易之理也。男毫无学识而官至学士，频邀非分之荣，祖父母、父母皆康强，可谓极盛矣。现在京官翰林中无重庆下者，惟我家独享难得之福。是以男栗栗恐惧，不敢求分外之荣，但求堂上大人眠食如常，阖家平安，即为至幸。万望祖父母、父母、叔父母无以男不得差、六弟不中为虑，则大慰矣。况男三次考差，两次已得；六弟初次下场，年纪尚轻，尤不必挂心也。

同县黄正斋，乡试当外帘差，出闱即患痰病，时明时昏，近日略愈。

男癣疾近日大好，头面全看不见，身上亦好了九分。十八生女，男妇极平安，惟体太弱，满月当大补养。在京一切，男自知谨慎。

八月二十三日，折差处发第十四号信，二十七日，周缦云处寄寿屏，发十五号信。九月十二日，善化郑七处寄诰封卷六十本，发第十六号信，均求查收。男谨禀。

道光二十六年九月十九日

禀父母·四弟送归诰轴

男国藩跪禀父母亲大人万福金安：

九月十九日发第十七号信，十月初五日发十八号信，谅已收到。十二、三、四日内诰轴用宝，大约十八日可领到。同乡夏阶平家泰吏部丁内艰，二十日起程回南。男因渠是素服，不便托带诰轴，又恐其在道上拜客，或有耽搁。祖母大人于出月二十九大寿，若赶紧送回，尚可于寿辰迎接诰轴，故特命四弟束装出京，专送诰轴回家，与夏阶平同伴。计十一月十七八可到汉口，汉口到岳州不过三四天，岳州风顺则坐船，风不顺则雇轿，五天可到家。四弟到省即专人回家，以便家中办事，迎接诰命。

第凡事难以逆料，恐四弟道上或有风水阻隔，不能赶上祖母寿辰，亦未可知。家中做生日酒，且不必办接诰封事。若四弟能到，二十七日有信，二十八办鼓手香亭，二十九接封可也。若二十七无四弟到省之信，则二十九但办寿筵，明年正月初八接封可也。倘四弟不归而托别人，不特二十九赶不上，恐初八亦接不到。此男所以特命四弟送归之意耳。

四弟数千里来京，伊意不愿遽归。男与国子监祭酒车意园先生商议，令四弟在国子监报名，先交银数十两，即可给予顶戴。男因具呈为四弟报名，先缴银三十两，其余俟明年陆续缴纳。缴完之日，即可领照。男以此打发四弟，四弟亦欣然感谢，且言愿在家中帮堂上大人照料家事，不愿再应小考，男亦颇以为然。

男等在京身体平安，男妇生女后亦平善。六弟决计留京。九弟在江西有信来，甚好。陈岱云待之如胞弟，饮食教诲，极为可感，书法亦大有长进。然无故而依人，究似非宜，男写书与九弟，嘱其今年偕郭筠仙同伴同家，大约年底可到家。男在京一切用度，自有调停，家中不必挂心。男谨禀。

道光二十六年十月十五日

禀父母·男在京事事省俭及告对九弟等之期望

男国藩跪禀父母亲大人礼次：

正月十五日接到父亲、叔父十一月二十所发手书，敬悉一切。但折弁于腊月二十八在长沙起程，不知四弟何以尚未到省？

祖母葬地，易敬臣之说甚是。男去冬已写信与朱尧阶，请渠寻地。兹又寄与敬臣，尧阶看妥之后，可请敬臣一看，以尧阶为主，而以敬臣为辅。尧阶看定后，若毫无疑义，不再请敬臣可也；若有疑义，则请渠二人商之。男书先寄去，若请他时，四弟再写一信去。男有信禀祖父大人，不知祖父可允从否？若执意不听，则遵命不敢违拗，求大人相机而行。

大人念及京中恐无钱用，男在京事事省俭，偶值缺乏之时，尚有朋友可以通挪。去年家中收各项约共五百金，望收藏二百勿用，以备不时之需。丁、戊二年不考差，恐男无钱寄回。男在京用度自有打算，大人不必挂心。此间情形，四弟必能详言之。

家中办丧事情形，亦望四弟详告。共发孝衣几十件？飨祭几堂？远处来吊者几人？一一细载为幸。

男身体平安。一男四女，痘后俱好。男妇亦如常。

闻母亲想六弟回家，叔父信来，亦欲六弟随公车南旋。此事须由六弟自家作主，男不劝之归，亦不敢留。家中诸务浩繁，四弟可一人经理。九弟、季弟必须读书，万不可耽搁他。九弟、季弟亦万不可懒散自弃。去年江西之行，已不免为人所窃笑，以后切不可轻举妄动，只要天不管地不管，伏案用功而已。男在京时时想望者，只望诸弟中有一发愤自立之人，虽不得科名，亦是男的大帮手。万望家中勿以琐事耽搁九弟、季弟，亦望两弟鉴我苦心，结实用功也。

男之癣疾近又小发，但不似去春之甚耳。同乡各家如常。刘月槎已于十五日到京。余俟续呈。男谨禀。

道光二十七年正月十八日

禀父母·遵命一意服官

男国藩跪禀父母亲大人膝下：

昨初九日巳刻接读大人示谕及诸弟信，藉悉一切。祖父大人之病已渐愈，不胜祷祝，想可由此而痊愈也。男前与朱家信言无时不思乡土，亦久宦之人所不免，故前次家信亦言之。今既承大人之命，男则一意服官，不敢违拗，不作是想矣。

昨初六派总裁房差，同乡惟黄恕皆一人。单另列，初八日题目亦另列。男今年又不得差，则家中气运不致太宣泄，祖父大人之病必可以速愈，诸弟今年或亦可以入学，此盈虚自然之理也。

男癣病虽发，不甚狠，近用蒋医方朝夕治之。渠言此病不要紧，可以徐愈。治病既好，渠亦不要钱，两大人不必悬念。男妇及华男、孙男女身体俱好，均无庸挂虑。男等所望者，惟祖父大人病之速愈，暨两大人节劳，叔母目疾速愈，俾叔父宽怀耳。余容另禀。

道光二十七年三月初十日

禀父母·询问托人寄上之物及告勿因家务过劳

男国藩跪禀父母亲大人膝下：

十六夜接到六月初八日所发家信，欣悉一切。祖父大人病已什愈八九，尤为莫大之福。六月二十八日曾发一信，言升官事，想已收到。冯树堂六月十七日出京，寄回红顶、补服、袍褂、手钏、笔等物，计八月可以到家。贺礼耕七月初五日出京，寄回鹿胶、丽参等物，计凡九月可以到家。

四弟、九弟信来，言家中大小诸事皆大人躬亲之，未免过于劳苦。勤俭本持家之道，而人所处之地各不同，大人之身，上奉高堂，下荫儿孙，外为族党乡里所模范，千金之躯，诚宜珍重。且男忝窃[1]卿贰[2]，服役已兼数人，而大人以家务劳苦如是，男实不安于心。此后万望总持大纲，以细微事付之四弟。四弟固谨慎者，必能负荷，而大人与叔父大人惟日侍祖父大人前，相与娱乐，则万幸矣。

京寓大小平安，一切自知谨慎，堂上各位大人不必挂念。余容另禀。

道光二十七年八月十八日

1 忝窃：谦言，辱居其位或愧得其名。

2 卿贰：次于卿相的朝中大臣。

禀父母·当归蒸鸡治失眠

男国藩跪禀父母亲大人万福金安：

十二月初五接到家中十一月初旬所发家信，具悉一切。男等在京身体平安。男癣疾已痊愈，六弟体气如常，纪泽兄妹五人皆好，男妇怀喜平安，不服药。同乡各家亦皆无恙。

陈本七先生来京，男自有处置之法，大人尽可放心。大约款待从厚，而打发从薄。男光景颇窘，渠来亦必自悔。

九弟信言母亲常睡不着，男妇亦患此病，用熟地、当归蒸母鸡食之，大有效验，九弟可常办与母亲吃。乡间鸡肉、猪肉最为养人，若常用黄芪、当归等类蒸之，略带药性而无药气，堂上五位老人食之，甚有益也。望诸弟时时留心办之。

老秧田背后三角丘是竹山湾至我家大路，男曾对四弟言及，要将路改于坎下，在檀山嘴那边架一小桥，由豆土排上横穿过来。其三角丘则多栽竹树，上接新塘坎大枫树，下接檀山嘴大藤，包裹甚为完紧，我家之气更聚。望堂上大人细思，如以为可，求叔父于明春栽竹种树；如不可，叔父写信示知为幸。

男等于二十日期服[1]已满，敬谨祭告，二十九日又祭告一次。余俟续具。

道光二十七年十二月初六日

1 期服：古制，祖辈丧，孙辈须穿为期一年的丧服。

禀父母·好地气必团聚

男国藩跪禀父母亲大人礼安：

四月底接家中二月二十六所发书，五月初八又接三月二十九所发书，具悉一切。祖父大人病体未愈，不知可服虎骨胶否？

男在京身体如常。华男在黄家就馆，端节后仍于初八日上学。纪泽读《告子》至“鱼，我所欲也”，书尚熟。次孙体甚肥胖。四孙女俱平安。长孙女《论语》已读毕。冢妇亦好。其余眷口如常。

前叔父信言知广彭姓山内有地，有干田十亩。男思好地峰回气聚，其田必膏腴，其山必易生树木。盖气之所积，自然丰润。若硗田童山[1]，气本不聚，鲜有佳城，如庙山宗祠各山之童涸，断尤吉穴矣。大抵凡至一处，觉得气势团聚、山水环抱者，乃可以寻地，否则不免误认也。知广之地，不知何如？男因有干田十亩之说，故进此说。祖母葬后，家中尚属平安，其地或尚可用。如他处买地，不必专买丈尺。若附近田亩在三四百千内者，京中尽可寄回。京中欠账已过千金，然张罗尚为活动，从不窘迫，堂上大人尽可放心。余容续禀。男谨禀。

道光二十八年五月初十日

1 硗（qiāo）田童山：石头多的地和植被稀疏的山。

禀父母·述纪泽姻事

男国藩跪禀父母亲大人万福金安：

四月十四日，接奉父亲三月初九日手谕，并叔父大人贺喜手示及四弟家书，敬悉祖父大人病体未好，且日加沉剧。父、叔率诸兄弟服侍已逾三年，无昼夜之闲，无须臾之懈，独男一人远离膝下，未得一日尽孙子之职，罪责甚深。闻华弟、荃弟文思大进，葆弟之文得华弟讲改，亦日驰千里。远人闻此，欢慰无极。

男近来身体不结实，稍一用心，即癣发于面，医者皆言心亏血热，故不能养肝，热极生风，阳气上干，故见于头面。男恐大发，则不能入见，二月二十三谢恩蒙召见，三月十四值班蒙召见，三十又蒙召见。故不敢用心。谨守大人保养身体之训，隔日一至衙门办公事，余则在家，不妄出门。现在衙门诸事，男俱已熟悉。各司官于男皆甚佩服，上下水乳交融，同寅[1]亦极协和。男虽终身在礼部衙门为国家办此照例之事，不苟不懈，尽就条理，亦所深愿也。

英夷在广东，今年复请入城。徐总督办理有方，外夷折服，竟不入城。从此永无夷祸，圣心嘉悦之至。四月十五日上谕甚嘉奖，兹付呈。李石梧前辈告病。陆立夫总制两江，亦极能胜任。术者每言皇上连年命运行劫财地，去冬始交脱，皇上亦每

1 同寅：在一处做官的人。

为臣工言之。今年气象果为昌泰，诚国家之福也。

儿妇及孙女辈皆好。长孙纪泽前因开蒙太早，教得太宽，顷读毕《书经》，请先生再将《诗经》点读一遍。夜间讲《纲鉴正史约》，已讲至“秦商鞅，开阡陌”。

李家亲事，男因桂阳州往来太不便，已在媒人唐鹤九处回信不对。常家亲事，男因其女系妾所生，且闻其嫡庶不甚和睦，又闻其世兄不甚守俭敦朴，亦不愿对。南陔先生今年来京时，男不与之提及此事，渠已知其不谐矣。纪泽儿之姻事屡次不就，男当年亦十五岁始定婚，则纪泽再缓一二年，亦无不可。求大人即在乡间选一耕读人家之女，或男在京自定，总以无富贵气习者为主。纪沄对郭雨三之女，虽未订盟，而彼此呼亲家，称姻弟，往来亲密，断不改移。二孙女对岱云之次子，亦不改移。谨此禀问，余详与诸弟书中。男谨禀。

道光二十九年四月十六日

禀父母·具折奏请日讲

男国藩跪禀父母亲大人礼安：

潢男三月十五到京，十八日发安信一件，实系五号，误写作四号，四月内应可收到。

藩男十九日下园子，二十日卯刻恭送大行皇太后上两陵。西陵在易州，离京二百六十里，二十四下午到，二十五辰刻致祭。比日转身，赶走一百二十里。二十六日走一百四十里，申刻到家。一路清吉，而昼夜未免辛苦。二十八早复命。

数日内作奏折，拟初一早上。其折因前奏举行日讲，圣上已允，谕于百日后举行，兹折要将如何举行之法切实呈奏也。

二十九日申刻，接到大人二月二十一日手示，内六弟一信、九弟二十六之信并六弟与他之信一并付来，知堂上四位老人康健如常，合家平安。父母亲大人俯允来京，男等内外不胜欣喜。手谕云起程要待潢男秋冬两季归，明年二月潢男仍送两大人进京云云，男等敬谨从命。叔父一二年内既不肯来，男等亦不敢强。潢男归家，或九月，或十月，容再定妥。男等内外及两孙、孙女皆好，堂上老人不必悬念。余俟续禀。

道光三十年三月三十日

禀父·述办水战之法

男国藩跪禀父亲大人万福金安：

屡次接到二十三日、二十八日、二十九日、初二日手谕，敬悉一切。

男前所以招勇往江南杀贼者，以江岷樵麾下人少，必须万人一气，诸将一心，而后渠可以指挥如意，所向无前。故八月三十日寄书与岷樵，言陆续训练，交渠统带，此男练勇往江南之说也。王璞山因闻七月二十四日江西之役谢、易四人殉难，乡勇八十人阵亡，因大发义愤，欲招湘勇二千前往两江杀贼，为易、谢诸人报仇，此璞山之意也。男系为大局起见，璞山系为复仇起见；男兼招宝庆、湘乡及各州县之勇，璞山则专招湘乡一县之勇；男系添六千人，合在江西之宝勇、湘勇足成万人，概归岷樵统带，璞山则招二千人，由渠统带。男与璞山大指虽同，中间亦有参差不合之处。恐家书及传言但云招勇往江南，其中细微分合之故，未能尽陈于大人之前也。

自九月以来，闻岷樵本县之勇皆溃散回楚，而男之初计为之一变。闻贼匪退出江西，回窜上游，攻破田镇，逼近湖北，而男之计又一变。而璞山则自前次招勇报仇之说通禀抚藩各宪[1]，上宪皆嘉其志而壮其才。昨璞山往省，抚藩命其急招勇三千赴省救援。闻近日在涟滨开局，大招壮勇，即日晋省。器械未齐，训练未精，此则不特非男之意，亦并非璞山之初志也。事势之推移有不自知而出于此，若非人力所能自主耳。

季弟之归，乃弟之意，男不敢强留。昨奉大人手示，严切责以大义，不特弟不敢言归，男亦何敢稍存私见，使胞弟迹近规避，导诸勇以退缩之路。现今季弟仍认□□□之不可为，且见专用本地人之有时而不可恃也。男现在专思办水战之法，拟簰与船并用。湘潭驻扎，男与树堂亦尝熟思之。办船等事，宜离贼踪略远，恐未曾办成之际，遽尔蜂拥而来，则前功尽弃。

朱石翁已至湖北，刻难遽回。余湘勇留江西吴城者，男已

---

1 宪：属吏对上司的尊称。

专人去调矣。江岷樵闻亦已到湖北省城。谨此奉闻。男办理一切，自知谨慎，求大人不必挂心。

咸丰三年十月初四日

禀父·军中要务数条

男国藩跪禀父亲大人万福金安：

二十二日接到十九日慈谕，训诫军中要务数条，谨一一禀复：

一、营中吃饭宜早，此一定不易之理。本朝圣圣相承，神明寿考，即系早起能振刷精神之故。即现在粤匪暴乱，为神人所共怒，而其行军亦系四更吃饭，五更起行。男营中起太晏，吃饭太晏，是一大坏事。营规振刷不起，即是此咎。自接慈谕后，男每日于放明炮时起来，黎明看各营操演，而吃饭仍晏，实难骤改。当徐徐改作天明吃饭，未知能做得到否。

一、扎营一事，男每苦口教各营官，又下札教之，言筑墙须八尺高，三尺厚，壕沟须八尺宽，六尺深，墙内有内濠一道，墙外有外濠二道或三道，濠内须密钉竹签云云，各营官总不能遵行。季弟于此等事尤不肯认真。男亦太宽，故各营不甚听话。岳州之溃败，即系因未能扎营之故，嗣后当严戒各营也。

一、调军出战，不可太散，慈谕所诫极为详明。昨在岳州，胡林翼已先至平江，通城屡禀来岳请兵救援，是以于初五日遣塔、周继往。其岳州城内王璞山有勇二千四百，朱石樵有六百，男三营有一千七百，以为可保无虞矣。不谓璞山至羊楼司一败，而初十开仗，仅男三营与朱石樵之六百人，合共不满二千人，而贼至三万之多，是以致败。此后不敢分散，然即合为一气，而我军仅五千人，贼尚多至六七倍，拟添募陆勇万人，乃足以供分布耳。

一、破贼阵法，平日男训诫极多，兼画图训诸营官。二月十三日男亲画贼之莲花抄尾阵，寄交璞山，璞山并不回信；寄交季弟，季弟回信，言贼了无伎俩，无所谓抄尾阵；寄交杨名声、邹寿璋等，回信言当留心。慈训言当用常山蛇阵法，必须极熟极精之兵勇乃能如此。昨日岳州之败，贼并未用抄尾法，交手不过一个时辰，即纷纷奔退。若使贼用抄尾法，则我兵更胆怯矣。若兵勇无胆无艺，任凭好阵法，他也不管，临阵总是奔回，实可痛恨。

一、拿获形迹可疑之人，以后必严办之，断不姑息。

以上各条，谨一一禀复，再求慈训。男谨禀。

咸丰四年甲寅三月二十五日

禀父·在省中修理战船

男国藩跪禀父亲大人万福金安：

二十日申刻唐四到，奉到手谕，敬悉一切。家中大小平安，乡间田禾畅茂，甚为忻慰。

贼匪于初六日复窜入岳州城内，约有二三千人，岳阳城下及南津港船约有数百号。初八、九分船窜至西湖，扰安乡县。十三日龙阳失守。东而益阳，西而常德，并皆戒严。此间调李相堂都司带楚勇一千、胡咏芝带黔勇六百前往，又调周凤山带道州勇一千一百，想二十三四可先后到常。又赵璞山带新宁勇一千由宝庆往常德，又有贵州兵一千亦至常德，想可保全。塔智亭于十二日起程至岳，现尚未到。

男在省修理战船，已有八分工程。衡州新船及广西水勇均于本月可到。出月初，即可令水师至西湖剿贼。十八日，城墙上之兵一二千人闹至中丞署内，因每银一两折放钱二千文，系奉户部咨[1]而兵不肯从，斫柱毁轿，闹至三堂，实属可虑。二十日，吴坤修之火器所起火，火药烧去数千斤，其余火器全烧，伤人数十，现尚未查清。此事关系最要紧，男之心绪不能顺适，然必认真办理，断不因此而稍形懈弛。

大人此次下县，系因公事绅士之请，以后总求不履县城，男心尤安。尤望不必来省，军务倥偬之际，免使省中大府多出一番应酬。男亦惟尽心办理一切，不以牵裾依恋转增大人慈爱感喟之怀，伏乞大人垂鉴。余容续禀。

咸丰四年五月二十日

1 咨：咨文。

禀叔父母

禀叔父·请再代办寿材

侄国藩敬禀叔父大人侍下：

本年家信三号，正月一号，至今尚未收到；由彭九峰寄之信，七月初九收到；七夕所发之信，八月十四收到，欣悉家中一切。三月之事，本侄分所当为，情所不得已，何足挂齿！

前年跪托之事，蒙在渣前买得顶好料一具，侄谨率弟国荃南望拜谢，感抃难名。更求再买一具，即于今冬明春请木匠办就。其所需之钱，望写信来京，侄可觅便付回。一切经营费心，何能图报！

婶母之病痊愈，不知是何光景？曾否服药？尚有不时言笑否？若有信来，望详细示知为幸。肃此恭请叔父母大人万福金安。侄率弟国荃谨禀。

道光二十一年八月十七日

禀叔父母·移寓吕祖阁

侄国藩谨启叔父母大人座下：

屡次家书，或呈祖父，或寄诸弟，想叔父大人皆赐观览，今年已寄十一次矣。而家中诸弟寄京信，侄每嫌其不详。平日在家时寄省无便，侄亦不怪。昨府考以六月十八到省，而折差七月初九进京，诸弟无信。八月初一折差进京，仅四弟一信，六弟、九弟、季弟皆无信。四弟信又太略，府考共考几场？每场是何题目？开点何人？前列何人？皆不写一句。院考题目、考古题目、道案首及进学何人，亦皆不写一句。去年考试亦如此。侄期望甚切，而毫不能得音信，真不可解。九弟前在京时，望家信亦甚切，而归去后亦懒于寄信，何也？

侄今年自五月来满身热毒，烦躁之至，加以应酬最繁，而每次家信必详细言之。现在身上热毒已服药四十余帖，尚未得好。据医者云，虽无大害，然必至十一月乃能去尽。幸饮食起居如恒。因家中客多，不甚清净，于昨十八日移寓吕祖阁庙内，离家不过半里，而在庙内起火食，无事从不归去。家中侄妇及侄孙、侄孙女三人皆平安如常。侄孙《诗经》已读至“定之方中”。同乡诸家，亦皆如旧。同年中祁宿藻放湖北黄州府知府。本家心斋仙逝，实为可哀。下次折差，必作书慰毅然宗伯。四弟、六弟不审已进京否？若未来，仍须发奋，不可牢骚废学。侄谨启。

道光二十五年八月二十一日

禀叔父·侠士料理友丧

侄国藩谨启叔父大人座下：

八月二十二日发十二号家信，想已收到。九月十五、十七连到两折差，又无来信，想四弟、六弟已经来京矣。若使未来，则在省还家时，必将书信寄京。

侄身上热毒，近日头面大减。请一陈姓医生，每早吃丸药一钱，又小有法术，已请来三次，每次给车马大钱一千二百文。自今年四月得此病，请医甚多，服药亦五十余剂，皆无效验。惟此人来，乃将面上治好，头上已好十分之六，身上尚未好。渠云不过一月即可痊愈。侄起居如常，应酬如故，读书亦如故，惟不做诗文，少写楷书而已。侄妇及侄孙儿女皆平安。

陈岱云现又有病，虽不似前年之甚，而其气甚馁，亦难骤然复元。湘乡邓铁松孝廉于八月初五出京，竟于十一日卒于献县道中。幸有江岷樵忠源同行，一切附身附棺，必诚必信。此人义侠之士，与侄极好。今年新化孝廉邹柳溪在京久病而死，一切皆江君料理，送其灵榇回南。今又扶铁松之病而送其死，真侠士也。扶两友之柩行数千里，亦极难矣！侄曾作邹君墓志铭，兹付两张回家。

今年七月忘付黄芽白菜子，八月底寄出，已无及矣。请封之典，要十月十五始可颁恩诏，大约明年秋间始可寄回。

闻彭庆三爷令郎入学，此是我境后来之秀，不可不加意培植。望于家中贺礼之外，另封贲仪大钱一千，上书侄名，以示奖劝。余不具。侄谨启。

道光二十五年九月十七日

禀叔父母·报告升翰林院侍读学士

侄国藩谨启叔父母大人万福金安：

九月十八日发第十三号信，是呈叔父者，二十一日发十四号信，是寄九弟者，想俱收到。二十三日四弟、六弟到京，体气如常。

二十四日皇上御门，侄得升翰林院侍讲学士。每年御门不过四五次，在京各官出缺此时未经放人者，则候御门之日特简放，以示“爵人于朝，与众共之”之意。侄三次阈官[1]，皆御门时特擢，天恩高厚，不知所报。

侄合室平安。身上疮癣尚未尽净，惟面上于半月内全好，故谢恩召见，不至陨越以贻羞，此尤大幸也。

前次写信回家，内有寄家毅然宗丈一封，言由长沙金年伯家寄去心斋之母奠仪三十金，此项本罗苏溪寄者，托侄转交，故侄兑与周辑瑞用，由周家递金家。顷闻四弟言，此项已作途费矣，则毅然伯家奠分必须家中赶紧办出付去，万不可失信。谢兴岐曾借去银三十两，若还来甚好，若未还，求家中另行办

1 阈（yù）官：此谓升官。阈，门槛，界限。

去。又黄麓西借侄银二十两，亦闻家中已收。

侄在京借银与人颇多，若侄不写信告家中者，则家中不必收取。盖在外与居乡不同，居乡者紧守银钱，自可致富；在外者有紧有松，有发有收，所谓大门无出，耳门亦无入，全仗名声好，乃扯得活。若名声不好，专靠自已收藏之银，则不过一年即用尽矣。以后外人借侄银者，仍使送还京中，家中不必收取。去年蔡朝士曾借侄钱三十千，侄已应允作文昌阁捐项，家中亦不必收取。盖侄言不信，则日后虽有求于人，人谁肯应哉？侄于银钱之间，但求四处活动，望堂上大人谅之。

又闻四弟、六弟言，父亲大人近来常到省城、县城，曾为蒋市街曾家说坟山事、长寿庵和尚说命案事，此虽积德之举，然亦是干预公事。侄现在京四品，外放即是臬司[1]。凡乡绅管公事，地方官无不衔恨。无论有理无理，苟非己事，皆不宜与闻。地方官外面应酬，心实鄙薄。设或敢于侮慢，则侄靦然为官而不能免亲之受辱，其负疚当何如耶？以后无论何事，望劝父亲总不到县，总不管事，虽纳税正供，使人至县。伏求堂上大人鉴此苦心，侄时时挂念独此耳。侄谨启。

道光二十五年十月初一日

1 臬司：清代按察使，官三品，掌管一省刑狱、司法、巡检等事务。

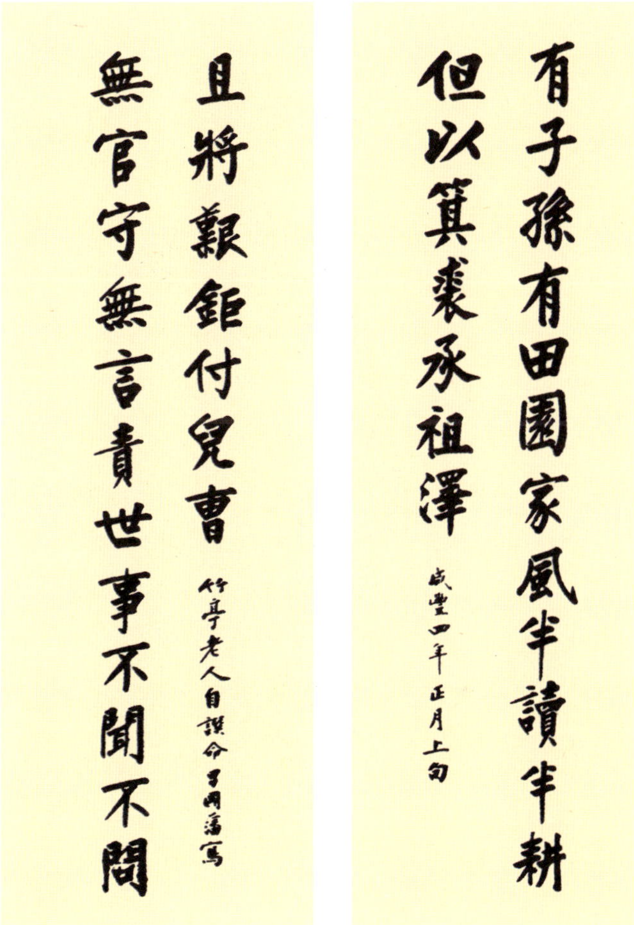

曾国藩父亲曾麟书撰联，曾国藩书写

曾国藩像

曾国藩九弟曾国荃像

曾国藩长子曾纪泽像

曾国藩小女儿曾纪芬和女婿聂缉椝的婚礼照

（聂缉椝出身湖南衡山名门，为洋务派代表人物，曾任江南机器制造总局总办，官至浙江巡抚）

我意也。又恐其初意專主之一說也，亦屬呆

滯。河口似須追至河口，霆嶽敝池似只須追

一日。弟函詢公之意如何，蜀可爲東霞

其毛羽不豐，不可高飛，人才太少，何可遠

征。已有織往商潤帥，賞旗回來買材料，

故未辦就。總當於銀耳雨後濕熱，千万

保重。順問近好。兄國藩手草 十四日午刻

第十三號

劉雲賓今日回去。季弟寄今日發第二號信矣

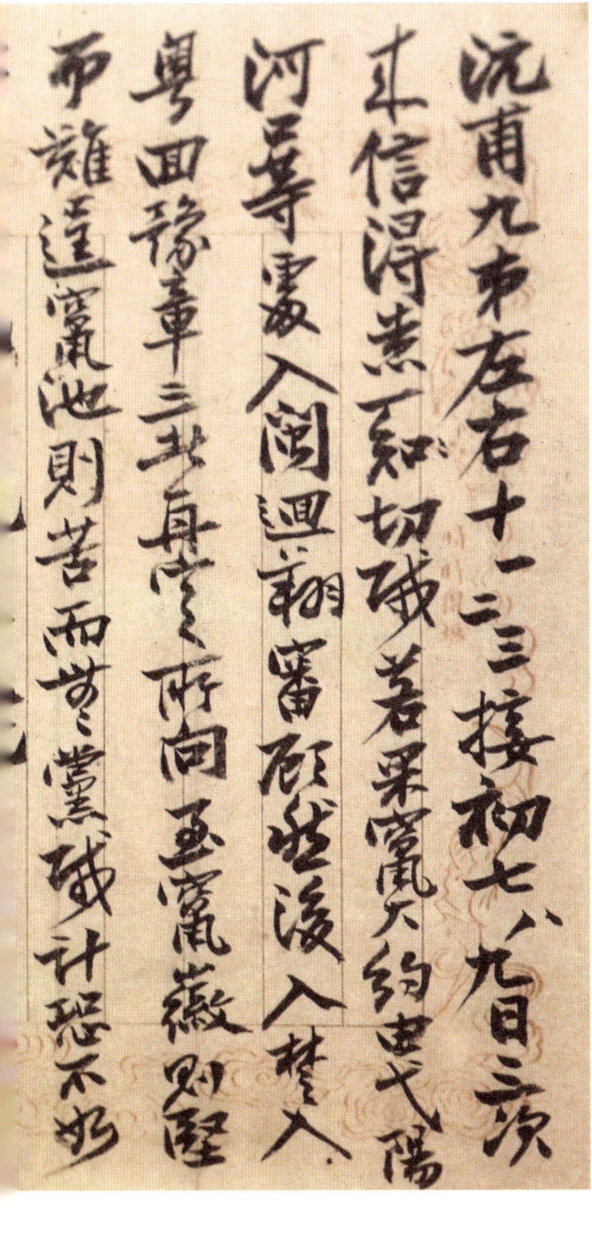

曾国藩写给曾国荃的家书

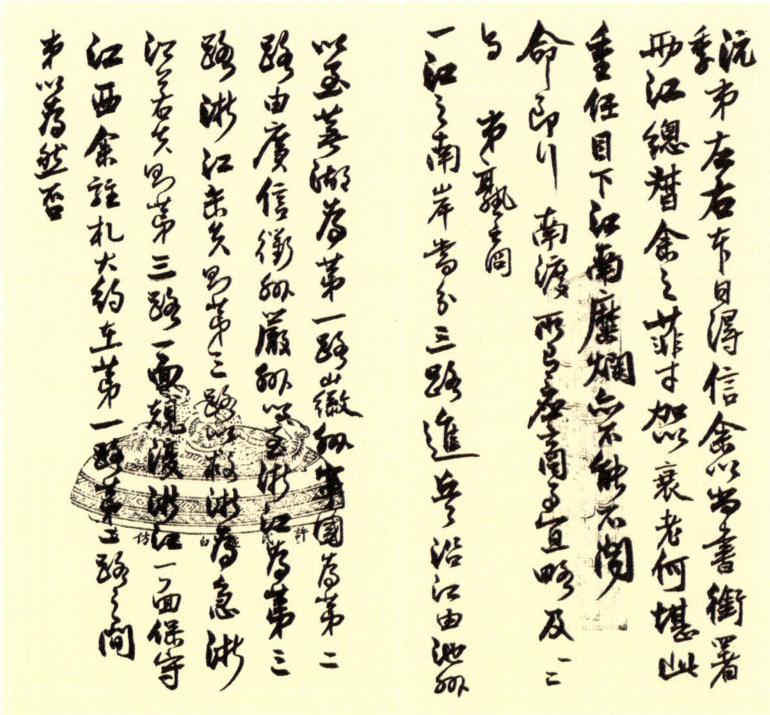

曾国藩写给九弟曾国荃、季弟曾国葆的家书

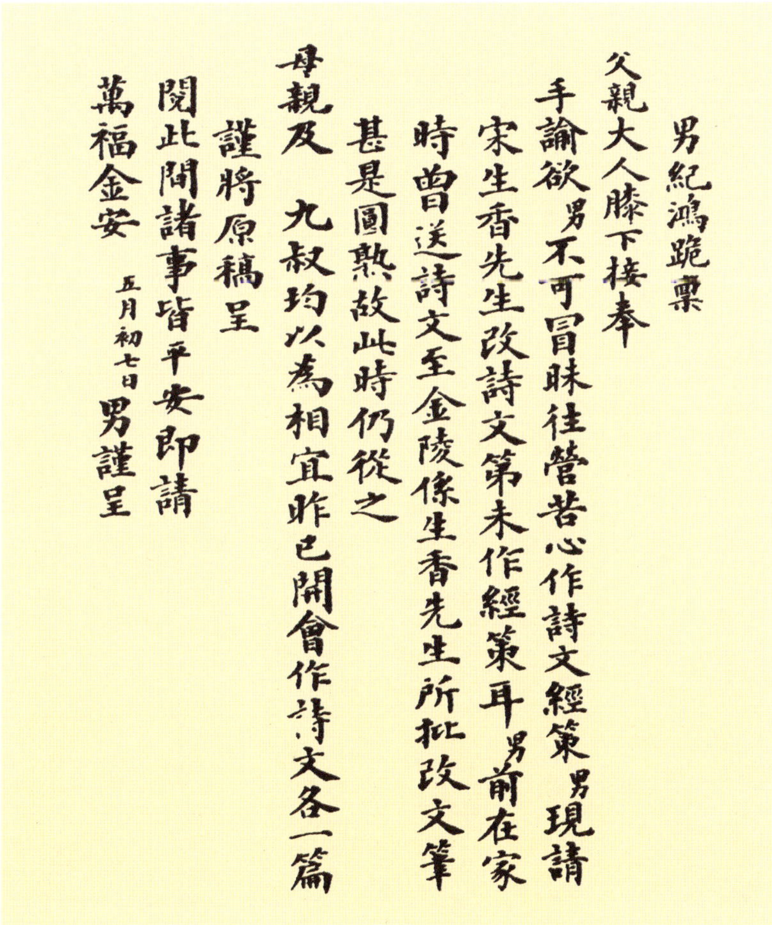
男紀鴻跪稟
父親大人膝下接奉
手諭欲男不可冒昧往營苦心作詩文經策男現請
宋生香先生改詩文第未作經策耳男前在家
時曾送詩文至金陵係生香先生所批改文筆
甚是圓熟故此時仍從之
母親及 九叔均以為相宜昨已開會作詩文各一篇
謹將原稿呈
閱此間諸事皆平安即請
萬福金安 五月初七日 男謹呈

曾国藩次子曾纪鸿写给曾国藩的家书

應敏齋所兌號票銀錢止一萬二千兩言明
可用二万兩計別款用万六七千尚有三四千
昨盤川儘足敷用小船此舉殊為多事亦
亦不宜寄來姑帶至身邊可也日內途
次平安三十日小雪恰與丁中丞在高河會
談今日至劉智廟已交直隸境蘇境廿二
以後九月之記寄去爾速寄　澄沅兩弟一
覽余久未寄湘信甚歉歉遍保宜再寄耳
此囑　滌生手示　十二月初三日

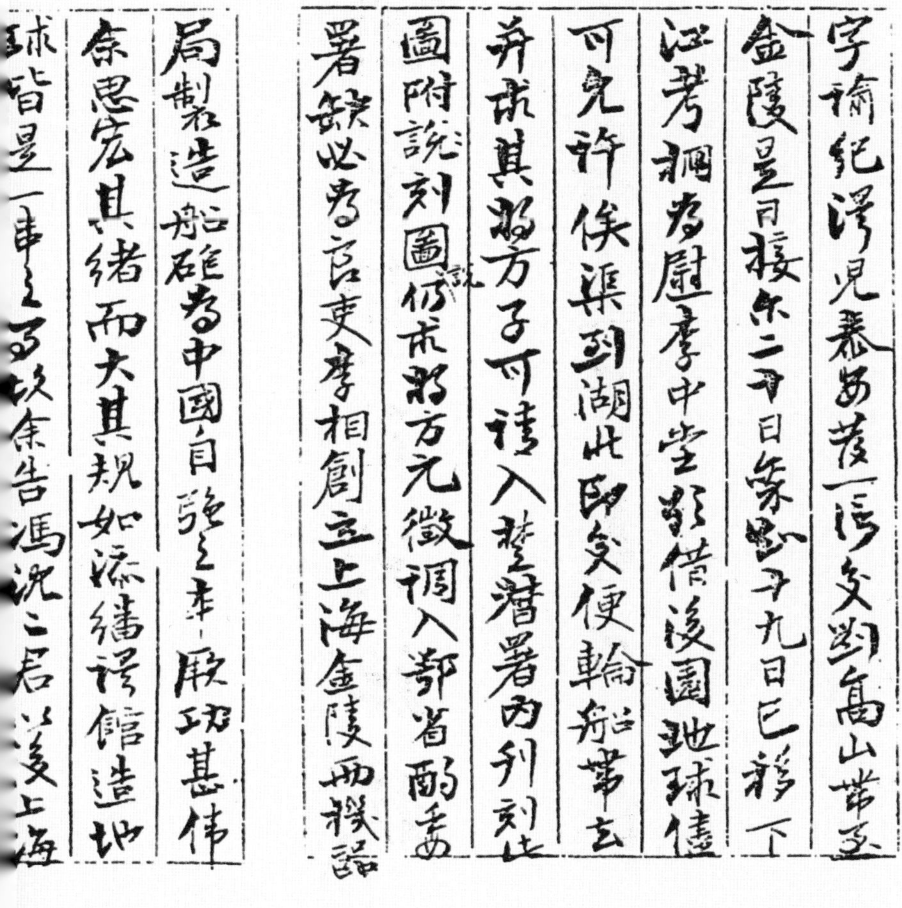
字諭紀澤兒 泰安發一信交劉高山帶至
金陵 是日接尔二月日禀 尔九日已移下
江考棚 為慰 李中堂借後園地球儀
可允許 俟渠到湖北即交便輪船帶去
并求其將方子可請入楚藩署內刊刻此
圖附說刻圖 仍求將方元徵調入鄂省酌委
署缺 必為言吏學相創立上海金陵兩機器
局製造船砲為中國自強之本 厥功甚偉
余思宏其緒而大其規 如添繙譯館 造地
球皆是一串之事 故余告馮沈二君以後上海

曾国藩写给曾纪泽的家书

曾国藩书法对联

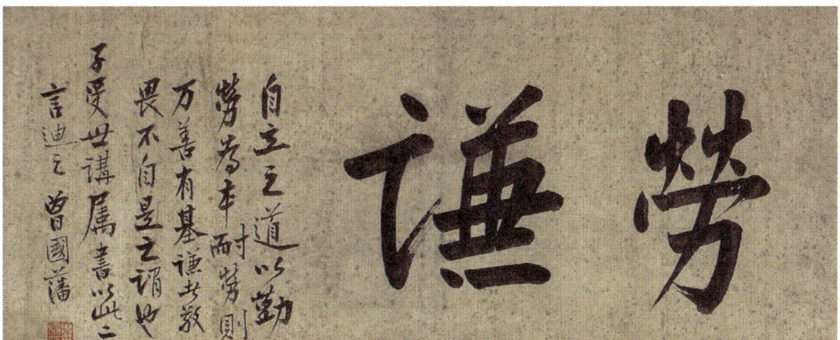

曾国藩书法“止于至善”（上）、“劳谦”（下）

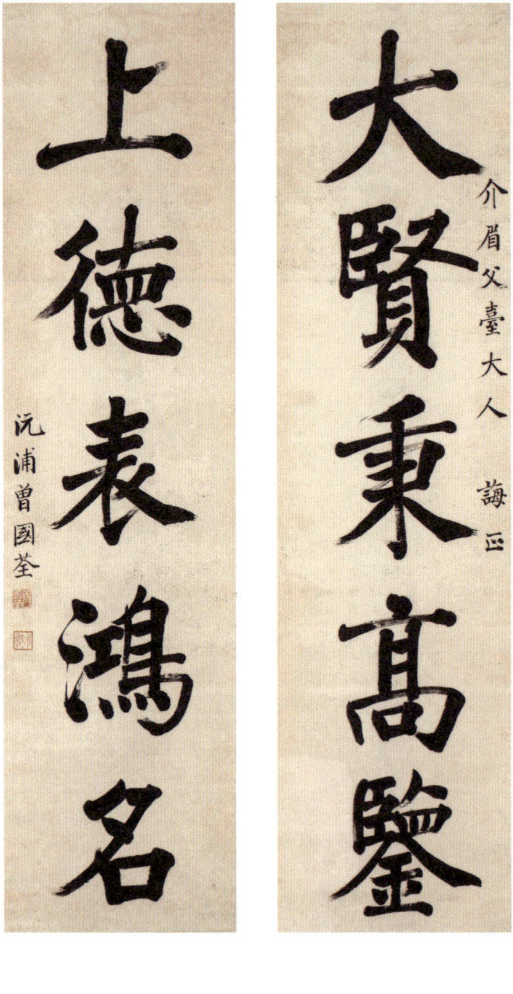

曾国荃书法对联

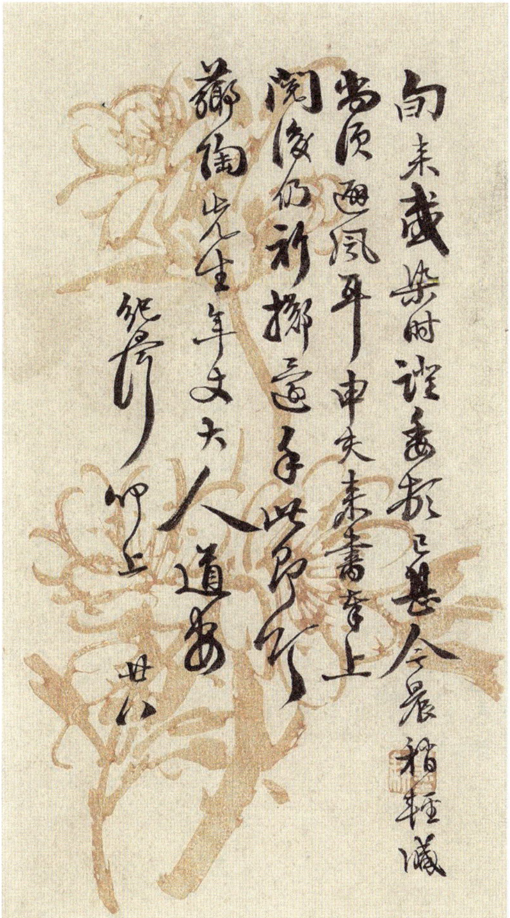

向來盛暑時證每發，已甚，今晨稍輕減，尚須避風耳。申夫來書奉上，閱後仍祈擲還，手此即頌

薌陶先生年丈大人道安

紀澤叩上 廿八

曾纪泽手札

曾纪泽扇面《藕香》

禀叔父母·寄银五十两回家并述其用途

侄国藩敬禀叔父婶母大人万福金安：

新年两次禀安，未得另书敬告一切。侄以庸鄙无知，托祖宗之福荫，幸窃禄位，时时抚衷滋愧。兹于本月大考，复荷皇上天恩，越四级而超升，侄何德何能，堪此殊荣？常恐祖宗积累之福，自我一人享尽，大可惧也。望叔父作书教侄，幸甚。

金竺虔归，寄回银五十两。其四十两用法：六弟、九弟在省读书用二十六两，四弟、季弟学俸六两，买漆四两，欧阳太岳母奠金四两，前第三号信业已载明矣。后又有十两，若作家中用度则嫌其太少，添此无益，减此无损。侄意戚族中有最苦者，不得不些须顾送，求叔父将此十金换钱，分送最亲最苦之处。叔父于无意中送他，万不可说出自侄之意，使未得者有觖望[1]，有怨言。二伯祖母处，或不送钱，按期送肉与油盐之类，随叔父斟酌行之可也。侄谨禀。

道光二十七年六月十七日

禀叔父母·勿劳力过甚

侄国藩谨禀叔父母大人礼安：

六月十七发第九号信，七月初三发第十号信，想次第收到。

---

1 觖（jué）望：奢望。觖，不满意。

十七日接家信二件，内父亲一谕，四弟一书，九弟、季弟在省各一书，欧阳牧云一书，得悉一切。

祖父大人之病不得少减，日夜劳父亲、叔父辛苦服事，而侄远离膝下，竟不得效丝毫之力，中夜思维，刻不能安。江岷樵有信来，言渠已买得虎骨，七月当亲送我家，以之熬膏，可医痿痹云云，不知果送来否？闻叔父去年起公屋，劳心劳力，备极经营，外面极堂皇，工作极坚固，费钱不过百千，而见者拟为三百千规模。焦劳太过，后至吐血，旋又以祖父复病，勤劬弥甚。而父亲亦于奉事祖父之余操理家政，刻不少休。侄窃伏思父亲、叔父二大人年寿日高，精力日迈，正宜保养神气，稍稍休息，家中琐细事务，可命四弟管理。至服事祖父，凡劳心细察之事，则父亲、叔父躬任之；凡劳力粗重之事，则另添一雇工，一人不够，则雇二人。雇工不要做他事，专在祖大人身边，其人要小心秀气。

侄近年以来精力日差，偶用心略甚，癣疾即发，夜坐略久，次日即昏倦。是以力加保养，不甚用功，以求无病无痛，上慰堂上之远怀。外间求作文、求写字者，求批改诗文者，往往历久而莫偿宿诺，是以时时抱疚，日日无心安神恬之时。前四弟在京，能为我料理一切琐事，六弟则毫不能管。故四弟归去之后，侄于外间之回信，家乡应留心之事，不免疏忽废弛。侄等近日身体平安，合室大小皆顺。六弟在京，侄苦劝其南归。一则免告回避，二则尽仰事俯畜之职，三则六弟两年未作文，必在家中父亲、叔父严责方可用功乡试。渠不肯归，侄亦无如之何。

叔父去年四十晋一，侄谨备袍套一付；叔母今年四十大寿，侄谨备棉外套一件，皆交曹西垣带回，服阕后即可着。母亲外褂并汉绿布夹袄，亦一同付回。

闻母亲近思用一丫环，此亦易办，在省城买不过三四十千。若有湖北逃荒者来乡，则更为便益[1]。望叔父命四弟留心速买，以供母亲、叔母使令，其价侄即寄回。侄今年光景之窘较甚于往年，然东支西扯，尚可敷衍。若明年能得外差，或升侍郎，便可弥缝家中。今年季弟喜事，不知窘迫否？侄于八月接到俸银，即当寄五十金回，即去年每岁百金之说也。在京一切张罗，侄自有调停，毫不费力，堂上大人不必挂念。侄谨禀。

道光二十八年七月二十日

禀叔父母 · 托人带归银

侄国藩谨禀叔父母大人福安：

八月十六日发第十三号家信，不审已收到否？九月初十日接到四弟、九弟、季弟等信，系八月半在省城所发者，知祖大人之病又得稍减，九弟得补廪[2]，不胜欣幸。

前劳辛垓廉访八月十一出京，侄寄去衣包一个，计衣十件，

---

1 益：有版本作“宜”。

2 补廪：明、清科举制度，生员经岁、科两试成绩优秀者，增生可依次升廪生，谓之“补廪”。

不知已收到否？侄有银数十两欲寄回家，久无妙便，十月间武冈张君经赞回长沙，拟托渠带回。闻叔父为圳上公屋加工修治，侄亦欲寄银数两，为叔父助犒赏匠人之资。罗六嘉秬所存银二十二两在侄处。右三项皆拟托张君带归。

前欧阳沧溟先生馆事，伍太尊已复书于季仙九先生。兹季师又回一信于伍处，托侄便寄，家中可送至欧阳家，嘱其即投伍府尊也。牧云又托查万崇轩先生选教官之迟早，兹已查出，写一红条，大约明冬可选。此二事，可嘱澄侯写信告知牧云。

侄等在京身体平安。西席宋湘宾九月十一出京，是日即聘庞君。名际云，号省三，直隶人。

曹西垣初十挈眷出都，黎月乔十六出京。江岷樵于初八到京，严仙舫初十到京。余同乡俱如故。

常南陔先生欲以其幼女许配纪泽，托郭筠仙说媒。李家尚未说定，两家似皆可对，不知堂上大人之意若何？望示知。余容续具。侄谨禀。

道光二十八年九月十二日

致诸弟

致诸弟·述修业以卫身

四位老弟足下：

九弟行程，计此时可以到家。自任丘发信之后，至今未接到第二封信，不胜悬悬，不知道上不甚艰险否？四弟、六弟院试计此时应有信，而折差久不见来，实深悬望。

予身体较九弟在京时一样，总以耳鸣为苦。问之吴竹如，云只有静养一法，非药物所能为力。而应酬日繁，予又素性浮躁，何能着实养静？拟搬进内城住，可省一半无谓之往还，现在尚未找得。

予时时自悔，终未能洗涤自新。九弟归去之后，予定刚日读经、柔日读史[1]之法。读经常懒散不沉着。读《后汉书》，现已丹笔点过八本，虽全不记忆，而较之去年读《前汉书》，领会较深。九月十一日起同课人议每课一文一诗，即于本日申刻用白折写。予文、诗极为同课人所赞赏，然予于八股绝无实学，虽感诸君奖借之殷，实则自愧愈深也。待下次折差来，可付课文

1 刚日读经、柔日读史：古人以干支纪日，又以奇数为阳，偶数为阴。甲、丙、戊、庚、壬日居奇位，为刚日；乙、丁、己、辛、癸日属偶，为柔日。不过此处不必拘泥于此，曾国藩所言无非常读经史而不懈。

数篇回家。予居家懒做考差工夫，即借此课以摩厉[1]考具，或亦不至临场窘迫耳。

吴竹如近日往来极密，来则作竟日之谈，所言皆身心国家[2]大道理。渠言有窦兰泉者，垿，云南人。见道极精当平实。窦亦深知予者，彼此现尚未拜往。竹如必要予搬进城住，盖城内镜海先生可以师事，倭艮峰先生、窦兰泉可以友事，师友夹持，虽懦夫亦有立志。予思朱子言“为学譬如熬肉，先须猛火煮，然后用漫火温”，予生平工夫全未用猛火煮过，虽略有见识，乃是从悟境得来，偶用功，亦不过优游玩索已耳，如未沸之汤，遽用漫火温之，将愈煮愈不熟矣。以是急思搬进城内，屏除一切，从事于克己之学。镜海、艮峰两先生亦劝我急搬，而城外朋友，予亦有思常见者数人，如邵蕙西、吴子序、何子贞、陈岱云是也。

蕙西尝言：“‘与周公瑾交，如饮醇醪。’我两人颇有此风味。”故每见辄长谈不舍。子序之为人，予至今不能定其品，然识见最大且精，尝教我云：“用功譬若掘井，与其多掘数井而皆不及泉，何若老守一井，力求及泉而用之不竭乎？”此语正与予病相合，盖予所谓“掘井多而皆不及泉”者也！

何子贞与予讲字极相合，谓我真知大源，断不可暴弃。予尝谓天下万事万理皆出于《乾》《坤》二卦，即以作字论之：纯以神行，大气鼓荡，脉络周通，潜心内转，此乾道也；结构精

1 摩厉：磨砺。

2 身心国家：修身、养性、治国、齐家，即有关个人和国家之大事。

巧，向背有法，修短合度，此坤道也。凡乾以神气言，凡坤以形质言。礼乐不可斯须[1]去身，即此道也。乐本于乾，礼本于坤。作字而优游自得、真力弥满者，即乐之意也；丝丝入扣，转折合法，即礼之意也。偶与子贞言及此，子贞深以为然，谓渠生平得力尽于此矣。

陈岱云与吾处处痛痒相关，此九弟所知者也。

写至此，接得家书，知四弟、六弟未得入学，怅怅然。科名有无迟早，总由前定，丝毫不能勉强。吾辈读书，只有两事：一者进德之事，讲求乎诚正修齐之道，以图无忝[2]所生；一者修业之事，操习乎记诵词章之术，以图自卫其身。进德之事难以尽言，至于修业以卫身，吾请言之：

卫身莫大于谋食。农工商，劳力以求食者也；士，劳心以求食者也。故或食禄于朝，或教授于乡，或为传食之客[3]，或为入幕之宾[4]，皆须计其所业足以得食而无愧。科名[5]者，食禄之阶也，亦须计吾所业，将来不至尸位素餐，而后得科名而无愧。食之得不得，穷通由天作主，予夺由人作主；业之精不精，则由我作主。然吾未见业果精而终不得食者也。农果力耕，虽有饥馑，必有丰年；商果积货，虽有壅滞，必有通时。士果能精其业，

---

1 斯须：些许时间。

2 无忝：不辱。

3 传食之客：有权有势之人的食客。

4 入幕之宾：高官厚禄之人的幕僚宾客。

5 科名：通过科举所得的功名。

安见其终不得科名哉？即终不得科名，又岂无他途可以求食者哉？然则特患业之不精耳。

求业之精，别无他法，曰专而已矣。谚曰“艺多不养身”，谓不专也。吾掘井多而无泉可饮，不专之咎也。诸弟总须力图专业。如九弟志在习字，亦不必尽废他业，但每日习字工夫，断不可不提起精神，随时随事，皆可触悟。四弟、六弟，吾不知其心有专嗜否？若志在穷经，则须专守一经；志在作制义，则须专看一家文稿；志在作古文，则须专看一家文集。作各体诗亦然，作试帖亦然，万不可以兼营并骛，兼营则必一无所能矣。切嘱切嘱！千万千万！

此后写信来，诸弟各有专守之业，务须写明，且须详问极言，长篇累牍，使我读其手书即可知其志向证见。凡专一业之人，必有心得，亦必有疑义。诸弟有心得，可以告我共赏之；有疑义，可以问我共析之。且书信既详，则四千里外之兄弟不啻[1]晤言一室，乐何如乎！

予生平于伦常中，惟兄弟一伦抱愧尤深。盖父亲以其所知者尽以教我，而我不能以吾所知者尽教诸弟，是不孝之大者也。九弟在京年余，进益无多，每一念及，无地自容。嗣后我写诸弟信，总用此格纸，弟宜存留，每年装订成册。其中好处，万不可忽略看过。诸弟写信寄我，亦须用一色格纸，以便装钉。

谢果堂先生出京后来信并诗二首。先生年已六十余，名望

1 不啻：无异于。

甚重，与予见面，辄彼此倾心，别后又拳拳不忘，想见老辈爱才之笃。兹将诗并予送诗附阅，传播里中，使共知此老为大君子也。

予有大铜尺一方，屡寻不得，九弟已带归否？频年[1]寄黄英[2]白菜子，家中种之好否？在省时已买漆否？漆匠果用何人？信来并祈详示。兄国藩手具。

道光二十二年九月十八日

致诸弟·勿屈于小试。大学之纲领。应用日课册

四位老弟足下：

十月二十一日接九弟在长沙所发信，内途中日记六页，外药子一包。二十二接九月初二日家信，欣悉以慰。

自九弟出京后，余无日不忧虑，诚恐道路变故多端，难以臆揣。及读来书，果不出吾所料，千辛万苦始得到家，幸哉幸哉！郑伴之不足恃，余早已知之矣。郁滋堂如此之好，余实不胜感激。在长沙时，曾未道及彭山屺，何也？又为祖母买皮袄，极好极好！可以补吾之过矣。

观四弟来信甚详，其发奋自励之志溢于行间，然必欲找馆出外，此何意也？不过谓家塾离家太近，容易耽搁，不如出外

1 频年：连年、多年。

2 黄英：黄芽。茶名。黄芽茶主要有四川蒙山黄芽和安徽霍山黄芽。

较清净耳。然出外从师，则无甚耽搁；若出外教书，其耽搁更甚于家塾矣。且苟能发奋自立，则家塾可读书，即旷野之地，热闹之场，亦可读书，负薪[1]牧豕[2]，皆可读书；苟不能发奋自立，则家塾不宜读书，即清净之乡，神仙之境，皆不能读书，何必择地？何必择时？但自问立志之真不真耳！

六弟自怨数奇[3]，余亦深以为然。然屈于小试辄发牢骚，吾窃笑其志之小，而所忧之不大也。君子之立志也，有民胞物与之量，有内圣外王之业，而后不忝于父母之所生，不愧为天地之完人。故其为忧也，以不如舜、不如周公为忧也，以德不修、学不讲为忧也。是故顽民梗化则忧之，蛮夷猾夏则忧之，小人在位、贤才否闭则忧之，匹夫匹妇不被己泽则忧之，所谓悲天命而悯人穷，此君子之所忧也。若夫一身之屈伸，一家之饥饱，世俗之荣辱得失、贵贱毁誉，君子固不暇忧及此也。

六弟屈于小试，自称数奇，余窃笑其所忧之不大也。盖人不读书则已，亦既自名曰“读书人”，则必从事于《大学》。《大学》之纲领有三：明德、新民、止至善，皆我分内事也。若读书不能体贴到身上去，谓此三项与我身了不相涉，则读书何用？虽使能文能诗，博雅自诩，亦只算得识字之牧猪奴耳！岂得谓之明理有用之人也乎？朝廷以制艺取士，亦谓其能代圣贤立言，必能明圣贤之理，行圣贤之行，可以居官莅民、整躬率

1 负薪：用汉代朱买臣背柴读书之典。

2 牧豕：汉代函官一边放猪，一边听人讲解经书。

3 数奇：遭遇不顺当。

物也。若以明德、新民为分外事，则虽能文能诗，而于修己治人之道实茫然不讲，朝廷用此等人作官，与用牧猪奴作官何以异哉？然则既自名为“读书人”，则《大学》之纲领皆己身切要之事，明矣。其条目有八，自我观之，其致功之处，则仅二者而已：曰格物，曰诚意。

格物，致知之事也；诚意，力行之事也。物者何？即所谓本末之物也。身、心、意、知、家、国、天下，皆物也；天地万物，皆物也；日用常行之事，皆物也。格者，即物而穷其理也。如事亲定省，物也；究其所以当定省之理，即格物也。事兄随行，物也；究其所以当随行之理，即格物也。吾心，物也；究其存心之理，又博究其省察涵养以存心之理，即格物也。吾身，物也；究其敬身之理，又博究其立齐坐尸以敬身之理，即格物也。每日所看之书，句句皆物也；切己体察，穷究其理，即格物也。此致知之事也。所谓诚意者，即其所知而力行之，是不欺也。知一句便行一句，此力行之事也。此二者并进，下学在此，上达亦在此。

吾友吴竹如，格物功夫颇深，一事一物皆求其理。倭艮峰先生则诚意功夫极严，每日有日课册，一日之中，一念之差，一事之失，一言一默，皆笔之于书。书皆楷字，三月则订一本。自乙未年起，今三十本矣。盖其慎独之严，虽妄念偶动，必即时克治，而著之于书。故所读之书，句句皆切身之要药。兹将艮峰先生日课钞三页付归与诸弟看。余自十月初一日起，亦照艮峰样，每日一念一事，皆写之于册，以便触目克治，亦写楷书。冯树堂与余同日记起，亦有日课册。树堂极为虚心，爱我如兄，敬我如师，将来必有所成。

余向来有无恒之弊，自此次写日课本子起，可保终身有恒矣。盖明师益友，重重夹持，能进不能退也。本欲钞余日课册付诸弟阅，因今日镜海先生来，要将本子带同去，故不及钞。十一月有折差，准钞几页付回也。

余之益友，如倭艮峰之瑟僴[1]，令人对之肃然；吴竹如、窦兰泉之精义，一言一事，必求至是；吴子序、邵蕙西之谈经，深思明辨；何子贞之谈字，其精妙处，无一不合，其谈诗尤最符契。子贞深喜吾诗，故吾自十月来已作诗十八首，兹钞二页，付回与诸弟阅。冯树堂、陈岱云之立志，汲汲不遑，亦良友也。镜海先生，吾虽未尝执贽[2]请业，而心已师之矣。

吾每作书与诸弟，不觉其言之长，想诸弟或厌烦难看矣。然诸弟苟有长信与我，我实乐之，如获至宝，人固各有性情也。

余自十月初一日起记日课，念念欲改过自新。思从前与小珊有隙，实是一朝之忿，不近人情，即欲登门谢罪。恰好初九日小珊来拜寿，是夜余即至小珊家久谈，十三日与岱云合伙请小珊吃饭，从此欢笑如初，前隙尽释矣。

金竺虔报满[3]用知县，现住小珊家，喉痛月余，现已全好。李

1 瑟僴（xiàn）：胸襟开阔。

2 执贽：拜见师长时所持的礼物。

3 报满：指官员任期已满，由原任所在之机关报吏部、兵部或相关机构，等候升转或调补。

笔峰在汤家如故。易莲舫要出门就馆，现亦甚用功，亦学倭艮峰者也。同乡李石梧已升陕西巡抚。两大将军皆锁拿解京治罪，拟斩监候。英夷之事，业已和抚，去银二千一百万两，又各处让他码头五处。现在英夷已全退矣。两江总督牛鉴，亦锁解刑部治罪。

近事大略如此，容再续书。兄国藩手具。

道光二十二年十月二十六日

致诸弟·述近况并对待童仆之态度

诸位贤弟足下：

十月二十七日寄弟书一封，内信四页，钞倭艮峰先生日课三页，钞诗二页，已改寄萧辛五先生处，不由庄五爷公馆矣，不知已到无误否？

十一月前八日已将日课钞与弟阅，嗣后每次家信，可钞三页付回。日课本皆楷书，一笔不苟，惜钞回不能作楷书耳。冯树堂进功最猛，余亦教之如弟，知无不言。可惜九弟不能在京与树堂日日切磋，余无日无刻不太息也。九弟在京年半，余懒散不努力；九弟去后，余乃稍能立志，盖余实负九弟矣。余尝语岱云曰：“余欲尽孝道，更无他事，我能教诸弟进德业一分，则我之孝有一分；能教诸弟进十分，则我孝有十分；若全不能教弟成名，则我大不孝矣。”九弟之无所进，是我之大不孝也。惟愿诸弟发奋立志，念念有恒，以补我不孝之罪，幸甚幸甚。

岱云与易五近亦有日课册，惜其识不甚超越。余虽日日与之谈论，渠究不能悉心领会，颇疑我言太夸。然岱云近极勤奋，将来必有所成。

何子敬近待我甚好，常彼此作诗唱和，盖因其兄钦佩我诗，且谈字最相合，故子敬亦改容加礼。子贞现临隶字，每日临七八页，今年已千页矣。近又考订《汉书》之讹，每日手不释卷。盖子贞之学长于五事：一曰《仪礼》精，二曰《汉书》熟，三曰《说文》精，四曰各体诗好，五曰字好。此五事者，渠意皆欲有所传于后。以余观之，前三者余不甚精，不知深浅究竟何如；若字，则必传千古无疑矣。诗亦远出时手之上，必能卓然成家。近日京城诗家颇少，故余亦欲多做几首。

金竺虔在小珊家住，颇有面善心非之隙。唐诗甫亦与小珊有隙。余现仍与小珊来往，泯然无嫌，但心中不甚惬洽耳。曹西垣与邹云陔十月十六起程，现尚未到。汤海秋久与之处，其人诞言太多，十句之中仅一二句可信。今冬嫁女二次，一系杜兰溪之子，一系李石梧之子入赘。黎樾翁亦有次女招赘。其婿虽未读书，远胜于冯舅矣。李笔峰尚馆海秋处，因代考供事，得银数十，衣服焕然一新。王翰城捐知州，去大钱八千串。何子敬捐知县，去大钱七千串，皆于明年可选实缺。黄子寿处，本日去看他，功夫甚长进，古文有才华，好买书，东翻西阅，涉猎颇多，心中已有许多古董。何世兄亦甚好，沉潜之至，天分亦高，将来必有所成。吴竹如近日未出城，余亦未去，盖每见则耽搁一天也。其世兄亦极沉潜，言动中礼，现在亦学倭艮峰先生。吾观何、吴两世兄之姿质，与诸弟相等，远不及周受珊、黄子寿，而将来成就，何、吴必更切实，此其故。诸弟能看书自知之，愿诸弟勉之而已。此数人者，皆后起不凡之人才也，安得诸弟与之联镳并驾，则余之大幸也。季仙九先生到京服阕，待我甚好，有青眼相看之意。同年会课，近皆懒散，而十日一会如故。

予今年过年，尚须借银百五十金，以五十还杜家，以百金用。李石梧到京，交出长郡馆公费，即在公项借用，免出外开口更好。不然，则尚须张罗也。

门上[1]陈升一言不合而去，故予作《傲奴诗》。现换一周升作门上，颇好。予读《易·旅卦》："丧其童仆"。《象》曰："以旅与下，其义丧也。"解之者曰："以旅与下者，谓视童仆如旅人，刻薄寡恩，漠然无情，则童仆亦将视主上如逆旅矣。"予待下虽不刻薄，而颇有视如逆旅之意，故人不尽忠，以后予当视之如家人手足也。分虽严明，而情贵周通。贤弟待人，亦宜知之。

予每闻折差到，辄望家信，不知能设法多寄几次否？若寄信，则诸弟必须详写日记数天，幸甚。予写信亦不必代诸弟多立课程，盖恐多看则生厌，故但将予近日实在光景写示而已，伏惟诸弟细察。

道光二十二年十一月十七日

1 门上：门卫。

致诸弟·己巳戒烟。欲作曾氏家训。勉励自立课程

诸位贤弟足下：

十一月十七寄第三号信，想已收到。父亲到县纳漕[1]，诸弟何不寄一信，交县城转寄省城也？以后凡遇有便，即须寄信，切要切要。九弟到家，遍走各亲戚家，必各有一番景况，何不详以告我？

四妹小产以后，生育颇难，然此事最大，断不可以人力勉强，劝渠家只须听其自然，不可过于矜持。又闻四妹起最晏[2]，往往其姑反服事他，此反常之事，最足折福。天下未有不孝之妇而可得好处者，诸弟必须时劝导之，晓之以大义。

诸弟在家读书，不审每日如何用功？予自十月初一立志自新以来，虽懒惰如故，而每日楷书写日记，每日读史十页，每日记“茶余偶谈”一则，此三事未尝一日间断。十月二十一日立誓永戒吃水烟，洎[3]今已两月不吃烟，已习惯成自然矣。予自立课程甚多，惟记“茶余偶谈”、读史十页、写日记楷本此三事者，誓终身不间断也。诸弟每人自立课程，必须有日日不断之功，虽行船走路，俱须带在身边。予除此三事外，他课程不必能有成，而此三事者，将终身以之。

前立志作曾氏家训一部，曾与九弟详细道及。后因采择经

---

1 纳漕：缴纳漕粮。

2 晏：迟、晚。

3 洎（jì）：至、到。

史，若非经史烂熟胸中，则割裂零碎，毫无线索。至于采择诸子各家之言，尤为浩繁，虽钞数百卷，犹不能尽收。然后知古人作《大学衍义》《衍义补》诸书，乃胸中自有条例，自有议论，而随便引书以证明之，非翻书而遍钞之也。然后知著书之难，故暂且不作曾氏家训。若将来胸中道理愈多，议论愈贯串，仍当为之。

现在朋友愈多，讲躬行心得者，则有镜海先生、艮峰前辈、吴竹如、窦兰泉、冯树堂；穷经知道者，则有吴子序、邵蕙西；讲诗、文、字而艺通于道者，则有何子贞；才气奔放，则有汤海秋；英气逼人、志大神静，则有黄子寿。又有王少鹤、名锡振，广西主事，年二十七岁，张筱浦之妹夫。朱廉甫、名琦，广西乙未翰林。吴莘畬、名尚志，广东人，吴抚台之世兄。庞作人，名文寿，浙江人。此四君者，皆闻予名而先来拜，虽所造有浅深，要皆有志之士，不甘居于庸碌者也。京师为人文渊薮，不求则无之，愈求则愈出。近来闻好友甚多，予不欲先去拜别人，恐徒标榜虚声。盖求友以匡己之不逮，此大益也；标榜以盗虚名，是大损也。天下有益之事，即有足损者寓乎其中，不可不辨。黄子寿近作《选将论》一篇，共六千余字，真奇才也。子寿戊戌年始作破题，而六年之中遂成大学问，此天分独绝，万不可学而至，诸弟不必震而惊之。予不愿诸弟学他，但愿诸弟学吴世兄、何世兄。吴竹如之世兄，现亦学艮峰先生写日记，言有矩，动有法，其静气实实可爱。何子贞之世兄，每日自朝至夕总是温书，三百六十日，除作诗文时，无一刻不温书，真可谓有恒者矣。故予从前限功课教诸弟，近来写信寄弟，从不另开课程，但教诸弟有恒而已。盖士人读书，第一要有志，第二要有识，第三要有恒。有志，则断不甘为下流；有识，则知学问无尽，不敢以一得自足，如河伯[1]之观海，如井蛙之窥天，皆无识者也；有恒，则断无不成之事。此三者缺一不可。诸弟此时惟有识不可以骤几[2]，至于有志、有恒，则诸弟勉之而已。予身体甚弱，不能苦思，苦思则头晕；不耐久坐，久坐则倦乏。时时属望惟诸弟而已。

明年正月，恭逢祖大人七十大寿，京城以进十为正庆。予本拟在戏园设寿筵，窦兰泉及艮峰先生劝止之，故不复张筵。盖京城张筵唱戏，名为庆寿，实则打把戏。兰泉之劝止，正以此故。现在作寿屏两架，一架淳化笺四大幅，系何子贞撰文并书，字有茶碗口大。一架冷金笺八小幅，系吴子序撰文，予自书。淳化笺系内府用纸，纸厚如钱，光彩耀目，寻常琉璃厂无有也，昨日偶有之，因买四张。子贞字甚古雅，惜太大，万不能寄回。奈何奈何！

侄儿甲三体日胖而颇蠢，夜间小解知自报，不至于湿床褥。女儿体好，最易扶携，全不劳大人费心力。

今年冬间，贺耦庚先生寄三十金，李双圃先生寄二十金，其余尚有小进项。汤海秋又自言借百金与我用，计还清兰溪、寄云外，尚可宽裕过年。统计今年除借会馆房钱外，仅借百五十金，岱云则略多些。岱云言在京已该[3]账九百余金，家中亦有

1 河伯：黄河之神。

2 骤几：突然接近。

3 该：欠。

此数，将来正不易还。寒士出身，不知何日是了也！我在京该账尚不过四百金，然苟不得差，则日见日紧矣。

书不能尽言，惟诸弟鉴察。兄国藩手草。

道光二十二年十二月二十日

附课程表

主敬　整齐严肃，无时不惧。无事时心在腔子里，应事时专一不杂。

静坐　每日不拘何时，静坐一会，体验静极生阳来复之仁心，正位凝命，如鼎之镇。

早起　黎明即起，醒后勿沾恋。

读书不二　一书未点完，断不看他书。东翻西阅，都是徇外[1]为人。

读史　二十三史每日读十页，虽有事不间断。

写日记　须端楷，凡日间过恶，身过、心过、口过，皆记出，终身不间断。

日知其所亡[2]　每日记“茶余偶谈”一则，分德行门、学问门、经济门、艺术门。

月无忘所能　每月作诗文数首，以验积理之多寡，养气之盛否。

谨言　刻刻留心。

养气　无不可对人言之事，气藏丹田。

保身　谨遵大人手谕：节欲，节劳，节饮食。

---

1 徇外：屈从于身外环境。

2 亡：无。

作字 早饭后作字，凡笔墨应酬，当作自己功课。

夜不出门 旷功疲神，切戒切戒。

致诸弟·讲读经史之法及求师友之注意点

诸位老弟足下：

正月十五日接到四弟、六弟、九弟十二月初五日所发家信。四弟之信三页，语语平实，责我待人不恕，甚为切当。谓“月月书信，徒以空言责弟辈，却又不能实有好消息，令堂上阅兄之书，疑弟辈粗俗庸碌，使弟辈无地可容”云云，此数语，兄读之不觉汗下。

我去年曾与九弟闲谈，云：为人子者，若使父母见得我好些，谓诸兄弟俱不及我，这便是不孝；若使族党称道我好些，谓诸兄弟俱不如我，这便是不弟[1]。何也？盖使父母心中有贤愚之分，使族党口中有贤愚之分，则必其平日有讨好底[2]意思，暗用机计，使自己得好名声，而使其兄弟得坏名声，必其后日之嫌隙由此而生也。刘大爷、刘三爷兄弟皆想做好人，卒至视如仇雠，因刘三爷得好名声于父母、族党之间，而刘大爷得坏名声故也。今四弟之所责我者，正是此道理，我所以读之汗下。但愿兄弟五人，各各明白这道理，彼此互相原谅。兄以弟得坏名

1 弟：悌。

2 底：的。

为忧，弟以兄得好名为快。兄不能使弟尽道得令名[1]，是兄之罪；弟不能使兄尽道得令名，是弟之罪。若各各如此存心，则亿万年无纤芥之嫌矣。

至于家塾读书之说，我亦知其甚难，曾与九弟面谈及数十次矣。但四弟前次来书，言欲找馆出外教书。兄意教馆之荒功误事，较之家塾为尤甚，与其出而教馆，不如静坐家塾。若云一出家塾便有明师益友，则我境之所谓明师益友者，我皆知之，且已夙夜熟筹之矣。惟汪觉庵师及阳沧溟先生，是兄意中所信为可师者。然衡阳风俗，只有冬学要紧，自五月以后，师弟皆奉行故事而已。同学之人，类皆庸鄙无志者，又最好讪笑人。其笑法不一，总之不离乎轻薄而已。四弟若到衡阳去，必以翰林之弟相笑，薄俗可恶。乡间无朋友，实是第一恨事，不惟无益，且大有损。习俗染人，所谓与鲍鱼处[2]，亦与之俱化也。兄尝与九弟道及，谓衡阳不可以读书，涟滨不可以读书，为损友太多故也。

今四弟意必从觉庵师游，则千万听兄嘱咐，但取明师之益，无受损友之损也。接到此信，立即率厚二到觉庵师处受业。其束脩，今年谨具钱十挂，兄于八月准付回，不至累及家中，非不欲从丰，实不能耳。兄所最虑者，同学之人无志嬉游，端节[3]以后放散不事事，恐弟与厚二效尤耳。切戒切戒。凡从师必久

---

1 令名：好名声。

2 与鲍鱼处：进入出售鲍鱼的店里，时间久了，也不觉得臭了。

3 端节：端午节。

而后可以获益，四弟与季弟今年从觉庵师，若地方相安，则明年仍可从游；若一年换一处，是即无恒者，见异思迁也，欲求长进，难矣。

此以上答四弟信之大略也。

六弟之信，乃一篇绝妙古文，排奡[1]似昌黎，拗很[2]似半山[3]。予论古文，总须有倔强不驯之气，愈拗愈深之意，故于太史公外，独取昌黎、半山两家。论诗亦取傲兀不群[4]者，论字亦然。每蓄此意而不轻谈。近得何子贞意见极相合，偶谈一二句，两人相视而笑。不知六弟乃生成有此一枝妙笔，往时见弟文，亦无大奇特者，今观此信，然后知吾弟真不羁才也。欢喜无极，欢喜无极！凡兄有所志而力不能为者，吾弟皆可为之矣。

信中言兄与君子[5]讲学，恐其渐成朋党，所见甚是。然弟尽可放心，兄最怕标榜，常存暗然尚絅[6]之意，断不至有所谓门户自表者也。信中言四弟浮躁不虚心，亦切中四弟之病，四弟当视为良友药石之占。信中又有“荒芜已久，甚无纪律”二语，此甚不是。臣子于君亲，但当称扬善美，不可道及过错；但当谕亲于道，不可疵议细节。兄从前常犯此大恶，但尚是腹诽，

1 排奡（ào）：文笔矫健有力。

2 拗很：性格异常固执。

3 半山：王安石。

4 傲兀不群：高傲而不流俗。

5 君子：有识之士。

6 暗然尚絅（jiǒng）：此言稀里糊涂地崇尚禅法。絅，罩在外面的单衣，这里引为禅衣。

未曾形之笔墨。如今思之，不孝孰大乎是？常与阳牧云并九弟言及之，以后愿与诸弟痛惩此大罪。六弟接到此信，立即至父亲前磕头，并代我磕头请罪。

信中又言弟之牢骚，非小人之热中，乃志士之惜阴。读至此，不胜惘然，恨不得生两翅忽飞到家，将老弟劝慰一番，纵谈数日乃快。然向使诸弟已入学，则谣言必谓学院做情[1]，众口铄金，何从辨起？所谓塞翁失马，安知非福，科名迟早实有前定，虽惜阴念切，正不必以虚名萦怀耳。

来信言看《礼记疏》一本半，浩浩茫茫，苦无所得，今已尽弃，不敢复阅，现读朱子《纲目》，日十余页云云。说到此处，兄不胜悔恨，恨早岁不曾用功，如今虽欲教弟，譬盲者而欲导人之迷途也，求其不误，难矣。

然兄最好苦思，又得诸益友相质证，于读书之道，有必不可易者数端：穷经必专一经，不可泛骛。读经以研寻义理为本，考据名物为末。读经有一耐字诀。一句不通，不看下句；今日不通，明日再读；今年不精，明年再读，此所谓耐也。读史之法，莫妙于设身处地。每看一处，如我便与当时之人酬酢笑语于其间。不必人人皆能记也，但记一人，则恍如接其人；不必事事皆能记也，但记一事，则恍如亲其事。经以穷理，史以考事，舍此二者，更别无学矣。

盖自西汉以至于今，识字之儒约有三途：曰义理之学，曰

1 做情：做人情。

考据之学，曰词章之学，各执一途，互相诋毁。兄之私意，以为义理之学最大，义理明，则躬行有要而经济有本；词章之学，亦所以发挥义理者也；考据之学，吾无取焉矣。此三途者，皆从事经史，各有门径。吾以为欲读经史，但当研究义理，则心一而不纷。是故经则专守一经，史则专熟一代，读经史则专主义理。此皆守约之道，确乎不可易者也。

若夫经史而外，诸子百家，汗牛充栋。或欲阅之，但当读一人之专集，不当东翻西阅。如读《昌黎集》，则目之所见，耳之所闻，无非昌黎，以为天地间除《昌黎集》而外，更别无书也。此一集未读完，断断不换他集，亦专字诀也。六弟谨记之。

读经，读史，读专集，讲义理之学，此有志者万不可易者也。圣人复起，必从吾言矣。然此亦仅为有大志者言之。若夫为科名之学，则要读四书文，读试帖律赋，头绪甚多。四弟、九弟、厚二弟天质较低，必须为科名之学。六弟既有大志，虽不科名可也，但当守一耐字诀耳。观来信，言读《礼记疏》，似不能耐者，勉之勉之！

兄少时天分不甚低，厥后日与庸鄙者处，全无所闻，窍被茅塞久矣。及乙未到京后，始有志学诗、古文并作字之法，亦洎无良友。近年得一二良友，知有所谓经学者、经济者，有所谓躬行实践者，始知范、韩可学而至也，马迁[1]、韩愈亦可学而至也，程、朱亦可学而至也。慨然思尽涤前日之污，以为更生之

1 马迁：司马迁。

人，以为父母之肖子，以为诸弟之先导。无如体气本弱，耳鸣不止，稍稍用心，便觉劳顿，每自思念，天既限我以不能苦思，是天不欲成我之学问也。故近日以来，意颇疏散，计今年若可得一差，能还一切旧债，则将归田养亲，不复恋恋于利禄矣！粗识几字，不敢为非以蹈大戾[1]已耳！不复有志于先哲矣。吾人第一以保身为要，我所以无大志愿者，恐用心太过，足以疲神也。诸弟亦须时时以保身为念，无忽无忽！

来信又驳我前书，谓“必须博雅有才，而后可明理有用”，所见极是。兄前书之意，盖以躬行为重，即子夏“贤贤易色章”之意，以为博雅者不足贵，惟明理者乃有用，特其立论过激耳。六弟信中之意，以为不博雅多闻，安能明理有用？立论极精，但弟须力行之，不可徒与兄辩驳见长耳。

来信又言四弟与季弟从游觉庵师，六弟、九弟仍来京中，或肄业[2]城南云云。兄之欲得老弟共住京中也，其情如孤雁之求曹[3]也。自九弟辛丑秋思归，兄百计挽留，九弟当能言之，及至去秋决计南归，兄实无可如何，只得听其自便。若九弟今年复来，则一岁之内忽去忽来，不特堂上诸大人不肯，即旁观亦且笑我兄弟轻举妄动。且两弟同来，途费须得八十金，此时实难措办，弟云能自为计，则兄窃不信。曹西垣去冬已到京，郭筠仙明年始起程，目下亦无好伴。惟城南肄业之说，则甚为得计。兄于二月

1 戾：错误。

2 肄业：学习（课程）。

3 曹：有“等、辈”之义，这里指“雁群”。

间准付银二十两至金竺虔家，以为六弟、九弟省城读书之用。竺虔于二月起身南旋，其银四月初可到。

弟接到此信，立即下省肄业。省城中兄相好的如郭筠仙、凌笛舟、孙芝房，皆在别处坐书院；贺蔗农、俞岱青、陈尧农、陈庆覃诸先生皆官场中人，不能伏案用功矣。惟闻有丁君者，名叙忠，号秩臣，长沙廪生。学问切实，践履笃诚，兄虽未曾见面，而稔知其可师。凡与我相好者，皆极力称道丁君。两弟到省，先到城南住斋，立即去拜丁君，托陈季牧为介绍。执贽受业。凡人必有师，若无师，则严惮之心不生。既以丁君为师，此外择友则慎之又慎。昌黎曰："善不吾与，吾强与之附；不善不吾恶，吾强与之拒。"[1]一生之成败，皆关乎朋友之贤否，不可不慎也。

来信以进京为上策，以肄业城南为次策。兄非不欲从上策，因九弟去来太速，不好写信禀堂上，不特九弟形迹矛盾，即我禀堂上亦必自相矛盾也。又目下实难办途费，六弟言能自为计，亦未历甘苦之言耳。若我今年能得一差，则两弟今冬与朱啸山同来甚好。目前且从次策，如六弟不以为然，则再写信来商议可也。

此答六弟信之大略也。

九弟之信，写家事详甚，惜话说太短，兄则每每太长，以后截长补短为妙。尧阶若有大事，诸弟随去一人帮他几天。牧云接我长信，何以全无回信？毋乃嫌我话太直乎？扶乩之事，

1 韩愈这句话的意思是，美好的事情即使与我没有关系，我也要想方设法去依附它；不好的事情即便不损害我，我也要坚决抵制它。

全不足信，九弟总须立志读书，不必想及此等事。季弟一切皆须听诸兄话。此次折弁走甚急，不暇钞日记本，余容后告。

冯树堂闻弟将到省城，写一荐条，荐两朋友。弟留心访之可也。

道光二十三年正月十七日

致诸弟·喜述大考升官

诸位老弟足下：

正月间曾寄一信与诸弟，想已收到。二月发家信时甚匆忙，故无信与弟。

三月初六巳刻，奉上谕于初十日大考翰詹。予心甚着急，缘写作俱生，恐不能完卷。不图十三日早见等第单，予名次二等第一，遂得仰荷天恩，赏擢不次[1]，以翰林院侍讲升用。格外之恩，非常之荣，将来何以报称？惟有时时惶悚，思有补于万一而已。

兹因金竺虔南旋之便，付回五品补服四付、水晶顶二座、阿胶二封、鹿胶二封、母亲耳环一双。竺虔到省时，老弟照单查收。阿胶系毛寄云所赠，最为难得之物，家中须慎重用之。竺虔曾借予银四十两，言定到省即还。其银以二十二两为六弟、九弟读书省城之资，以四两为买书买笔之资，以六两为四弟、季弟衡

1 赏擢不次：不按次序，破格提拔。

阳从师束脩之资，以四两为买漆之费，即每岁漆一次之谓也，以四两为欧阳太岳母奠金。贤弟接到银后，各项照数分用可也。

此次竺虔到家，大约在五月节后，故一切不详写。待折差来时，另写一详明信付回，大约四月半可到。贤弟在省如有欠用之物，可写信到京，要我付回。另付回大考名次及升降一单照收。余不具述。兄国藩手草。

道光二十三年三月十九日

致六弟·学诗习字之法

温甫六弟左右：

五月二十九、六月初一连接弟三月初一、四月二十五、五月初一三次所发之信，并四书文二首，笔仗[1]实实可爱。

信中有云“于兄弟则直达其隐，父子祖孙间不得不曲致其情”，此数语有大道理。余之行事，每自以为至诚可质天地，何妨直情径行。昨接四弟信，始知家人天亲之地，亦有时须委曲以行之者。吾过矣！吾过矣！

香海为人最好，吾虽未与久居，而相知颇深，尔以兄事之可也。丁秩臣、王衡臣两君，吾皆未见，大约可为尔之师。或师之，或友之，在弟自为审择。若果威仪可则，淳实宏通，师

1 笔仗：书画诗文的风格。

之可也；若仅博雅能文，友之可也。或师或友，皆宜常存敬畏之心，不宜视为等夷[1]，渐至慢亵，则不复能受其益矣。

尔三月之信所定功课太多，多则必不能专，万万不可。后信言已向陈季牧借《史记》，此不可不熟看之书。尔既看《史记》，则断不可看他书。功课无一定呆法，但须专耳。余从前教诸弟，常限以功课，近来觉限人以课程，往往强人以所难，苟其不愿，虽日日遵照限程，亦复无益。故近来教弟但有一专字耳。专字之外，又有数语教弟，兹特将冷金笺[2]写出，弟可贴之座右，时时省览，并抄一付寄家中三弟。

香海言时文须学《东莱博议》，甚是。尔先须过笔圈点一遍，然后自选几篇读熟。即不读亦可，无论何书，总须从首至尾通看一遍，不然，乱翻几页，摘抄几篇，而此书之大局精处茫然不知也。

学诗从《中州集》入亦好。然吾意读总集不如读专集。此事人人意见各殊，嗜好不同。吾之嗜好，于五古则喜读《文选》，于七古则喜读《昌黎集》，于五律则喜读《杜集》，七律亦最喜杜诗，而苦不能步趋，故兼读《元遗山集》。吾作诗最短于七律，他体皆有心得。惜京都无人可与畅语者。尔要学诗，先须看一家集，不要东翻西阅；先须学一体，不可各体同学，盖明一体则皆明也。凌笛舟最善为律诗，若在省，尔可就之求教。

---

1 等夷：同等之人。语出《韩诗外传》：“遇长老则修弟子之义，遇等夷则修朋友之义。”

2 冷金笺：整个字面都涂上金粉的纸笺。

习字临《千字文》亦可，但须有恒。每日临帖一百字，万万无间断，则数年必成书家矣。陈季牧最喜谈字，且深思善悟。吾见其寄岱云信，实能知写字之法，可爱可畏。尔可从之切磋，此等好学之友，愈多愈好。

来信要我寄诗回南，余今年身体不甚壮健，不能用心，故作诗绝少，仅作感春诗七古五章，慷慨悲歌，自谓不让陈卧子[1]，而语太激烈，不敢示人。余则仅作应酬诗数首，了无可观。顷作寄贤弟诗二首，弟观之以为何如？京笔现在无便可寄，总在秋间寄回。若无笔写，暂向陈季牧借一支，后日还他可也。兄国藩手草。

道光二十三年六月初六日

致四弟、九弟、季弟·论孝弟之道

澄侯、叔淳、季洪三弟左右：

五月底连接三月一日、四月十八两次所发家信。四弟之信具见真性情，有困心横虑、郁积思通之象。此事断不可求速效，求速效必助长，非徒无益，而又害之。只要日积月累，如愚公之移山，终久必有豁然贯通之候，愈欲速则愈锢蔽矣。

来书往往词不达意，我能深谅其苦。今人都将学字看错了，

1 陈卧子：陈子龙，字卧子，明末大臣、学者，抗清失败后投水殉国。擅诗，尤精七律、七绝，诗风沉雄瑰丽，被称为“明诗殿军”。

若细读“贤贤易色”一章，则绝大学问即在家庭日用之间。于孝弟两字上，尽一分便是一分学，尽十分便是十分学。今人读书皆为科名起见，于孝弟伦纪之大，反似与书不相关。殊不知书上所载的，作文时所代圣贤说的，无非要明白这个道理。若果事事做得，即笔下说不出何妨？若事事不能做，并有亏于伦纪之大，即文章说得好，亦只算个名教中之罪人。贤弟性情真挚，而短于诗文，何不日日在孝弟两字上用功？《曲礼》《内则》所说的，句句依他做出，务使祖父母、父母、叔父母无一时不安乐，无一时不顺适，下而兄弟妻子皆蔼然有恩，秩然有序，此真大学问也。若诗文不好，此小事，不足计，即好极，亦不值一钱。不知贤弟肯听此语否？

科名之所以可贵者，谓其足以承堂上之欢也，谓禄仕可以养亲也。今吾已得之矣，即使诸弟不得，亦可以承欢，可以养亲，何必兄弟尽得哉？贤弟若细思此理，但于孝弟上用功，不于诗文上用功，则诗文不期进而自进矣。

凡作字总须得势，务使一笔可以走千里。三弟之字，笔笔无势，是以局促不能远纵。去年曾与九弟说及，想近来已忘之矣。九弟欲看余白折，余所写折子甚少，故不付。大铜尺已经寻得。付笔回南，目前实无妙便，俟秋间定当付还。

去年所寄牧云信未寄去，但其信前半劝牧云用功，后半劝凌云莫看地，实有道理。九弟可将其信钞一遍仍交与他，但将纺棉花一段删去可也。地仙为人主葬，害人一家，丧良心不少，未有不家败人亡者，不可不力阻凌云也。至于纺棉花之说，如直隶之三河县、灵寿县，无论贫富男妇，人人纺布为生，如我境之耕田为生也。江南之妇人耕田，犹三河之男人纺布也。湖南如浏阳之夏布，祁阳之葛布，宜昌之棉布，皆无论贫富男妇，人人依以为业，此并不足为骇异也。第风俗难以遽变，必至骇人听闻，不如删去一段为妙。书不尽言。兄国藩手草。

道光二十三年六月初六日

致诸弟·述求师友宜专

四位老弟左右：

正月二十三日接到诸弟信，系腊月十六在省城发，不胜欣慰。四弟女许朱良四姻伯之孙，兰姊女许贺孝七之子，人家甚好，可贺。惟蕙妹家颇可虑，亦家运也。

六弟、九弟今年仍读书省城，罗罗山兄处附课甚好。既在此附课，则不必送诗文与他处看，以明有所专主也。凡事皆贵专，求师不专，则受益也不入；求友不专，则博爱而不亲。心有所专宗，而博观他途以扩其识，亦无不可；无所专宗，而见异思迁，此眩彼夺，则大不可。罗山兄甚为刘霞仙、欧晓岑所推服，有杨生任光者，亦能道其梗概，则其可为师表明矣。惜吾不得常与居游也。在省用钱，可在家中支用，银三十两则够二弟一年之用矣，亦在吾寄一千两之内。予不能别寄与弟也。

我去年十一月二十日到京，彼时无折差回南，至十二月中旬始发信。乃两弟之信骂我糊涂，何不检点至此？赵子舟与我同行，曾无一信，其糊涂更何如耶？余自去年五月底至腊月初未尝接一家信。我在蜀可写信由京寄家，岂家中信不可由京寄蜀耶？又将骂何人糊涂耶？凡动笔不可不检点。

陈尧农先生信至今未接到。黄仙垣未到京。家中付物，难于费心，以后一切布线等物，均不必付。几弟与郑、陈、冯、曹四信，写作俱佳，可喜之至。六弟与我信字太草率，此关乎一生福分，故不能不告汝也。四弟写信语太不圆，由于天分，吾不复责。余容续布，诸惟心照[1]。兄国藩手具。

道光二十四年正月二十六日

致诸弟·告身健及纪泽婚事

四位老弟左右：

正月二十六日发第一号家信。二月初十日黄仙垣来京，接到家信，备悉一切，欣慰之至。所付诸物，已接脯肉一方，鹅肉一边，杂碎四件，布一包，烘笼二个，余皆彭雨苍带来。

朱啸山亦于是日到，现与家心斋同居，系兄代伊觅得房子，距余寓甚近，不过一箭远耳。郭筠仙现尚未到，余已为赁本胡同关帝庙房，使渠在庙中住，在余家火食。冯树堂正月十六来

1 心照：不必明说而心里明白。

余家住，拟会试后再行上学，因小儿春间怕冷故也。树堂于二月十三考国子监学正，题“而耻恶衣恶食者”“不以天下奉一人策”二句，共五百人入场。树堂写作俱佳，应可必得。

陈岱云于初六日移寓报国寺，其配之柩亦停寺中。岱云哀伤异常，不可劝止，作祭文一篇，三千余字。余为作墓志铭一首，不知陈宅已寄归否？余懒誊寄也。

四川门生现已到二十余人。我县会试者，大约可十五人。甲午同年，大约可二十五六人。然有求于余者，颇不乏人。

余今年应酬更繁，幸身体大好，迥不似从前光景，面胖而润，较前稍白矣。耳鸣亦好十之七八，尚有微根未断，不过月余可全好也。内人及儿子、两女儿皆好，陈氏小儿在余家乳养者亦好。

六弟、九弟在城南读书，得罗罗山为之师，甚妙。然城南课似亦宜应，不应，恐山长不以为然也。所作诗文及功课，望日内付来。四弟、季弟从觉庵师读自佳。四弟年已渐长，须每日看史书十页，无论能得科名与否，总可以稍长见识。季弟每日亦须看史，然温经更要紧，今年不必急急赴试也。

曾受恬自京南归，余寄回银四百两、高丽参半斤、鹿胶阿胶共五斤、闱墨[1]二十部，不知家中已收到否？尚有衣一箱，银五百两，俟公车南归带回。

同乡汤海秋与杜兰溪，子女已过门而废婚，系汤家女儿及

1 闱墨：明代以来，科举乡试、会试后，从试卷中挑选并刊印的文章。

父母并不是。余俱如故。周介夫鸣鸾放安徽庐凤道，其女儿欲许字纪泽。常南陔大淳升安徽臬台，其孙女欲许字纪泽。余俱不甚愿。

季仙九师为安徽学政后，升吏部右侍郎。廖老师名鸿荃，去年放钦差至河南塞河决，至今未成功，昨革职，赏七品顶戴，在河工效力赎罪。黄河大工不成，实国家大可忧虑之事，如何如何！余容后陈。国藩手具。

道光二十四年二月十四日

致六弟、九弟·述济戚族之故

六弟、九弟左右：

三月八日接到两弟二月十五所发信，信面载第二号，则知第一号信未到。比去提塘追索，渠云并未到京，恐尚在省未发也。以后信宜交提塘挂号，不宜交折差手，反致差错。

来书言自去年五月至十二月，计共发信七八次。兄到京后，家人仅检出二次，一系五月二十二日发，一系十月十六日发，其余皆不见。远信难达，往往似此。

腊月信有“糊涂”字样，亦情之不能禁者。盖望眼欲穿之时，疑信杂生，怨怒交至。惟骨肉之情愈挚，则望之愈殷；望之愈殷，则责之愈切。度日如年，居室如圜墙，望好音如万金之获，闻谣言如风声鹤唳，又加以堂上之悬思，重以严寒之逼人，其不能不出怨言以相詈[1]者，情之至也。然为兄者观此二字，则虽曲谅其情，亦不能不责之。非责其情，责其字句之不检点耳，何芥蒂之有哉！

至于回京时有折弁南还，则兄实不知。当到家之际，门几如市，诸务繁剧，吾弟可想而知。兄意谓家中接榜后所发一信，则万事可以放心矣，岂尚有悬挂者哉？来书辨论详明，兄今不复辨。盖彼此之心虽隔万里，而赤诚不啻目见，本无纤毫之疑，何必因二字而多费唇舌？以后来信，万万不必提起可也。

所寄银两，以四百为馈赠族戚之用。来书云："非有未经审量之处，即似稍有近名之心。"此二语推勘入微，兄不能不内省者也。又云："所识穷乏，得我而为之，抑逆知家中必不为此慷慨，而姑为是言？"斯二语者，毋亦拟阿兄不伦乎？兄虽不肖，亦何至鄙且奸至于如此之甚！所以为此者，盖族戚中有断不可不一援手之人，而其余则牵连而及。

兄己亥年至外家，见大舅陶穴而居，种菜而食，为恻然者久之。通十舅送我，谓曰："外甥做外官，则阿舅来作烧火夫也。"南五舅送至长沙，握手曰："明年送外甥妇来京。"余曰："京城苦，舅勿来。"舅曰："然。然吾终寻汝任所也。"言已泣下。兄念母舅皆已年高，饥寒之况可想，而十舅且死矣，及今不一援手，则大舅、五舅者又能沾我辈之余润乎？十舅虽死，兄意犹当恤其妻子，且从俗为之延僧[2]，如所谓道场者，以慰逝者

1 詈（lì）：骂。

2 延僧：延请僧人，为作礼忏。

之魂，而尽吾不忍死其舅之心。我弟我弟，以为可乎？

兰姊、蕙妹家运皆舛，兄好为识微之妄谈，兰姊犹可支撑，蕙妹再过数年则不能自存活矣。同胞之爱，纵彼无觖望，吾能不视如一家一身乎？

欧阳沧溟先生夙债甚多，其家之苦况，又有非吾家可比者，故其母丧，不能稍隆厥[1]礼。岳母送余时，亦涕泣而道。兄赠之独丰，则犹徇世俗之见也。

楚善叔为债主逼迫，抢地[2]无门，二伯祖母尝为余泣言之。又泣告子植曰："八儿夜来泪注，地湿围径五尺也。"而田货于我家，价既不昂，事又多磨。尝贻书于我，备陈吞声饮泣之状，此子植所亲见，兄弟尝欷歔久之。

丹阁叔与宝田表叔昔与同砚席十年，岂意今日云泥隔绝至此。知其窘迫难堪之时，必有饮恨于实命之不犹者矣。丹阁戊戌年曾以钱八千贺我，贤弟谅其景况，岂易办八千者乎？以为喜极，固可感也；以为钓饵，则亦可怜也。任尊叔见我得官，其欢喜出于至诚，亦可思也。

竟希公一项，当甲午年抽公项三十二千为贺礼，渠两房颇不悦。祖父曰："待藩孙得官，第一件先复竟希公项。"此语言之已熟，特各堂叔不敢反唇相讥耳。同为竟希公之嗣，而菀[3]枯悬殊若此，设造物者一旦移其菀于彼二房，而移其枯于我房，

1 厥：其。

2 抢地：犹言"入地"。

3 菀（yù）：茂盛。

则无论六百，即六两亦安可得耶？

六弟、九弟之岳家皆寡妇孤儿，槁饿无策。我家不拯之，则孰拯之者？我家少八两，未必遂为债户逼取，渠得八两，则举室回春。贤弟试设身处地而知其如救水火也。

彭王姑待我甚厚，晚年家贫，见我辄泣。兹王姑已没，故赠宜仁王姑丈，亦不忍以死视王姑之意也。腾七则姑之子，与我同孩提长养。各舅祖则推祖母之爱而及也。彭舅曾祖则推祖父之爱而及也。陈本七、邓升六二先生，则因觉庵师而牵连及之者也。其余馈赠之人，非实有不忍于心者，则皆因人而及。非敢有意讨好，沽名钓誉，又安敢以己之豪爽形祖父之刻啬，为此奸鄙之心之行也哉？

诸弟生我十年以后，见诸戚族家皆穷，而我家尚好，以为本分如此耳，而不知其初皆与我家同盛者也。兄悉见其盛时气象，而今日零落如此，则大难为情矣。凡盛衰在气象。气象盛，则虽饥亦乐；气象衰，则虽饱亦忧。今我家方全盛之时，而贤弟以区区数百金为极少，不足比数[1]。设以贤弟处楚善、宽五之地，或处葛、熊二家之地，贤弟能一日以安乎？凡遇之丰啬顺舛，有数存焉，虽圣人不能自为主张。天可使吾今日处丰亨之境，即可使吾明日处楚善、宽五之境。君子之处顺境，兢兢焉常觉天之过厚于我，我当以所余补人之不足；君子之处啬境，亦兢兢焉常觉天之厚于我，非果厚也，以为较之尤啬者，而我固已

1 比数：比拟，相与并列。

厚矣。古人所谓境地须看不如我者，此之谓也。

来书有“区区千金”四字，其毋乃不知天之已厚于我兄弟乎？兄尝观《易》之道，察盈虚消息之理，而知人不可无缺陷也。日中则昃[1]，月盈则亏，天有孤虚[2]，地阙[3]东南，未有常全而不缺者。《剥》也者，《复》之几也，君子以为可喜也。《夬》也者，《姤》之渐也，君了以为可危也。[4]是故既吉矣，则由吝以趋于凶；既凶矣，则由悔以趋于吉。君子但知有悔耳。悔者，所以守其缺而不敢求全也。小人则时时求全，全者既得，而吝与凶随之矣。众人常缺而一人常全，天道屈伸之故，岂若是不公乎？今吾家椿萱[5]重庆，兄弟无故，京师无比美者，亦可谓至万全者矣。故兄但求缺陷，名所居曰“求缺斋”，盖求缺于他事而求全于堂上，此则区区之至愿也。家中旧债不能悉清，堂上衣服不能多办，诸弟所需不能一给，亦求缺陷之义也。内人不明此意，时时欲置办衣物，兄亦时时教之。今幸未全备，待其全时，则吝与凶随之矣，此最可畏者也。贤弟夫妇诉怨于房闼[6]之间，此是缺陷。吾弟当思所以弥其缺而不可尽给其求，盖尽

1 昃（zè）：太阳偏西。

2 孤虚：日辰不全。

3 地阙：谓不完美。阙，缺。

4 这两句是说：《剥》卦讲阴盛阳衰，小人得志，君子困顿，可这正包含着相对应的《复》卦，即阳刚重返、生机勃勃。君子因此而高兴。《夬》卦讲君子强大，小人逃离，可这也暗藏着《姤》卦，即阴气、小人重来。君子因此知道潜伏着危险。

5 椿萱：代指父母。古称父为“椿庭”，母为“萱堂”。

6 房闼（tà）：寝室。闼，门内。

给则渐几于全矣。吾弟聪明绝人，将来见道有得，必且韪[1]余之言也。

至于家中欠债，则兄实有不尽知者。去年二月十六接父亲正月四日手谕，中云："年事一切，银钱敷用有余，上年所借头息钱，均已完清。家中极为顺遂，故不窘迫。"父亲所言如此，兄亦不甚了了，不知所完究系何项？未完尚有何项？兄所知者，仅江孝八外祖百两、朱岚暄五十两而已。其余如耒阳本家之账，则兄由京寄还，不与家中相干。甲午冬借添梓坪钱五十千，尚不知作何还法，正拟此次禀问祖父。此外账目，兄实不知。下次信来，务望详开一单，使兄得渐次筹画。如弟所云："家中欠债千余金，若兄早知之，亦断不肯以四百赠人矣。"如今信去已阅三月，馈赠族戚之语，不知乡党已传播否？若已传播而实不至，则祖父受啬吝之名，我加一信，亦难免二三其德[2]之诮，此兄读两弟来书所为踌躇而无策者也。兹特呈堂上一禀，依九弟之言书之，谓朱啸山、曾受恬处二百落空，非初意所料。其馈赠之项，听祖父、叔父裁夺，或以二百为赠，每人减半亦可；或家中十分窘迫，即不赠亦可。戚族来者，家中即以此信示之，庶不悖于过则归己之义。贤弟观之，以为何如也？

若祖父、叔父以前信为是，慨然赠之，则此禀不必付归，兄另有安信付去，恐堂上慷慨持赠，反因接吾书而尼沮[3]。凡仁

1 韪（wěi）：认可。

2 二三其德：在品德上三心二意，言行前后不一致。

3 沮：阻止。

心之发，必一鼓作气，尽吾力之所能为，稍有转念，则疑心生，私心亦生。疑心生则计较多，而出纳吝矣；私心生则好恶偏，而轻重乖矣。使家中慷慨乐与，则慎无以吾书生堂上之转念也。使堂上无转念，则此举也阿兄发之，堂上成之，无论其为是为非，诸弟置之不论可耳。向使去年得云、贵、广西等省苦差，并无一钱寄家，家中亦不能责我也。

九弟来书，楷法佳妙，余爱之不忍释手。起笔收笔皆藏锋，无一笔撒手乱丢，所谓有往皆复也。想与陈季牧讲究，彼此各有心得，可喜可喜。然吾所教尔者，尚有二事焉：一曰换笔。古人每笔中间必有一换，如绳索然，第一股在上，一换则第二股在上，再换则第三股在上也。笔尖之着纸者，仅少许耳。此少许者，吾当作四方铁笔用。起处东方在左，西方向右，一换则东方向右矣。笔尖无所谓方也，我心中常觉其方。一换而东，再换而北，三换而西，则笔尖四面有锋，不仅一面相向矣。二曰结字有法。结字之法无穷，但求胸有成竹耳。

六弟之信文笔拗而劲，九弟文笔婉而达，将来皆必有成。但目下不知各看何书？万不可徒看考墨卷，汩没性灵。每日习字不必多，作百字可耳。读背诵之书不必多，十页可耳。看涉猎之书不必多，亦十页可耳。但一部未完，不可换他部，此万万不易之道。阿兄数千里外教尔，仅此一语耳。

罗罗山兄读书明大义，极所钦仰，惜不能会面畅谈。

余近来读书无所得，酬应之繁，日不暇给，实实可厌。惟古文各体诗，自觉有进境，将来此事当有成就。恨当世无韩愈、王安石一流人与我相质证耳。贤弟亦宜趁此时学为诗、古文，无论是否，且试拈笔为之，及今不作，将来年长，愈怕丑而不为矣。每月六课，不必其定作时文也。古文、诗、赋、四六无所不作，行之有常，将来百川分流，同归于海，则通一艺即通众艺，通于艺即通于道，初不分而二之也。此论虽太高，然不能不为诸弟言之，使知人本人原，则心有定向，而不至于摇摇无着。虽当其应试之时，全无得失之见乱其意中；即其用力举业之时，亦于正业不相妨碍。诸弟试静心领略，亦可徐徐会悟也。

外附录《五箴》一首、《养身要言》一纸、《求缺斋课程》一纸，诗文不暇录，惟谅之。兄国藩手草。

道光二十四年三月初十日

附录　五箴并序 甲辰春作

少不自立，荏苒遂洎今兹。盖古人学成之年，而吾碌碌尚如斯也，不其戚矣！继是以往，人事日纷，德慧日损，下流之赴，抑又可知。夫疢[1]疾所以益智，逸豫所以亡身，仆以中材而履安顺，将欲刻苦而自振拔，谅哉其难之欤！作《五箴》以自创云。

立志箴

煌煌先哲，彼不犹人[2]。藐焉小子，亦父母之身。聪明福禄，

1 疢（chèn）：痛苦、热病。

2 彼不犹人：他们不仍然也是一个个普通人吗？

予我者厚哉！弃天而佚[1]，是及凶灾。积悔累千，其终也已。往者不可追，请从今始。荷道以躬，舆之以言。一息尚活，永矢弗谖[2]。

居敬箴

天地定位，二五胚胎。鼎焉作配，实曰三才。俨恪斋明[3]，以凝女命。女之不庄，伐生戕性。谁人可慢？何事可弛？弛事者无成，慢人者反尔。纵彼不反，亦长吾骄。人则下女[4]，天罚昭昭[5]。

主静箴

斋宿日观，天鸡一鸣。万籁俱息，但闻钟声。后有毒蛇，前有猛虎。神定不慑，谁敢余侮？岂伊避人，日对三军。我虑则一，彼纷不纷。驰骛半生，曾不自主。今其老矣，殆扰扰以终古。

谨言箴

巧语悦人，自扰其身。闲言送日，亦搅女神。解人[6]不夸[7]，夸者不解。道听途说，智笑愚骇[8]。骇者终明，谓女贾欺。笑者鄙

---

1 佚：安乐。

2 永矢佛谖（xuān）：决心永远牢记。语出《诗经·卫风》："独寐寤言，永矢弗谖。"谖，欺诈。

3 斋明：谨肃严明。

4 下女：怠慢你。女，通"汝"。

5 天罚昭昭：天的惩罚不含糊。

6 解（jiě）人：聪明人。

7 夸：夸耀。

8 智笑愚骇：智者嘲笑，愚者惊奇。

女，虽矢[1]犹疑。尤悔既丛[2]，铭以自攻。铭而复蹈，嗟女既耄[3]。

有恒箴

自吾识字，百历及兹。二十有八载，则无一知。曩者所忻[4]，阅时而鄙。故者既抛，新者旋徙。德业之不常，日为物迁。尔之再食，曾未闻或慊[5]。黍黍之增，久乃盈斗。天君司命，敢告马走。

养身要言 癸卯入蜀道中作

一阳初动处，万物始生时。不藏怒焉，不宿怨焉。——右仁，所以养肝也。

内而整齐思虑，外而敬慎威仪。泰而不骄，威而不猛。——右礼，所以养心也。

饮食有节，起居有常，作事有恒，容止[6]有定。——右信，所以养脾也。

扩然而大公，物来而顺应。裁之吾心而安，揆之天理而顺。——右义，所以养肺也。

心欲其定，气欲其定，神欲其定，体欲其定。——右智，所以养肾也。

---

1 矢：发誓。

2 尤悔既丛：这样的教训有很多。尤，过失。

3 耄（mào）：垂老。

4 忻（xīn）：同“欣”，喜悦。

5 慊（qiān）：自责。

6 容止：仪容、举止。

求缺斋课程 癸卯孟夏立

读熟读书十页。看应看书十贞。习字一百。数息百八。记过隙影。即日记。记《茶余偶谈》一则。——右每日课

逢三日写回信。逢八日作诗、古文一艺。——右月课

熟读书：《易经》《诗经》《史记》《明史》《屈子》《庄子》，杜诗、韩文。

应看书不具载。

致诸弟·喜得会试房差[1]

四位老弟足下：

三月初六日，蒙皇上天恩，得会试分房差，即于是日始阅卷。十八房每位分卷二百七十余，至二十三日头场即已看毕，二十四看二三场，至四月初四皆看完。各房荐卷，多少不等，多者或百余，少者亦荐六十四卷，而惟余中卷独多，共中十九人，他房皆不能及。十一日发榜，余即于是日出闱[2]。在场月余，极清吉。

寓内眷口，大小平安。出闱数日，一切忙迫，人客络绎不绝。朱啸山于十六日出京，余寄有纹银百两，高丽参一斤半，

1 房差：房考官（同考官）的差使。

2 出闱：阅卷结束后离开试院。

书一包，内《子史精华》六套，《古文辞类纂》二套，《绥寇纪略》一套，到家日查收。别有寿屏及笔等项，尚未办齐，待郭筠仙带回。十四日新进士复试，题“君子喻于义”，赋得竹箭有筠[1]，得“行”字。我县谢吉人中进士后，因一切不便，故邀来在余寓住。

十五日接三月初十日家信，内有祖父、父亲、叔父手谕，及诸弟诗文并信。其文此次仅半日，忙不及改，准于下次付回。四弟之信，所问盖窦牟窦痒窦巩兄弟，皆从昌黎游。去年所写牟尼，实误写“尼”字也。汪双池先生灿系雍正年间人，所著有《理学逢源》等书。郭筠仙翌臣兄弟，及冯树堂，俱要出京。寓内要另请先生，现尚未定，草布一二，祈贤弟代禀堂上各位大人。今日上半天，已作一函呈父亲大人，交朱啸山，大约六月可到。兄国藩手草。

道光二十四年四月十五日

致诸弟·托友带归各物

四位老弟左右：

前黄仙垣归，托带四川闱墨四十部，共二包，无家信。顷欧阳小岑归，托带大皮箱一口，内银五百十两，衣服一单，单

1 筠（yún）：竹子的青皮。

存箱内；又长包一个，内袍褂料及毡子诸物，亦有单存包内，有家信数行。外又有寄霞仙信一件，书一包，共十套。不知仙垣、小岑二君到时，诸弟尚在省城否？

兹安化梁菉庄同年献廷南还，又托带四川闱墨四十部，共一包。有一包系油纸封的，内装钉闱墨二十部，彭王姑墓志铭一幅，内“业”误“叶”，“慄”误“傈”。龙翰臣写散馆卷三开，自写白折一本；试笔写的，故大小不均。又布包鹿胶一包，重三斤；又乡试录、题名录共一包，照收。并附大挑单一纸。其进士题名录及散馆录随后交折差带回。统俟后信详述。兄国藩手草。

道光二十四年四月二十二日

致诸弟·告应酬太忙及勿为时文所误

四位老弟足下：

自三月十三日发信后，至今未寄一信。余于三月二十四日移寓前门内西边碾儿胡同，与城外消息不通。四月间到折差一次，余竟不知，迨既知而折差已去矣。惟四月十九欧阳小岑南归，余寄衣箱银物并信一件，四月二十四梁菉庄南归，余寄书卷零物并信一件，两信皆仅数语，至今想尚未到。四月十三黄仙垣南归，余寄闱墨，并无书信，想亦未到。兹将三次所寄各物另开清单付回，待三人到时，家中照单查收可也。

内城现住房共二十八间，每月房租京钱三十串，极为宽敞，冯树堂、郭筠仙所住房屋皆清洁。甲三于三月二十四日上学，天分不高不低，现已读四十天，读至“自修齐至平治矣”。因其年太小，故不加严，已读者字皆能认。两女皆平安，陈岱云之子在余家亦甚好。内人身子如常，现又有喜，大约九月可生。

余体气较去年略好。近因应酬太繁，天气渐热，又有耳鸣之病。今年应酬较往年更增数倍：第一，为人写对联条幅，合四川、湖南两省求书者，几日不暇给；第二，公车来借钱者甚多，无论有借无借，多借少借，皆须婉言款待；第三则请酒拜客及会馆公事；第四则接见门生，颇费精神。又加以散馆，殿试则代人料理，考差则自己料理，诸事冗杂，遂无暇读书矣。

三月二十八大挑[1]，甲午科共挑知县四人，教官十九人，其全单已于梁菉庄所带信内寄回。四月初八日发会试榜，湖南中七人，四川中八人，去年门生中二人，另有题名录附寄。十二日新进士复试，十四发一等二十一名，另有单附寄。十六日考差，余在场，二文一诗，皆妥当无弊病，写亦无错落，兹将诗稿寄回。十八日散馆，一等十九名，本家心斋取一等十二名，陈启迈取二等第三名，二人俱留馆。徐棻因诗内“皴”字误写“皱”字，改作知县，良可惜也。二十二日散馆者引见，二十六、七两日考差者引见，二十八日新进士朝考，三十日发全单附回，二十一日新进士殿试，二十四日点状元全榜附回。五月初四、

1 大挑：清乾隆以后定制，三年以上会试不中的举人挑取其中一等的以知县用，二等的以教职用。意在使举人出身的有较宽的出路，名为“大挑”。

五两日新进士引见。初一日放云贵试差，初二日钦派大教习二人，初六日奏派小教习六人，余亦与焉。

初十日奉上谕，翰林侍读以下、詹事府洗马以下自十六日起每日召见二员。余名次第六，大约十八日可以召见。从前无逐日分见翰詹之例，自道光十五年始一举行，足征[1]圣上勤政求才之意。十八年亦如之，今年又如之。此次召见，则今年放差大约奏对称旨者居其半，诗文高取者居其半也。

五月十一日接到四月十三家信，内四弟、六弟各文二首，九弟、季弟各文一首。四弟东皋课文甚洁净，诗亦稳妥，“则何以哉”一篇，亦清顺有法，第词句多不圆足，笔亦平沓不超脱。平沓最为文家所忌，宜力求痛改此病。六弟笔气爽利，近亦渐就范围，然词意平庸，无才气峥嵘之处，非吾意中之温甫也。如六弟之天姿不凡，此时作文，当求议论纵横，才气奔放，作为如火如荼之文，将来庶有成就。不然，一挑半剔，意浅调卑，即使获售，亦当自惭其文之浅薄不堪；若其不售，则又两失之矣。今年从罗罗山游，不知罗山意见如何？吾谓六弟今年入泮固妙，万一不入，则当尽弃前功，壹志从事于先辈大家之文。年过二十，不为少矣，若再扶墙摩壁，役役[2]于考卷截搭小题[3]之中，将来时过而业仍不精，必有悔恨于失计者，不可不早图也。余当日实见不到此，幸而早得科名，未受其害。向使至

1 足征：足以证明。

2 役役：辛苦奔走。

3 科举考试将经书语句截断牵搭作为题目，称为“截搭题”。

今未尝入泮，则数十年从事于吊渡映带之间，仍然一无所得，岂不靦颜[1]也哉？此中误人终身多矣。温甫以世家之子弟，负过人之姿质，即使终不入泮，尚不至于饥饿，奈何亦以考卷误终身也？九弟要余改文详批，予实不善改小考文，当请曹西垣代改，下次折弁付回。季弟文气清爽异常，喜出望外，意亦层出不穷，以后务求才情横溢，气势充畅，切不可挑剔敷衍，安于庸陋，勉之勉之，初基不可不大也。书法亦有褚字[2]笔意，尤为可喜。总之，吾所望于诸弟者，不在科名之有无，第一则孝弟为瑞，其次则文章不朽。诸弟若果能自立，当务其大者远者，毋徒汲汲于进学也。

冯树堂、郭筠仙在寓看书作文，功无间断。陈季牧日日习字，亦可畏也。四川门生留京约二十人，用功者颇多。余不尽书。兄国藩草。

道光二十四年五月十二日

致诸弟·论进德修业

四位老弟左右：

昨二十七日接信，快畅之至，以信多而处处详明也。

四弟七夕诗甚佳，已详批诗后。从此多作诗亦甚好，但须

1 靦（tiǎn）颜：面有愧疚之色。

2 褚字：褚遂良的字。

有志有恒，乃有成就耳。予于诗亦有工夫，恨当世无韩昌黎及苏、黄一辈人可与发吾狂言者。但人事太多，故不常作诗，用心思索，则无时敢忘之耳。

吾人只有进德、修业两事靠得住。进德，则孝弟仁义是也；修业，则诗文作字是也。此二者由我作主，得尺则我之尺也，得寸则我之寸也。今日进一分德，便算积了一升谷；明日修一分业，又算余了一文钱。德业并增，则家私日起。至于功名富贵，悉由命定，丝毫不能自主。昔某官有一门生为本省学政，托以两孙，当面拜为门生。后其两孙岁考临场大病，科考丁艰，竟不入学。数年后，两孙乃皆入，其长者仍得两榜。此可见早迟之际，时刻皆有前定，尽其在我，听其在天，万不可稍生妄想。六弟天分较诸弟更高，今年受黜，未免愤怨，然及此正可困心横虑，大加卧薪尝胆之功，切不可因愤废学。

九弟劝我治家之法，甚有道理，喜甚慰甚。自荆七遣去之后，家中亦甚整齐，问率五归家便知。《书》曰："非知之艰，行之维艰。"九弟所言之理，亦我所深知者，但不能庄严威厉，使人望若神明耳。自此后，当以九弟言书诸绅而刻刻警省。

季弟信天性笃厚，诚如四弟所云"乐何如之"。求我示读书之法及进德之道，另纸开示，余不具。国藩手草。

道光二十四年八月二十九日

致诸弟·须立志猛进

四位老弟足下：

自七月发信后，未接诸弟信，乡间寄信较省城百倍之难，故予亦不望也。

九弟前信有意与刘霞仙同伴读书，此意甚佳。霞仙近来读朱子书，大有所见，不知其言话容止、规模气象何如？若果言动有礼，威仪可则，则直以为师可也，岂特友之哉？然与之同居，亦须真能取益乃佳，无徒浮慕虚名。人苟能自立志，则圣贤豪杰何事不可为？何必借助于人？“我欲仁，斯仁至矣。”我欲为孔孟，则日夜孜孜，惟孔孟之是学，人谁得而御我哉？若自己不立志，则虽日与尧、舜、禹、汤同住，亦彼自彼，我自我矣，何与于我哉？去年温甫欲读书省城，吾以为离却家门局促之地而与省城诸胜己者处，其长进当不可限量。乃两年以来，看书亦不甚多；至于诗文，则绝无长进，是不得归咎于地方之局促也。去年予为择师丁君叙忠，后以丁君处太远，不能从，予意中遂无他师可从。今年弟自择罗罗山改文，而嗣后杳无信息，是又不得归咎于无良友也。日月逝矣，再过数年则满三十，不能不趁三十以前立志猛进也。

予受父教，而予不能教弟成名，此予所深愧者。他人与予交，多有受予益者，而独诸弟不能受予之益，此又予所深恨者也。今寄霞仙信一封，诸弟可钞存信稿而细玩之。此予数年来学思之力，略具大端。

六弟前嘱予将所作诗录寄回。予往年皆未存稿，近年存稿者不过百余首耳，实无暇钞写，待明年将全本付回可也。国藩草。

道光二十四年九月十九日

致诸弟·戒勿恃才傲物

四位老弟足下：

前次回信内有四弟诗，想已收到。九月家信有送率五诗五首，想已阅过。吾人为学最要虚心。尝见朋友中有美材[1]者，往往恃才傲物，动谓人不如己，见乡墨[2]则骂乡墨不通，见会墨[3]则骂会墨不通，既骂房官，又骂主考，未入学者则骂学院。平心而论，己之所为诗文，实亦无胜人之处，不特无胜人之处，而且有不堪对人之处。只为不肯反求诸己，便都见得人家不是，既骂考官，又骂同考而先得者。傲气既长，终不进功，所以潦倒一生而无寸进也。

予平生科名极为顺遂，惟小考七次始售。然每次不进，未尝敢出一怨言，但深愧自己试场之诗文太丑而已。至今思之，如芒在背。当时之不敢怨言，诸弟问父亲、叔父及朱尧阶便知。盖场屋之中，只有文丑而侥幸者，断无文佳而埋没者，此一定之理也。

1 美材：好的人才。

2 乡墨：明清科举乡试，被主考官和房官（助理）选中而刊印出来的范文。

3 会墨：全国会考中选出的试卷。

三房十四叔非不勤读，只为傲气太胜，自满自足，遂不能有所成。京城之中，亦多有自满之人，识者见之，发一冷笑而已。又有当名士者，鄙科名为粪土，或好作诗古，或好讲考据，或好谈理学，嚣嚣然自以为压倒一切矣。自识者观之，彼其所造，曾无几何，亦足发一冷笑而已。故吾人用功，力除傲气，力戒自满，毋为人所冷笑，乃有进步也。

诸弟平日皆恂恂[1]退让，第[2]累年小试不售，恐因愤激之久，致生骄惰之心，故特作书戒之，务望细思吾言而深省焉，幸甚幸甚。国藩手草。

道光二十四年十月二十一日

致诸弟·看书须有恒

四位老弟足下：

前月寄信，想已接到。余蒙祖宗遗泽、祖父教训，幸得科名，内顾无所忧，外遇无不如意，一无所觖矣。所望者，再得诸弟强立，同心一力，何患令名之不显？何患家运之不兴？欲别立课程，多讲规条，使诸弟遵而行之，又恐诸弟习见而生厌心；欲默默而不言，又非长兄督责之道。是以往年常示诸弟以课程，近来则只教以有恒二字。所望于诸弟者，但将诸弟每月

1 恂恂：谨慎。

2 第：但，只是。

功课写明告我，则我心大慰矣。乃诸弟每次写信，从不将自己之业写明，乃好言家事及京中诸事。此时家中重庆，外事又有我料理，诸弟一概不管可也。以后写信，但将每月作诗几首，作文几首，看书几卷，详细告我，则我欢喜无量。诸弟或能为科名中人，或能为学问中人，其为父母之令子[1]一也，我之欢喜一也。慎弗以科名稍迟，而遂谓无可自立也。如霞仙今日之身份，则比等闲之秀才高矣。若学问愈进，身份愈高，则等闲之举人、进士又不足论矣。

学问之道无穷，而总以有恒为主。兄往年极无恒，近年略好，而犹未纯熟。自七月初一起，至今则无一日间断。每日临帖百字，抄书百字，看书少亦须满二十页，多则不论。自七月起，至今已看过《王荆公文集》百卷，《归震川文集》四十卷，《诗经大全》二十卷，《后汉书》百卷，皆朱笔加圈批。虽极忙，亦须了本日功课，不以昨日耽搁而今日补做，不以明日有事而今日预做。诸弟若能有恒如此，则虽四弟中等之资，亦当有所成就，况六弟、九弟上等之资乎？

明年肄业之所，不知已有定否？或在家，或在外，无不可者。谓在家不可用功，此巧于卸责者也。吾今在京，日日事务纷冗，而犹可以不间断，况家中万万不及此间之纷冗乎？树堂、筠仙自十月起，每十日作文一首，每日看书十五页，亦极有恒。诸弟试将《朱子纲目》过笔圈点，定以有恒，不过数月即圈完

1 令子：好儿子。

矣。若看注疏，每经亦不过数月即完，切勿以家中有事而间断看书之课，又弗以考试将近而间断看书之课。虽走路之日，到店亦可看；考试之日，出场亦可看也。兄日夜悬望，独此有恒二字告诸弟，伏愿诸弟刻刻留心。幸甚幸甚。兄国藩手草。

道光二十四年十一月二十一日

致诸弟·诗之命意。结亲之注意点。劝勿管家中事

诸位老弟足下：

十四日发十四号家信，因折弁行急，未作书与诸弟。十六日早接到十一月十二所发信，内父亲一信，四位老弟各一件。是日午刻又接九月十二所寄信，内父亲及四、六、九弟各一件，具悉一切，不胜欣幸。

曹石樵明府待我家甚为有礼，可感之至，兹寄一信去。西坤四位，因送项太简，致生嫌隙，今虽不复形之口角，而其心究不免有觖望，故特作信寄丹阁叔，使知我家光景亦非甚裕者。贤弟将此信呈堂上诸大人，以为开诚布公否？如堂上诸大人执意不肯送去，则不送亦可也。四弟之诗又有长进，第命意[1]不甚高超，声调不甚响亮。命意之高，须要透过一层。如说考试，则须说科名是身外物，不足介怀，则诗意高矣；若说必以得科

1 命意：立意。

名为荣，则意浅矣。举此一端，余可类推。腔调则以多读诗为主，熟则响矣。去年树堂所寄之笔，亦我亲手买者。“春光醉”目前每支大钱五百文，实不能再寄；“汉璧”尚可寄，然必须明年会试后乃有便人回南，春间不能寄也。五十读书固好，然不宜以此耽搁自己功课。女子无才便是德，此语不诬也。常家欲与我结婚，我所以不愿者，因闻常世兄最好恃父势作威福，衣服鲜明，仆从炬赫[1]，恐其家女子有宦家骄奢习气，乱我家规，诱我子弟好佚[2]耳。今渠再三要结婚，发甲五八字去，恐渠家是要与我为亲家，非欲与弟为亲家，此语不可不明告之。贤弟婚事，我不敢作主，但亲家为人何如，亦须向汪三处查明。若吃鸦片烟，则万不可对；若无此事，则听堂上各大人与弟自主之可也。所谓翰堂秀才者，其父子皆不宜亲近，我曾见过，想衡阳人亦有知之者。若要对亲，或另请媒人亦可。六弟九月之信，于自己近来弊病颇能自知，正好用功自医，而犹曰“终日泄泄[3]”，此则我所不解者也。家中之事，弟不必管。天破了自有女娲管，洪水大了自有禹王管，家事有堂上大人管，外事有我管，弟只安心自管功课而已，何必问其他哉？至于宗族姻党，无论他与我家有隙无隙，在弟辈只宜一概爱之敬之。孔子曰：“泛爱众而亲仁。”孟子曰：“爱人不亲反其仁，礼人不答反其敬。”此刻未理家事，若便多生嫌怨，将来当家立业，岂不个个都是仇人？

1 炬赫：显赫。

2 佚：奢侈。

3 泄泄（yì yì）：满不在乎。

古来无与宗族乡党为仇之圣贤，弟辈万不可专责他人也。十一月信言现看《庄子》并《史记》，甚善。但作事必须有恒，不可谓考试在即，便将未看完之书丢下，必须从首至尾，句句看完。若能明年将《史记》看完，则以后看书不可限量，不必问进学与否也。贤弟论袁诗、论作字亦皆有所见，然空言无益，须多做诗，多临帖，乃可谈耳。譬如人欲进京，一步不行，而在家空言进京程途，亦何益哉？即言之津津[1]，人谁得而信之哉？九弟之信，所以规劝我者甚切，余览之，不觉毛骨悚然。然我用功，实脚踏实地，不敢一毫欺人。若如此做去，不作外官，将来道德文章必粗有成就。上不敢欺天地祖父，下不敢欺诸弟与儿子也。而省城之闻望[2]日隆，即我亦不知其所自来。我在京师，惟恐名浮于实，故不先拜一人，不自诩一言，深以过情之闻为耻耳。来书写大场题及榜信，此间九月早已知之，惟县考案首前列及进学之人，则至今不知。诸弟以后写信，于此等小事及近处族戚家光景，务必一一详载。季弟信亦谦虚可爱，然徒谦亦不好，总要努力前进。此全在为兄者倡率之。余他无可取，惟近来日日有恒，可为诸弟倡率。四弟、六弟纵不欲以有恒自立，独不怕坏季弟之样子乎？

昨十六日卓秉恬拜大学士，陈官俊得协办大学士，自王中堂死后，隔三年大学士始放人，亦一奇也。书不宣尽。兄国藩手具。

道光二十四年十二月十八日

1 津津：滔滔不绝。

2 闻望：声望。

致诸弟·无师无友亦可成第一等人物

四位老弟足下：

去年十二月二十二日寄去书函，谅已收到。顷接四弟信，谓前信小注中误写二字，其诗比即付还，今亦忘其所误谓何矣。

诸弟写信，总云仓忙。六弟去年曾言城南寄信之难，每次至抚院赍奏厅打听云云，是何其蠢也！静坐书院三百六十日，日日皆可写信，何必打听折差行期而后动笔哉？或送至提塘，或送至岱云家，皆万无一失，何必问了无关涉之赍奏厅哉？若弟等仓忙，则兄之仓忙殆过十倍，将终岁无一字寄家矣。

送王五诗第二首，弟不能解，数千里致书来问，此极虚心，余得信甚喜。若事事勤思善问，何患不一日千里？兹另纸写明寄回。家塾读书，余明知非诸弟所甚愿，然近处实无名师可从。省城如陈尧农、罗罗山皆可谓明师，而六弟、九弟又不善求益，且住省二年，诗文与字皆无大长进。如今我虽欲再言，堂上大人亦必不肯听。不如安分耐烦，寂处里闾，无师无友，挺然特立，作第一等人物，此则我之所期于诸弟者也。昔婺源汪双池先生，一贫如洗，三十以前在窑上为人佣工画碗，三十以后读书，训蒙到老，终身不应科举，卒著书百余卷，为本朝有数名儒。彼何尝有师友哉？又何尝出里闾哉？余所望于诸弟者，如是而已，然总不出乎“立志有恒”四字之外也。

买笔付回，刻下实无妙便，须公车归乃可带回。大约府试院试可得到，县试则赶不到也。诸弟在家作文，若能按月付至京，则余请树堂看。随到随改，不过两月，家中又可收到。书不详尽，余俟续具。兄国藩手草。

道光二十五年已巳二月初一日

致诸弟·论中表为婚之不当

四位老弟足下：

二月有折差到京，余因眼蒙，故未写信。三月初三接到正月二十四所发家信，无事不详悉，忻喜之至。此次眼尚微红，不敢多作字，故未另禀堂上，一切详此书中，烦弟等代禀告焉。

去年所寄银，余有分馈亲族之意，厥后屡次信问，总未详明示悉。顷奉父亲示谕，云皆已周到，酌量减半。然以余所闻，亦有过于半者，亦有不及一半者。下次信来，务求九弟开一单告我为幸。

受恬之钱，既专使去取，余又有京信去，想必可以取回，则可以还江岷山、东海之项矣。岷山、东海之银，本有利息，余拟送他高丽参共半斤，挂屏、对联各一付，或者可少减利钱，待公车归时带回。父亲手谕要寄银百两回家，亦待公车带回。有此一项，则可以还率五之钱矣。

率五想已到家，渠是好体面之人，不必时时责备他，惟以体面待他，渠亦自然学好。兰姊买田，可喜之至。惟与人同居，小事要看松些，不可在在[1]讨人恼。

欧阳牧云要与我重订婚姻，我非不愿，但渠与其妹是同胞所生，兄妹之子女，犹然骨肉也。古者婚姻之道，所以厚别也，故同姓不婚。中表为婚，此俗礼之大失。譬如嫁女而号泣，奠礼而三献，丧事而用乐，此皆俗礼之失，我辈不可不力辨之。四弟以此义告牧云，吾徐当作信复告也。

罗芸皋于二月十八日到京。路上备尝辛苦，为从来进京者所未有。于二十七日在圆明园正大光明殿补行复试，湖南补复试者四人，予在园送考，四人皆平安，感予之情。今年新科复试，正场取一等三十七人，二、三等人数甚多，四等十三人，罚停会试二科[2]。补复者一等十人，二、三等共百六十人，四等五人，亦罚停二科。立法之初，无革职者，可谓宽大。湘乡共到十人。邓铁松因病不能进场。渠吐血是老病，或者可保无虞。

芸皋所带小菜、布匹、茶叶俱已收到，但不知付物甚多，何以并无家信？四弟去年所寄诗已圈批寄还，不知收到否？汪觉庵师寿文，大约在八月前付到。五十已纳征[3]礼成，可贺可贺。朱家气象甚好，但劝其少学官款[4]，我家亦然。啸山接到咨文，上有“祖母已没”字样，甚为哀痛，归思极迫。予再三劝解，场

1 在在：处处。

2“罚科”是科举制度的重要组成部分，指对考试违规、舞弊者废止其考试资格。根据情节轻重，有罚停一科至三科不等之处分。

3 纳征：也称纳币。古代婚俗。男方家在纳吉之后，将聘礼送给女方家。

4 官款：官员款式。

后即来予寓同住。我家共住三人。郭二于二月初八到京，复试二等第八。上下合家皆清吉。余耳仍鸣，无他恙。内人及子女皆平安。树堂榜后要南归，将来择师尚未定。

六弟信中言功课在廉让之间，此语殊不可解。所需书籍，惟《子史精华》家中现有，准托公车带归。《汉魏百三家》京城甚贵，予已托人在扬州买，尚未接到。《稗海》及《绥寇纪略》亦贵，且寄此书与人，则必帮人车价，因此书尚非吾弟所宜急务者，故不买寄。元明名古文尚无选本，近来邵蕙西已选元文，渠劝我选明文，我因无暇，尚未选。古文选本惟姚姬传先生所选本最好，吾近来圈过一遍，可于公车带回，六弟用墨笔加圈一遍可也。

九弟诗大进，读之为之距跃三百，[1]即和四章寄回。树堂、筠仙、意诚三君，皆各有和章。诗之为道，各人门径不同，难执一己之成见以概论。吾前教四弟学袁简斋，以四弟笔情与袁相近也。今观九弟笔情，则与元遗山相近。吾教诸弟学诗无别法，但须看一家之专集，不可读选本，以汩没性灵，至要至要。吾于五、七古学杜、韩，五、七律学杜，此二家无一字不细看。外此则古诗学苏、黄，律诗学义山，此三家亦无一字不看。五家之外，则用功浅矣。我之门径如此，诸弟或从我行，或别寻门径，随人性之所近而为之可耳。

予近来事极繁，然无日不看书，今年已批韩诗一部，正月

1 距跃三百：谓欢欣之极。语出《左传》。距跃，跳跃，超越。

十八批毕。现在批《史记》，已三分之二，大约四月可批完。诸弟所看书望详示。邻里有事，亦望示知。国藩手草。

道光二十五年三月初五日

致诸弟·带物归家

四位老弟左右：

四月十六日曾写信交折弁带回，想已收到。十七日朱啸山南归，托带纹银百两，高丽参一斤半，书一包，计九套。

兹因冯树堂南还，又托带寿屏一架，狼兼毫笔二十枝，鹿胶二斤，对联条幅一包，内金年伯耀南四条，朱岚暄四条，萧辛五对一幅，江岷山母舅四条，东海舅父四条，父亲横披一个，叔父折扇一柄。乞照单查收。前信言送江岷山、东海高丽参六两，送金耀南年伯参二两，皆必不可不送之物，唯诸弟禀告父亲大人送之可也。

树堂归后，我家先生尚未定。诸弟若在省得见树堂，不可不殷勤亲近。亲近愈久，获益愈多。

今年湖南萧史楼得状元，可谓极盛。八进士皆在长沙府。黄琴坞之胞兄及令嗣皆中，亦长沙人也。余续具。兄国藩手草。

道光二十五年四月二十四日

致诸弟·喜述升詹事府右春坊右庶子

四位老弟足下：

四月十六日予寄第三号交折差，备述进场阅卷及收门生诸事，内附寄会试题名录一纸。十七日朱啸山南旋，予寄第四号信，外银一百两，书一包计九函，高丽参一斤半。二十五日冯树堂南旋，予寄第五号家信，外寿屏一架，鹿胶二斤一包，对联、条幅、扇子及笔共一布包。想此三信皆于六月可接到。

树堂去后，予于五月初二日新请李竹坞先生名如篦，永顺府龙山县人，丁酉拔贡，庚子举人。教书，其人端方和顺，有志性理之学，虽不能如树堂之笃诚照人，而亦为同辈所最难得者。

初二早，皇上御门办事。余蒙天恩，得升詹事府右春坊右庶子。次日具折谢恩，蒙召见于勤政殿，天语垂问共四十余句。是日同升官者：李菡升都察院左副都御史，罗惇衍升通政司副使，及余共三人。余蒙祖父余泽，频叨[1]非分之荣，此次升官，尤出意外，日夜恐惧修省，实无德足以当之。诸弟远隔数千里外，必须匡[2]我之不逮[3]，时时寄书规我之过，务使累世积德不自我一人而堕，庶几持盈保泰，得免速致颠危。诸弟能常进箴规，则弟即吾之良师益友也。而诸弟亦宜常存敬畏，勿谓家有人作官，则遂敢于侮人；勿谓已有文学，而遂敢于恃才傲人。常存

---

1 叨（tāo）：谦词，表示受之有愧。

2 匡：纠正。

3 不逮：不及之处。

此心，则是载福之道也。

今年新进士善书者甚多，而湖南尤甚。萧史楼既得状元，而周荇农寿昌去岁中南元，孙芝房鼎臣又取朝元，可谓极盛。现在同乡诸人讲求词章之学者固多，讲求性理之学者亦不少，将来省运必大盛。

予身体平安，惟应酬太繁，日不暇给，自三月进闱以来，至今已满两月，未得看书。内人身体极弱，而无病痛，医者云必须服大补剂乃可回元。现在所服之药与母亲大人十五年前所服之白术黑姜方略同，差有效验。儿女四人皆平顺，婢仆辈亦如常。去年寄家之银两，屡次写信求将分给戚族之数目详实告我，而至今无一字见示，殊不可解。以后务求四弟将账目开出寄京，以释我之疑。又予所欲问家乡之事甚多，兹另开一单，烦弟逐条对是祷。兄国藩草。

道光二十五年五月初五日

致诸弟·述现服清凉药

四位老弟足下：

七月十六发第十号家信，想已收到。二十九日折差到京，问之，系七月十一在省起行。维时[1]诸弟正在省，想是府考将毕之时，岱云之弟及各家皆有信来京，而我弟无信来，何也？予

1 维时：当时。

自十四日接到澄侯六月二十三之信，不胜欣慰。日日望府考信到，乃折差至而竟无信，殊不可解。

予在京身体如常。前日之病，近来请医生姜姓名七冠细看，云是肺胃两家之热发于皮毛，现在自头上、颈上以至腹下，无处无之。其大者如钱，小者如豆，其色白，以蜜涂之，则转红紫色，爬破[1]亦无水，不喜着衣盖被，盖燥象也。此外毫无所病，一切饮食起居、大小二便，并皆如常。据姜医云，须用清凉药使肺胃之热退尽，然后达于皮毛，不可求速效，两月内则可全好矣。言之甚为有理，余将守其说而不摇。

六弟之文，昨日始找出《乐道人之善》一首，其文甚有识见道理，准于下次折差带回。此外诸弟尚有文在京者否？若有，须写信来清出。汪觉庵师寿文今日始作就，付回查收。若有不妥处，即请觉庵师改正可也。

邓铁松病势不轻，于八月初五日起行回南。此人利心甚炽，余去年送大钱十千，今又送盘费十两，渠尚怏怏有觖望。王荆七自去年来不常至我家。昨日因奉父亲大人之命，故唤他来，许他凡我得外差或外官，即带他出京。他现欢天喜地，常来请安。然自此次惩戒之后，想亦不敢十分鸱张[2]矣。

今年县前列第二名，是葛二一之子关一否？下次书来，乞示我。余俟续布。兄国藩手具。

道光二十五年七月三十日

---

1 爬破：抓破。

2 鸱（chī）张：像鸱鸟张翼一样。比喻嚣张。

致九弟、季弟·评论文章及书法

子植、季洪两弟左右：

四月十四日接子植二月、三月两次手书，又接季洪信一片，子植何其详，季洪何其略也！今年以来，京中已发信七号，不审俱收到否？第六号、第七号子皆有禀呈堂上，言今年恐不考差。彼时身体虽平安，而癣疥之疾未愈，头上、面上、颈上并斑剥陆离，恐不便于陛见，故情愿不考差。恐堂上诸大人不放心，故特作白折楷信，以安慰老亲之念。

三月初，有直隶张姓医生，言最善治癣，贴膏药于癣上，三日一换，贴三次即可拔出脓水，贴七次即痊愈矣。初十日，令于左胁试贴一处，果有效验。二十日即令贴头面颈上，至四月八日而七次皆已贴毕，将膏药揭去，仅余红晕，向之厚皮顽癣，今已荡然平矣。十五六即贴遍身，计不过半月即可毕事，至五月初旬考差而通身已全好矣。现在仍写白折，一定赴试。虽得不得自有一定，断不敢妄想，而苟能赴考，亦可上慰高堂诸大人期望之心。

寓中大小安吉，惟温甫前月底偶感冒风寒，遂痛左膝，服药二三帖不效，请外科开一针而愈。澄弟去年习柳字，殊不足观。今年改习赵字，而参以李北海《云麾碑》之笔意，大为长进。温弟时文已才华横溢，长安诸友多称赏之。书法以命意太高，笔不足以赴其所见，故在温弟自不称意，而人亦无由称之。故论文则温高于澄，澄难为兄；论书则澄高于温，温难为弟。

子植书法驾涤、澄、温而上之，可爱之至，可爱之至！但不知家中旧有《和尚碑》徐浩书。及《郭家庙碑》颜真卿书。否？或能参以二帖之沉着，则直追古人不难矣。

狼兼毫四枝既不合用，可以二枝送莘田叔，以二枝送茀庵表叔。正月间曾在岱云处寄羊毫二枝，不知已收到否？至五月，钟子宾名音鸿，戊戌同年，放辰州府知府。太守往湖南，又可再寄二枝。以后两弟需用之物，随时写信至京可也。

祖父大人嘱买四川漆，现在四川门生留京者仅二人，敖册贤、陈世镳。皆极寒之士。由京至渠家有五千余里，由四川至湖南有四千余里，彼此路皆太远。此二人在京常半年不能得家信，即令彼能寄信至渠家，渠家亦万无便可附湖南。九弟须详禀祖父大人，不如在省以重价购顶上川漆为便。做直牌匾，祖父大人系貤封[1]中宪大夫，父亲系诰封中宪大夫，祖母貤封恭人，母亲诰封恭人。京官加一级请封，侍讲学士是从四品，故堂上皆正四品也。蓝顶是暗蓝，余正月已寄回二顶矣。

书不宣尽，诸详澄、温书中。今日身上敷药，不及为楷，堂上诸大人两弟代为禀告可也。

道光二十六年四月十六日

1 貤（yí）封：一个人得功名，亲戚也相继得到封赏。

致四弟、九弟、季弟·不可与人太疏。许配二女事

澄侯四弟、子植九弟、季洪二弟左右：

二月十一接到第一、第二号来信，三月初十接到第三、四、五、六号来信，系正月十二、十八、二十二及二月朔日所发而一次收到，家中诸事琐屑毕知，不胜欢慰。

祖大人之病，竟以服沉香少愈，幸甚。然予终疑祖大人之体本好，因服补药太多，致火壅[1]于上焦，不能下降，虽服沉香而愈，尚恐非切中肯綮[2]之剂。要须服清导之品，降火滋阴为妙。予虽不知医理，窃疑必须如此，上次家书亦曾写及，不知曾与诸医商酌否？丁酉年祖大人之病，亦误服补剂，赖泽六爷投以凉药而效，此次何以总不请泽六爷一诊？泽六爷近年待我家甚好，即不请他诊病，亦须澄弟到他处常常来往，不可太疏，大小喜事宜常送礼。

尧阶既允为我觅妥地[3]，如其觅得，即听渠买。买后或迁或否，仍由堂上大人作主，诸弟不必执见。

上次信言予思归甚切，属弟探堂上大人意思何如。顷奉父亲手书，责我甚切，兄自是谨遵父命，不敢作归计矣。

郭筠仙兄弟于二月二十到京。筠仙与其叔及江岷樵住张相公庙，去我家甚近。翊臣即住我家，树堂亦在我家入场。我家

1 壅：堵塞。

2 肯綮（qìng）：筋骨结合处。比喻关键之处。

3 觅妥地：找妥坟地。

又添二人伏侍李、郭二君，大约榜后退一人，只用一打杂人耳。筠仙自江西来，述岱云母子之意，欲我将第二女许配渠第二子，求婚之意甚诚。前年岱云在京，亦曾托曹西垣说及，予答以缓几年再议。今又托筠仙为媒，情与势皆不可却。岱云兄弟之为人与其居官治家之道，九弟在江西一一目击，烦九弟细告父母，并告祖父，求堂上大人吩咐，或对或否，以便回江西之信。予夫妻现无成见，对之意有六分，不对之意亦有四分，但求堂上大人主张。

九弟去年在江西，予前信稍有微词，不过恐人看轻耳。仔细思之，亦无妨碍，且莫之为而为者，九弟不必自悔艾也。

碾儿胡同之屋，房东四月要回京，予已看南横街圆通观东间壁房屋一所，大约三月尾可移寓。此房系汪醇卿之宅，教习门生汪廷儒。比碾儿胡同狭一小半，取其不费力易搬，故暂移彼。若有好户，当再迁移。

黄秋农之银已付还，加利十两，予仍退之。周子佩于三月三日喜事。正斋之子竟尚未归。黄茀卿、周韩臣闻皆将告假回籍，茀卿已定十七日起行。刘盛唐得疯疾，不能入闱[1]，可悯之至。袁漱六到京数日，即下园子用功，其夫人生女仅三日即下船进京，可谓胆大。周荇农散馆[2]，至今未到，其胆尤大。曾仪斋宗逵正月二十六在省起行，二月二十九日到京。凌笛舟正月二十八起行，亦二十九到京，可谓快极。而澄弟出京，偏延至七

1 入闱：参加科举考试。

2 散馆：在翰林院学习期满。

十余天始到，人事之无定如此。新举人复试题“人而无恒”二句，“赋得仓庚鸣，得‘鸣’字”。四等十一人，各罚会试二科，湖南无之。

我身癣疾，春间略发，不甚为害。有人说方，将石灰澄清水用水调桐油揸[1]之，则白皮立去，如前年揸铜绿膏。现二三日一揸，使之不起白皮，剃头后不过微露红影，不甚红。虽召见亦无碍。除头顶外，他处皆不揸，以其仅能济一时，不能除根也。内人及子女皆平安。

今年分房，同乡仅恕皆，同年仅松泉与寄云大弟，未免太少。余虽不得差，一切自有张罗，家中不必挂心。今日予写信颇多，又系冯、李诸君出场之日，实无片刻暇，故予未作楷信禀堂上，乞弟为我说明。

澄弟理家事之闲，须时时看《五种遗规》，植弟、洪弟须发愤读书，不必管家事。兄国藩草。

道光二十七年三月初十日

致四弟、九弟、季弟·升内阁学士

澄侯、子植、季洪三位老弟足下：

五月寄去一信，内有大考赋稿，想已收到。

1 揸（zhā）：用手指撮东西。

六月二日蒙皇上天恩及祖父德泽，予得超升内阁学士，顾影扪心，实深惭悚。湖南三十七岁至二品者，本朝尚无一人，予之德薄才劣，何以堪此？近来中进士十年得阁学者，惟壬辰季仙九师、乙未张小浦及予三人，而予之才地，实不及彼二人远甚，以是尤深愧仄。

冯树堂就易念园馆，系予所荐，以书启[1]兼教读，每年得百六十金。李竹屋出京后，已来信四封。在保定，讷制台赠以三十金，且留乾馆与他。在江苏，陆立夫先生亦荐乾俸馆与他，渠甚感激我。考教习余为总裁，而同乡寒士如蔡贞斋等皆不得取，余实抱愧。

寄回祖父、父亲袍褂二付，祖父系夹的，宜好好收拾，每月一看，数月一晒。百岁之后，即以此为敛服[2]，以其为天恩所赐，其材料外间买不出也。父亲做棉的，则不妨长着，不必为深远之计，盖父亲年未六十，将来或更有君恩赐服，亦未可知。

祖母大人葬后，家中诸事顺遂。祖父之病已好，予之癣疾亦愈，且骤升至二品，则风水之好可知，万万不可改葬。若再改葬，则谓之不祥，且大不孝矣。然其地予究嫌其面前不甚宽敞，不便立牌坊，起诰封碑亭，又不便起享堂[3]，立神道碑。予意欲仍求尧阶相一吉地，为祖父大人将来寿藏。弟可将此意禀告

1 书启：原指书信，后用作官署中专管书札起草诸事的书启师爷的简称。

2 敛服：殡殓时给死人穿的衣服。敛，通“殓”。

3 享堂：祭堂。

祖父，不知可见允否？盖诰封碑亭断不可不修，而祖母又断不可改葬，将来势不能合葬。乞禀告祖父，总以祖父之意为定。

前此问长女对袁家，次女对陈家，不知堂上之意如何？现在陈家信来，谓我家一定对，渠甚欢喜。余容后具。兄国藩草。

道光二十七年六月十八日

致四弟、九弟、季弟·勿占人便宜。儿女姻事勿太急

澄侯、子植、季洪老弟足下：

自四月二十七日得大考谕旨以后，二十九日发家信，五月十八又发一信，二十九又发一信，六月十八又发一信，不审俱收到否？二十五日接到澄弟六月一日所发信，具悉一切，欣慰之至。

发卷所走各家，一半系余旧友，惟屡次扰人，心殊不安。我自从己亥年在外把戏[1]，至今以为恨事。将来万一作外官，或督抚，或学政，从前施情于我者，或数百，或数千，皆钓饵也。渠若到任上来，不应则失之刻薄，应之则施一报十，尚不足以满其欲。故兄自庚子到京以来，于今八年，不肯轻受人惠。情愿人占我的便益，断不肯我占人的便益。将来若作外官，京城

1 把戏：犹言“周游”。

以内无责报于我者。澄弟在京年余，亦得略见其概矣。此次澄弟所受各家之情，成事不说，以后凡事不可占人半点便益，不可轻取人财，切记切记。

彭十九家姻事，兄意彭家发泄将尽，不能久于蕴蓄，此时以女对渠家，亦若从前之以蕙妹定王家也。目前非不华丽，而十年之外，局面亦必一变。澄弟一男二女，不知何以急急定婚若此？岂少缓须臾，即恐无亲家耶？贤弟行事，多躁少静，以后尚期三思。儿女姻缘前生注定，我不敢阻，亦不敢劝，但嘱贤弟少安无躁而已。

成忍斋府学教授系正七品，封赠一代，敕命二轴。朱心泉县学教谕系正八品，仅封本身，父母则无封。心翁之父母乃貤封也。家中现有《缙绅》，何不一翻阅？牧云一等，汪三入学，皆为可喜。啸山教习，容当托曹西垣一查。

京寓中大小平安。纪泽读书已至“宗族称孝焉”，大女儿读书已至“吾十有五”。前三月买驴子一头，顷赵炳堃又送一头。二品本应坐绿呢车，兄一切向来简朴，故仍坐蓝呢车。寓中用度比前较大，每年进项亦较多，每年俸银三百两，饭银一百两。其他外间进项尚与从前相似。

同乡诸人皆如旧。李竹屋在苏寄信来，立夫先生许以乾馆。余不一一。兄国藩手草。

道光二十七年六月二十七日

致四弟、九弟、季弟·述大女儿订姻

澄侯、子植、季洪三弟左右：

八月十六日折弁到京，系七月二十九日在省起行。维时植、洪二弟正在省城，不解何无一字寄京？闻学院二十六日始考古，则二十九日我邑尚未院试也。

京中大小平安。予之癣疾，七月底较六月稍差，然无碍召见之事，则亦听之而已。六弟在国子监考课，各堂官颇加青眼。上次蔡司业课[1]古学经文一篇、经解一篇、赋一篇、诗一篇，六弟取第一，奖励甚重：帖一套、佳墨八条。内人近颇多病，不能健饭，现在服药，当不要紧也。纪泽读书，前四月间所请之湖北魏先生，渠八月中即回家。我家已于八月初七日换请一宋先生，常德府丙午举人，今年考取教习，系我门生。其人专严勤教，余有回人书札，亦交渠代写。纪泽现已读至"梁惠王章句下"，每日读书，颇能领会。

大女儿与袁家订姻，已于八月初六日写庚书过礼。郭筠仙为媒，即须出都，后年始能复来，故趁其在京时先行纳采[2]。袁家过礼来：真金簪一、真金耳环一对、镀金手镯二、镀金戒指二、红绿湖绉各三丈、金花一对。我家回礼：袍料一套、靴一、帽一、朝珠一、补子一、扇插一、笔插一，又女婿见面仪六两。

陈家姻事，前接四弟信，知家中堂上大人甚欢喜。现在岱云丁

1 课：考核。

2 纳采：古代婚礼六礼之一。男方向女方送求婚礼物。

艰，自不能定庚，只好待渠服满后。诸弟若与陈家昆仲见面时，亦不必道及姻事。岱云之丧事，余已送赙仪三十两，交郭筠仙带归，又有挽联一付。京官向例不送外官之银，予送三十两，则已为重矣。诸弟若到省，只须办香烛去行礼，不必再送情也。

同乡萧史楼、郭筠仙、孙鳌舟、徐寿衡并出京，在八月底起行。郭、孙走江南，徐走山西。邓辛阶尚在黄正斋家坐馆。蔡贞斋在袁漱六家。龙滋圃就一同乡任江南金山县者之馆，已出京矣。车锺毓亦就金山馆，金山县之幕中人才可谓极盛。

王荆七现来，要求再入我家，我家现在本用两个跟班，目前有一个要去，拟仍叫荆七来，但不知高僧能久持戒行否？文小南之尊翁亦于八月出京。黎月乔亦欲出京，大约在冬间矣。书不详尽，余俟续寄。兄国藩手草。

道光二十七年八月十八日

致四弟、九弟、季弟·欣闻两次喜信

澄侯、子植、季洪足下：

九月重阳日接到家信三封，内父亲手谕二件，澄侯六月二十五在家发信一件，七月十五在省发信一件，十九又一件，八月十三又一件，子植七月十九发一件，八月十三又一件，季洪亦有七月十九一片。子植府试文章在此包内，题名录二纸。盖至是始识九弟案首入学之信。前八月折弁到京，乃七月二十八九在省起行者，计是时九弟府首喜信已发交提塘[1]矣，而渠不带来，良可憾也。此外又有张湘纹、曾季甫、唐镜丈、首班臣、邓荻仙、欧阳沧溟丈各信，亦俱收到。我与温甫看一夜始完。两次喜信，使祖父大人病体大愈，此为人子孙者之大幸也。

呈请晋封，仍须覃恩之年。辛亥年是皇上七旬万寿，大约可以请晋封祖父母、父母，并可貤封叔父母，且可诰赠曾祖父母矣。然使身不加修，学不加进，而滥受天恩，徒觉愧悚。故兄自升官后，时时战兢惕惧。近来身体甚好，耳又微聋。甲三读书，先生极好，严而且勤，教书亦极得法。长女《上论》将读毕矣。温甫国子监应课已经补班。寓中眷口俱平顺。荆七现又收在我家，于门上跟班之外，多用一人，以充买办行走之用，即以荆七补缺，甚为胜任。渠亦如士会[2]还朝，苏武返汉，欣幸之至，四弟可告知渠家也。

袁漱六因其幼女已死，现搬住湘潭馆。订庚[3]之事，前已写信告堂上矣。陈家姻事，堂上大人既欣然允许，余岂复有不满意者？惟订庚须稍迟，或俟贷云起复，亦未可知，至姻事，则确有成言矣。

曾心斋曾借银八十与郭瑞田，渠现还百金交余，托转寄毅然先生。目前尚无妥便，一入他人手，又恐化为乌有，故不得不慎重。弟可先作书告毅然丈，说我所以慎重之故，亦总在今

1 提塘：掌投递本省与京师各官署往来文书的小官。

2 士会：春秋时期晋国政治家、军事家，曾久在秦国为官，后终得返回晋国。

3 订庚：订婚。旧时以男女双方交换年庚帖子表示订婚。

冬明春寄到也。

朱啸山托曹西垣查教习之期，西垣查得，言尚遥遥无期，弟亦可告啸山也。刘福桥先生要挂屏四张，现亦无便可寄，盖徐寿衡不回家，史楼、筠仙亦明年方可到省，故皆不敢寄。罗筠皋之银亦无便寄，弟可并告筠皋也。

沧溟丈以我言魏家讼事，回书颇有不豫[1]之意。牧云无笔写字，弟可先将树堂带回之笔分三枝送他，待彭大生归，我再寄笔回。岳父寄贡卷至京，余拟送贺仪大钱二十千，亦交彭大生带回。柳衙叔仙逝，余拟备奠仪大钱八千，亦交彭大生带回。惟毅然先生及筠皋之项不敢交彭，恐其难担艰险。

九弟印卷费须出大钱百千，乃为不丰不啬，不被人讥议。或三股均送，或两学较多、门斗较少亦可。但须今年内送去，不可捱至明年。教官最为清苦，我辈仕宦之家，不可不有以体谅之也。家中今年想尚可支吾，至明年上半年，余必寄银至家应用。

陈岱云到省，四弟与郭三合办呢幛，甚是妥叶[2]。余送渠奠分三十金，已交筠仙带去矣。别有挽联，现尚未寄。梅劭生求我作书与钟子宾，准在近日付去。唐画郊之信屡次未回，则实以懒惰之故。渠托我代求各翰林法书，澄侯不在京，而欲我为此等事，毋乃强人以难乎？收到邹芸陔所带各件，屡次写信道之，不知来信何以屡问？添梓坪各件，容当再寄物与它，四弟

1 不豫：不悦，不乐意。

2 妥叶：妥恰。

先为我道谢可也。

四弟以女许彭家，姻缘前定，断不可因我前言而稍生疑心。九弟入学，家中材料可以做衣，若再久收，恐被虫打。做数套衣，兄弟易衣而出最好。家中诸皮衣，年年须多买樟脑，好好收拾，否则必为虫伤矣。

同乡诸家如常。书不能尽，折弁在京仅一日，故多草率。兄国藩手具。

道光二十七年九月初十日

致四弟、九弟、季弟·温弟馆事。述思归省亲之计

澄侯、子植、季洪足下：

正月十一日发第一号家信，是日予极不得闲，又见温甫在外未归，心中懊恼，故仅写信与诸弟，未尝为书禀堂上大人，不知此书近已接到否？

温弟近定黄正斋家馆，每月俸银五两。温弟自去岁以来，时存牢骚抑郁之意。太史公所谓“居则忽忽若有所亡，出则不知其所往”者，温甫颇有此象，举业工夫大为抛荒，间或思一振奋，而兴致不能鼓舞。余深以为虑，每劝其痛着祖鞭[1]，并心一往，温弟辄言思得一馆，使身有管束，庶心有维系。余思自为

1 着祖鞭：谓勤奋进取。

京官，光景尚不十分窘迫，焉有不能养一胞弟而必与寒士争馆地？向人求荐，实难启口，是以久不为之谋馆。

自去岁秋冬以来，闻温弟妇有疾。温弟羁留日久，牢落[1]无耦。而叔父抱孙之念甚切，不能不思温弟南归。且余既官二品，明年顺天主考亦在可简放之列，恐温弟留京三年，又告回避。念此数者，欲劝温弟南旋，故上次信道及此层，欲诸弟细心斟酌。不料发信之后不过数日，温弟即定得黄正斋馆地。现在既已定馆，身有所管束，心亦有所系属，举业工夫又可渐渐整理，待今年下半年再看光景。如我或圣眷[2]略好，有明年主考之望，则到四五月再与温弟商入南闱[3]或入北闱行止。如我今年圣眷平常，或别有外放意外之事，则温弟仍留京师，一定观北闱，不必议南旋之说也。坐馆以羁束身心，自是最好事，然正斋家澄弟所深知者，万一不合，温弟亦难久坐。见可而留，知难而退，但不得罪东家，好去好来，即无不可耳。

余自去岁以来，日日想归省亲，所以不能者，一则京帐将近一千，归家途费又须数百，甚难措办；二则二品归籍，必须具折，折中难于措辞。私心所愿者，得一学差，三年任满，归家省亲，上也。若其不能，或明年得一外省主考，能办途费，后年必归，次也。若二者不能，只望六弟、九弟明年得中一人，后年得一京官，支持门面，余则归家告养，他日再定行止。如

1 牢落：孤寂，落寞。

2 圣眷：皇帝的眷顾。

3 南闱：江南乡试。

三者皆不得，则直待六年之后，至母亲七十之年，余誓具折告养，虽负债累万，归无储粟，亦断断不顾矣。然此实不得已之计，若能于前三者之中得其一者，则后年可见堂上各大人，乃如天之福也。不审祖宗默佑否？

现在寓中一切平安。癣疾上半身全好，惟腰下尚有纤痕。家门之福，可谓全盛，而余心归省之情，难以自慰。因偶书及，遂备陈之。毅然伯之项，去年已至余寓，今始觅便寄南。家中可将书封好，即行送去。余不详尽，诸惟心照。兄国藩手草。

道光二十八年戊申正月二十一日

致四弟、九弟、季弟·指导考试。劝勿告官

澄侯、子植、季洪三弟左右：

澄侯在广东前后共发信七封，至郴州、耒阳又发二信，三月十一到家以后又发二信，皆已收到。植、洪二弟今年所发三信，亦俱收到。澄弟在广东处置一切甚有道理。退念园、庄生各处程仪，尤为可取。其办朱家事，亦为谋甚忠，虽无济于事，而朱家必可无怨。《论语》曰："言忠信，行笃敬，虽蛮貊[1]之邦行矣。"吾弟出外，一切如此，吾何虑哉！贺八爷、冯树堂、梁

1 蛮貊（mò）：野蛮。

俪裳三处，吾当写信去谢，澄弟亦宜各寄一书。即易念园处，渠既送有程仪，弟虽未受，亦当写一谢信寄去。其信即交易宅，由渠家书汇封可也。若易宅不便，即托岱云觅寄。

季洪考试不利，区区得失，无足介怀。补发之案有名，不去复试，甚为得体。今年院试若能得意，固为大幸；即使不遽获售，去年家中既隽[1]一人，则今岁小挫，亦盈虚自然之理，不必抑郁。植弟书法甚佳，然向例未经过岁考者不合选拔，弟若去考拔，则同人必指而目之。及其不得，人不以为不合例而失，且以为写作不佳而黜。吾明知其不合例，何必受人一番指目乎？弟书问我去考与否，吾意以科考正场为断。若正场能取一等补廪，则考拔之时，已是廪生入场矣；若不能补廪，则附生考拔，殊可不必，徒招人妒忌也。

我县新官加赋，我家不必答言，任他加多少，我家依而行之。如有告官者，我家不必入场。凡大员之家，无半字涉公庭，乃为得体。为民除害之说，为所辖之属言之，非谓去本地方官也。

排山之事尚未查出，待下次折弁付回。欧阳之二十千及柳衙叔之钱，望澄弟先找一项垫出，待彭大生还来即行归款。彭山屺之业师任千总名占魁。现在京引见，六月即可回到省。九弟及牧云所需之笔，及叔父所嘱之膏药、眼药，均托任君带回。曹西垣教习报满引见，以知县用，七月动身还家。母亲及叔父

1 隽（juàn）：科举时代喻称考中。

之衣并阿胶等项，均托西垣带回。

去年内赐衣料袍褂，皆可裁三件，后因我进闱考教习，家中叫裁缝做，渠裁之不得法，又窃去整料，遂仅裁祖父、父亲两套。本思另办好料为母亲制衣寄回，因母亲尚在制[1]中，故未遽寄。叔父去年四十晋一，本思制衣寄祝，亦因在制，未遽寄也。兹准拟托西垣带回，大约九月可以到家。腊月服阕，即可着矣。

纪梁读书，每日百二十字，与泽儿正是一样，只要有恒，不必贪多。澄弟亦须常看《五种遗规》及《呻吟语》。洗尽浮华，朴实谙练，上承祖父，下型子弟，吾于澄实有厚望焉。兄国藩手草。

道光二十八年五月初十日

致诸弟·述改屋之意见。留心办贼之态度

澄侯、温甫、子植、季洪四弟左右：

十一月十四发第十四号家信，不知收到否？十二月初九接到家中十月十二一信，十一月初一日一信，初十日一信，具悉一切。

家中改屋，有与我意见相同之处。我于前次信内曾将全屋

1 制：服丧期。

画图寄归，想已收到。家中既已改妥，则不必依我之图矣。但三角丘之路，必须改于檀山嘴下，而于三角丘密种竹木，此我画图之要嘱，望诸弟禀告堂上，急急行之。家中改房，亦有不与我合意者，已成则不必再改。但六弟房改在炉子内，此系内外往来之屋，欲其通气，不欲其闷塞，余意以为必不可，不若以长横屋上半节间断作房为妥。连间两隔，下半节作横屋客坐，中间一节作过道，上半节作房。内茅房在石柱屋后，亦嫌太远，不如于季洪房外高坎打进去七八尺，即旧茅房沟对过之坎，若打进丈余，则与上首栗树处同宽。既可起茅房、澡堂，而后边地面宽宏，家有喜事，碗盏菜货亦有地安置，不至局促，不知可否？

家中高丽参已完，明春得便即寄。彭十九之寿屏，亦准明春寄到。此间事务甚多，我又多病，是以迟迟。

澄弟办[1]贼，甚快人心。然必使其亲房人等知我家是图地方安静，不是为一家逞势张威，庶[2]人人畏我之威，而不恨我之太恶。贼既办后，不特面上不可露得意之声色，即心中亦必存一番哀矜[3]的意思，诸弟人人当留心也。

征一表叔在我家教读，甚好。此次未写信请安，诸弟为我转达。同乡周荇农家之鲍石卿，前与六弟交游，近因在妓家饮酒，提督府捉交刑部，革去供事。而荇农、荻舟尚游荡不畏法，真可怪也。

---

1 办：惩治。

2 庶：但愿。

3 哀矜：怜惜。

余近日常有目疾，余俱康泰。内人及二儿四女皆平安。小儿甚胖大。西席庞公拟十一回家，正月半来，将请李笔峰代馆。宋芗宾在道上仆跌断腿，五十余天始抵樊城，大可悯也。余不一一。国藩手草。

道光二十八年十二月初十日

致诸弟·喜述补侍郎缺

澄侯、温甫、子植、季洪四位老弟左右：

正月十日曾寄家信，甚为详备。二月初三接到澄弟十一月二十夜之信，领悉一切。

今年大京察[1]，侍郎中休致[2]者二人，德远村厚、冯吾园芝两先生也，余即补吾园先生之缺。向来三载考绩，外官谓之大计，京官谓之京察。京察分三项：一、二品大员及三品之副都御史，皇上皆能记忆，其人不必引见，御笔自下朱谕，以为彰瘅[3]，此一项也。自宗人府丞以下，凡三、四、五品京堂，皆引见，有黜[4]而无陟[5]。前丙午在碾儿胡同时，间壁学士奎光，即引见休致者也，此一项也。自五品而下，如翰林、内阁、御史、六部，由

1 京察：明清时定期考核京官的制度。

2 休致：官吏年老去职。

3 彰瘅（dàn）：彰善瘅恶。意为彰显善良，憎恨邪恶。

4 黜（chù）：贬职。

5 陟（zhì）：提升。

各堂官考察，分别一、二、三等，一等则放府道，从前如劳辛阶、易念园，今年如陈竹伯，皆京察一等也，此一项也。

余自到礼部，比从前较忙冗，恨不得有人帮办寓中琐杂事。然以家中祖父之病，父、叔勤苦已极，诸弟万无来京之理。且如温弟在京，余方再三劝诱，令之南归，今岂肯再蹈覆辙，令之北来？

江岷樵以拣发[1]之官浙江，补缺不知何时。余因温弟临别叮嘱之言，荐邓星阶偕岷樵往浙，岷樵既应允矣。适徐芸渠请星阶教书，星即就徐馆，言定秋间仍往浙依江，江亦应允。邹墨林自河南来京，意欲捐教，现寓圆通观，其为人实诚笃君子也。袁漱六新正初旬忽吐血数天，现已痊愈。黄正斋竟为本部司员，颇难为情。余一切循谦恭之道，欲破除藩篱，而黄总不免拘谨。

余现尚未换绿呢车，惟添一骡，盖八日一赴园，不能不养三牲口也。书不一一。兄国藩草。

道光二十九年二月初六日

致诸弟·寄归银两物品

澄侯、温甫、子植、季洪足下：

二月二十六发家信第三号，想可早到。兹乘乔心农先生常

1 拣发：在候选人中间挑选，分发任用。

德太守之便，付去纹银六十三两零，共六大锭，外又一小锭，系内子寄其伯母，乞寄欧阳牧云转交。又邓星阶寄银六两，亦在此包内，并渠信专人送去。又高丽参一布包内，顶上者一两，共十四枝，专办与祖父大人用；次等者三两，共五枝；又次等者白参半斤，不计枝。今年所买参，皆择其佳者，较往年略贵，故不甚多。又鹿胶二斤，共一布包。又一品补服四付，共一布包。前年所寄补服，内有打籽者，系一品服。合此次所寄，共得五付。补服不分男女，向来相传鸟嘴有向内、向外之分，皆无稽之言也。一品顶带三枚，则置高丽参匣之内。望诸弟逐件清出，呈堂上大人。乔太守要由山西再转湖南，到长沙大约在闰四月底。此信不详他事，容下次再详也。国藩手草。

道光二十九年三月初一日

致诸弟·不必重价买地

澄侯、温甫、子植、季洪足下：

正月初十日发第一号家信，二月初八日发第二号家信，报升任礼部侍郎之喜，二十六日发第三号信，皆由折差带寄。三月初一日由常德太守乔心农处寄第四号信，计托带银七十两，高丽参十余两，鹿胶二斤，一品顶带三枚，补服五付等件。渠由山西迂道转至湖南，大约须五月端午前后乃可到长沙。

予尚有寄兰姊、蕙妹及四位弟妇江绸棉外褂各一件，仿照去年寄呈母亲、叔母之样。前乔心农太守行时不能多带，兹因陈竹伯新放广西左江道，可于四月出京，拟即托渠带回。澄弟《岳阳楼记》亦即托竹伯带回家中。

二月初四澄弟所发之信，三月十八接到。正月十六、七之信，则至今未接到。据二月四日书云，前信着刘一送至省城，共二封，因欧阳家、邓星阶、曾厨子各有信云云，不知两次折弁何以未见带到？温弟在省时，曾发一书与我，到家后未见一书，想亦在正月一封之中。此书遗失，我心终耿耿也。

温弟在省所发书，因闻澄弟之计，而我不为揭破，一时气忿，故语多激切不平之词。予正月复温弟一书，将前后所闻温弟之行不得已禀告堂上，及澄弟、植弟不敢禀告而误用诡计之故，一概揭破。温弟骤看此书，未免恨我。然兄弟之间，一言欺诈，终不可久；尽行揭破，虽目前嫌其太直，而日久终能相谅。

现在澄弟来书，言温弟鼎力办事，甚至一夜不寐，又不辞劳，又耐得烦云云。我闻之欢喜之至，感激之至。温弟天分本高，若能改去荡佚一路，归入勤俭一边，则兄弟之幸也，合家之福也。我待温弟似乎近于严刻，然我自问此心，尚觉无愧。于兄弟者，盖有说焉：

大凡做官的人，往往厚于妻子而薄于兄弟，私肥于一家而刻薄于亲戚族党。予自三十岁以来，即以做官发财为可耻，以宦囊积金遗子孙为可羞可恨，故私心立誓，总不靠做官发财以遗后人，神明鉴临，予不食言。此时事奉高堂，每年仅寄些须，以为甘旨之佐。族戚中之穷者，亦即每年各分少许，以尽吾区区之意。盖即多寄家中，而堂上所食所衣，亦不能因而加丰，与其独肥一家，使戚族因怨我而并恨堂上，何如分润戚族，使戚族戴我堂上之德而更加一番钦敬乎？将来若作外官，禄入较丰，自誓除廉俸之外不取一钱。廉俸若日多，则周济亲戚族党者日广，断不畜积银钱为儿子衣食之需。盖儿子若贤，则不靠宦囊亦能自觅衣饭；儿子若不肖，则多积一钱，渠将多造一孽，后来淫佚作恶，必且大玷家声。故立定此志，决不肯以做官发财，决不肯留银钱与后人。若禄入较丰，除堂上甘旨之外，尽以周济亲戚族党之穷者，此我之素志也。

至于兄弟之际，吾亦惟爱之以德，不欲爱之以姑息。教之以勤俭，劝之以习劳守朴，爱兄弟以德也；丰衣美食，俯仰如意，爱兄弟以姑息也。姑息之爱，使兄弟惰肢体，长骄气，将来丧德亏行，是即我率兄弟以不孝也，吾不敢也。我仕宦十余年，现在京寓所有惟书籍、衣服二者。衣服则当差者必不可少，书籍则我牛平嗜好在此，是以二物略多。将来我罢官归家，我夫妇所有之衣服，则与五兄弟拈阄均分。我所办之书籍，则存贮利见斋[1]中，兄弟及后辈皆不得私取一本。除此二者，予断不别存一物以为宦囊，一丝一粟不以自私，此又我待兄弟之素志也。恐温弟不能深谅我之心，故将我终身大规模告与诸弟，惟诸弟体察而深思焉。

1 利见斋：曾国藩祖父星冈公所建，为曾氏子弟发蒙之私塾。

去年所寄亲戚各项，不知果照单分送否？杜兰溪为我买《皇清经解》，不知植弟已由省城搬至家中否？

京寓一切平安。纪泽《书经》读至“冏命”。二儿甚肥大。易南谷开复原官，来京引见。闻左青士亦开复矣。同乡官京中者，诸皆如常。余不一一。兄国藩手草。

再者，九弟生子大喜，敬贺敬贺。自丙午冬葬祖妣大人于木兜冲之后，我家已添三男丁，我则升阁学，升侍郎，九弟则进学补廪。其地之吉，已有明效可验。我平生最不信风水，而于朱子所云“山环水抱”“藏风聚气”二语，则笃信之。木兜冲之地，予平日不以为然，而葬后乃吉祥如此，可见福人自葬福地，绝非可以人力参预其间。家中买地，若出重价，则断断可以不必；若数十千，则买一二处无碍。

宋湘宾去年回家，腊月始到。山西之馆既失，而湖北一带又一无所得。今年因常南陔之约重来湖北，而南陔已迁官陕西矣，命运之穷如此！去年曾有书寄温弟，兹亦付去，上二次忘付也。

李笔峰代馆一月，又在寓钞书一月，现在已搬出矣。毫无道理之人，究竟难于相处。庞省三在我家教书，光景甚好。邹墨林来京捐复教官，在圆通观住，日日来我家闲谈。长沙老馆，我今年大加修整，人人皆以为好。琐事兼述，诸惟心照。

道光二十九年三月二十一日

致诸弟·癣疾愈见大好

澄侯、温甫、子植、季洪足下：

四月十八日发家信第七号，想已收到。近一月余无折弁来，以新抚台尚未到任。五月十一接澄弟四月八日所发第五号信，并二十六日所发第六号信，而正月十七第一号至今未到，诚不可解。

京寓自四月以来，一切平安。癣疾经邹墨林开方做丸药，有附子、黄芪等补阳之药，愈见大好。面上、头上，生人全看不出矣。纪泽儿近作史论，略成章句。兹命其誊两首寄呈堂上一阅。次儿之名，音与叔父名相近，已改名纪鸿。体甚肥大，尚不能行，不能说话。四女皆好。闰四月初九日考差，题“士志于道”一章，经题“闰月则阖门左扉”，诗题“赋得‘岁丰仍节俭’，得‘仍’字”。

澄弟《岳阳楼记》拟交广西主考带去，大约七月初旬可到长沙。澄弟若高兴入闱，中元前后到长沙，定可接到。然温、植二弟到省以后，恐家中无人伺候，澄弟即不入闱亦可。宜禀堂上，问宜如何耳。

去年冬底所寄各族戚家微资，今年家书总未提及，不知竟一一如数交去否？乞示知。余不详尽，俟下次续具。兄国藩手草。

道光二十九年五月十五日

致诸弟·托查遗失家信

澄侯、温甫、子植、季洪四位老弟足下：

五月十五日发家信第八号并京报一厚包，二十四日由广西主考孙蕖田太史锵鸣处发第九号信，并澄弟监照、户部照二纸，又今年主考车顺轨乡试文一篇，徐元勋会试文三篇，共为一包，不审何日可到？孙太史于五月二十八在京起程，大约七月中旬可过长沙，待渠过去后，家中可至岱云处接监照也。

京寓近日平安。癣疾服邹墨林丸药方，最为有效。内人腹泄七八天，亦服邹所开方而效。

昨日折弁到后，又未接信。澄弟近日写信极勤且详，而京中犹时有望眼欲穿之时。盖不住省城，则折弁之或迟或早，无由查问。正月十六第一号家信，至今尚未接到。予屡次以书告诸弟，又书告岱云，托其向提塘并萧辛五处确查。昨岱云回信，内夹有萧辛五回片，写明正月十六之信已于二十一日交提塘王二手收，又言四月十四日周副爷维新到京，此信已交京提塘云云。予接辛五来片，比遣人去京提塘问明，据答云周维新到京并无此信，若有，万无不送之理。且既系正月二十一交省提塘，则二月二十三有韩折弁到京，三月十八有张折弁到京，何以两人俱未带，而必待四月十四之周维新哉？今仍将辛五原片付回家中，望诸弟再到提塘细查，正月二十一辛五送到时，提塘曾挂收信号簿否？并问辛五兄，何以知二月之韩弁、三月之张弁俱未带此信，而直待周维新始带？且辛五片称四月十四信交京提塘门上收，系闻何人所言？何以至今杳然？一一查得水落石出，复示为要。予因正月十六之信至为详细，且分为两封，故十分认真。若实查不出，则求澄弟再细写一遍，并告邓星阶家、曾厨子家，道前信已失落也。

纪泽儿读书如常，兹又付呈论数首，皆先生未改一字者。纪鸿儿体甚肥胖，前闻排行已列丙一，不知乙字一排十人何以遽满？乞下次示知。得毋以乙字不佳，遂越而排丙乎？予意不必用甲乙丙丁为排，可别取四字，曰“甲科鼎盛”，则音节响亮，便于呼唤。诸弟如以为然，即可遍告诸再从兄弟[1]。

山西巡抚王兆琛，钦差审明各款，现奉旨革职拿问。将来不知作何究竟？此公名声狼藉，得此番镌[2]示，亦足寒贪吏之胆。

袁漱六病尚未全好。同乡各家如常。季仙九先生放山西巡抚，送我绿呢车，现尚未乘，拟待一二年后再换。凌荻舟、徐芸渠并考取军机，引见记名[3]，黄正甫、张润农未记。余不悉具。兄国藩手草。

道光二十九年六月初一日

---

1 再从兄弟：同一个曾祖但不同祖父之兄弟。

2 镌（juān）：削职。

3 记名：清制，官吏有功绩，交吏部或军机处记名，以备提升。

致诸弟·述修改长郡馆

澄侯、温甫、子植、季洪四位老弟足下：

六月初二日发家信第十号，十五发第十一号，二十日发第十二号，不知次第收到否？

恕皆于二十二日奉使陕西，今年湖南差运颇利。日内身体平安。内人自前腹泄后，至今尚服黄芪、丽参、附片之类，自此可保安泰。纪泽儿读书尚熟，《诗经》现读至“生民之什”，《古诗》读至左太冲《咏史》，《纲鉴》讲至汉高祖末年。所作史论，较前月所作意思略多，兹付回三首。次儿肥胖可爱。四女儿皆好。庞省三教书甚为得法。宋湘宾在湖北藩署光景颇好，昨有书来致意温弟。

长郡馆向来规模不好，人人不喜，今年我督工匠大改规模，人人拍案称奇。现在同乡人请我将湖广馆一改定规制，拟于八月兴工，想十月可毕役。

郭筠仙家水势不知如何？温甫在省见之，可问明告我。渠欠漱六五十金，近已偿去。若见筠仙、翊丞，可即告之，不另写信。岱云寄程正桨信亦已妥交，见岱云时即告之。寄庄心庠、张礼度信各一件，到日即送去。余不一一，俟下次续具。兄国藩手草。

道光二十九年六月二十九日

致诸弟·计划设置义田

澄侯、温甫、子植、季洪四位老弟足下：

七月十三日接到澄弟六月初七所发第九号家信，具悉一切。吾于六月共发四次信，不知俱收到否？今年陆费中丞丁忧，闰四月无折差到，故自四月十七发信后，直至五月中旬始再发信，宜[1]家中悬望也。

祖父大人之病，日渐增加，远人闻之，实深忧惧。前六月二十日所付之鹿茸片，不知何日可到，亦未知可微有功否。予之癣病，多年沉痼，赖邹墨林举黄芪附片方，竟得痊愈。内人六月之病亦极沉重，幸墨林诊治，遂得化险为夷，变危为安。同乡找墨林看病者甚多，皆随手立效。墨林之弟岳屏四兄今年曾到京，寓圆通观，其医道甚好，现已归家。予此次以书附墨林家书内，求岳屏至我家诊治祖父大人，或者挽回万一，亦未可知。岳屏人最诚实而又精明，即周旋不到，必不见怪。家中只须打发轿夫大钱二千，不必别有所赠送。渠若不来，家中亦不必去请他。

乡间之谷贵至三千五百，此亘古未有者，小民何以聊生？吾自入官以来，即思为曾氏置一义田，以赡救孟学公以下贫民；为本境置义田，以赡救二十四都贫农。不料世道日苦，予之处境未裕。无论为京官者自治不暇，即使外放，或为学政，或为

1 宜：大概。

督抚，而如今年三江两湖之大水灾，几于鸿嗷[1]半天下，为大官者，更何忍于廉俸之外多取半文乎？是义田之愿，恐终不能偿。然予之定计，苟仕宦所入，每年除供奉堂上甘旨外，或稍有赢余，吾断不肯买一亩田，积一文钱，必皆留为义田之用。此我之定计，望诸弟皆体谅之。

今年我在京用度较大，借账不少。八月当为希六及陈体元捐从九品，九月榜后可付照回，十月可到家。十一月可向渠两家索银，大约共须三百金。我付此项回家，此外不另附银也。率五在永丰有人争请，予闻之甚喜。特书手信与渠，亦望其忠信成立耳。

纪鸿已能行走，体甚壮实。同乡各家如常。同年毛寄云于六月二十八日丁内艰[2]。陈伟堂相国于七月初二仙逝，病系中痰，不过片刻即殁。江南、浙江、湖北皆展[3]于九月举行乡试。闻江南水灾尤甚，恐须再展至十月。各省大灾，皇上焦劳，臣子更宜忧惕之时，故一切外差，皆绝不萌妄想，望家中亦不必悬盼。书不详尽。兄国藩手草。

道光二十九年七月十五日

---

1 鸿嗷：语出《诗经 · 小雅 · 鸿雁》，谓鸿鸟悲鸣。比喻灾民求食。

2 丁内艰：丁母忧。

3 展：展期。意为把预定的日期往后推迟或延长。

致诸弟·述派较射大臣

澄侯、温甫、子植、季洪四位老弟足下：

八月十二日发第十五号家信，九月二十二日发第十六号家信，想次第收到。十月初二日接到澄弟八月二十六一书，具悉一切。是日又从岱云书内见南省题名录，三弟皆不与选[1]，为之怅喟。

吾家累世积德，祖父及父、叔二人皆孝友仁厚，食其报者，宜不止我一人，此理之可信者。吾邑从前邓、罗诸家官阶较大，其昆季子孙皆无相继而起之人，此又事之不可必者。吾近于宦场，颇厌其繁俗而无补于国计民生。惟势之所处，求退不能。但愿得诸弟稍有进步，家中略有仰事之资，即思决志归养，以行吾素。今诸弟科第略迟，而吾在此间，公私万事丛集，无人帮照，每一思之，未尝不作茫无畔岸[2]之想也。吾现已定计，于明年八月乞假归省，后年二月还京，专待家中回信详明见示。今年父亲六十大寿，吾竟不克[3]在家叩祝，悚疚之至。

十月初四日，奉旨派作较射大臣[4]。顺天武闱乡试，于初五、六马箭，初七、八步箭，初九、十技勇，十一发榜，十二复命。此八日皆入武闱，不克回寓，父亲寿辰，并不能如往年办面席以宴客也。然予既定计明年还家庆寿，则今年在京即不称觞[5]，犹

1 与选：入选。

2 畔岸：边际；限制。

3 不克：不能。

4 较射大臣：主持科举考试（武试）的大臣。较射，比赛射技。

5 称觞：举杯祝酒。

与吾乡重逢一、不重晋十之例相合。

家中分赠亲族之钱，吾恐银到太迟，难于换钱，故前次为书寄德六七叔祖，并办百折裙送叔曾祖母。现在廷芳宇桂尚未起行，大约年底乃可到湖南。曾希六、陈体元二家必待照到乃送钱来，则我家今年窘矣。二家捐项，我在京共去京平足纹二百四十一两六钱，若合南中漕平[1]，则当二百三十六两五钱。渠送钱若略少几千，我家不必与之争，盖丁酉之冬，非渠煤垄[2]则万不能进京也。明年春间应寄家用之钱，乞暂以曾、陈捐项用之。我上半年只能寄鹿茸，下半年乃再寄银耳。

《皇清经解》一书，不知取回否？若未取回，可专人去取。盖此等书诸弟略一涉猎，即扩见识，不宜轻以赠人也。明年小考须送十千，大场又须送十千。此等钱家中有人分领，便是一家之祥瑞。但澄弟须于在省城时张罗此项付各考者，乃为及时。

京寓大小平安。纪泽儿已病两月，近日痊愈，今日已上书馆矣。纪鸿儿极结实，声音洪亮异常。仆婢辈皆守旧。同乡各家亦皆无恙。邹墨林尚住我家。张雨农之子闱艺甚佳而不得售，近又已作文数首，其勇往可畏爱也。书不详尽，写此毕，即赴武闱，十二始归寓，余俟后报。国藩手草。

道光二十九年十月初四日

1 漕平：漕平银，一种没有面值的银锭。

2 煤垄：煤窑。

致诸弟·寄物。告在闱较射。述江岷樵家遭难事

澄侯、温甫、子植、季洪四弟左右：

十月初四日发第十七号家信，由折弁带交。十七日发十八号信，由廷芳宇桂明府[1]带交。便寄曾希六、陈体元从九品执照各一纸，欧阳沧溟先生、陈开煦换执照并批回各二张，添梓坪叔庶曾祖母百折裙一条，曾、陈二人九品补服各一付，母亲大人耳帽一件；以上共一包。膏药一千张，眼药各种，阿胶二斤，朝珠二挂，笔五枝，针底子六十个；以上共一木匣。曾、陈二人各对一付，沧溟先生横幅篆字一付。以上共一卷。计十二月中旬应可到省，存陈岱云宅，家中于小除夕前二日遣人至省走领可也。芳宇在汉日须见上司，恐难早到，然遇顺风，则腊月初亦可到，家中或着人早去亦可。

余于十月初五起至十一止在闱较射，十七出榜。四闱共中百六十四人，余闱内分中五十二人。向例武举人、武进士复试，如有弓刀不符者，则原阅之王大臣每一名罚俸半年。今年仅张字闱不符者三名，王大臣各罚俸一年半。余闱幸无不符之人，不然，则罚俸年半，去银近五百金，在京官已视为切肤之痛矣。

寓中大小平安。纪泽儿体已全复，纪鸿儿甚壮实。邹墨林近由庙内移至我家住，拟明年再行南归。袁漱六由会馆移至虎坊桥，屋好而贱。贞斋榜后本拟南旋，因愤懑不甘，仍寓漱六处教读。刘镜清教习已传到，因丁艰而竟不能补，不知命途之舛何至于

---

1 明府：清代官场中对知府的代称。

此！凌荻舟近病内伤，医者言其甚难奏效。黄恕皆在陕差旋，述其与陕抚殊为冰炭。江岷樵在浙署秀水县事，百姓感戴，编为歌谣。署内一贫如洗，藩台闻之，使人私借千金以为日食之资，其为上司器重如此。其办赈务，办保甲，无一不合于古。顷湖南报到，新宁被齐匪余孽煽乱，杀前令李公之阖家，署令万公亦被戕，焚掠无算，则岷樵之父母家属不知消息若何？可为酸鼻。余明日当飞报岷樵，令其即行言旋[1]，以赴家难。

余近日忙乱如常，幸身体平安。惟八月家书曾言及明年假归省亲之事，至今未奉堂上手谕。而九月诸弟未中，想不无抑郁之怀，不知尚能自为排遣否？此二端时时挂念，望澄侯详写告我。祖父大人之病，不知日内如何？余归心箭急，实为此也。

母亲大人昨日生日，寓中早面五席，晚饭三席。母亲牙痛之疾，近来家信未尝提及，断根与否？望下次示知。书不十一，余俟续具。兄国藩手草。

道光二十九年十一月初五日

致诸弟·迎养父母叔父

澄侯、温甫、子植、季洪四位老弟足下：

正月初六日接到家信三函：一系十一月初三所发，有父亲

1 言旋：回还。言，语首助词。

手谕，温弟代书者；一系十一月十八所发，有父亲手谕，植弟代书者；一系十二月初三澄弟在县城所发一书，甚为详明，使游子在外，巨细了然。

庙山上金叔不知为何事而可取腾七之数？若非道义可得者，则不可轻易受此。要做好人，第一要在此处下手。能令鬼服神钦，则自然识日进，气日刚；否则不觉堕入卑污一流，必有被人看不起之日，不可不慎。诸弟现处极好之时，家事有我一人担当，正好做个光明磊落、神钦鬼服之人。名声既出，信义既著，随便答言，无事不成，不必爱此小便宜也。

父亲两次手谕，皆不欲予乞假归家，而予之意，甚思日侍父母之侧，不得不为迎养之计。去冬家书曾以归省、迎养二事与诸弟相商，今父亲手示既不许归省，则迎养之计更不可缓。所难者，堂上有四位老人，若专迎父母而不迎叔父母，不特予心中不安，即父母心中亦必不安；若四位并迎，则叔母病未全好，远道跋涉尤艰。予意欲于今年八月初旬迎父亲、母亲、叔父三位老人来京，留叔母在家，诸弟妇细心伺候。明年正月元宵节后，即送叔父回南，我得与叔父相聚数月，则我之心安；父母得与叔父同行数千里到京，则父母之心安；叔母在家半年，专雇一人服侍，诸弟妇又细心奉养，则叔父亦可放心；叔父在家抑郁数十年，今出外潇洒半年，又得观京师之壮丽，又得与侄儿、侄妇、侄孙团聚，则叔父亦可快畅。在家坐轿至湘潭，澄侯先至潭雇定好船，伺候老人开船后，澄弟即可回家。船至汉口，予遣荆七在汉口迎接，由汉口坐三乘轿子到京，行李婢仆则用小车，甚为易办。求诸弟细商堂上老人，春间即赐回信，至要至要。

李泽显、李英灿进京，余必加意庇护。八斗冲地，望绘图与我看。诸弟自侍病至葬事，十分劳苦，我不克帮，心甚歉愧。

京师大小平安。皇太后大丧已于正月七日、二十七日满，脱去孝衣。初八日系祖父冥诞，我作文致祭，即于是日亦脱白孝，以后照常当差。心中万绪，不及尽书，统容续布。兄国藩手草。

道光三十年庚戌正月初九日

致六弟、九弟、季弟·四弟已经出京

温甫、沅甫、季洪三弟左右：

二月初二日接到第一、第二号家信，一系正月二十发，一系二月十二发，具悉一切。日内极挂念沅弟，得沅弟一红纸片，甚欣慰也。

澄弟已于二月二十六出京。诰轴[1]须四月用宝[2]，澄弟竟不能待，将来另托人带归。澄弟与安化张星垣奎、衡山陈谷堂焯墀二大人同行，至保定又约杨毓楠之弟同行。鹅毛筒眼药、贴毒膏药澄弟未带，将来托魏亚农黄生之胞侄也。带归。梁同年献廷托请诰封之事，将来必为办妥，渠之银弟尽可收用。

---

1 诰轴：书写皇帝命令的卷轴。

2 用宝：加盖皇帝玉玺。

京寓大小平安。癣疾微发，尚不为害。陈岱云之如夫人[1]殁于安徽，顷接其信，甚为凄惋。同乡周辅亭得御史。常世兄、劳世兄两荫生皆内用，将来为光禄寺署正，可分印结，亦善地也。

兰姊多病，予颇忧虑，下次书来，尚乞详示。父大人命予家书中不必太琐琐，故不多及。国藩草。

咸丰元年三月初四日

致诸弟·具奏言兵饷事

澄、温、植、洪四弟左右：

三月初四发第三号家信，其后初九日予上一折言兵饷事，适于是日皇上以粤西事棘，恐现在彼中者不堪寄此重托，特放赛中堂前往。以予折所言甚是，但目前难以遽行，命将折封存军机处，待粤西事定后再行办理。赛中堂清廉公正，名望素著，此行应可迅奏肤功[2]。但湖南逼近粤西，兵差过境，恐州县不免藉此生端，不无一番蹂躏耳。

魏亚农以三月十三日出都，向予借银二十两。既系姻亲，又系黄生之侄，不能不借与渠。渠言到家后即行送交予家，未知果然否也？叔父前信要鹅毛管眼药并硇砂膏药，兹付回眼药

1 如夫人：妾。

2 肤功：大功。

百筒，膏药千张，交魏亚农带回，呈叔父收存，为时行方便之用。其折底亦付回查收。

澄弟在保定想有信交刘午峰处，昨刘有书寄子彦，而澄弟书未到，不解何故，已有信往保定去查矣。澄弟去后，吾极思念，偶自外归，辄至其房，早起辄寻其室，夜或遣人往呼，想弟在途路弥思我也。书不[illegible]，余俟续具。兄国藩手草。

咸丰元年三月十二日

致诸弟·折奏直谏

澄侯、温甫、子植、季洪四位老弟足下：

四月初三日发第五号家信，厥后折差久不来，是以月余无家书。五月十二折弁来，接到家中四号信，乃四月一日所发者，具悉一切。

植弟大愈，此最可喜。京寓一切平安。癣疾又大愈，比去年六月更无形迹。去年六月之愈，已为五年来所未有，今又过之，或者从此日退，不复能为恶矣。皮毛之疾，究不甚足虑，久而弥可信也。

四月十四日考差题“乐民之乐者，民亦乐其乐”，经文题“必有忍，其乃有济，有容德乃大”，赋得“濂溪乐处，得‘焉’字”。

二十六日余又进一谏疏，敬陈圣德三端，预防流弊，其言颇过激切，而圣量如海，尚能容纳，岂汉唐以下之英主所可及哉？余之意，盖以受恩深重，官至二品，不为不尊；堂上则诰封三代，儿子则荫任六品，不为不荣。若于此时再不尽忠直言，更待何时乃可建言？而皇上圣德之美，出于天亶[1]自然，满廷臣工遂不敢以片言逆耳。将来恐一念骄矜，遂至恶直而好谀，则此日臣工不得辞其咎。是以趁此元年新政，即将此骄矜之机关说破，使圣心日就兢业而绝自是之萌，此余区区之本意也。现在人才不振，皆谨小而忽于大，人人皆习脂韦[2]唯阿[3]之风，欲以此疏稍挽风气，冀在廷皆趋于骨鲠，而遇事不敢退缩，此余区区之余意也。

折子初上之时，余意恐犯不测之威，业将得失祸福置之度外。不意圣慈含容，曲赐[4]矜全[5]。自是以后，余益当尽忠报国，不得复顾身家之私。然此后折奏虽多，亦断无有似此折之激直者。此折尚蒙优容[6]，则以后奏折必不致或触圣怒可知。诸弟可将吾意细告堂上大人，毋以余奏折不慎，或以戆直干天威为也。

父亲每次家书，皆教我尽忠图报，不必系念家事。余敬体吾父之教训，是以公尔忘私，国尔忘家。计此后但略寄数百金偿家中旧债，即一心以国事为主，一切升官得差之念，毫不挂

1 天亶（dǎn）：帝王的天性。

2 脂韦：世故圆滑，阿谀奉承。

3 唯阿：唯唯诺诺，人云亦云。

4 曲赐：尊长的赐予。

5 矜全：怜惜而予以保全。

6 优容：宽容。

于意中。故昨五月初七大京堂考差，余即未往赴考。侍郎之得差不得差，原不关乎与考不与考。上年己酉科，侍郎考差而得者三人：瑞常、花沙纳、张芾是也。未考而得者亦三人：灵桂、福济、王广荫是也。今年侍郎考差者五人，不考者三人。是日题“以义制事以礼制心论”，诗题“楼观沧海日，得涛字”。五月初一放云贵差，十二放两广、福建三省，名见京报内，兹不另录。袁漱六考差颇为得意，诗亦工妥，应可一得，以救积困。

朱石翘明府初政甚好，自是我邑之福，余下次当写信与之。霞仙得县首，亦见其犹能拔取真士。刘继振既系水口近邻，又送钱至我家求请封典，义不可辞，但渠三十年四月选授训导，已在正月二十六恩诏之后，不知尚可办否，当再向吏部查明。如不可办，则当俟明年四月升祔[1]恩诏[2]乃可呈请；若并升祔之时，推恩不能及于外官，则当以钱退还。家中须于近日详告刘家，言目前不克呈请，须待明年六月乃有的信耳。

澄弟河南、汉口之信皆已接到，行路之难，乃至于此。自汉口以后，想一路载福星矣。刘午峰、张星垣、陈谷堂之银，皆可收，刘、陈尤宜受之，不受反似拘泥。然交际之道，与其失之滥，不若失之隘，吾弟能如此，乃吾之所欣慰者也。西垣四月二十九到京，住余宅内，大约八月可出都。

此次所寄折底，如欧阳家、汪家及诸亲族，不妨钞送共阅。见余忝窃高位，亦欲忠直图报，不敢唯阿取容，惧其玷辱宗族，

1 升祔（fù）：升入祖庙祔祭于先祖。

2 恩诏：帝王降恩的诏书。

辜负期望也。余不一一。兄国藩手草。

咸丰元年五月十四日

致诸弟·拟为纪泽定婚

澄侯、温甫、子植、季洪四位老弟足下：

五月十四日发第六号家信，内有四月二十六日具奏一疏稿。余虽不能法古人之忠直，而皇上圣度优容，则实有非汉唐以下之君所能及者，已将感激图报之意于前书内详告诸弟矣。五月二十六日，又蒙皇上天恩，兼署刑部右侍郎，次日具折谢恩，即将余感戴之忱写出。兹将原折付归。

日内京寓大小平安。癣疾大好，较去年澄弟在此时更好三倍，头面毫无踪影，两腿虽未净尽，不复为患也。同乡周子佩之母病体不轻，下身不仁，恐成偏枯。徐寿蘅放四川主考。湖南放四川者向极吉利，嘉庆辛酉之杨刚亭先生，庚午之陶文毅，道光甲午之李文恭，乙未之罗苏溪，有成例矣。邝炉青、陈俊臣两人皆已来京，陈挈眷而邝则否，邝富而陈寒，所为似相反。然究以挈眷为是，邝一二年亦必悔之耳。林昆圃事，余为写知单[1]，得百余金，合之开吊[2]，共二百金，将来可以赡其七十四岁之老母也。漱六望差甚切，未知能如愿否？现在已放一半，而实

1 知单：请客通知单。

2 开吊：丧家选定日期接受吊唁。

录馆当差人员尚未放一人。唐镜海于十八日到京，二十三日召见，垂询一切，天颜有喜，极耆儒[1]晚遇之荣。现已召见五次，将来尚可入对十余次。

罗山前有信来，词气温纯，似有道者之言，余已回信一次。顷又有信来，言纪泽未定婚，欲为贺耦庚先生之女作伐[2]，年十二矣。余嫌其小 岁，且耦庚先生究系长辈，从前左季高与陶文毅为婚，余即讥其辈行不伦，余今不欲仍蹈其辙，拟敬为辞谢。现尚未作书复罗山，诸弟若在省见罗山兄，可将余两层意思先为道破，余它日仍当回书告知一切。余近思为纪泽定婚，其意颇急切。夏阶平处一说，本可相安，因其与黄子寿为亲家，余亦嫌辈行少屈，是以未就。黄茀卿有女年十三，近托袁漱六往求婚。茀卿言恐余升任总宪，渠须回避，不知渠是实意，抑系不愿成婚而托辞以谢也，故现未说定，弟可一一禀告堂上大人。又余意乡间若有孝友书香之家，不必问其贫富，亦可开亲，澄弟盍[3]为我细细物色一遍？然余将同邑各家一想，亦未闻有真孝友人家也。

余至刑部，日日忙冗异常，迥不与礼部、工部、兵部相同，若长在此部，则不复能看书矣。湖南副主考乔鹤侪水部，颇称博雅，今年经策，必须讲究古茂。曹西垣办分发[4]，本月可引见，七月可出京。朱石翘明府昨有信来，言澄弟四月底到县。此次

1 耆儒：德高望重的老儒。

2 语出《诗经·豳风·伐柯》：“伐柯如何？匪斧不克。取妻如何？匪媒不得。”意为做媒。

3 盍：何不。

4 分发：清制，道府以下非实缺人员分省发往补用者。

折弁到京，石翘有信而澄弟无信，殊不可解。兹有书复朱，家中封好送去。诸惟心照，余俟续布。国藩手草。

咸丰元年六月初一日

致诸弟·成就纪泽亲事

澄侯、温甫、子植、季洪四位老弟足下：

七月初九日发家信第八号，想已收到。八月初十折差来京，接张湘纹书。计折弁当于七月二十外起行，诸弟正在省城，而无家书，何也？诸弟发家书交提塘后，往往屡次不带，或一次带数封，折弁颇为可恶！诸弟须设法与提塘略一往还，当面谆托，或稍有济，否则每次望信，甚闷损人也。

京寓大小平安。前月内人病数日，近已痊愈。曹西垣于八月四日出京之官安徽，张书斋于十一日出京之官贵州。今冬本欲寄银到家，因前次澄弟书言公车来京，家中尽可兑银，是以予不另寄。除凹里田价外，尚须送亲族年例银五十金，亦宜早早筹画。共计若干，概向各处公车妥兑，免致年底掣肘。如无处可兑，即须闰八月寄信来京，以便另办，然不如兑之为便也。诰轴已经用宝，日内即可发下，九月即可到家。乡试题刻于京报上，诗题“得廖字”，系出高宗御制。是题诗中句云“即此供吟眺，奚烦事豁廖[1]，场中无人知之也。李子彦之文甚好。镜云文

1 豁廖（huò xiāo）：深邃高峻的样子。

尚未见。宋湘宾教习已传到，昨日专人告知。

李石梧身后恩典甚厚，乃七月末翰林院撰祭文、碑文进呈，朱批竟加严饬，谓其夸奖过当，词藻太多，且贬其调度乖方，功过难掩，历任封疆，尤不足称云云，饬令翰林院另行改撰。其后复撰进呈，遂多贬词。功名之际，难得终始完全也。

耦庚先生家亲事，予颇思成就。一则以耦翁罢官，予亦内有愧心，思借此联为一家，以赎予隐微之愆；二则耦翁家教向好，贤而无子，或者其女子必贤，诸弟可为我细访罗罗山，下次信来详告。若女子果厚重，则儿子十七岁归家省祖父母、叔祖父母时，即可成喜事也。前托在乡间择婚，细思吾邑读书积德之家如贺氏者，亦实无之，诸弟暂不必昌言[1]耳。余俟续布。兄国藩手草。

咸丰元年八月十三日

致诸弟·详述办理巨盗及公议粮饷事

澄侯、温甫、子植、季洪四位老弟足下：

八月十四日发第九号信，至十七日接到家信第七、第八二号，欣悉一切。

左光八为吾乡巨盗，能除其根株，扫其巢穴，则我境长享

1 昌言：公开说。

其利，自是莫大阴功。第湖南会匪[1]，所在勾结，往往牵一发而全身皆动。现在制军程公特至湖南，即是奉旨查办此事，盖恐粤西匪徒穷窜，一入湖南境内，则楚之会匪因而窃发也。左光八一起，想尚非巨伙入会者流，然我境办之，不可过激而生变。现闻其请正绅[2]保举，改行为良，且可捉贼自效，此自一好机会。万一不然，亦须相机图之，不可用力太猛，易发难收也。

公议粮饷一事，果出通邑之愿，则造福无量。至于帮钱垫官之亏空，则我家万不可出力。盖亏空万六千两，须大钱三万余千，每都几须派千吊。现在为此说者，不过数大绅士一时豪气，为此急公好义之言。将来各处分派，仍是巧者强者少出而讨好于官之前，拙者弱者多出而不免受人之勒。穷乡殷实小户，必有怨声载道者。且此风一开，则下次他官来此，既引师令之借钱办公为证，又引朱令之民帮垫亏为证，或亦分派民间出钱帮他，反觉无辞以谢。若相援为例，来一官帮一官，吾邑自此无安息之日。

凡行公事，须深谋远虑。此事若各绅有意，吾家不必拦阻；若吾家倡议，万万不可。且官之补缺皆有呆法[3]，何缺出轮何班补，虽抚藩不能稍为变动。澄弟在外多年，岂此等亦未知耶？朱公若不轮到班，则虽帮垫亏空，通邑挽留，而格于成例，亦不可行；若已轮到班，则虽不垫亏空，亦自不能不补此

1 会匪：古代官方和某些私人记述中把民间秘密结社及其成员称为“会匪”。

2 正绅：正道乡绅。

3 呆法：固定的方法。

缺。间有特为变通者，督抚专折奏请，亦不敢大违成例。季弟来书，若以朱公之实授[1]与否，全视乎亏空之能垫与否，恐亦不尽然也。曾仪斋若系革职，则不复能穿补子[2]，若系大计[3]休致，则尚可穿。

季弟有志于道义身心之学，余阅其书，不胜欣喜。凡人无不可为圣贤，绝不系乎读书之多寡。吾弟诚有志于此，须熟读《小学》及《五种遗规》二书，此外各书能读固佳，不读亦初无所损。可以为天地之完人，可以为父母之肖子，不必因读书而后有所加于毫末也。匪但四六古诗可以不看，即古文为吾弟所愿学者，而不看亦自无妨。但守《小学》《遗规》二书，行一句算一句，行十句算十句，贤于记诵词章之学万万矣。季弟又言愿尽孝道，惟亲命是听，此尤足补我之缺憾。我在京十余年，定省有阙，色笑远违，寸心之疚，无刻或释。若诸弟在家能婉愉孝养，视无形，听无声，[4]则予能尽忠，弟能尽孝，岂非一门之祥瑞哉？愿诸弟坚持此志，日日勿忘，则兄之疚可以稍释，幸甚幸甚。书不十一，余俟续具。兄国藩手草。

咸丰元年八月十九日

1 实授：以额定之官职，正式除授实缺。

2 补子：又称胸背，指明清官员服装上位于胸前和背后的方形装饰。

3 大计：明清考核官员的制度。

4 视无形，听无声：在无形之中能有所察见，在无声之中有所听闻。

致诸弟·劝除牢骚及论邑中劝捐事

澄侯、温甫、子植、季洪四弟足下：

日来京寓大小平安。癣疾又已微发，幸不为害，听之而已。湖南榜发，吾邑竟不中一人。沅弟书中言温弟之文典丽矞皇[1]，亦尔被抑，不知我诸弟中将来科名究竟何如？以祖宗之积累及父亲、叔父之居心立行，则诸弟应可多食厥报。以诸弟之年华正盛，即稍迟一科，亦未遽为过时。特兄自近年以来事务日多，精神日耗，常常望诸弟有继起者，长住京城，为我助一臂之力。且望诸弟分此重任，予亦欲稍稍息肩。乃不得一售，使我中心无倚。

盖植弟今年一病，百事荒废，场中又患眼疾，自难见长。温弟天分本甲于诸弟，惟牢骚太多，性情太懒。前在京华不好看书，又不作文，予心即甚忧之。近闻还家以后，亦复牢骚如常，或数月不搦管[2]为文。吾家之无人继起，诸弟犹可稍宽其责，温弟则实自弃，不得尽诿其咎于命运。吾尝见友朋中牢骚太甚者，其后必多抑塞，如吴枟台、凌荻舟之流，指不胜屈。盖无故而怨天，则天必不许；无故而尤人，则人必不服。感应之理，自然随之。温弟所处，乃读书中最顺之境，乃动则怨尤满腹，百不如意，实我之所不解。以后务宜力除此病，以吴枟台、凌荻舟为眼前之大戒。凡遇牢骚欲发之时，则反躬自思：吾果有

1 矞（yù）皇：艳丽。

2 搦（nuò）管：执笔，握笔。

何不足，而蓄此不平之气？猛然内省，决然去之。不惟平心谦抑，可以早得科名，亦且养此和气，可以消减病患。万望温弟再三细想，勿以吾言为老生常谈，不值一哂[1]也。

王晓林先生在江西为钦差，昨有旨命其署江西巡抚，余署刑部，恐须至明年乃能交卸。袁漱六昨又生一女，凡四女，已殇其二，又丧其兄，又丧其弟，又一差不得，甚矣，穷翰林之难当也！黄麓西由江苏引见入京，迥非昔日初中进士时气象，居然有经济[2]才。王衡臣于闰月初九引见，以知县用，后于月底搬寓下洼一庙中，竟于九月初二夜无故遽卒。先夕与同寓文任吾谈至二更，次早饭时，讶其不起，开门视之，则已死矣。死生之理，善人之报，竟不可解。

邑中劝捐弥补亏空之事，予前已有信言之，万不可勉强勒派。我县之亏，亏于官者半，亏于书吏者半，而民则无辜也。向来书吏之中饱，上则吃官，下则吃民，名为包征包解[3]。其实当征之时，则以百姓为鱼肉而吞噬之；当解之时，则以官为雉媒[4]而拨弄之。官索钱粮于书吏之手，犹索食于虎狼之口，再四求之，而终不肯吐，所以积成巨亏。并非实欠在民，亦非官之侵蚀入己也。今年父亲大人议定粮饷之事，一破从前包征包解之陋风，实为官民两利，所不利者，仅书吏耳。即见制台留朱公，

1 哂：笑。

2 经济：经世济民。

3 包征包解：征收和运输田赋的一种方法。

4 雉（zhì）媒：为猎人所驯养的用以诱捕野雉的雉。

亦造福一邑不小，诸弟皆宜极力助父亲大人办成此事。惟捐银弥亏，则不宜操之太急，须人人愿捐乃可。若稍有勒派，则好义之事，反为厉[1]民之举，将来或翻[2]为书吏所藉口，必且串通劣绅，仍还包征包解之故智，万不可不预防也。

梁侍御处银二百，月内必送去，凌宅之二百，亦已兑去。公车来，兑五七十金，为送亲族之用，亦必不可缓，但京寓近极艰窘，此外不可再兑也。邑令既与我家商办公事，自不能不往还，然诸弟苟可得已[3]，即不宜常常入署。陶、李二处，容当为书。本邑亦难保无假名请托者，澄弟宜预告之。书不详尽，余俟续具。兄国藩手草。

咸丰元年九月初五日

致诸弟·暂缓纪泽亲事

澄侯、温甫、子植、季洪四弟足下：

九月二十六日发家信第十三号，想已收到。十月初十日，接到家中闰月二十八所发信及九月初二、九月十四所发各件。十二夜又于陈伯符处接到父亲大人闰八月初七所发之信，系交罗罗山手转寄者。陈伯符者，贺耦庚先生之妻舅也，故罗山托

1 厉：残害。

2 翻：反。

3 苟可得已：如果可以。

其亲带来京。得此家书四件，一切皆详知矣。

纪泽聘贺家姻事，观闰八月父亲及澄弟信，已定于十月订盟；观九月十四澄弟一信，则又改于正月订盟。而此间却有一点挂碍[1]，不得不详告家中者：京师女流之辈，凡儿女定亲，最讲究嫡出、庶出之分。内人闻贺家姻事，即托打听是否庶出，余以其无从细询，亦遂置之。昨初十日接家中正月订盟之音，十一日即内人亲至徐家打听，知贺女实系庶出，内人即甚不愿。予比晓以大义，以为嫡出、庶出何必区别，且父亲大人业已喜而应允，岂可复有他议？内人之意，以为为夫者先有嫌妻庶出之意，则为妻者更有局蹐[2]难安之情，日后曲折情事亦不可不早为虑及。求诸弟宛转禀明父母，尚须斟酌，暂缓订盟为要。

陈伯符于十月十日到京，余因内人俗意甚坚，即于十二日夜请贺礼庚、陈伯符二人至寓中，告以实情，求伯符先以书告贺家，将女庚不必遽送，俟再商定。伯符已应允，明日即发书，十月底可到贺家。但兄前有书回家，言亲事求父亲大人作主。今父亲欢喜应允，而我乃以妇女俗见从而扰惑，甚为非礼。惟婚姻百年之事，必先求姑媳夫妇相安，故不能不以此层上渎[3]。即罗山处，亦可将我此信钞送一阅，我初无别见也。夏阶平之女，内人见其容貌端庄，女工极精，甚思对之。又同乡陈奉曾一女，相貌极为富厚福泽，内人亦思对之。若贺家果不成，则此二处

1 挂碍：牵挂、牵掣。

2 局蹐（jí）：畏缩不前。

3 渎：轻慢。

必有一成，明春亦可订盟，予注意尤在夏家也。京城及省城订盟，男家必办金簪、金环、玉镯之类，至少亦须花五十金。若父亲大人决意欲与贺家成亲，则此数者亦不可少。家中现无钱可办，须我在京中明年交公车带回，七月间诸弟乡试晋省之便再行订盟，亦不为晚。望澄弟下次信详以告我。

祖父佛会既于十月初办过，则父母叔父母四位大人现已即吉[1]。余恐尚未除服，故昨父亲生日，外未宴客，仅内有女客二席。十一，我四十晋一，则并女客而无之。

朱石樵为官竟如此之好，实可佩服。至于铳砂伤其面尚勇往前进，真不愧为民父母。父亲大人竭力帮助，洵[2]大有造于一邑。诸弟苟可出力，亦必尽心相扶。现在粤西未靖，万一吾楚盗贼有乘间窃发者，得此好官，粗定章程，以后吾邑各乡自为团练，虽各县盗贼四起，而吾邑自可安然无恙，如秦之桃花源，岂不安乐？须将此意告邑之正经绅耆，自为守助。

牧云补廪，烦弟为我致意道喜。季弟往凹里教书，不带家眷最好。必须多有人在母亲前，乃为承欢之道。季洪十日一归省，亦尽孝之要也。而来书所云寡欲多男之理，亦未始不寓乎其中。甲五读书，总以背熟经书、常讲史鉴为要，每夜讲一刻足矣。季弟看书不必求多，亦不必求记，但每日有常，自有进境，万不可厌常喜新，此书未完，忽换彼书耳。兄国藩手草。

咸丰元年十月十二日

---

1 即吉：居丧期满。

2 洵：确实。

致诸弟·决定纪泽亲事

澄侯、温甫、子植、季洪四位老弟足下：

正月初八接到十二月初旬父大人所发二信，皆系在县城发者，不胜忻慰。纪泽儿定婚之事，予于十二月连发二信，皆言十月十二所发之信言嫌贺女庶出之说系一时谬误，自知悔过，求诸弟为我敬告父亲大人，仍求作主，决意对成，以谐佳偶。不知此二书俱已到家否？细思贺家簪缨门第[1]，恐闻有前一说，惧其女将来过门受气，或因此不愿对亦未可知。果尔，则澄弟设法往省城，坚托罗罗山、刘霞仙二君将内人性情细告贺家，务祈成此亲事，不致陷我于不孝之咎。

澄弟与朱尧阶成亲，余甚欢喜。我朋友最初之交，无过于尧阶者，盖今日姻缘，已定于二十年前矣。魏家亦我境第一诗书人家，魏栋尚未到京，容当照拂一切也。植弟买笔事，总在春间寄南，以备科考之用。若科考不在前三名，则不宜考优，无使学政笑我家太外行也。《关帝觉世经》刷五百张，须公车回南乃可付归，《阴骘文》《感应篇》亦须公车南去乃可带。澄弟戒烟正与阿兄同年，予以壬寅年戒烟，三十二也，澄弟去年亦三十二也。戒酒似可不必，三两杯以养血，未始不可，但不宜多耳。去年带回父大人之干尖子皮褂，不知已做成否？若未做，可即做成，用月白缎子为面。今年当更寄白风毛褂回家，敬送与叔父大人。若

1 簪缨门第：为官人家。

父、叔二大人同日出门，则各穿一件，若不同出门，则薄寒穿干尖子，盛寒穿白风毛。予官至二品，而堂上大人衣服之少如此，于孝道则未尽，而弥足以彰堂上居家之俭德矣。

京寓大小平安。癣疾未发。文任吾先生希范于正月六日上学。其人理学甚深，今年又得一贤师。植弟劝我教泽儿学八股，其言甚切至有理，但我意要《五经》读完始可动手。计明年即可完经书，做时文尚不过满十四岁，京师教子弟十四岁开笔者甚多。若三年成篇，十七岁即可作佳文。现在本系荫生[1]，例不准赴小考。拟令照我之样，二十四岁始行乡试，实可学做八股者十年。若稍有聪明，岂有不通者哉？若十九、二十即行乡试，无论万万不中，即中得太早又有何味？我所以决计令其明秋始学八股，二十四始乡试也。九弟为我禀告父大人，实不为迟，不必挂虑。

予近来常思归家，今年秋间实思挈眷南旋，诸弟为我禀告堂上大人，春间即望一回信。九弟进京之说，暂不必急急。同乡诸家如故。余容后日续寄。兄国藩手草。

咸丰二年壬子正月初九日

1 荫生：明清时期，凭借上代余荫而取得监生资格的人。

致四弟、六弟、九弟·遣归长夫多名

澄、温、植三弟左右：

澄弟有病，即可不必来此。此间诸事杂乱，澄弟虽来，亦难收拾，不如在家料理一切也。长夫[1]来此者至六十名之多，澄弟于此等处不知节省，亦疏略也。兹一概遣归，仅留十三名在此。如不好，尚须再遣回。

昨夜褚太守带三营水师至靖江剿贼，不知能得手否？塔、周大胜仗归来，余赏银千两、功牌百张、猪十口、酒五百斤，颇觉鼓舞。现惟邓湘一营难于收辑[2]耳。余不一一。

咸丰四年三月二十五日

致诸弟·付回奏折底稿

澄侯、温甫、子植、季洪四位老弟左右：

十四日刘一、名四来，安五来，先后接到父大人手谕及洪弟信，具悉一切。

靖江之贼现已全数开去，窜奔下游，湘阴及洞庭皆已无贼，直至岳州以下矣。新墙一带土匪皆已扑灭，惟通城、崇阳之贼尚未剿净，时时有窥伺平江之意。湘潭之贼，在一宿河以上被

1 长夫：军队中长期征用的民夫。

2 收辑：招集整顿。

烧上岸者，窜至醴陵、萍乡、万载一带，闻又裹胁多人，不知其尽窜江西，抑仍回湖南浏、平一带。如其回来，亦易剿也。安化土匪现尚未剿尽，想日内可平定。

吾于三月十八发岳州战败请交部治罪一折，于四月初十日奉到朱批“另有旨”。又夹片奏初五日邹国螨被火烧伤、初七大风坏船一案，奉朱批“何事机不顺若是，另有旨”。又夹片奏探听贼情各条，奉朱批“览，其片已存留军机处矣”。又有廷寄一道，谕旨一道，兹钞录付回。十二日会同抚台、提台[1]奏湘潭、宁乡、靖江各处胜仗败仗一折，兹钞付回，其折系左季高所为。又单衔奏靖江战败请交部从重治罪一折，又奏调各员一片，均于十二日发六百里递去，兹钞录寄家，呈父、叔大人一阅。兄不善用兵，屡失事机，实无以对圣主，幸湘潭大胜，保全桑梓[2]，此心犹觉稍安。现拟修整船只，添招练勇，待广西勇到，广东兵到，再作出师之计。而饷项已空，无从设法，艰难之状，不知所终。人心之坏，又处处使人寒心。吾惟尽一分心，作一日事，至于成败，则不能复计较矣。

魏荫亭近回馆否？澄弟须力求其来。吾家子侄半耕半读，以守先人之旧，慎无存半点官气。不许坐轿，不许唤人取水添茶等事。其拾柴收粪等事须一一为之，插田莳禾等事亦时时学之，庶渐渐务本而不习于淫佚矣。至要至要，千嘱万嘱。

咸丰四年四月十四日

---

1 抚台：巡抚的尊称；提台：提督的尊称。

2 桑梓：家乡。

致诸弟·尽可不必来营

澄、温、子植、季洪四弟足下：

昨寄去一函，谅已收到。十五日接父大人手谕，敬知一切。

兄每日黎明看操，现已阅看四日，专看戈什哈及亲兵二种。然有所表率，他营亦将兴起。父大人命招湘乡之原水手，赶紧前赴鄂省下游。此时所患者，水手易添，船只难办。不特[1]衡州新造之船难以遽就，即在省之船经屡次风波、屡次战阵后，亦多有损坏者，修整难以遽毕。且广西水勇、广东水兵皆于五月可到，不得不少为等候，整顿成军，稍有把握，然后扬帆东下。

予近来因肝气太燥，动与人多所不合，所以办事多不能成。澄弟近日肝气尤旺，不能为我解事，反为我添许多唇舌争端。军中多一人不见其益，家中少一人则见其损。澄侯及诸弟以后尽可不来营，但在家中教训后辈，半耕半读，未明而起，同习劳苦，不习骄佚，则所以保家门而免劫数者，可以人力主之，望诸弟慎之又慎也。

咸丰四年四月十六日夜书于长沙妙高峰

1 不特：不但。

致诸弟·广东水师已到

澄、温、沅、洪四弟左右：

屡日发家信数次，想已收到。

实收换部照，须造清册一本，大非易事。现命孙阆青经理此事，恐非二十日不能了，纵不能如请咨部功牌册之精妙，亦不宜太草率也。三月二十二日所发一折，顷于四月二十日接奉朱批并廷寄，兹照钞送回，呈堂上大人一阅。

广东水师兵已于二十一日到一百矣，洋炮亦到百尊。广西水勇尚未到。衡州所造新船，闻甚不合用，顷有信与萧可兄，令其略改也。荫亭兄到馆，请其催将侯兄速来，并告贵州徐河清、韩超、张礼度并皆奏调来楚，均五月可到也。余不一一。

咸丰四年四月二十一日

致四弟、九弟、季弟·不能威猛，由于不精明

澄、沅、洪三弟左右：

三十日奉到父大人手谕及三弟信件，具悉一切。

长夫俱留在此，吃上头饭，每日给钱百文，实无一事可劳其筋力，故不能不略减也。沅弟言我仁爱有余，威猛不足，澄弟在此时亦常说及，近日友人爱我者人人说及。无奈性已生定，竟不能威猛。所以不能威猛，由于不能精明，事事被人欺侮，

故人得而玩易之也。

甲三之论、甲五之小讲，已加批付回。科一、科三、科四之字俱好。科一请安禀，其字画粗大，颇有乃父之风。

季弟在益阳所领钱文，绅士文任吾等已料理清楚。在湘阴时即在兄处领得实收，兄到岳州忘告季弟耳。

四月初一日与中丞会衔奏请调贵州、广东兵，兹于二十六日奉到寄谕。钞录付回。余不一一。

咸丰四年五月初一日

致四弟、六弟、季弟·鄂兵久无饷银

澄、温、季三位左右：

初二日接奉寄谕，兄两次请罪，尚止革职，不加严谴。鲍提军革职，即以塔副将署提军任。圣鉴之公明，天恩之高厚，实令人感激无地。兹钞录付回。

江采七于三月自庐州回，初三到省，千辛万苦，或三日而仅得两饭，或数夜而不得一眠，乱世行路之难，真奇难也。在湖北时得见魏召亭，光景甚窘。曾与采五言及，万一城破，当由大东门避去。湖北官弁兵勇久无饷银，真不堪设想也。召亭家书一件付去。

兄身体甚好，树堂、筠仙皆来此过节。专待衡州船到，广西勇到，即配齐东下。塔智亭于初八日先带陆勇三千余人至岳州去。余不一一。

咸丰四年五月初四日

致诸弟·长夫皆令回里

澄、温、沅、季四弟足下：

昨发一信后，罗山即于初三日到省。是日二更得信，周凤山、李辅朝之勇于二十九在龙阳得三胜仗，二十九日夜终宵鏖战，不得休息。初一早一战即已败溃。盖扎营城外沙洲之上，是夜涨水侵入营盘。初一早，营内水深尺余，贼船三面环攻，共二千余号之多。此时逃出营外，途中无船可渡。淹毙至二三百人，军器全失。周、李皆健将，此番大挫，尤焦灼也。

家中长夫，春二、维五、芝三、明四等皆不愿远出，兹皆令其回里。其工钱每月三十日，并未扣一日耳。余不一一。

咸丰四年六月初四日

致诸弟·广西水勇到省

澄、温、沅、季老弟足下：

昨寄一信，言周凤山、李相堂龙阳之败。后接来禀，知周营千一百人中实伤毙四十人，李营千人中实毙十九人，尚不为大挫。胡咏芝初四由安化至桃源，一路剿贼，周、李即可同去。广西水勇，李太守带来，今日到省，若配齐船只，尚须十余日乃可行也。余不一一。

咸丰四年六月初六日

致诸弟·湖北业已失守

澄、温、沅、季老弟左右：

湖北青抚台于今日入省城。所带兵勇均不准其入城，在城外二十里扎营，大约不过五六千人。其所称难民数万在后随来者，亦未可信。此间供应数日，即给与途费，令其至荆州另立省城，此实未有之变局也。

邹心田处已有札至县撤委[1]。前胡维峰言邹心田可劝捐，予不知其即至堂之兄也，昨接父大人手谕始知之，故即札县撤之。胡维峰近不妥当，亦必屏斥之。予去年办清泉宁征羲、宁宏才一案，其卷已送回家中，请澄弟查出，即日付来为要。

湖北失守，李鹤人之父想已殉难。鹤人方寸已乱，此刻无心办事，日内尚不能起行，至七月初旬乃可长征耳。余不一一。

诸弟在家教子侄，总须有勤敬二字。无论治世乱世，凡一家之中，能勤能敬，未有不兴者；不勤不敬，未有不败者。至切至切！予深悔往日未能实行此二字也，千万叮嘱。澄弟向来本

1 撤委：撤去委托之事。

勤，但敬不足耳，阅历之后，应知此二字之不可须臾离也。

咸丰四年六月十八日

致诸弟·令子侄见军旅

澄、温、沅、季四位老弟左右：

二十二日彭四到，接父大人手谕及诸弟来信，欣悉一切。

二十日折差归，阅京报，袁漱六于五月十三日引见，得御史，十五日特旨放江苏苏州府遗缺[1]知府。渠写信回，要其家专人至京，渠有多少事要交代。兄因各捐生[2]事，亦欲造册，专人至京，如袁家人去，即与之同行也。余前奏捐事，部议已准，兹钞付回。

广西水勇于十八日杀死祁阳勇七人，日内严查逞凶下手之犯，必须按律严办。

湖北青抚台带来之兵勇，大约二万金乃可了事。饥困之后甚安静，不闹事也。

余拟于七月初六起行，甲三、甲五二人可令其来省送我。盖少年之人，使之得见水陆军旅之事，亦足以长见识；且子侄送我，亦至理之不可少者也。书不十一，余俟续布。

咸丰四年六月二十三日

1 遗缺：因前任死亡或去职而空出来的职位。

2 捐生：清代报名纳钱换取官职、官衔的人，称为“官生”，亦称“捐生”。

致诸弟·述贼人数更多

澄侯、温甫、子植、季洪四弟足下：

安五至，接到家书，具悉一切。

自十八日一战后，二十一日陆路开仗，小有挫衅[1]，诸殿元阵亡，千总刘士宜阵亡，余兵勇伤亡二十余人，贼亦歼毙数十人。二十六日，贼从湖北颁集悍贼二万人，由临湘陆路前来，意欲扑塔、周、罗山等之营盘。陆路既得，水军自然失势，拼死攻扑，满山满坑无非黄旗红巾，比三月初十人数更多。幸罗山之湘勇得力，将头起杀退。以后如周凤山之营、杨名声之营亦俱奋勇，杀贼共七八百名。此股贼来甚多，必有屡次血战，东南大局，在此数日内可定。如天之福，陆路得获大胜，水路亦可渐次壮盛也。带水师者，有战阵之险，有风波之苦，又有偷营放火之虑，时时提防，殊不放心，幸精神尚好，照料能周耳。

霞仙定于本月内还家，渠在省实不肯来，兄强之使来。兵凶战危之地，无人不趋而避之，平日至交如冯树堂、郭筠仙等尚不肯来，则其他更何论焉！现除李次青外，诸事皆兄一人经理，无人肯相助者，想诸弟亦深知之也。甄甫先生去年在湖北时，身旁仅一旧仆，官亲、幕友、家丁、书差、戈什哈[2]一概走尽，此亦无足怪之事。兄现在局势犹是有为之秋，不致如甄师处之萧条已甚。然以此为乐地，而谓人人肯欣然相从，则大不然也。

---

1 挫衅：（坏的）征兆。

2 戈什哈：满语，清代高级官员的侍从护卫。

兄身体如常，癣疾不作，乞告禀父、叔大人千万放心。

咸丰四年七月二十七日

致诸弟·述陆路大胜

澄、温、植、洪四弟足下：

初一日胡二、春二、维五至，接父大人及诸弟手书，具悉一切。自二十六日陆路大获胜仗之后，二十八日陆路又大胜，二十九日水路大胜。贼自湖北汉、黄以下，尽纠其精锐来岳，以与我军相抗。二十八日鏖战至五个时辰之久，塔军门匹马冲突，忽东忽西，全军士卒无一人不俯首咋舌，称为神勇。二十九日辰刻接仗，塔公打中路，罗山打西路，周凤山打东路。罗山之湘勇，此次最为出力。贼分五六千人专扑罗山一路，湘勇竟能以少胜多。我军猛杀，则贼退，败退不过二里，辄回戈相向，大杀一回。如是者三退三进，湘勇竟能抵住，不忙不乱，至第三次追去，贼亦不敢回顾矣。周凤山之勇，杨名声之勇，皆极勇敢向前，一可当十。是日自辰至申，杀贼共计五百余人，贼自败奔，跌崖坠涧死者，其数尚多。

水师于未刻至陈陵矶，适有贼船上来，开炮轰击，贼舟奔退，乘势追下至擂鼓台，烧贼船约二十余号，夺获贼船约七十余号，杀毙、溺毙之贼约千余人。盖是日凶悍之贼皆已上岸，每船仅留二三贼在船，余皆被掳之水手，一见官兵开炮轰击，贼与水手纷纷扑水自溺，故我军愈得势也。

三十、初一日水师皆出队击贼。三十日未甚交锋，初一日李鹤人一营在前攻剿，击断陈镇军之旧拖罟船[1]头桅，毙贼十余人。

陆营经二十六、二十八、九日三次血战之后，二日内未开仗。现在陆营有六七分可靠，水营有四五分可靠。拟再备舢板数十号，小渔划一百号，出队开仗时散布满河，抛掷火球，以乱贼阵，或更有济[2]。余不一一，即乞禀告父、叔大人堂上为要。千万放心。

自十六日水师大挫之后，至二十九日获一胜仗，人心始克大定。不料初一日酉刻，广西勇收队回来，在刘公矶一带开炮，讹传为贼船上来，岳城百姓纷纷逃奔，扶老携幼，号泣于道。南津港各船，皆挂帆开逃，严禁之而不能止。军心总不坚定，颇可虞也。现在力求镇定，总以不出队、不开仗为主。

咸丰四年闰七月初二日

致诸弟·即日移营前进

澄侯、温甫、子植、季洪足下：

自初二日陆路连踏贼营十三座，夺获马骡七八百匹、军械二千余件。是夜水师进追四十里，贼舟舍命奔逃。初三日又追

---

1 拖罟（gǔ）船：系清朝闽、粤水师之大舰。

2 济：帮助。

百余里，贼弃舟登岸者甚多。初四日追至六溪口，追得贼船十余号，开炮轰击，贼仅放数炮抵拒，旋即登岸逃走。我军入口内之湖搜剿，搜得贼船百数十号，一见我军开炮围攻，即纷纷弃舟而去。军士争欲抢船，杨载福下令止许焚烧，不许抢夺，遂将百余船一炬焚之。是夜，将士搜湖三十里，通宵未睡。次早仍回新堤、螺山驻扎。以小划探至金口，皆无贼船。

自金口至武昌六十里，不知贼船尚存若干。此番若能乘胜直追下去，武汉竟易收复。可惜我水师尚须添募，船炮亦未齐全，陆路之兵尚无粮台随行，不能遽进。连日北风甚大，亦难东下，风稍息，余即进扎螺山也。兹遣人回送一信，即日移营前进，求堂上大人放心。余不一一。

咸丰四年闰七月初九日

致诸弟·述贼不能水战

澄、温、沅、洪四弟左右：

兄于初十日开船，十一日巳刻至螺山，去岳州八十里。杨载福、萧捷三两营已下驻扎新堤，去螺山又四十五里。

杨、萧于十一夜入倒口黄介湖内搜剿余贼，贼仅开十余炮，即纷纷登岸逃走。各哨官谨遵我不许抢货之令，将六十余号空船一概焚烧。岸上百姓焚香于辫顶，跪岸上欢迎，呼各勇为青天大人。各勇每见一人即得如此称呼，高兴之至。倒口湖内既已搜剿，其下六溪口亦经搜剿，京口以上已无贼踪。自京口六十里至武昌，尚未探明。

大抵贼于水战一事极为无能。渠所用者民船，每放一炮，全身震破；所掳水手，皆不愿在贼中久住；又以所掳之百姓，令其勉强打桨，勉强扶舵，皆非其所素习。即两次得我之船，得我之炮，皆我兵勇自先上岸，情愿将船炮丢弃与他，是以大败。若使我兵勇自顾其船，不将船炮送他，渠亦断不能拢来追我。此屡次打仗，众勇所亲见而熟知者。渠得我之战船洋炮，并不作水战之用。以洋炮搬于岸上扎营，而战船或凿沉江心，或自焚以逃，亦未收战船之用。惟贼中所擅长制胜者，在渔划百余号，每战四出围绕，迷目惊心。此次余亦办得小渔划百二十号，行走如飞。以后我军见贼小划，或不致惊慌耳。

衡州捐项究竟何如？便中可一打听。永丰大布厚而不贵，吾意欲办好帐房五百架，宽大结实，以为军士寒天之用。澄弟若可承办此事，望与尧阶细商，即在本邑捐项内支用。余不一一。望敬禀父亲大人、叔父大人，军中匆忙，不及楷禀也。

诸子侄辈于勤敬二字略有长进否？若尽与此二字相反，其家未有不落者；若个个勤而且敬，其家未有不兴者，无论世乱与世治也。诸弟须时时留心，为子侄作榜样也。

凡我屡次所寄奏折、谕旨，家中须好为收藏，不可抛散。或作一匣收之，敬谨弆[1]藏。

咸丰四年闰七月十四日

1 弆（jǔ）：收藏。

致诸弟·宜注重勤敬和更宜注意清洁。戒怠惰

澄侯、温甫、子植、季洪四弟足下：

久未遣人回家，家中自唐二、维五等到后亦无信来，想平安也。

余二十九日自新堤移营，八月初一日至嘉鱼县。初五日自坐小舟至牌洲看阅地势，初七日即将大营移驻牌洲，水师前营、左营、中营自又七月二十三日驻扎金口。二十七日贼匪水陆上犯，我陆军未到，水军两路堵之，抢贼船二只，杀贼数十人，得一胜仗。罗山于十八、二十三、二十四、二十六等日得四胜仗。初四发折俱详叙之，兹付回。

初三日接上谕廷寄[1]，余得赏三品顶戴，现具折谢恩，寄谕并折寄回。余居母丧，并未在家守制[2]，清夜自思，局蹐不安。若仗皇上天威，江面渐次肃清，即当奏明回籍，事父祭母，稍尽人子之心。诸弟及儿侄辈务宜体我寸心，于父亲饮食起居十分检点，无稍疏忽；于母亲祭品礼仪必洁必诚；于叔父处敬爱兼至，无稍隔阂。兄弟姒娣[3]，总不可有半点不和之气。凡一家之中，勤敬二字能守得几分，未有不兴；若全无一分，未有不败。和字能守得几分，未有不兴；不和未有不败者。诸弟试在乡间将此

1 廷寄：清廷给地方高官的谕旨，不由内阁寄出，而由军机处密封交兵部捷报处寄往各省，直接写上某官开拆，叫廷寄。

2 守制：指守孝，遵行居丧之制。父母死后，儿子需居家守丧二十七个月。

3 姒娣：同夫诸妾的互称。

三字于族戚人家历历验之，必以吾言为不谬也。诸弟不好收拾洁净，比我尤甚，此是败家气象。嗣后务宜细心收拾，即一纸一缕，竹头木屑，皆宜捡拾伶俐，以为儿侄之榜样。一代疏懒，二代淫佚，则必有昼睡夜坐、吸食鸦片之渐[1]矣。四弟、九弟较勤，六弟、季弟较懒，以后勤者愈勤，懒者痛改，莫使子侄学得怠惰样子，至要至要。子侄除读书外，教之扫屋、抹桌凳、收粪、锄草，是极好之事，切不可以为有损架子而不为也。

咸丰四年八月十一日

致诸弟·自述不愿受官。注意勿使子侄骄佚

澄、温、沅、季四位老弟左右：

二十五日着胡二等送家信，报收复武汉之喜。二十七日具折奏捷。初一日制台杨慰农霈到鄂相会，是日又奏二十四夜焚襄河贼舟之捷。初七日奏三路进兵之折。其日酉刻，杨载福、彭玉麟等率水师六十余船前往下游剿贼。初九日，前次谢恩折奉朱批回鄂。初十日彭四、刘四等来营，进攻武汉三路进剿之折奉朱批到鄂。十一日，武汉克复之折奉朱批、廷寄、谕旨等件，兄署湖北巡抚，并赏戴花翎。兄意母丧未除，断不敢受官职。若一经受职，则二年来之苦心孤诣，似全为博取高官美职，

1 渐：苗头。

何以对吾母于地下？何以对宗族乡党？方寸之地，何以自安？是以决计具折辞谢，想诸弟亦必以为然也。

功名之地，自古难居。兄以在籍之官，募勇造船，成此一悉事业，名震一时。人之好名，谁不如我？我有美名，则人必有受不美之名者，相形之际，盖难为情。兄惟谨慎谦虚，时时省惕而已。若仗圣主之威福，能速将江面肃清，荡平此贼，兄决意奏请回籍，事奉吾父，改葬吾母。久或三年，暂或一年，亦足稍慰区区之心，但未知圣意果能俯从[1]否？

诸弟在家，总宜教子侄守勤敬。吾在外既有权势，则家中子侄最易流于骄，流于佚，二字皆败家之道也。万望诸弟刻刻留心，勿使后辈近于此二字，至要至要。

罗罗山于十二日拔营，智亭于十三日拔营，予十五六亦拔营东下也。余不一一。乞禀告父亲大人、叔父大人万福金安。

咸丰四年九月十三日

致诸弟·告战事情况及聘请明师

澄侯、温甫、子植、季洪四位老弟左右：

胡二等于初一日到营，接奉父大人手谕及诸弟信，具悉一切。

---

1 俯从：敬语，听从。

兄于二十日自汉口起行，二十一日至黄州，二十二日至堵城，以羊一豕一，为文祭吴甄甫师。二十三日过江至武昌县。二十四日在巴河晤郭雨三之弟，知其兄观亭在山西，因属邑失守革职，雨三现署两淮盐运使。二十九日至蕲州，是日水师大战获胜。初一、初四、初五陆军在田家镇之对岸半壁山大战获胜。初九、初十水师在蕲州开仗小胜。十三日水师大破田家镇贼防，烧贼船四千余号。自有此军以来，陆路杀贼之多，无有过于初四之战；水路烧船之多，无有过于十三之役。现在前帮已至九江，吾尚驻田家镇，离九江百五十里。陆路之贼均在广济、黄梅一带，塔、罗于二十三日起行往剿。一切军事之详，均具奏报之中。兹并钞录寄回，祈敬呈父大人、叔父大人一览。

刘一、良五于二十日至田家镇，得悉家中老幼均吉，甚慰甚慰。魏荫亭先生既来军中，父大人命九弟教子侄读书，而九弟书来，坚执不肯，欲予另请明师。余意中实乏明师可以聘请，日内与霞仙及幕中诸君子熟商，近处惟罗研生兄是我心中佩仰之人。其学问具有本原，于《说文》、音学、舆地尤其所长，而诗、古文辞及行楷书法亦皆讲求有年。吾乡通经学古之士，以邹叔绩为最，而研生次之。其世兄现在余幕中，故请其写家信，聘研生至吾乡教读。研兄之继配陈氏，与耦庚先生为联襟，渠又明于风水之说，并可在吾乡选择吉地，但不知其果肯来否。渠现馆徐方伯处，未知能辞彼就此否。若果能来，足开吾邑小学之风，于温甫、子植亦不无裨益。若研兄不能来，则吾心中别无人。植弟坚不肯教，则乞诸弟为访择一师而延聘焉为要。

甲三、甲五可同一师，不可分开。科一、科三、科四亦可同师。余不一一，诸俟续布。

咸丰四年十月二十二日

致诸弟·带归卒岁之资及告军中声名极好

澄侯、温甫、子植、季洪四位老弟足下：

二十五日遣春二、维五归家，曾寄一函并谕旨、奏折二册。

二十六日水师在九江开仗获胜。陆路塔、罗之军在江北蕲州之莲花桥大获胜仗，杀贼千余人，二十八日克复广济县城。初一日在大河埔大获胜仗，初四日在黄梅城外大获胜仗，初五日克复黄梅县城。该匪数万现屯踞江岸之小池口，与九江府城相对。塔、罗之军即日追至江岸，即可水陆夹击，能将北岸扫除，然后可渡江以剿九江府城之贼。自至九江后，即可专夫由武宁以达平江、长沙。

兹因魏荫亭亲家还乡之便，付去银一百两，为家中卒岁之资，以三分计之。新屋人多，取其二以供用；老屋人少，取其一以供用。外五十两一封，以送亲族各家，即往年在京寄回之旧例也。以后我家光景略好，此项断不可缺，家中却不可过于宽裕。处此乱世，愈穷愈好。

我现在军中声名极好，所过之处，百姓爆竹焚香跪迎，送钱米猪羊来犒军者络绎不绝。以祖宗累世之厚德，使我一人食此隆报，享此荣名，寸心兢兢，且愧且慎。现在但愿官阶不再进，虚名不再张，常葆此以无咎，即是持身守家之道。至军事之成败利钝，此关乎国家之福，吾惟力尽人事，不敢存丝毫侥幸之心。诸弟禀告堂上大人，不必悬念。

冯树堂前有信来，要功牌一百张，兹亦交荫亭带归，望澄弟专差送至宝庆，妥交树堂为要。衡州所捐之部照，已交朱峻明带去。外带照千张交郭筠仙，从原奏之所指也。朱于初二日起行，江隆三亦同归，给渠钱已四十千，今年送亲族者，不必送隆三可也。余不一一。

咸丰四年十一月初七日书于武穴舟中

致诸弟·军事愈办愈难

前信已封，而春二、维五于二十五日到营，接奉父大人手谕及诸弟信件，敬悉一切。

曾祖生以本境练团派费之事，而必求救于百里之外，以图免出费赀，其居心不甚良善。刘东屏先生接得父大人手书，此等小事，何难一笑释之，而必展转辨论，拂大人之意？在寻常人尚不能无介介[1]于中，况大人兼三达尊而又重以世交？言不见信，焉能不介怀耶？望诸弟曲慰大人之意，大度含容，以颐天

1 介介：耿耿于怀。

和，庶使游子在外，得以安心治事。所有来往信件，谨遵父大人谕，即行寄还。

吾自服官及近年办理军务，中心常多郁屈不平之端，每效母亲大人指腹示儿女曰“此中蓄积多少闲气，无处发泄”。其往年诸事不及尽知，今年二月在省城河下，凡我所带之兵勇、仆从人等，每次上城，必遭毒骂痛打，此四弟、季弟所亲见者。谤怨沸腾，万口嘲讥，此四弟、季弟所亲闻者。自四月以后，两弟不在此，景况更有令人难堪者，吾惟忍辱包羞，屈心抑志，以求军事之万有一济。现虽屡获大胜，而愈办愈难，动辄招尤[1]。倘赖圣主如天之福，歼灭此贼，吾实不愿久居官场，自取烦恼。四弟自去冬以来，亦屡遭求全之毁，蜚来之谤，几于身无完肤。想宦途风味，亦深知之而深畏之矣。而温弟、季弟来书，常以保举一事疑我之有吝于四弟者，是亦不谅兄之苦衷也。

甲三从师一事，吾接九弟信，辞气甚坚，即请研生兄，以书聘之。今尚未接回信，然业令其世兄两次以家信催之，断不可更有变局。学堂以古老坪为妥，研兄居马托铺乡中，亦山林寒苦之士，决无官场习气，尽可放心。至甲三读书，天分本低，若再以全力学八股、试帖，则他项学业必全荒废，吾决计不令其学作八股也。

曾兆安、欧阳钰皆已保举教官，日内想可奉旨。

咸丰四年十一月二十七日

1 招尤：招致他人怪罪或怨恨。

致诸弟·水师陷入内河

澄侯、温甫、子植、季洪四位老弟足下：

久未专使回家，想家中极为悬念。王芝三等到营，得悉家中大人福安，合室平善，甚慰甚慰。

此军自破田镇后，满拟九江不日可下。不料逆贼坚守，屡攻不克。分罗山湘营至湖口，先攻梅家洲坚垒，亦不能克。而士卒力战于枪炮雨下之中，死伤甚众，盖陆路锐师，倏变为钝兵矣。水师自至湖口屡获大胜，苦战经月，伤亡亦复不少。腊月十二日，水师一百余号轻便之船，精锐之卒，冲入湖口小河内，该逆顿将水卡堵塞，在内河者不能复出，在外之老营船只多笨重难行。该逆遂将小划乘夜放火，烧去战船、民船四五十号之多。二十五日又被小划偷袭，烧去抢去各船至二三十号之多。以极盛之水师，一旦以百余号好船陷入内河，而外江水师遂觉无以自立。两次大挫，而兄之座船被失。一军耳目所在，遂觉人人惶愕，各船纷纷上驶。自九江以上之隆坪、武穴、田家镇，直至蕲州，处处皆有战船，且有弃船而逃者。粮台各所之船，水手尽行逃窜。此等情景，殊难为怀。现率残败之水师驻扎九江城外官牌夹，兄住罗山陆营之内，不知果能力与此贼相持否。

兄于二十五日蒙恩赏穿黄马褂，并颁赐狐皮黄马褂一件，四喜扳指一个，白玉巴图鲁翎管一个，小刀一把，火镰一个。二十六夜蒙恩赏福字一幅，大小荷包三对，又有奶饼、果食等件颁到军营。二十五夜之变，将扳指、翎管、小刀、火镰失去。

兹遣人送回黄马褂一件，福字一幅，荷包三对。兄船上所失书籍、地图、上谕、奏章及家书等件，甚为可悚。而二年以来文案信件如山，部照、实收、功牌、账目一并失去，尤为可惜。莘田叔解战船来，离大营止少一二日，竟不能到。军家胜败本属无常，而年余辛苦难补涓埃[1]，未免心结。二十九日罗山率湘勇渡江剿小池口之贼，又见挫败，士气愈损。现惟力加整顿，挽回元气，不审能如意否。兹遣长夫自江西送信回家，当无梗阻。书不千一，诸惟心照。即祈代禀堂上大人，不必挂念。

咸丰五年正月初二日

致诸弟·至江西整顿战船

澄侯、温甫、子植、季洪老弟足下：

初二日遣人送信回家，想节后可到。

初四日大风击坏战船三十余号。水师自十二日百余轻便之舟、二千精锐之卒陷入内湖，外江老营两次被贼用小划烧袭，业已不能自立，终日惶惶，如坐针毡。又复遭此大风，遂全数开赴上游武汉等处，桅折楫摧，多不堪战，不知回至上游，果尚足以御贼否。兄因小舟陷入江西内河者，皆向来能战之船，不甘遽弃无用之地，必须亲至江西整顿。即于十二日自九江起

1 涓埃：细流与微生，比喻微小。

行，十六日至江西省城，官绅相待甚好。在内之百余船尚皆完好，再加大船数十号，另成一军，即足自立。

罗山所带湘勇，自二十九日挫败后，现在淘汰整顿，认真操练。塔公所带之兵勇，亦日日操练。将来兄在江西另成之水军，由湖口打出，与塔、罗相依护。其外江新回武汉之水师，如果能重整劲旅，则两路会合攻击。如不能重整劲旅，则我专治内河之水师，亦自能独立不惧。江西物力尚厚，供我水陆两军口粮，大约足支八个月。

兄身体甚好，惟左腰有寒气作痛，癣疾亦尚未愈，想皆不久可痊。家中长夫相住甚近，军中危地，恐小有差失，反为不妙，且送信行走极缓，在营又无事可干，兹尽遣回家。以后若有家信，即用湘乡县官封发至江西南昌府署中，可以必到，兼可速到，不似长夫专送之迟延也，慎勿再令长夫来营。兵凶战危，我境之人俱未历过险难。莘田叔此次行二千里，竟不得见我之面，受尽千惊万苦，实实可悯。嗣后族戚有愿到营者，切劝不必前来，至要至要。书不百一，诸惟心知，其不详者，长夫自能面述耳。

咸丰五年正月十八日书于江西省城

致诸弟·认真操练水师

澄侯、温甫、子植、季洪四弟足下：

久未接家信，想堂上大人安康，家中老幼清吉，为慰。

自北省再陷，兄处一军，反在下游进退两难。在内湖之水师，兄在江西驻扎两月，造船添勇，已有头绪。现在船近二百号，勇逾三千人，认真操练，可成劲旅。兄于十三日出省登舟。郭筠仙于十六日到营，曾莘田、易敬臣兄弟于十五日到营，罗芸皋于初旬到营。事机不顺而来者偏众，可见乡间穷苦也。阳凌云初间归去，余送途费八两。魏荫亭尚未归。塔军门尚扎九江。罗山于初十日进剿广信、饶州之贼。李次青忽然高兴带勇，于十一日起行赴南康府，实非其所长也。

余办内湖水师，即以鄱阳湖为巢穴，间或出江剿贼，亦不过以三分之一与贼鏖战。剿上游，则在九江、武穴、田镇等处游弋，不出湖口二百里之内，利则久战，不利则退回鄱湖巢穴之内；剿下游，则在彭泽、望江、安庆等处游弋，亦不出湖口二百里之内，利则久战，不利则亦退鄱湖巢穴之内。如此办理，则上游武汉之贼与下游金陵之贼中间江路被我兵梗阻一段，其势不能常通，亦足以制贼之命。特上游金口等处，我军战船无人统领，常不放心耳。

近日吾乡人心慌乱否？去年迁避，终非善策。如贼窜上游岳、常等处，谣言四起，总以安居不迁为是。季洪弟尽可不必教书，宜在家中读书。沅弟要方望溪、姚姬传文集，霞仙已代为买得，可用心细看，能阅过一遍，通加圈点，自不患不长进也。

纪泽儿记性极平常，不必力求背诵，但宜常看生书，讲解数遍，自然有益。八股文、试帖诗皆非今日之急务，尽可不看不作。史鉴略熟，宜因而加功，看朱子《纲目》一遍为要。纪鸿儿亦不必读八股文，徒费时日，实无益也。修身齐家之道，无过陈文恭公《五种遗规》一书，诸弟与儿侄辈皆宜常常阅看。

吾夏季衣服有在家者，可交人即日送营。特袍褂不宜带来，余皆可送也。诸不一一，惟祈心照。

咸丰五年三月二十日江西省河七里港舟中书

致诸弟·读书不必求熟

澄、温、沅、洪四弟足下：

二十五日，春二、维五来营，接家书数件，具悉一切。

乘败仗之时，兵勇抢劫粮台，此近年最坏风气。向帅营中屡屡见之，而皆未惩办。兄奏明将万瑞书即行正法，奉严旨饬骆中丞即行正法。闻骆中丞不欲杀之，将附片奏请开释。近日意见不合，办事之难如此。

吾癣疾大发，幸精神尚足支持。罗山在广信府大获胜仗，杀贼三四千。塔军门在九江平安。

纪泽儿读书记性平常，读书不必求熟，且将《左传》《礼记》于今秋点毕，以后听儿之自读自思。成败勤惰，儿当自省而图自立焉。吾与诸弟惟思以身垂范教子侄，不在诲言之谆谆也。即候近祺。

咸丰五年三月二十六日

致诸弟·营中需才孔亟

澄、温、沅、季四位贤弟左右：

十六日在南康府，接父亲手谕及澄、沅两弟、纪泽儿之信，系刘一送来，二十日接澄弟一信，系林福秀由县送来，具悉一切。

余于十三日自吴城进扎南康，水师右营、后营、向导营于十三日进扎青山。十九日，贼带炮船五六十号、小划船五六十号前来扑营，鏖战二时，未分胜负。该匪以小划二十余号又自山后攒出，袭我老营。老营战船业已全数出队，仅坐船水手数人及所雇民船水手，皆逃上岸。各战船哨官见坐船已失，遂尔慌乱，以致败挫。幸战舟炮位毫无损伤，犹为不幸中之大幸。且左营、定湘营尚在南康，中营尚在吴城，是日未与其事，士气依然振作。现在六营三千人同泊南康，与陆勇平江营三千人相依护，或可速振军威。

现在余所统之陆军，塔公带五千人在九江，罗山带三千五百人在广信一带，次青带平江三千人在南康，业已成为三支，人数亦极不少。赵玉班带五百湘勇来此，若独成一支，则不足以自立；若依附塔军，依附罗军，则去我仍隔数百里之远；若依附平江营，则气类不合，且近日口粮实难接济，玉班之勇可不必来。玉班一人独来，则营中需才孔亟[1]，必有以位置之也。

蒋益澧之事，唐公如此办理甚好。密传其家人，详明开导，勒令缴出银两，足以允服人心，面面俱圆，请莘翁即行速办，但使探骊得珠[2]，即轻轻着笔，亦可以办到矣。

此间自水师小挫后，急须多办小划以胜之，但乏能管带小划之人。若有实能带小划者，打仗时并不靠他冲阵，只要开仗之时在江边攒出攒入，眩贼之眼，助我之势，即属大有裨益。吾弟若见有此等人，或赵玉班能荐此等人，即可招募善驾小划之水手一百余人来营。冯玉珂所缴水勇之抢银，及各银应缴者，可酌用为途费也。

余在营平安，惟癣疾未愈，精神不足，诸事未能一一照管。小心谨慎，冀尽人事，以听天命。诸不详尽，统俟续布。

顷与魏荫亭谈及招小划水勇一事，渠可回家与萧可卿商办。大约每划五人，五划立一哨官，每百人四哨官，十余哨即立一营官。此不难于招勇，而难于选求哨官、营官。澄弟若见有可当哨官者，或令其来营，或荐与荫亭。勇则不必招，听萧、魏办理可也。

咸丰五年四月二十日书于南康城外水营

1 孔亟：很急迫。

2 探骊得珠：本言在骊龙的颔下取得宝珠，极言其险。后比喻文章含义深刻，深得要领。

致诸弟·打单眼充数竿

澄、温、沅、季四弟左右：

二十二日齐三、昴十到营，奉到父亲大人手谕并沅弟一信，二十三日接澄弟在县官封一信，乃三月二十五日所发，比齐三等之信迟十六日。

水师自十九日小挫，日内未开仗。闻都昌有贼船，派船二十号前往搜剿。二十二日烧船八十余号，二十三日烧三十余号，皆贼所掳之民舟也。李次青所带之平江陆勇，现扎南康，护卫水师。魏荫亭回衡招小划水勇，请萧可卿同办。

吾乡有三眼铳，亦有单眼铳，响振山谷。吾意单眼铳若装子弹于内，尽可打贼。乡间用木削铳尖，往往打得四五十丈远。请澄弟在吾乡打单眼铳数竿，用梗木为把，试装铜扣、小石之类于内，是否可打半里远？如其合用，即可多打数十竿或百竿，交魏荫亭之水勇带来，其钱由兄营寄回。

兄近日身体尚好，惟火气甚旺，癣疾未愈。莘田在营，安静谨慎。冯玉珂亦稳实也。余不一一，容俟续具。

蒋芗泉之事，唐苹翁迫于邑绅之言，不能不办，但须轻妙，不着痕迹。若过于着迹，必至大伤体面，将来使带勇者人人有自危之心，即罗山、迪庵亦觉为之不怡，非所宜也。

前年在衡州时，与季弟定陆营薪水单：五百人一营者，每月营官、帮办薪水二百六十两。章程本过于丰厚，故营官周凤山家已成素封[1]，其余积赀置产者甚多。若专办蒋家，则未免厚于外人而薄于邑人，故兄日内于此事极踌躇也。大营事件甚多，凡关涉本邑者，诸弟总以不管为妥。军事愈办愈难，有非一言所能尽者，诸惟心照。

咸丰五年四月二十五日

致诸弟·难以打出湖口

澄侯、温甫、子植、季洪四位老弟足下：

春二、维五来营，接奉父亲大人手谕并诸弟信函，敬悉一切。

此间自五月十三日水战获胜后，三十日该逆七十余舟上犯至青山一带，我军出队迎敌，又获胜仗，夺回予去年所坐之拖罟船外，又夺贼战船五只，军心为之一振。六月初七日、初九夜两次风暴，营中坏船十余号，应修整者二十余号。

十三日派人至南康对岸之徐家埠，水陆搜剿。其地去湖口县七十里，贼匪督率土匪在该处收粮，诛求无度，民不聊生，因派水陆六百人前往搜剿。真贼十余率土匪三百人与我军接仗，仅放两排枪，该匪即败窜。追奔十余里，焚贼馆十余所，焚辎重船百余只，击毙十余人，生擒七人，十四日收队回南康。十

1 素封：无官爵封邑，但富比封君的人。

五日水师至湖口探看贼营情形，该匪坚匿不出，迨我军疲乏将归，逆船突出大战。我军未约定开仗，人心忙乱，遂致挫败，被该匪围去长龙船一号，舢板船二号，三船共阵亡五十余人，受伤二十余人，军士之气为之一减。

今年内湖水师共开四仗，两胜两败。湖口一关，竟难遽行打出，不胜焦灼。塔军门在九江十三日打一胜仗，杀贼三百余人，亦无益于大局也。

自义宁州失守，不特江西省城戒严，而湖南亦有东顾之忧，盖义宁与平江、浏阳接壤，贼思向此路窥伺长沙。罗山现回江西省，拟即日进攻义宁，以绝两省腹心之患。若能急急克复，则桑梓有安枕之日，否则三面受敌，湖南亦万难支持。大乱之弭[1]，岂尽由人力？亦苍苍者有以主之耳！

予癣疾未愈，用心尤甚，夜不成寐，常恐耿耿微忱，终无补于国事。然办一日事，尽一日心，不敢片刻疏懈也。陈竹伯中丞办理军务不惬人心，与予诸事亦多龃龉。凡共事和衷，最不易易。澄弟近日尚在外办公事否？宜以予为戒，步门不出，谢绝一切。予食禄已久，不能不以国家之忧为忧，诸弟则尽可理乱不闻也。子侄辈总宜教之以勤，勤则百弊皆除，望贤弟留心。即问四位老弟近好。

咸丰五年六月十六日

1 弭：平息。

致诸弟·调彭雪琴来江

澄侯、温甫、子植、季洪四位老弟左右：

刘朝相来营，得植弟手书，具审一切。

内湖水师自六月十五日开仗后，至今平安。本拟令李次青带平江勇渡鄱湖之东，与水师会攻湖口，奈自六月底至今，十日大风，不克东渡。初四日风力稍息，平勇登舟。甫[1]经解缆，狂飙大作，旋即折回，弁勇衣被帐棚寸缕皆湿。天意茫茫，正未可知，不知湖口之贼运数不宜遽灭乎？抑此勇渡湖宜致败挫，故特阻其行以保全此军乎？现拟俟月半后请塔军渡湖会剿。

罗山进攻义宁，闻初四日可至界上，初五六日当可开仗。湖南三面用兵，骆中丞请罗山带兵回湘，业经入奏。如义宁能攻破，恐罗山须回湖南保全桑梓，则此间又少一支劲旅矣。内湖水师船炮俱精，特少得力营官，现调彭雪琴来江，当有起色。

盐务充饷是一大好事，惟浙中官、商多思专利。邵位西来江会议，已有头绪，不知渠回浙后，彼中在事人能允行否？舍此一筹，则饷源已竭，实有坐困之势。

东安土匪，不知近日何如？若不犯邵阳界，则吾邑尚可不至震惊。带兵之事，千难万难。澄弟带勇至衡阳，温弟带勇至新桥，幸托平安，嗣后总以不带勇为妙。吾阅历二年，知此中

1 甫：刚。

构怨之事、造孽之端，不一而足，恨不得与诸弟当面一一缕述之也。诸弟在家侍奉父亲，和睦族党，尽其力之所能为，至于练团带勇却不宜。澄弟在外已久，谅知吾言之具有苦衷也。

宽二弟去年下世，未寄奠分，至今歉然于心。兹付回银二十两为宽二奠金，望送交任尊叔夫妇手收。植弟前信言身体不健，吾谓读书不求强记，此亦养身之道。凡求强记者，尚有好名之心横亘于方寸，故愈不能记；若全无名心，记亦可，不记亦可，此心宽然无累，反觉安舒，或反能记一二处亦未可知。此予阅历语也，植弟试一体验行之。余不一一，即问近好。

咸丰五年七月初八日

致诸弟·陆军势已不支

澄侯、温甫、子植、季洪老弟足下：

十四日良五、彭四回家，寄去一信，谅已收到。

嗣罗山于十六日回剿武汉，霞仙亦即同去。近接武昌信息，知李鹤人于八月初二日败挫，金口陆营被贼蹋毁。胡润芝中丞于初八日被贼蹋破奓山陆营，南北两岸陆军皆溃，势已万不可支。幸水师尚足自立，杨、彭屯扎沌口。计罗山一军可于九月初旬抵鄂，或者尚有转机。即鄂事难遽旋转，而罗与杨、彭水陆依护，防御于岳、鄂之间，亦必可固湘省北路之藩篱也。内湖水师，自初八日以后迄未开仗，日日操演。次青尚扎湖口，周凤山尚扎九江，俱属安谧。

葛十一于初八日在湖口阵亡，现在寻购尸首，尚未觅得，已奏请照千总例赐恤。将来若购得尸骸，当为之送柩回里，如不可觅，亦必醵金[1]寄恤其家。此君今年大病数月，甫经痊愈，尚未复元，即行出队开仗。人劝之勿出，坚不肯听，卒以力战捐躯，良可伤悯，可先告知其家也。去年腊月二十五夜之役，盐印官潘兆奎与文生葛荣册同坐一船，均报阵亡，已入奏请恤矣。顷潘兆奎竟回江西，云是夜遇渔舟捞救得生，则葛元五或尚未死，亦未可知。不知其家中有音耗否？

癣疾稍愈，今年七、八两月最甚。诸事废弛，余俟续布，顺问近好。

甲三、甲五等兄弟，总以习劳苦为第一要义。生当乱世，居家之道，不可有余财，多财则终为患害。又不可过于安逸偷惰，如由新宅至老宅，必宜常常走路，不可坐轿骑马。又常常登山，亦可以练习筋骸。仕宦之家，不蓄积银钱，使子弟自觉一无可恃，一日不勤则将有饥寒之患，则子弟渐渐勤劳，知谋所以自立矣。

再，父亲大人于初九日大寿，此信到日，恐已在十二以后。余二十年来仅在家拜寿一次。游子远离，日月如梭，喜惧之怀，寸心惴惴。又十一月初三日为母亲大人七旬晋一冥寿，欲设为道场，殊非儒者事亲之道；欲开筵觞客，又乏哀痛未忘之意。

1 醵（jù）金：凑钱。

兹幸沅弟得进一阶，母亲必含笑于九原。优贡[1]匾额，可于初三日悬挂。祭礼须极丰腆[2]，以祭余宴客可也。

昨接上谕，补兵部右侍郎缺。二十九年八月曾署理一次，日内当具折谢恩。

澄侯弟在县何日归家？办理外事，实不易易，徒讨烦恼。诸弟在家，吾意以不干预县府公事为妥，望细心察之。即问近好。

咸丰五年八月二十七日书于南康军中

致诸弟·喜九弟得优贡

澄侯、温甫、子植、季洪四位老弟足下：

二十六日王如一、朱梁七至营，接九月初二日家书，二十九日刘一、彭四至营，又接十六日家书，具悉一切。

沅弟优贡喜信，此间二十三日彭山屺接家书，即已闻之。二十七日得左季高书，始知其实，二十九日得家书乃详也。沅弟在省，寄书来江西大营甚便，何以未一字报平安耶？十月初当可回家为父亲叩祝大寿。各省优贡朝考，向例在明年五月，沅弟可于明年春间进京。若由浙江一途，可便道由江西至大营，兄弟聚

1 优贡：清制，每三年各省学政于府、州、县在学生员中选拔文行俱优者，当督抚会考，核定名额，贡入京师国子监，称为“优贡生”。

2 丰腆（tiǎn）：谓祭品丰盛。腆，丰厚。

会。吾有书数十箱在京，无人照管，沅弟此去可经理一番。

自七月以来，吾得闻家中事有数件可为欣慰者：温弟妻妾皆有梦熊之兆，足慰祖父母于九原，一也；家中妇女大小皆纺纱织布，闻已成六七机，诸子侄读书尚不懒惰，内外各有职业，二也；阖境丰收，远近无警，此间兵事平顺，足安堂上老人之心，三也。今又闻沅弟喜音，意吾家高、曾以来积泽甚长，后人食报，更当绵绵不尽。吾兄弟年富力强，尤宜时时内省，处处反躬自责，勤俭忠厚，以承先而启后，互相勉励可也。

内湖水师久未开仗，日日操练，夜夜防守，颇为认真。周凤山统领九江陆军亦尚平安。李次青带平江勇三千在苏官渡，去湖口县十里，颇得该处士民之欢心。茶陵州土匪间窜扰江西之莲花厅永新县境内，吉安人心震动。顷已调平江勇六百五十人前往剿办，又派水师千人往吉防堵河道，或可保全。

余癣疾迄未大愈，幸精神尚可支持。王如一等来，二十四日始到。余怒其太迟，令其即归，发途费九百六十文，家中不必加补，以为懒漫者戒。宽十在营住一个月，打发银六两，途费四千。罗山于十四日克复崇阳后，尚无信来。罗研生兄于今日到营。纪泽、纪梁登九峰山诗，文气俱顺，且无猥琐之气，将来或皆可冀有成立也。余不一一。

咸丰五年九月三十日书于屏风水营

致诸弟·拟添募五百人

澄侯、温甫、子植、季洪老弟足下：

十月初一日宽十等归，寄一函，县城专差来，又寄一家信，想均收到。

营中日内如常。周凤山九江陆军三千余人尚属整顿。次青在湖口，因分去千三百人往剿吉安，刻拟添募五百人，以厚兵力。吉安之事，闻周臬台带千人已至，或足以资剿办。罗山在羊楼峒，二十六获胜后，尚无嗣音。

兹因春二患病，维五送之还家，复寄数行，以慰堂上老人悬念。罗山在岳、鄂间军气单弱，余甚不放心家中，上而衡、郴，下而岳、平，均多可虞，望多送信几次来大营也。

咸丰五年十月十九日书于屏风水次

致诸弟·监务筹饷有二

澄侯、温甫、子植、季洪四位老弟左右：

十月二十八日在十等到营，接奉父亲大人手谕、纪泽儿禀件及儿侄外甥等寿诗，具悉一切。

澄弟在朱亭带勇，十八九可以撤营，欣慰之至。兵凶战危，一经带勇，则畏缩趋避之念决不可存。兵端未息，恐非二三年所能扫除净尽。与其从事之后，而进退不得自由，不如早自审度，量而后入，想诸弟亦必细心筹维也。

南康水师，二十八日开仗一次，失长龙船一号。九江陆军相持如故。李次青在湖口，亦未开仗。黄莘农先生今年为我军办理捐输，已解银六十余万两，未收者尚有二十余万。水陆兵勇自入江西境内，已用口粮百余万。此项捐款，实为大宗。目下捐款将次用毕，莘翁又接办盐务。盐务之可以筹饷者有二端：一则四月间奏请浙盐三万引，现在陆续运行，大约除成本外，可获净利十万两；一则于江西饶州、吴城、万安、新城四处设卡，私盐过境，酌抽税课，大约每月亦可得银万余两。若此两举刻期办齐，则明年军饷竟可无虑，黄司寇之为功于我军者大矣。浙江盐务，先须成本十余万，现请郭筠仙往浙一行，张罗本钱，虽未必有济，姑试图之。

罗山自入湖北境内克复崇、通后，忽有濠头堡之挫，旋于二十六日、初三日两获大胜，军威大振。伪北王、伪翼王俱上犯岳、鄂之交，楚事孔棘[1]。乃十月初二早，庐州克复，杀贼近万，官兵即日可捣安庆。上游之贼均须回救安省，韦、石二逆或俱退回下游，两湖之事近日必可渐松。此吾省之福，而亦国家之厚泽，冥冥中巧为布置，使悍贼不得逞志于两湖也。

兄身体如常，癣疾未愈。昨日系先妣七旬晋一冥寿，军中不得备礼以祭，负罪滋深。莘翁自省来营商议盐事，军中亦无盛馔款之，故未将冥寿之期告之也。余不一一。

咸丰五年十一月初四日书于南康府水营

1 孔棘：很紧急，很急迫。

致诸弟·细述鄂赣军情

澄侯、温甫、子植、季洪四位老弟左右：

去年腊月初二遣胡二、佑七送家信，中途遇贼，抢去银两等件，仍回南康大营。嗣后未专人回家，想父亲、叔父及家中老幼悬望之至。以瑞、临尚未克复，长夫视为畏途，故迟迟也。

自周凤山至江西省城，人心为之安定。十二月初四日大战樟树镇，杀贼千余，军威颇振。其时即应留贼之浮桥，星夜修造，次日渡河攻剿，临江必可得手。周凤山不敢渡河，而移剿上游六十里之新淦，失此机会。于是省城各大吏，有请其移兵救援吉安以解重围者，有欲其上剿峡江者，有求其留守新淦者，迁延商榷，遂逾二旬。周凤山以水师孤扎樟镇，恐致疏虞，派辰勇、常勇八百人至樟树护卫水师。正月初二贼匪渡河来扑，辰、常二勇人少败挫，伤亡二百余人，幸初三日大战获胜，军威复振。盖贼匪于初二日得胜后，即上窜新淦，扑周凤山之营。而周凤山于初二日闻败后，亦速回樟树，为辰、常二勇之援，中途遇于瓦山，大战杀贼千余，夺马七十余匹，军械锅帐无算。初七日，彭雪琴水师又获胜仗，拆贼浮桥，夺贼新舟。水陆两军目下仍紧扼樟镇，江西省城可保无虞。

至南康、青山、湖口水陆各营，自腊月初三青山战胜后，未经开仗。李次青带平江勇驻湖口，训练不懈，日有起色。惟望罗山在湖北克复武汉，周、彭在樟镇克复临、瑞，大局方有转机耳。

余身体如常，癣疾十愈六七。高云亭于去年十月初二、三来营诊视癣疾，但云可治，并未开方。去后寄二方来，云须服一百帖，今已服六十帖，大有效验，不知果可断根否。兹将二方钞回一览。此间并湖北军情有寄罗山观察一函，亦钞回一览。兹专人由义宁、平江、长沙回家，不知可无梗阻否。年终奉圣恩赐福字一方、大小荷包三对、食物各件，于正月十六日接到。兹将军机处原咨钞回，其赐件暂不敢寄，俟道途肃清，再行专送。去腊初旬之函，兹一并附呈。余不一一，即问近好。

咸丰六年正月十八日自江西南康府水营发

致诸弟·述吉安府失守

澄侯、温甫、子植、季洪四位老弟左右：

正月十九日发去家信，交王发六、刘照一送回，又派戈什哈萧玉振同送，想日内可到。正月三十日、二月一日连接澄侯在长沙所发四信，具悉一切。唐四、景三等正月所送之信，至今尚未到营。

江西军事，日败坏而不可收拾。周凤山腊月四日攻克樟树，不能乘势进取临江，失此机会。后在新淦迁延十余日，正月五日复回樟镇，因浮桥难成，未遽渡剿临江。吉安府城已于二十五日失守矣。周臬司、陈太守等坚守六十余日，而外援不至。城破之日，杀戮甚惨。伪翼王石达开自临江至吉安督战，既破吉郡，自回临江，而遣他贼分攻赣州，以通粤东之路。如使赣郡有失，则江西之西南五府尽为贼有。北路之九、南、饶本系屡经残破之区，九江早为贼据，仅存东路数府耳。

罗山观察久攻武昌，亦不得手。现经飞函调其回江救援，但道途多梗，不知文报可达否。刘印渠一军，闻湘省将筹两月口粮，计二月初启行，不知袁州等处果能得手否。

余在南康身体平安，癣疾已好十之七。青山陆军正月十八日攻九江城一次，杀贼百余人。水师于二十九日打败仗一次，失去战舟六号。湖口陆军于初一日打胜仗一次，杀贼七八十人。省城官绅请余晋省，就近调度。余以南康水陆不放心，尚未定也。

纪泽儿定三月二十一日成婚，七日即回湘乡，尚不为久。诸事总须节省，新妇入门之日，请客亦不宜多。何者宜丰，何者宜俭，总求父亲大人定酌之。

纪泽儿授室[1]太早，经书尚未读毕。上溯江太夫人来嫔之年，吾父亦系十八岁，然常就外傅[2]读书，未久耽搁。纪泽上绳[3]祖武，亦宜速就外傅，慎无虚度光阴。闻贺夫人博通经史，深明礼法。纪泽至岳家，须缄默寡言，循循规矩。其应行仪节，宜详问谙习，无临时忙乱，为岳母所鄙笑。少庚处以兄礼事之，此外若见各家同辈，宜格外谦谨，如见尊长之礼。

---

1 授室：本意为把家事交给新妇，后意指娶妻。

2 外傅：古代贵族子弟到一定年龄出外就学，所从之师称外傅。

3 绳：继承。

新妇始至吾家，教以勤俭。纺绩以事缝纫，下厨以议酒食。此二者，妇职之最要者也。孝敬以奉长上，温和以待同辈。此二者，妇道之最要者也。但须教之以渐，渠系富贵子女，未习劳苦，由渐而习，则日变月化而迁善不知。若改之太骤，则难期有恒。凡此祈诸弟一一告之。

江西各属告警，西路糜烂。子植若北上，宜走樊城，不宜走浙江；或暂不北上亦可。优贡例在礼部考试，随时皆可补考，余昔在礼部阅卷数次，熟知之也。

咸丰六年二月初八日书于南康

致四弟、九弟、季弟·瑞州屡获大胜

澄侯、沅甫、季洪老弟足下：

七月之季，遣刘一、安五回家，寄呈家书，想已到达。温弟之病，日见痊愈。因盛暑行军，过于劳苦，又误服大黄太多，故到省后以温补而始奏效，再调养半月，即可复元，仍回瑞州也。

瑞郡官军屡获大胜，军威日振，贼势日蹙。惟闻伪翼王石达开新自鄂中东下，为李迪庵所败，或当来援瑞州，不免大战数场。果能擒此巨憝[1]献俘北阙[2]，则江省全局立转破竹之势，易

1 巨憝（duì）：元凶，大恶人。憝，恶人。

2 北阙：朝廷或宫阙的别称。

于着手耳。

七月下旬，有永丰败匪勾结江闽交界之边钱会匪，连陷南丰、新城、泸溪、贵谿、弋阳等县，河口一镇、广信府城十分危急。幸浙江防兵之在玉山者逾境来援，信郡尚保无恙。一波特起，全省震荡。现抽拨次青抚州军中四千人往剿河口，未审能迅速扑灭否。闽兵尚在建昌，兵多贼少，克复久稽[1]。粤兵在赣，得保要郡，差强人意[2]。毕金科在饶州，彭雪琴在吴城，均尚平安。

前三月间，澄弟在长沙兑李仲云家银二百两，刻下营中实无银可拨，只得仍在家中筹还。前年所买衡阳王家洲之田可仍卖出，以田价偿李家之债可也。余身体平安，癣疾略发，尚不甚为害。

咸丰六年八月十八日

致四弟·自谓宦途风波。思抽身免咎

澄侯四弟左右：

顷接来缄，又得所寄吉安一缄，具悉一切。朱太守来我县，王、刘、蒋、唐往陪，而弟不往，宜其见怪。嗣后弟于县城、省城均不宜多去。处兹大乱未平之际，惟当藏身匿迹，不可稍

1 久稽：长期拖延。

2 差强人意：大体上还能使人满意。

露圭角[1]于外，至要至要！吾年来饱阅世态，实畏宦途风波之险，常思及早抽身，以免咎戾[2]。家中一切，有关系衙门者，以不与闻为妙。

咸丰六年九月初十日

致九弟·催周凤山速来

沅甫九弟足下：

十七日李观察处递到家信，系沅甫弟在省城所发者。黄南兄劝捐募勇，规复[3]吉安，此豪杰之举也。南路又出此一枝劲兵，则贼势万不能支。

金田老贼，癸、甲两年北犯者，既已只轮不返；而曾天养、罗大纲之流，亦频遭诛殛[4]；现存悍贼惟石达开、韦俊、陈玉成数人奔命于各处，实有日就衰落之势。所患江西民风柔弱，见各属并陷，遂靡然以为天倾地坼，不复作反正之想，不待其迫胁以从，而甘心蓄发助战，希图充当军帅、旅帅，以讹索其乡人，掳掠郡县村镇，以各肥其私橐[5]。是以每战动盈数万人，我军为之震骇。若果能数道出师，擒斩以千万计，始则江西从逆之民有

1 圭角：圭之棱角。比喻锋芒。

2 咎戾：罪过，灾祸。

3 规复：谋划恢复。

4 诛殛（jí）：诛杀。

5 橐（tuó）：钱袋子。

悔心，继则广东新附之贼生疑贰，而江西之局势必转，粤贼之衰象亦愈见矣。

南兄能于吉安一路出师，合瑞、袁已列为三路，是此间官绅士民所祷祀以求者也，即日当先行具奏。沅弟能随南翁以出料理戎事，亦足增长识力。南翁能以赤手空拳干大事而不甚着声色，弟当留心仿而效之。夏憩兄前亦欲办援江之师，不知可与南兄同办一路否？渠系簪缨巨室，民望所归，又奉特旨援江，自不能不速图集事。惟与南兄共办一枝，则众擎易举；若另筹一路，则独力难成。沅弟若见憩翁，或先将鄙意道及，余续有信奉达也。

周凤山现在省城，余飞札调之来江。盖欲令渠统一军，峙衡统一军，一扎老营，一作游兵。不知渠已接札否？望沅弟催之速来。其现在袁州之伍化蛟、黄三清，本系渠部曲[1]，可令渠带来也。

咸丰六年九月十七日

致四弟·宜常在家侍父并延师事

澄侯四弟左右：

胡二等来，知弟不在家，出看本县团练。吾兄弟五人，温、沅皆出外带勇，季居三十里外，弟又常常他出，遂无一人侍奉

1 部曲：军队。

父亲膝下，温亦不克遽归侍奉叔父，实于《论语》“远游”“喜惧”[1]二章之训相违。余现令九弟速来瑞州与温并军，庶二人可以更番归省。澄弟宜时常在家，以尽温凊[2]之职，不宜干预外事，至嘱至嘱。

李次青自抚州退保崇仁，尚属安静。惟败勇之自抚回省者，日内在中丞署中闹请口粮，与三年又一村之局相似，实为可虑。

明年延师，父大人意欲请曾香海，甚好甚好。此君品学兼优，吾所素佩，弟可专人作书聘请。稍迟旬日，吾再手缄请之。其馆金丰俭，则父大人酌定，吾自营寄归可也。

咸丰六年十月初三日

致九弟·不可久顿城下

沅甫九弟左右：

初六日复去一缄，言弟与夏、黄、周军并赴吉安，刻计尚未达也。

初八日接来书，因次青抚州之挫，请拨周军先至瑞州，中丞、季兄慨然允许，周协当以初二日成行，斯诚不失救焚拯溺

1《论语》有“父母在，不远游”及“父母之年，不可不知也。一则以喜，一则以惧”之句。

2 温凊：《礼记·曲礼上》：“凡为人子之礼，冬温而夏凊，昏定而晨醒。”谓侍奉父母，要做到冬天防寒保暖，夏天防暑降温。

迫切之忧。第余初六日业许援吉之行，初七日令周岐山还湘归并凤营，亦以赴吉告之，不得因弟一信、骆公一咨而遽变成说也。且夏、黄可为我分忧而筹饷，温、沅可与峙观摩而奋兴，弟与夏、黄不来而周军独来，难合瑞城之围，徒增筹饷之虑，殊非余本意也。兹以书达季高，悉遵渠之初指，送各批与梧冈，令其同赴吉安。如梧已行到浏、万，可寄书令其折回醴陵小驻，以待弟至而同行也。

周岐山自抚州败后回湘，军无锅帐，弟可商之季翁筹给之。到吉后，约以半月为率[1]，即速掣出[2]作游兵驰剿各处，不可久顿城下。若事机顺手，兄弟年内相见则幸耳。

咸丰六年十月初九日

致九弟·急来瑞州更替

沅甫九弟左右：

初十日复缄并周梧冈批禀，亮得[3]速达。十二日接初三来缄，藉悉[4]近状。

黄、夏与周同赴吉安，既尽于昨书所云。十一日附片奏请

1 率：大概。

2 掣出：抽出。

3 亮得：料想。亮，通“谅”。

4 藉悉：借此知道。

此军颁发执照二千张，俾黄、夏劝捐稍得应手，兹趁来卒带往。

至札饬裕时兄接收捐款专济此军一节，黄、夏若果来瑞州，非中丞与季公初意，亦即非司道、时、石诸公佥同[1]之议，强人以曲从吾说，不得不设法将捐项罗归此军。今既全数赴吉，则季公当能主持其事，捐款自为此军支用，不必更由余处下札，又多一重斧凿痕也。至入吉以后，或速行掣动，或久顿城下，亦难预决。惟沅甫则以半月为率，急来瑞州，俾温甫得以更替归省。此则家庭要事，弟当与南翁、憩翁坚确订约者耳。

咸丰六年十月十三日

致四弟·不宜常常出门。联姻不必富室名门

澄侯四弟左右：

初六日俊四等来营，奉到父大人谕帖并各信件，得悉一切。

弟在各乡看团阅操，日内计已归家。家中无人，田园荒芜，堂上定省多阙[2]，弟以后总不宜常常出门，至嘱至嘱。罗家姻事，暂可缓议。近世人家，一入宦途，即习于骄奢，吾深以为戒。三女许字[3]，意欲择一俭朴耕读之家，不必定富室名门也。杨子春之弟四人捐官者，吾于二月二十一日具奏，闻部中已议准，部

1 佥（qiān）同：一致赞同。

2 阙：疏失。

3 许字：把女子许配于人。

照概交南抚。子春曾有函寄雪芹，似已领到执照者，请查明再行布闻。

长夫在大营，不善抬轿。余每月出门不过五六次，每出则摇摆战栗，不合脚步。兹仅留刘一、胡二、盛四及新到之俊四、声六在此，余俱遣之归籍。以后即雇江西本地轿夫，家中不必添派人来也。

此间军务，建昌府之闽兵昨又败挫，而袁州克复，大局已转，尽可放心。十月内，饷项亦略宽裕矣。

咸丰六年十一月初七日

致九弟·军饷可望充裕

沅甫九弟左右：

初六日俊四等至，接二十八夜来缄，具悉二十五日业经拔营，军容整肃，至以为慰。

吉安殷富甲于江西，又得诸绅倾城输助，军饷自可充裕。周梧冈一军同行，如有银钱，宜分多润寡，无令己肥而人独瘠。梧冈闇[1]于大局，不能受风浪，若扎营放哨，巡更发探，打仗分枝，究系宿将，不可多得。主事匡汝谐在吉安招勇起团，冀图袭攻郡城。闻湖南援吉之师将别出一枝，起而相应。若与弟军

1 闇（àn）：蒙蔽。

会合，宜善待之。

袁州既克，刘、萧等军当可进攻临江，六弟与普、刘在瑞声威亦可日振。弟与夏、黄诸兄到吉安时，或宜速行抽动，或宜久顿不移，亦当相机办理。若周军与桂、茶诸军足以自立，弟率湘人雕剿[1]来江，兄弟年内相见，则余之所欣慰者也。军事变幻无常，每当危疑震撼之际，愈当澄心定虑，不可发之太骤，至要至嘱。

咸丰六年十一月初七日

致四弟·看书不必一一求熟

澄侯四弟左右：

二十八日，由瑞州营递到父大人手谕并弟与泽儿等信，具悉一切。

六弟在瑞州办理一应事宜尚属妥善，识见本好，气质近亦和平。九弟治军严明，名望极振。吾得两弟为帮手，大局或有转机。次青在贵溪尚平安，惟久缺口粮，又败挫之后，至今尚未克整顿完好。雪琴在吴城名声尚好，惟水浅不宜舟战，时时可虑。

余身体平安，癣疾虽发，较之往在京师则已大减。幕府乏好帮手，凡奏折、书信、批禀均须亲手为之，以是未免有延阁[2]

1 雕剿：以应变出奇之计进行讨伐。

2 延阁：拖延耽搁。

耳。余性喜读书，每日仍看数十页，亦不免抛荒[1]军务，然非此则更无以自怡也。

纪泽看《汉书》，须以勤敏行之。每日至少亦须看二十页，不必惑于在精不在多之说。今日看半页，明日数页，又明日耽搁间断，或数年而不能毕一部。如煮饭然，歇火则冷，小火则不熟，须用大柴大火乃易成也。甲五经书已读毕否？须速点速读，不必一一求熟，恐因求熟之一字，而终身未能读完经书。吾乡子弟，未读完经书者甚多，此后当力戒之。诸外甥如未读完经书，当速补之，至嘱至嘱。

咸丰六年十一月二十九日

致九弟·恐哨勇不老练

沅甫九弟左右：

元旦接去腊二十五日来函，初九日又接除夕一函，均已阅悉。“待贼远出，庶可邀截”一节，“痛加剿洗”及“但求固守营垒，以俟各军之至”等语，均系吾弟近日阅历有得之言，吾亦于禀中批示矣。水师办成，先烧江中贼船，自是绝接济之一法。第恐哨勇未能老练，或以利器资敌，慎之慎之！钱漕[2]一禀，批语宜干净斩截。此事究应由地方官以全力主持，乃为切实。

1 抛荒：荒废。

2 钱漕：即钱粮。因税粮多由漕运至京，故称。

不然，恐吾批愈结实，而人愈疑贰。此等处颇费斟酌，望吾南公壹志径行，不恤其他。

余拟日内赴瑞州军营。吉安之行，必须至瑞后乃能定议。

咸丰七年丁巳正月十五日

致九弟·军事尚隐尚诡

沅甫九弟左右：

十八日乌山途次接弟十一日所发一缄，具悉一切。

兄于十七日卯刻出省，十八日至奉新，绅耆款留二日。二十一日率吴竹庄之彪营等四千人同来瑞州，拟于东北隅扎一大营，则四面合围，接济可断，声息不通，或易得手。近日省中因探报抚州之贼意图内犯，人心颇涉惊惶。而饶州毕都司一军，因毕将初二日在景德镇败挫，不知下落，其老营纷纷溃散，饶防自隳[1]，岌岌可虞。福将军于腊月三十日至广信，十三日坐舟赴省，月内应可抵章门。

围城之法，扎营不宜太近，一则开仗之势太蹙，一则军事尚隐尚诡，不宜使敌人丝毫毕知也。

余所刻实收，日内另专人送南翁处。南翁事以后省垣不至掣肘也。

咸丰七年正月二十二日

---

1 隳（huī）：崩毁。

致九弟·宜全神注陆路

沅甫九弟左右：

二十四日专人至，接来件，知接战获胜。水师虽未甚如意，然已夺船数号，亦尚可用。水师自近日以来法制大备，然其要全在得人。若不得好哨好勇，往往以利器资寇。弟处以全副精神注陆路，以后不必兼筹水师可也。

用绅士不比用官，彼本无任事之责，又有避嫌之念，谁肯挺身出力以急公者？贵在奖之以好言，优之以廪给[1]，见一善者则痛誉之，见一不善者则浑藏而不露一字，久久善者劝，而不善者亦潜移而默转矣。吾弟初出办事，而遂扬绅士之短，且以周梧冈之阅历精明为可佩，是大失用绅士之道也，戒之慎之。

余近发目疾，不能作字，率布数行，惟心照。

咸丰七年正月二十六日

致九弟·劝宜息心忍耐为要

沅甫九弟左右：

二十二夜灯后右九、金八归，接弟十五夜所发之信，知十六日已赴吉安。屈指计弟二十四日的可[2]抵营，二十五六当专人

1 廪（lǐn）给：俸禄。

2 的可：必定能够。

归来，今日尚未到家，望眼又复悬悬。

吉字中营尚易整顿否？古之成大事者，规模远大与综理密微，二者缺一不可。弟之综理密微，精力较胜于我。军中器械，其略精者，宜另立一簿，亲自记注，择人而授之。古人以铠仗鲜明为威敌之要务，恒以取胜。刘峙衡于火器亦勤于修整，刀矛则全不讲究。余曾派褚景昌赴河南采买白蜡杆子，又办腰刀分赏各将弁，人颇爱重。弟试留心此事，亦综理之一端也。至规模宜大，弟亦讲求及之。但讲阔大者，最易混入散漫一路，遇事颟顸[1]，毫无条理，虽大亦奚足贵？等差不紊，行之可久。斯则器局宏大，无有流弊者耳。顷胡润芝中丞来书赞弟，有曰“才大器大”四字，余甚爱之。才根于器，良为知言。

湖口贼舟于九月八日焚夺净尽，湖口、梅家洲皆于初九日攻克。三年积愤，一朝雪耻，雪琴从此重游浩荡之宇。惟次青尚在坎窞[2]之中，弟便中可与通音问也。润翁信来，仍欲奏请余出东征。余顷复信，具陈其不宜，不知可止住否？彭中堂复信一缄，由弟处寄至文方伯署，请其转递至京。或弟有书呈藩署，末添一笔亦可。李迪庵近有请假回籍省亲之意，但未接渠手信。渠之带勇，实有不可及处，弟宜常与通信，殷殷请益。

弟在营须保养身体，肝郁最易伤人，余生平受累以此，宜和易以调之也。

咸丰七年十月初四日

---

1 颟顸（mān hān）：糊涂而马虎。

2 坎窞（dàn）：坑穴。比喻险境。窞，坎中小坎，深坑。

致九弟·戒浪战

沅甫九弟左右：

前信言牵率[1]出队之弊，关系至重。凡与贼相持日久，最戒浪战[2]。兵勇以浪战而玩[3]，玩则疲；贼匪以浪战而猾，猾则巧。以我之疲，敌贼之巧，终不免有受害之一日。故余昔在营中诫诸将曰："宁可数月不开一仗，不可开仗而毫无安排算计。"此刻吉安营头太多，余故再三谆嘱。

重九所发之折，十二日奉到朱批，兹钞付一览。圣意虽许暂守礼庐，而仍不免有后命。进退之际，权衡实难也。

咸丰七年十月十五日

致九弟·必须细侦贼情

沅甫九弟左右：

在吉安扎营不宜离城太近。盖地太逼，则贼匪偷营难于防范，奸细混入难于查察；节太短，则我军出队难于取势，各营同战难于分股。一经扎近之后，再行退远，则少馁士气，不如先远之为愈也。

---

1 牵率：草率。

2 浪战：轻率作战。

3 玩：戏弄。

牵率出队之弊，所以难于变革者，盖此营出队之时未经知会彼营，一遇贼匪接仗，或小有差挫，即用令箭飞请彼营前来接应。来则感其相援，不来则怨其不救。甚或并未差挫，并未接仗，亦以令箭报马预请他营速来接应，习惯为常，视为固然。既恐惹人之怨憾，又虑他日之报复，于是不敢不去，不忍不去。夫战阵呼吸之际，其几[1]甚微，若尽听他营之令箭牵率出队，一遇大敌，必致误事。弟思力革此弊，必须与各营委曲说明，三令五申。又必多发哨探，细侦贼情，耳目较各营为确，则人渐信从，而前弊可除矣。

咸丰七年十月十六日

致九弟·交人料理文案

沅甫九弟左右：

十一月初二日，春二、甲四归，接二十四夜来书，具悉一切。弟营中事机尚顺，家中大小欣慰。

帅逸斋之叔号小舟者，于初二日来，携有张六琴太守书缄，具告逸斋死事之惨。余具奠金五十两交小舟，为渠赴江西之旅资。又作书寄雪琴，嘱其备战船至广信，迎护逸斋之眷口由浙来江；又备舟至省城，迎护逸斋与其侄之灵柩，于南康会齐，

1 几：事情的征兆。

同出湖口。由湖口段窑至黄梅帅宅，不过数十里耳。前此仙舟先生墓门被贼掘毁，余曾寄书润芝中丞、莲舫员外，筹银三四百两为修葺之资。此次小舟归里，可一并妥为安厝[1]。少有余资，即以赡济逸斋之眷口，然亦极薄，难以自存矣。

东乡败挫之后，李镇军、周副将均退守武阳渡。闻耆中丞缄致长沙，请夏憩亭募勇数千赴江应援，不知确否。自洪、杨内乱以来，贼中大纲紊乱。石达开下顾金陵，上顾安庆，未必能再至江西。即使果来赴援，亦不过多裹乌合之卒，悍贼实已无几。我军但稍能立脚，不特吉安力能胜之，即临江萧军亦自可胜之也。

胡蔚之将以初十日回省，家中以后不请书启朋友。韩升告假同家。余文案尚繁，不可无一人料理，望弟饬王福于腊月初回家交代后，即令韩升回省度岁。韩于正初赴吉营，计弟处有四十日无人经管文案，即交彭椿年一手料理，决无疏失。韩升与王福二人皆精细勤敏，无所轩轾[2]。凌荫庭于日内赴雪琴处，若弟处再须好手，亦可令凌赴吉也。

咸丰七年十一月初五日

1 安厝（cuò）：安葬。

2 轩轾（zhì）：高低、优劣。

致九弟·训练注重讲辨

沅甫九弟左右：

二十四日王得一归，接十六日信，具悉一切。以后有信，仍以专人送归为妥，只须一人，不必两人，择捷足如曾正七之类，更可迅速。

汪先生即邓汪琼，号瀛皆。于初七日专人来订今冬上学，因迎其十五入馆。甲三于十八开课，二十三第二课，改文甚细心。甲五眼睛近日已好十分之七八，右目能认寸大字，左目则能读小注。每日静坐二次，以助药力之不及。邓先生向来亦多病，得力于静坐者深也。

弟所寄各件，代普将请饷，代黄太守上禀，均系顾全大局，即使上官未必批准，亦不失缓急相顾之道。请奖一禀，尚欠妥叶。湘后营一军，不知从何处筹饷？即宝营亦自难支持。弟辞总理之任，极是极是。带勇本系难事，弟但当约旨卑思，无好大，无欲速。管辖现有之二千人，宁可减少，不可加多。口粮业得一半，此外有可设法更好，即涓滴难求，亦自不至于脱巾溃散。但宜极力整顿，不必常以欠饷为虑也。

打仗之道，在围城之外，节太短，势太促，无埋伏，无变化，只有队伍整齐，站得坚稳而已。欲灵机应变，出奇制胜，必须离城甚远，乃可随时制宜。凡平原旷野开仗，与深山穷谷开仗，其道迥别。去吉城四十里，凡援贼可来之路，须令哨长、队长轮流前往该处看明地势，小径小溪，一丘一洼，细细看明，各令详述于弟之前，或令绘图呈上。万一有出队迎战之时，则各哨队皆已了然于心。古人忧“学之不讲”，又曰“明辨之”，余以为训练兵勇，亦须常讲常辨也。家中四宅平安，不必挂念。

咸丰七年十一月二十五日

致九弟·述无恒的弊病及带勇之法

沅甫九弟左右：

十二日正七、有十归，接弟信，备悉一切。定湘营既至三曲滩，其营官成章鉴亦武弁中之不可多得者，弟可与之款接[1]。

来书谓意趣不在此，则兴会索然，此却大不可。凡人作一事，便须全副精神注在此一事，首尾不懈，不可见异思迁，做这样想那样，坐这山望那山。人而无恒，终身一无所成。我生平坐犯无恒的弊病，实在受害不小。当翰林时，应留心诗字，则好涉猎他书，以纷其志；读性理书时，则杂以诗文各集，以歧其趋；在六部时，又不甚实力讲求公事；在外带兵，又不能竭力专治军事，或读书写字以乱其志意。坐[2]是垂老而百无一成。即水军一事，亦掘井九仞而不及泉。弟当以为鉴戒。现在带勇，即埋头尽力以求带勇之法，早夜孳孳[3]，日所思，夜所梦，舍带勇

1 款接：诚恳相交。

2 坐：因为。

3 孳孳（zī zī）：同“孜孜”。意为勤勉，努力不懈。

以外则一概不管。不可又想读书，又想中举，又想作州县，纷纷扰扰，千头万绪，将来又蹈我之覆辙，百无一成，悔之晚矣。

带勇之法，以体察人才为第一，整顿营规、讲求战守次之。《得胜歌》中各条，一一皆宜详求。至于口粮一事，不宜过于忧虑，不可时常发禀。弟营既得楚局每月六千，又得江局每月二三千，便是极好境遇。李希庵十二来家，言迪庵意欲帮弟饷万金。又余有浙盐赢余万五千两在江省，昨盐局专丁前来禀询，余嘱其解交藩库充饷。将来此款或可酌解弟营，但弟不宜指请耳。饷项既不劳心，全副精神讲求前者数事，行有余力则联络各营，款接绅士。身体虽弱，却不宜过于爱惜。精神愈用则愈出，阳气愈提则愈盛。每日作事愈多，则夜间临睡愈快活。若存一爱惜精神的意思，将前将却[1]，奄奄无气，决难成事。凡此皆因弟兴会索然之言而切戒之者也。弟宜以李迪庵为法，不慌不忙，盈科[2]后进，到八九个月后，必有一番回甘滋味出来。余生平坐无恒，流弊极大，今老矣，不能不诫教吾弟吾子。

邓先生品学极好，甲三八股文有长进，亦山先生亦请邓改文。亦山教书严肃，学生甚为畏惮。吾家戏言戏动[3]积习，明年当与两先生尽改之。

下游镇江、瓜洲同日克复，金陵指日可克。厚庵放闽中提督，已赴金陵会剿，准其专折奏事。九江亦即日可复。大约军

1 将前将却：犹豫不决，进退不定。

2 盈科：打下坚实基础。

3 戏言戏动：说话做事轻浮随意。

事在吉安、抚、建等府结局，贤弟勉之。吾为其始，弟善其终，实有厚望。若稍参以客气，将以敦志，则不能为我增气也。营中哨队诸人，气尚完固否？下次祈书及。

咸丰七年十二月十四日

致九弟·惭对江西绅士

沅甫九弟左右：

十九日亮一等归，接展来函，具悉一切。临江克复，从此吉安当易为力，弟黾勉[1]为之，大约明春可复吉郡，明夏可克抚、建。凡兄所未了之事，弟能为我了之，则余之愧憾可稍减矣。

余前在江西，所以郁郁不得意者：第一不能干预民事，有剥民之权，无泽民之位，满腹诚心，无处施展；第二不能接见官员，凡省中文武官僚，晋接有稽[2]，语言有察；第三不能联络绅士，凡绅士与我营款惬，则或因而获咎。坐是数者，方寸郁郁，无以自伸。然此只坐不应驻扎省垣[3]，故生出许多烦恼耳。弟今不驻省城，除接见官员一事无庸议外，至爱民、联绅二端，皆可实心求之。现在饷项颇充，凡抽厘劝捐，决计停之。兵勇扰民，严行禁之，则吾夙昔爱民之诚心，弟可为我宣达一二。

1 黾（mǐn）勉：勉力，尽力。

2 有稽：有记载可供查考。

3 只坐不应驻扎省垣：只因为不该住在省城。

吾在江西，各绅士为我劝捐八九十万，未能为江西除贼安民。今年丁忧奔丧太快，若恝然[1]弃去，置绅士于不顾者，此余之所悔也，若少迟数日，与诸绅往复书问乃妥。弟当为余弥缝此阙。每与绅士书札往还，或接见畅谈，具言江绅待家兄甚厚，家兄抱愧甚深等语。就中如刘仰素、甘子大二人，余尤对之有愧。刘系余请之带水师，三年辛苦，战功日著，渠不负吾之知，而余不克始终与共患难。甘系余请之管粮台，委曲成全，劳怨兼任。而余以丁忧遽归，未能为渠料理前程。此二人皆余所惭对，弟为我救正而补苴[2]之。

余在外数年，吃亏受气实亦不少，他无所惭，独惭对江西绅士。此日内省躬责己之一端耳。弟此次在营境遇颇好，不可再有牢骚之气，心平志和，以迓[3]天休[4]，至嘱至嘱。

承寄回银二百两收到。今冬收外间银数百，而家用犹不甚充裕，然后知往岁余之不寄银回家，不孝之罪上通于天矣。

四宅大小平安。余日内心绪少佳。夜不成寐，盖由心血积亏、水不养肝之故。春来当好为调理。

咸丰七年十二月二十一日

---

1 恝（jiá）然：冷漠，不关心。

2 补苴（jū）：弥补。

3 迓（yà）：迎接。

4 天休：天赐福佑。

致九弟·公文不可疏懒

沅甫九弟左右：

初七、初八连接弟两信，具悉一切。亮一去时，信中记封有报销折稿，来信未经提及，或未得见耶？二十六早地孔轰倒城垣数丈，而未克成功，此亦如人之生死早迟，时刻自有一定，不可强也。

总理既已接札，则凡承上起下之公文，自不得不照申照行，切不可似我疏懒，置之不理也。余生平之失在志大而才疏，有实心而乏实力，坐是百无一成。李云麟之长短亦颇与我相似，如将赴湖北，可先至余家一叙再往。润公近颇综核名实，恐亦未必投洽无间也。

近日身体略好，惟回思历年在外办事，愆咎甚多，内省增疚。饮食起居，一切如常，无劳廑虑[1]。今年若能为母亲大人另觅一善地，教子侄略有长进，则此中豁然畅适矣。弟年纪较轻，精力略胜于我，此际正宜提起全力，早夜整刷。昔贤谓宜用猛火煮、漫火温，弟今正用猛火之时也。

李次青之才实不可及，吾在外数年，独觉惭对此人。弟可与之常通书信，一则少表余之歉忱，一则凡事可以请益。

余京中书籍，承潄六专人取出带至江苏松江府署中，此后或易搬回。书虽不可不看，弟此时以营务为重，则不宜常看书。

1 廑（qín）虑：殷切思虑。

凡人为一事，以专而精，以纷而散。荀子称“耳不两听而聪，目不两视而明”，庄子称“用志不纷，乃凝于神”，皆至言也。

咸丰八年正月十一日

致九弟·待人注意真意与文饰。顺便周济百姓

沅甫九弟左右：

十二日安五来营，寄第二号家信，亮已收到。

治军总须脚踏实地，克勤小物，乃可日起而有功。凡与人晋接周旋，若无真意，则不足以感人；然徒有真意而无文饰以将之，则真意亦无所托之以出，《礼》所称无文不行也。余生平不讲文饰，到处行不动，近来大悟前非。弟在外办事，宜随时斟酌也。

闻我水师粮台银两尚有赢余，弟营此时不缺银用，不必解往。若绅民中实在流离困苦者，亦可随便周济。兄往日在营艰窘异常，初不能放手作一事，至今追憾。弟若有宜周济之处，水师粮台尚可解银二千前往。应酬亦须放手办，在绅士百姓身上，尤宜放手也。

咸丰八年正月十四日

致九弟·周济受害绅民

沅甫九弟左右：

二十七日接弟信，并“二十二史”七十二套，此书“十七史”系汲古阁本，《宋》《辽》《金》《元》系宏简录，《明史》系殿本，较之兄丙申年所购者多《明史》一种，余略相类，在吾乡极为难得矣。吾后在京亦未另买有全史，仅添买《辽》《金》《元》《明》四史及《史》《汉》各佳本而已，《宋史》至今未办，盖缺典也。

吉贼决志不窜，将来必与浔贼同一办法，想非夏末秋初不能得手。弟当坚耐以待之。迪庵去岁在浔，于开濠守逻之外，间以读书习字。弟处所掘长濠，如果十分可靠，将来亦有闲隙可以偷看书籍，目前则须极力讲求濠工、巡逻也。

周济受害绅民，非泛爱博施之谓，但偶遇一家之中杀害数口者、流转迁徙归来无食者、房屋被焚栖止靡定者，或与之数十金以周其急。先星冈公云“济人须济急时无”，又云“随缘布施，专以目之所触为主”，即孟子所称“是乃仁术也”。乃目无所触，而泛求被害之家而济之，与造册发赈一例，则带兵者专行沽名之事，必为地方官所讥，且有挂一漏万之虑。弟之所见，深为切中事理。余系因昔年湖口绅士受害之惨，无力济之，故推而及于吉安，非欲弟无故而为沽名之举也。

咸丰八年正月二十九日

致九弟·勉其带勇须耐烦

沅甫九弟左右：

十四日接弟初七夜信，得知一切。

贵溪紧急之说确否？近日消息何如？次青非常之才，带勇虽非所长，然亦有百折不回之气。其在兄处，尤为肝胆照人，始终可感。兄在外数年，独惭无以对渠。去腊遣韩升至李家，省视其家，略送仪物[1]，又与次青约成婚姻，以申永好。目下两家儿女无相当者，将来渠或三索得男，弟之次女、三女可与订婚，兄信已许之矣。在吉安，望常常与之通信，专人往返，想十余日可归也。但得次青生还与兄相见，则同甘苦患难诸人中，尚不至留莫大之愧歉耳。

昔耿恭简公谓居官以耐烦为第一要义，带勇亦然。兄之短处在此，屡次谆教弟亦在此。二十七日来书有云“仰鼻息于傀儡膻腥之辈，又岂吾心之所乐”，此已露出不耐烦之端倪，将来恐不免于龃龉。去岁握别时，曾以惩余之短相箴[2]，乞无忘也。

李雨苍于十七日起行赴鄂。渠长处在精力坚强，聪明过人，短处即在举止轻佻，言语伤易，恐润公亦未能十分垂青。温甫弟于二十一日起程，大约三月半可至吉安也。

咸丰八年二月十七日

---

1 仪物：礼物。

2 相箴：规劝，告诫。

致九弟·论长傲多言为凶德致败者

沅甫九弟左右：

初三日刘福一等归，接来信，藉悉一切。

城贼围困已久，计不久亦可攻克。惟严断文报是第一要义，弟当以身先之。家中四宅平安。余身体不适，初二日住白玉堂[1]，夜不成寐。温弟何日至吉安？

古来言凶德致败者约有二端：曰长傲，曰多言。丹朱[2]之不肖，曰傲，曰嚣讼[3]，即多言也。历观名公巨卿，多以此二端败家丧身。余生平颇病执拗，德之傲也；不甚多言，而笔下亦略近乎嚣讼。静中默省愆尤[4]，我之处处获戾[5]，其源不外此二者。温弟性格略与我相似，而发言尤为尖刻。凡傲之凌[6]物，不必定以言语加人，有以神气凌之者矣，有以面色凌之者矣。温弟之神气，稍有英发之姿，面色间有蛮狠之象，最易凌人。凡中心不可有所恃，心有所恃则达于面貌。以门地[7]言，我之物望[8]大减，方且恐为子弟之累；以才识言，近今军中炼出人才颇多，弟等亦

1 白玉堂：曾国藩故居，位于荷叶镇天坪村。为曾国藩出生处。后为其六弟国华之宅第。

2 丹朱：尧的儿子。

3 嚣讼：傲慢嚣张，不辨是非。

4 愆尤：过失。

5 戾：祸乱。

6 凌：侵犯。

7 门地：犹言“门第”。

8 物望：人望、众望。

无过人之处，皆不可恃。只宜抑然自下，一味言忠信，行笃敬，庶几可以遮护旧失，整顿新气，否则人皆厌薄之矣。沅弟持躬涉世，差为妥叶。温弟则谈笑讥讽，要强充老手，犹不免有旧习，不可不猛省，不可不痛改。余在军多年，岂无一节可取？只因傲之一字，百无一成，故谆谆教诸弟以为戒也。

咸丰八年三月初六日

致九弟·愿共鉴诫长傲、多言二弊

沅甫九弟左右：

二十日胡二等归，接弟十三夜书，具悉一切。所论兄之善处虽未克当[1]，然亦足以自怡。兄之郁郁不自得者，以生平行事有初鲜终，此次又草草去职，致失物望，不无内疚。

长傲、多言二弊，历观前世卿大夫兴衰，及近日官场所以致祸福之由，未尝不视此二者为枢机，故愿与诸弟共相鉴诫。第能惩此二者，而不能勤奋以图自立，则仍无以兴家而立业。故又在乎振刷精神，力求有恒，以改我之旧辙，而振家之丕基[2]。弟在外数月，声望颇隆，总须始终如一，毋怠毋荒，庶几于弟为初旭之升，而于兄亦代为桑榆[3]之补。至嘱至嘱。

---

1 当：承当。

2 丕基：伟大的基业。丕，大。

3 桑榆：比喻晚年。

次青奏赴浙江，令人阅之气旺。以次青之坚忍，固宜有出头之一日，而咏公亦可谓天下之快人快事矣。

弟劝我与左季高通书问，此次暂未暇作，准于下次寄弟处转递。此亦兄长傲一端，弟既有言，不敢遂非也。

咸丰八年三月二十四日

致九弟·注重平和二字

沅甫九弟左右：

春二、安五归，接手书，知营中一切平善，至为欣慰。

次青二月以后无信寄我，其眷属至江西，不知果得一面否？接到弟寄胡中丞奏伊入浙之稿，未知果否成行？顷得耆中丞十三日书言，浙省江山、兰溪两县失守，调次青前往会剿。是次青近日声光，亦渐渐脍炙人口。广信、衢州两府不失，似浙中终可无虑，未审近事究复如何？广东探报，言逆夷有船至上海，亦恐其为金陵余孽所攀援。若无此等意外波折，则洪、杨股匪不患今岁不平耳。

九江竟尚未克，林启荣之坚忍实不可及。闻麻城防兵于三月十日小挫一次，未知确否？弟于次青、迪、厚、雪琴等处须多通音问，俾余亦略有见闻也。

兄病体已愈十之七八，日内并未服药，夜间亦能熟睡。至子丑以后则醒，是中年后人常态，不足异也。湘阴吴贞阶司马于二十六日来乡，是厚庵嘱其来一省视，次日归去。

余所奏报销大概规模一折，奉朱批“该部议奏”。户部于二月初九日复奏，言“曾国藩所拟尚属妥协”云云。至将来需用部费，不下数万。闻杨、彭在华阳镇抽厘，每月可得二万，系雪琴督同凌荫庭、刘国斌等经纪其事，其银归水营杨、彭两大股分用。余偶言可从此项下设法筹出部费，贞阶力赞其议，想杨、彭亦必允从。此款有着，则余心又少一牵挂。

温弟丰神较峻，与兄之伉直简憺[1]虽微有不同，而其难于谐世，则殊途而同归，余常用为虑。大抵胸多抑郁，怨天尤人，不特不可以涉世，亦非所以养德；不特无以养德，亦非所以保身。中年以后，则肝肾交受其病。盖郁而不畅则伤木，心火上烁则伤水，余今日之目疾及夜不成寐，其由来不外乎此。故于两弟时时以平和二字相勖[2]，幸勿视为老生常谈，至要至嘱。

亲族往弟营者人数不少，广厦万间，本弟素志。第善觇国[3]者，睹贤哲在位，则卜其将兴；见冗员浮杂，则知其将替。善觇军者亦然。似宜略为分别，其极无用者，或厚给途费遣之归里，或酌赁民房令住营外，不使军中有惰漫喧杂之象，庶为得宜。至顿兵城下为日太久，恐军气渐懈，如雨后已弛之弓，三日已腐之馔，而主者晏然[4]，不知其不可用，此宜深察者也。附近

1 伉直简憺（dàn）：正直孤立，不趋时随俗。

2 勖（xù）：勉励。

3 觇（chān）国：观察国情。觇，察看。

4 晏然：安闲。

百姓果有骚扰情事否？此亦宜深察者也。

咸丰八年三月三十日

致九弟·宜以求才为急

沅甫九弟左右：

四月初五日得一等归，接弟信，得悉一切。

兄回忆往事，时形悔艾[1]，想六弟必备述之。弟所劝譬之语，深中机要，“素位而行”一章，比[2]亦常以自警。只以阴分素亏，血不养肝，即一无所思，已觉心慌肠空，如极饿思食之状。再加以憧扰[3]之思，益觉心无主宰，怔悸不安。

今年有得意之事两端：一则弟在吉安声名极好，两省大府及各营员弁、江省绅民交口称颂，不绝于吾之耳；各处寄弟书及弟与各处禀牍信缄俱详实妥善，犁然有当[4]，不绝于吾之目。一则家中所请邓、葛二师品学俱优，勤严并著。邓师终日端坐，有威可畏，文有根柢而又曲合时趋，讲书极明正义而又易于听受。葛师志趣方正，学规谨严，小儿等畏之如神明。此二者，皆余所深慰。虽愁闷之际，足以自宽解者也。第声闻之美，可

1 悔艾：悔改自新。

2 比：近来。

3 憧扰：纷乱不安。

4 犁然有当：清楚明白，井然有序。

恃而不可恃。兄昔在京中颇著清望，近在军营亦获虚誉。善始者不必善终，行百里者半九十里。誉望一损，远近滋疑。弟目下名望正隆，务宜力持不懈，有始有卒。

治军之道，总以能战为第一义。倘围攻半岁，一旦被贼冲突，不克抵御，或致小挫，则令望隳于一朝。故探骊之法，以善战为得珠，能爱民为第二义，能和协上下官绅为第三义。愿吾弟兢兢业业，日慎一日，到底不懈，则不特为兄补救前非，亦可为吾父增光于泉壤矣。精神愈用而愈出，不可因身体素弱过于保惜；智慧愈苦而愈明，不可因境遇偶拂遽尔摧沮[1]。此次军务，如杨、彭、二李、次青辈，皆系磨炼出来，即润翁、罗翁，亦大有长进，几于一日千里。独余素有微抱[2]，此次殊乏长进。弟当趁此增番识见，力求长进也。

求人自辅，时时不可忘此意。人才至难，往时在余幕府者，余亦平等相看，不甚钦敬，洎今思之，何可多得？弟常以求才为急，其阘冗[3]者，虽至亲密友，不宜久留，恐贤者不愿共事一方也。

余自四月来，眠兴较好。近读杜佑《通典》，每日二卷，薄者三卷。惟目力极劣，余尚足支持。

再，迪庵嘱六弟不必进京，厚意可感！弟于迪、厚、润、雪、次青五处，宜常通问。恽廉访处，弟亦可寄信数次，为释

1 摧沮：沮丧。

2 抱：抱负。

3 阘（tà）冗：庸碌低劣。

前怨。《欧阳文忠集》吉安若能觅得，望先寄回。

咸丰八年四月初九日

致九弟·述凭濠对击之法及捐银作祭费

沅甫九弟左右：

十四日胡二等归，接弟初七夜信，具悉一切。

初五日城贼猛扑，凭濠对击，坚忍不出，最为合法。凡扑人之墙，扑人之濠，扑者，客也，应者，主也。我若越濠而应之，则是反主为客，所谓致于人者也。我不越濠，则我常为主，所谓致人而不致于人也。稳守稳打，彼自意兴索然。峙衡好越濠击贼，吾常不以为然。凡此等处，悉心推求，皆有一定之理。迪庵善战，其得诀在“不轻进、不轻退”六字，弟以类求之可也。

夷船至上海、天津，亦系恫喝[1]之常态。彼所长者，船炮也；其所短者，路极远，人极少。若办理得宜，终不足患。

报销奏稿及户部复奏，即日当缄致诸公。依弟来书之意，将来开局时，拟即在湖口水次[2]盖银钱所。张小山、魏召亭、李复生诸公多年亲依该所，现存银万余两，即可为开局诸公用费及部中使费。六君子不必皆到此局，但得伯符、小泉二人入场

1 恫（dòng）喝：恐吓。

2 水次：水边。

即可了办。若六弟在浔较久，则可至局中照护周旋；若六弟不在浔阳，则弟克吉后回家一行，仍须往该局为我照护周旋也。至户部承书说定费赀，目下筠仙在京似可料理，将来胡莲舫进京亦可帮助。

筠仙顷有书来，言弟名远震京师。盛名之下，其实难副，弟须慎之又慎。兹将原书钞送一阅。

家中四宅小大平安。兄夜来渐能成寐。先大父、先太夫人尚未有祭祀之费，温弟临行捐银百两，余以刘国斌之赠亦捐银百两，弟可设法捐赀否？四弟、季弟则以弟昨寄之银内提百金为二人捐款，合之当业二处，每年可得谷六七十石，起祠堂，树墓表，尚属易办。

我精力日衰，心好古文，颇知其意而不能多作。日内思为三代考妣作三墓表，虑不克工，亦尚惮于动手也。先考妣祠宇若不能另起，或另买二宅作住屋，即以腰里新屋为祠，亦无不可。其天家赐物及宗器、祭器等概藏于祠堂，庶有所归宿，将来京中运回之书籍及家中先后置书亦贮于此祠。吾生平坐不善收拾，为咎甚巨，所得诸物随手散去，至今追悔不已。趁此收拾，亦尚有可为。弟收拾佳物较善于诸昆，从此益当细心检点，凡有用之物不宜抛散也。

咸丰八年四月十七日

致九弟·劝捐银修祠堂

沅甫九弟左右：

五月二日接四月二十三寄信，藉悉一切。

城贼于十七早、二十日、二十二夜均来扑我濠，如飞蛾之扑烛，多扑几次，受创愈甚，成功愈易。惟日夜巡守，刻不可懈，若攻围日久而仍令其逃窜，则咎责匪轻。弟既有统领之名，自须认真查察，比他人尤为辛苦，乃足以资董率。九江克复，闻抚州亦已收复，建昌想亦于日内可复。吉贼无路可走，收功当在秋间，较各处独为迟滞。弟不必慌忙，但当稳围稳守，虽迟至冬间克复亦可，只求不使一名漏网耳。若似瑞、临之有贼外窜，或似武昌之半夜潜窜，则虽速亦为人所诟病。如九江之斩刈[1]殆尽，则虽迟亦无后患。愿弟忍耐谨慎，勉卒此功，至要至要。

余病体渐好，尚未痊愈，夜间总不许酣睡。心中纠缠，时忆往事，愧悔憧扰，不能摆脱。四月底作先大夫[2]祭费记一首，兹送交贤弟一阅，不知尚可用否？此事温弟极为认真，望弟另誊一本寄温弟阅看，此本仍便中寄回。盖家中钞手太少，别无副本也。

弟在营所寄银回，先后均照数收到。其随处留心，数目多

---

1 斩刈（yì）：斩杀。

2 先大夫：即“先父”。指曾麟书，其于咸丰七年初去世后，曾国藩即离开军营回乡，居丧守制一年有余。

寡，斟酌妥善。余在外未付银至家，实因初出之时，默立此誓；又于发州县信中以“不要钱、不怕死”六字自明，不欲自欺其志，而令老父在家受尽窘迫，百计经营，至今以为深痛。弟之取与，与塔、罗、杨、彭、二李诸公相仿，有其不及，无或过也，尽可如此办理，不必多疑。顷与叔父各捐银五十两，积为星冈公，余又捐二十两于辅臣公，三十两于竟希公矣。若弟能于竟公、星公、竹公三世各捐少许，使修立三代祠堂，即于三年内可以兴工，是弟有功于先人，可以盖阿兄之愆矣。修祠或即用腰里新宅，或于利见斋另修，或另买田地，弟意如何，便中复示。公费则各立经管，祠堂则三代共之，此余之意也。

初二日接温弟信，系在湖北抚署所发。九江一案，杨、李皆赏黄马褂，官、胡皆加太子少保。想弟处亦已闻之。温弟至黄安与迪庵相会后，或留营，或进京，尚未可知。

弟素体弱，比来天热，尚耐劳否？至念至念。羞饵滋补较善于药，良方甚多，胜于专服水药也。

咸丰八年五月初五日

致九弟·喜保同知花翎

沅弟左右：

昨信书就未发，初五夜玉六等归，又接弟信，报抚州之复。它郡易而吉州难，余固恐弟之焦灼也。一经焦躁，则心绪少佳，办事不能妥善。余前年所以废弛，亦以焦躁故尔。总宜平心静气，稳稳办去。

余前言弟之职以能战为第一义，爱民第二，联络各营将士、各省官绅为第三。今此天暑困人，弟体素弱，如不能兼顾，则将联络一层稍为放松，即第二层亦可不必认真，惟能战一层，则刻不可懈。目下濠沟究有几道？其不甚可靠者尚有几段？下次详细见告。九江修濠六道，宽深各二丈，吉安可仿为之否？

弟保同知花翎，甚好甚好。将来克复府城，自可保升太守。吾不以弟得升阶为喜，喜弟之吏才更优于将才，将来或可勉作循吏[1]，切实做几件施泽于民之事，门户之光也，阿兄之幸也。

咸丰八年五月初六日

致九弟·克终为贵

沅甫九弟左右：

正七归，接一信。启五等归，又接一信。正七以疟，故不能遽回营。启五求于尝新后始去，兹另遣人送信至营，以慰远廑。

三代祠堂或分或合，或在新宅，或另立规模，统俟弟复吉后归家料理。造祠之法，亦听弟与诸弟为之，落成后，我作一

1 循吏：奉公守法的官吏，好官。

碑而已。余意欲王父母[1]、父母改葬后，将神道碑立毕，然后或出或处，乃可惟余所欲。

目下在家，意绪极不佳。回思往事，无一不愧惭，无一不褊浅[2]。幸弟去秋一出，而江西、湖南物望颇隆，家声将自弟振之，兹可欣慰。“靡不有初，鲜克有终”[3]，望弟慎之又慎，总以克终为贵。

家中四宅大小平安。二十三、四大水，县城、永丰受害颇甚，我境幸平安无恙。

弟寄归之书皆善本，林氏《续选古文雅正》，虽向不知名，亦通才也。如有《大学衍义》《衍义补》二书可买者，望买之。学问之道，能读经史者为根柢，如两《通》、杜氏《通典》、马氏《通考》。两《衍义》及本朝《两通》，徐乾学《读礼通考》、秦蕙田《五礼通考》。皆萃《六经》诸史之精，该[4]内圣外王之要。若能熟此六书，或熟其一二，即为有本有末之学。家中现有四《通》而无两《衍义》，祈弟留心。弟目下在营不可看书，致荒废正务。天气炎热，精神有限，宜全用于营事中也。余近作《宾兴堂记》，钞稿寄阅。久荒笔墨，但有间架，全无精意，愧甚愧甚。

咸丰八年五月三十日

1 王父母：祖父母。

2 褊（biǎn）浅：心地、见识等狭隘、短浅。

3 语出《诗经·大雅·荡》，意为事情没有不好好开始的，但很少能善终。

4 该：包括。

致九弟·赴浙办理军务

沅甫九弟左右：

初一日专人至吉营送信。初二夜接弟来信，论敬字义甚详，兼及省中奏请援浙事，劝余起复[1]。是日未刻，郭意城来家，述此事骆中丞业出奏矣。初三日接奉廷寄，饬即赴浙办理军务，与骆奏适相符合。骆奏二十五日发，寄谕二十一日自京发也。

圣恩高厚，令臣下得守年余之丧，又令起复，以免避事之责，感激之忱，匪言可喻。兹定于初七日起程，至县停一日，至省停二三日。恐驿路迂远，拟由平江、义宁以至吴城。其张运兰、萧启江诸军，约至河口会齐。将来克复吉安以后，弟所带吉字营，即由吉东行至常山等处相会。先大夫少时在南岳烧香，抽得一签云："双珠齐入手，光彩耀杭州。"先大夫尝语余云："吾诸子当有二人官浙。"今吾与弟赴浙剿贼，或已兆于五十年以前乎？

此次之出，约旨卑思[2]，脚踏实地，但求精而不求阔。目前张、萧二军及弟与次青四军已不下万人，又拟抬船过常、玉二山，略带水师千余人，足敷剿办。此外在江各军，有饷则再添，无饷则不添，望弟为我斟酌商办。办文案者，彭椿年最为好手。现请意城送我至吴城，或至玉山，公牍私函意城均可料理。请仙屏即日回奉新，至吴城与我相会。其彭椿年、王福二人，弟

---

1 起复：古代官员遭父母丧，守制未满期而应召任职。

2 约旨卑思：从简单、细节处着想、思考。

随留一人，酌派一人来兄处当差，亦至吴城相会。余若出大道，则由武昌下湖口以至河口；若出捷径，则由义宁、吴城以至河口。许、彭等至吴城，声息自易通也。应办事宜及往年不合之处应行改弦者，弟一一熟思，详书告我。

咸丰八年六月初四日

致九弟·述自长沙启行

沅甫九弟左右：

十七日接弟一缄，知弟小有不适，比已痊愈否？至念至念。

余十九日自长沙启行，夜宿青油望，二十夜宿土星港，二十一宿岳州，二十二宿新堤，阻风[1]半日。南风太久，恐北风亦难遽止也。

弟封还余寄耆公一书，而另以一书附去，所论皆正大之至。弟能如是见理真确，兄复何患哉？惟吴某曾以一缄分诉于余，余许为之关白[2]，复书去仅二日，而自背其说，亦有未安，当更详之耳。弟前后两信所言皆极当，特余精力甚倦，不克力行，日日望弟来助我也。

咸丰八年六月二十三日新堤舟中

1 阻风：被风所阻。

2 关白：报告、通告。

致九弟·述寓武昌抚署

沅甫九弟左右：

在岳州曾寄一缄，不知到否？余于二十二日到新堤，二十四至武昌，寓胡中丞署内，商议一切。应酬数日，初一日可赴下游。

李迪庵十九日自武昌赴麻城，二十五日拔营，自蕲水前进，已约其在巴河等候会晤。巴河在黄州下四十里，去鄂垣二百二十里也。浙中之贼，次青六月初八寄胡中丞缄言衢州解围，江山、常山并已收复，不知其尽窜闽中，抑系分扰浙东？看来浙事亦易了耳。

余身体平安。到湖口时大约在七月初八九。自家起行至岳，皆值酷暑，近数日稍凉，略觉健爽。从此新秋益凉，或可日就安泰。弟七月上旬有信，可专人送至吴城、饶州等处。

咸丰八年六月二十七日武昌抚署

致九弟·过浔祭塔公祠

沅甫九弟左右：

久未接弟安报，不知近状何如？余在兰溪发一信，由湖北寄左季翁转致，不知得到否也？初九日与迪、希别，十一日至九江一祭塔公祠，十二日至湖口。厚庵近日体气稍逊。雪琴则神采奕奕，在湖口新修水师昭忠祠，土木之工，一一皆亲手经营，嘱余奏明。迪庵在九江修塔公祠，亦嘱予一奏。予拟会杨、李衔奏之。迪庵又欲于湘乡立忠义祠，亦将一会奏也。

胡中丞之太夫人姓汤。于十一日辰刻仙逝。水陆数万人皆仗胡公以生以成，一旦失所依倚，关系甚重。余拟送幛一、联一、银二百，皆书余与温、沅名。玉班兄丁艰，弟如何致情？望速示。

再，兄于近日受暑，夜间又或受风露，体中小有不适，请焦听堂诊治，服药两帖，已愈矣。闻弟病疟，不知痊愈否？罗逢元言尚未愈，韩升之兄言服成章鉴之方，已十愈八九。澄侯信言十六日全好，则尚未悉后小有反复也。七月以来，不审全复元否？体气素弱，不宜多服克伐之剂，而有病在身，又不宜服补剂，殊为惦念。吉安克复尚无把握，千万不可焦急。日慎一日，以求其事之济。一怀焦愤之念，则恐无成耳。千万忍耐，千万忍耐。“久而敬之”四字，不特处朋友为然，即凡事亦莫不然。至嘱。

咸丰八年七月十四日湖口水营

致四弟、季弟·注重种蔬养鱼猪等事

澄、季两弟左右：

兄于十二日到湖口曾发一信，不知何时可到？胡蔚之奉江西耆中丞之命接我晋省，余因于二十日自湖口开船入省，杨厚庵送至南康，彭雪琴径送至省，诸君子用情之厚，罕有伦比。浙中之贼，闻已全省肃清，余到江与耆中丞商定，大约由河口入闽。

家中种蔬一事，千万不可怠忽。屋门首塘养鱼，亦有一种生机。养猪亦内政之要者。下首台上新竹，过伏天后有枯者否？此四事者，可以觇人家兴衰气象，望时时与朱见四兄熟商。见四在我家，每年可送束脩钱十六千。余在家时曾面许以如延师课读之例，但未言明数目耳。季弟生意颇好，然此后不宜再做，不宜多做，仍以看书为上。余在湖口病卧三日，近已痊愈，尚微咳嗽。癣疾久未愈，心血亦亏，甚颇焦急也。久不接九弟之信，极为悬系。见其初九日与雪琴一信，言病后元气未复，想必已全痊矣。

咸丰八年七月二十一日江西省河下

致九弟·拟优保李次青

沅甫九弟左右：

八月一日罗逢元专丁归，接弟二十四日信，知弟病渐痊愈复元。自长沙开船后，四十一日不接弟手书，至是始一快慰。而弟信中所云先一日曾专人送信来兄处者，则至今尚未到，不知何以耽搁若是？

余二十五日自江西开船，二十六至瑞洪，二十八日就谢弁之便寄信与弟。八月初二日至安仁，初四日至贵溪，王人瑞、张凯章及萧浚川之弟萧启源均在此相候。初六七可至河口，沈幼丹、李次青皆良觌[1]不远矣。闽省浦城之贼于七月上旬、中旬出犯江西，围广丰、玉山两城，次青以一军分守两县，各力战五六日夜，逆贼大创，解围以去。现在广信一带，次青勋名大著，民望亦孚。浙抚晏公于全浙肃清案内保举次青以道员记名，遇有江西道员缺出，请旨简放。将来玉山守城案内，余亦当优保之。苦尽甘回，次青今日得蔗境[2]矣。

玉山之贼窜至德兴、婺源一带，将归并于皖南芜湖。余至河口，拟留萧军守河口，而自率张、王、朱品隆、吴国佐进剿闽之崇安。贼势日乱，或尚易于得手。

咸丰八年八月初四日

致九弟·望来帮办一切

沅甫九弟左右：

接弟信，知体气尚未痊愈。弟素体弱，大黄攻伐之品，非弟所能堪，而误服之后，此复元较难。吉安克后，病当全去。元神尚亏，可至家中将养一月，仍来兄处帮办一切。或带勇，或不带，或多带，或少带，均听弟之自便，但不可不来帮我。

---

1 良觌（dí）：犹“良晤”，欢聚。

2 蔗境：喻人晚景美好。

我近来精神日减。此次之出，恶我者拭目以观其后效，好我者关心而虑其失坠。意城在此帮助，颇称水乳，手笔亦能曲达人意。特约定至玉山后即当别去，专望弟来照料一切。外和军旅，内检琐务，大小人才，悉心体察，庶可补余之短。弟决不可怀一不来之见也。

胡润之中丞太夫人处，余作挽联云：

武昌居天下上游，看郎君新整乾坤，纵横扫荡三千里；

陶母为女中人杰，痛仙驭永辞江汉，感激悲歌百万家。

胡家联句必多，此对可望前五名否？成章鉴极好，阿兄又当自诩眼力之不谬。

咸丰八年八月初六日

致九弟·述捐饷增学额

沅甫九弟左右：

八月十四日寄信，末言李次青捐饷增广学额一事，兹特将禀稿专人送吉。细思吾弟若撤散各勇，则必给予现银。以欠饷报捐，必非撤勇之所愿，而此事又在当办之列。现在长、善、阴、浏、潭、醴六邑皆已增至十名，湘乡捐银不如六邑之多，此后自不能补捐。平江以勇丁欠饷而增府县学额至十五名，湘乡何不仿行之？必须贤弟仍带勇不撤，多则一年，少则半载，此事必成无疑。

弟之不愿带勇者，以久病体弱也。吾之不强弟以多带全部勇来者，一则恐弟独统一部，另扎一营盘，不克在幕内帮办一切；一则恐饷项不继，愈久愈难也。近来因学额一事，反复细思，若不趁此军务未竣、皇恩浩荡之时协力办成，将来即捐银十万、二十万，欲求增一名学额，恐不可得。湘乡近年带勇剿贼，立功各省，极美极盛，而广额反不如长、善、阴、浏、潭、醴、平江之多，不可谓非阙典[1]。

弟病后虽体弱，然回家养息两月，尽可复元。一张一弛，精神自可提振得起。吉安克后，或先送五百人来，或先送千人来。其余各勇，或令休息两月，将来随弟同出，或竟行撤散，均听弟自行裁酌。总之，弟宜速到，为阿兄计，并为学额计也。饷项本极艰窘，然只好放开手，使开胆，不复瞻前顾后，畏首畏尾。吾弟以为何如？

咸丰八年八月十七日弋阳汭

致九弟·喜闻克吉安信

沅甫九弟左右：

二十二日未刻捷书至，知吉安于中秋夜克复，欣慰之至。自弟从军以来，变故百出，危疑困乏，极难下手。弟内治军旅，

1 阙典：憾事。

外和官绅，应酬周密，条理精严，卒能致此成功。余在江西数年，寸功未就，得弟隐忍成业，增我光华不少。

余至弋阳已发两信。张凯章十八日至安仁，十九日大战获胜，克复安仁县城，杀老长毛悍贼四千余，入闽之贼当以此枝为最凶。二十日凯章收队，吴翔冈追至万年，与贼接仗，先胜后挫，刘隐霞殉难，帮办死者三人。李雨苍尚无下落。景德镇现尚有贼，我军为所牵制，目下尚难入闽。看来弟归不可久住，宜速来帮我也。

咸丰八年八月二十二夜弋阳

致九弟·望即来营小住

沅甫九弟左右：

吴翔冈万年之挫，查明实亡二十八人。帮办刘隐霞之死，老湘勇人人痛之。余挽以联句云：

五载共兵戈，地下知心王壮武[1]；

万年歆俎豆[2]，沙场归骨马文渊[3]。

此外军械失者甚少，翔冈二十五日收队，二十六日来弋阳

---

1 王壮武：即王鑫，湘军早期名将，咸丰七年因病逝于江西军营，谥壮武。

2 俎豆：语出《论语·卫灵公》。俎、豆为古时祭祀、宴飨时盛食物的礼器，后引申为祭祀和崇奉。

3 马文渊：即马援，字文渊，东汉名将，以马革裹尸闻名于世。

一见。余即于二十七日拔营，张、吴二十七日自贵溪拔营，约二十九、三十日至陈坊取齐，由云际关入闽也。

闻吉安窜贼攻陷宜、崇二邑，余军行至陈坊时再行察看。如建昌危急，或分兵往剿，亦未可知。然余职办闽省军务，未敢再迟也。

张、萧各军病者甚多，半系疟疫。许仙屏亦病，现留弋阳，不能从行。次青、意城皆有假归之意，余强留之。实则意城本约至玉山归去，不愿入浙闽，乃其初议。次青五年未归，思母极切，亦至情耳。弟若可速归速出，则望于十一月中旬到营，以便放次青归去过年；若目下不克速归，到家后不克速出，则请即日来营一次，小住二十日，俾次青得于九月归省亦好。两者在弟酌之。弟与次、意三人者有两人在余营，则余案无留牍矣。若仅一人在余营，仙屏长于书启，公牍少逊。则必以彭椿年辅之，尚可不至废事。

咸丰八年八月二十七日弋阳将拔营时发

致四弟、季弟·述零匪难奏功

澄侯、季洪两弟左右：

张凯章二十四日拔营后，中途各勇夫患病者极多，在资福桥小住调养，日内尚未入闽。闽中贼势亦渐松矣。北路洋口之贼已被周天培击破，仅存顺昌股匪，数不满万。南路汀州之贼亦极散漫，所虑零匪不成大股，此剿彼窜，难于奏功耳。

江北贼势复炽，张军门自金陵带兵渡江，于九月十六日克复扬州，大局尚可保全。天津夷务，闻和局已定，出银六百万与该夷作军资，见诸闽督来咨。余条尚未尽悉，想广州亦将退出矣。

余身体平安。自九弟来此，日增快畅。营中疾病尚多，冬令气敛，当渐愈耳。

咸丰八年十月初三日

致九弟·当报近日军情

沅甫九弟左右：

十二日解缆，闻可行六十里，甚慰。至许湾后，当更顺畅矣。余十二日游麻源，较麻姑山稍胜。日内当发一折报近日军情，声明暂驻建昌，不遽东也。温弟处复信十四日始行。

江北六合、江南溧水均于九月十八日失守。沈幼丹信言金陵大营退扎白兔、镇江一带。顷接何制军十月初三咨，无和帅移营之说，想不确也。黄东山太守十三日病故，余拟饬各处凑赙千金，以五百办后事及归榇贵州之资，以五百周其妻子。应俟新太守到，呼应乃灵耳。

乾隆五十五年殿刻仿宋岳珂本《相台五经》极为可爱，近程春海仿刻于贵州，不知庄木生有此书否？

咸丰八年十月十五日

致四弟、九弟、季弟·宜兄弟和睦，贵行孝道，又实行勤俭二字

澄侯、沅甫、季洪老弟左右：

十七日接澄弟初二日信，十八日接澄弟初五日信，敬悉一切。三河败挫之信，初五日家中尚无确耗，且县城之内毫无所闻，亦极奇矣。

九弟于二十二日在湖口发信，至今未再接信，实深悬系。幸接希庵信，言九弟至汉口后有书与渠，且专人至桐城、三河访寻下落，余始知沅甫弟安抵汉口，而久无来信，则不解何故。岂余近日别有过失，沅弟心不以为然耶？当此初闻三河凶报、手足急难之际，即有微失，亦当将皖中各事详细示我。

今年四月，刘昌储在我家请乩。乩初到，即判曰："赋得偃武修文"，得"闲"字。字谜败字。余方讶败字不知何指。乩判曰："为九江言之也，不可喜也。"予又讶九江初克，气机正盛，不知何所为而云。然乩又判曰："为天下，即为曾宅言之。"由今观之，三河之挫，六弟之变，正与"不可喜也"四字相应。岂非数皆前定耶？

然祸福由天主之，善恶由人主之。由天主者无可如何，只得听之；由人主者，尽得一分算一分，撑得一日算一日。吾兄弟断不可不洗心涤虑，以求力挽家运。

第一，贵兄弟和睦。去年兄弟不和，以致今冬三河之变。嗣后兄弟当以去年为戒。凡吾有过失，澄、沅、洪三弟各进箴

规之言，予必力为惩改；三弟有过，亦当互相箴规而惩改之。

第二，贵体孝道。推祖父母之爱以爱叔父，推父母之爱以爱温弟之妻妾儿女及兰、蕙二家。又父母坟域必须改葬，请沅弟作主，澄弟不可过执。

第三，要实行勤俭二字。内间妯娌不可多买铺帐，后辈诸儿须走路，不可坐轿骑马，诸女莫太懒，宜学烧茶煮菜。书、蔬、鱼、猪，一家之生气；少睡多做，一人之生气。勤者生动之气，俭者收敛之气。有此二字，家运断无不兴之理。余去年在家，未将此二字切实做工夫，至今愧憾，是以谆谆言之。

咸丰八年十一月二十三日

致四弟、九弟、季弟·温甫尸无下落

澄侯、沅甫、季洪三弟左右：

初一日接澄弟信，知玉四等于初十日到家，尚未接六弟确耗也。沅弟初九日在长沙所发之信，二十五日接到，甚慰甚慰。此次江行之速，为从来所未有。在汉中所发之信，至今尚未接到。

沅弟抵家后，不得温甫实信，不知何如忧伤？吾派人至江北，至今未归。沅弟所派六人至三河、桐城访查者，想亦无真实下落也，已矣，尚何言哉！吾去年在家以小事争竞，所言皆锱铢细故，洎今思之，不值一笑。负我温弟，即愧对我祖我父，悔憾何极！

当竭力作文数首，以赎余愆，求沅弟写石刻碑。沅弟字有秀骨，宜日日临帖作大楷。凡予文概请沅弟写之，组田刻之，亦足少摅我心中抑郁愧悔之怀。

予近日体尚平安。张凯章于初二日拔营赴景德镇，吴翔冈初四日起行。吾于新正亦当移营进扎鄱阳、彭泽等处，与水师相联络，即可为江北之声援。萧军现赴南赣，贼踪已远，大约回广东矣。如江闽一律肃清，明岁并带萧军至九江两岸也。

付回银壹百两，寄送亲戚本家，另开一单，不知当否？

咸丰八年十二月初三日

致四弟、九弟、季弟·述温弟事变及家庭不可说利害话

澄侯、沅甫、季洪老弟左右：

十五日接澄、沅冬月二十九、三十两函，得悉叔父大人于二十七日患病，有似中风之象。

吾家自道光元年即处顺境，历三十余年，均极平安。自咸丰年来，每遇得意之时，即有失意之事相随而至。壬子科，余典试江西，请假归省，即闻先太夫人之讣。甲寅冬，余克武汉田家镇，声名鼎盛，腊月二十五甫奉黄马褂之赏，是夜即大败，衣服文卷荡然无存。六年之冬、七年之春，兄弟三人督师于外，瑞州合围之时，气象甚好，旋即遭先大夫之丧。今年九弟克复吉安，誉望极隆，十月初七接到知府道衔谕旨，初十即有温弟

三河之变。此四事者，皆吉凶同域，忧喜并时，殊不可解。现在家中尚未妄动，妥慎之至。余在此则不免皇皇。所寄各处之信，皆言温弟业经殉节矣，究欠妥慎，幸尚未入奏。将来拟俟湖北奏报后，再行具疏也。家中亦俟奏报到日乃有举动，诸弟老成之见，贤于我矣。

叔父大人之病，不知近状何如？兹专法六归，送鹿茸一架，即沅弟前此送我者。此物补精血远胜他药，或者有济。

迪公、筱石之尸，业经收觅，而六弟无之，尚有一线生理。若其同尽，则六弟遗骸必去迪不远也。沅弟信言家庭不可说利害话，此言精当之至，足抵万金。余生平在家在外，行事尚不十分悖谬，惟说些利害话，至今悔憾无极。

咸丰八年十二月十六日

致四弟、九弟、季弟·述六弟遗骸未寻得

澄侯、沅甫、季洪老弟阁下：

十五日接叔父患病之信，十六日专王发六送鹿茸回家，限年内赶到。十七早接澄弟二信、沅弟一信，叔父病势已愈，大幸大幸！温弟之事日内计已说破，不知叔父与温弟妇能少节哀否？温弟妇治家最贤，而赋命最苦，不知天理何以全不可凭？

十八夜接希庵信，知沅弟所派六弁已回，皆未寻得，而迪庵遗骨于初一日已搬至霍山县。同一殉节，而又有幸不幸若此。

余又专五人去寻，中有二人系贼中逃出者，言必可至三河故垒。其三人则杨名声、杨镇南、张吟也。能寻得遗蜕[1]，尚是不幸中之一幸，否则吾何面目见祖考妣及考妣于地下哉？

咸丰八年十二月二十日

致四弟、九弟、季弟·述起屋造祠堂及改葬之注意点。又述写字之法

澄侯、沅甫、季洪三弟左右：

玉四等来，叔父大人病势稍加，得十三日优恤之旨，不知何如？顷又接十九日来函，知叔父病已略愈，欣慰欣慰。然温弟灵柩到家之时，我家祖宗有灵，能保得叔父不添病，六弟妇不过激烈，犹为不幸中之一幸耳。

此间兵事，凯章在景镇相持如故，所添调之平江三营、宝勇一营均已到防，或可稳扎。浚川在南康之新城墟打一大胜仗，夺伪印四十三颗，伪旗五百余面，皆解至建昌，甚为快慰。惟石达开尚在南安一带，悍贼亦多，不知究能扫荡否？吉中营以后常不离余左右，沅弟尽可放心。

起屋起祠堂，沅弟言外间訾议[2]，沅自任之。余则谓外间之訾议不足畏，而乱世之兵燹不可不虑。如江西近岁，凡富贵大

1 遗蜕：尸体。

2 訾（zǐ）议：非议。

屋无一不焚，可为殷鉴。吾乡僻陋，眼界甚浅，稍有修造，已骇听闻，若太闳丽，则传播尤远。苟为一方首屈一指，则乱世恐难幸免。望弟再斟酌，于丰俭之间妥善行之。改葬先人之事，须将求富求贵之念消除净尽，但求免水、蚁以安先灵，免凶煞以安后嗣而已；若存一丝求富求贵之念，必为造物鬼神所忌。以吾所见所闻，凡已发之家，未有续寻得大地者。沅弟主持此事，务望将此意拿得稳，把得定。至要至要！

纪泽姻事，以古礼言之，则大祥[1]后可以成婚；再期[2]为大祥。以吾乡旧俗言之，则除灵道场后可以成婚。吾因近日贼势尚旺，时事难测，颇有早办之意。纪泽前两禀，请心壶钞奏折，尽可行之，吾每月送修金[3]二两。应钞之奏，不知家中有底稿否？钞一篇，可寄目录来一查，注明月日。纪泽之字，较之七年二、三月间远不能逮。大约握笔宜高，能握至管顶者为上，握至管顶之下寸许者次之，握至毫以上寸许者亦尚可习。若握近毫根，则虽写好字，亦不久必退，且断不能写好事。吾验之于己身，验之于朋友，皆历历可征。纪泽以后宜握管略高，纵低亦须隔毫根寸余，又须用油纸摹帖，较之临帖胜十倍。

沅弟之字不可抛荒，如温弟哀辞、墓志及王考妣、考妣神道碑之类，余作就后，均须沅弟认真书写。《宾兴堂记》首段未

---

1 大祥：古代父母丧后两周年举行的祭礼。

2 再期：谓服丧两年。期，一周年。

3 修金：给老师的酬金。修，同“脩”。

惬[1]，待日内改就，亦须沅弟写之。沅弟虽忧危忙乱之中，不可废习字工夫。亲戚中虽有漱六、筠仙善书，余因家中碑版，不拟请外人书也。

咸丰九年正月十一日

致四弟、九弟、季弟·奏温甫殉难事

澄侯、沅甫、季洪老弟左右：

初十日接胡中丞信，迪庵及温弟已奉旨优恤。迪公饰终之典至隆极渥，其灵柩二十五日到湖北，二十六日宣读恩旨，二十九日请官中堂题主，正月初三日起行还湘，备极哀荣[2]。温弟与之同一殉难，而遗骨莫收，气象迥别。予于十一日具折奏温弟殉节事，盖至是更无生还之望矣，恸哉！家中此刻已宣布否？若尚未宣布，则请更秘一月，待二月间杨镇南等归来，我折亦奉批转来。如实寻不得，则招魂具衣冠以葬。余上无以对祖考妣及考妣，下无以对侄儿女。自古皆有死，死节尤为忠义之门，奕世有光，本无所憾，特以骸骨未收，不能不抱憾终古。

沅弟近日出外看地否？温弟之事，虽未必由于坟墓风水，而八斗冲屋后及周璧冲三处皆不可用。子孙之心，实不能安。千万设法，不求好地，但求平妥。洪夏之地，余心不甚愿：一

1 惬：满意。

2 备极哀荣：死后所办丧事极为隆重。

则嫌其经过之处山岭太多；一则既经争讼，恐非吉壤。地者，鬼神造化之所秘惜，不轻予人者也。人力所能谋，只能求免水、蚁、凶煞三事，断不能求富贵利达。明此理，绝此念，然后能寻平稳之地；不明此理，不绝此念，则并平稳者亦不可得。沅弟之明，亮能了悟。余在建尚平安，惟心绪郁悒，不能开怀，殊褊浅耳！

咸丰九年正月十三日

致四弟、九弟、季弟·寻获温甫弟遗骸

澄侯、沅甫、季洪三弟左右：

二十七日亥刻，接胡润公专丁来信，知温甫弟忠骸业经寻获，是犹不幸中之一幸。惟先轸[1]丧元[2]，又幸中之一大不幸。计胡中丞亦必有专信另达舍间，沅弟此时自不便遽出，应觅地两所，一面改葬先考妣，一面安厝温弟。润公待我家甚厚，温弟灵榇归舟，想必妥为照料。吾即派杨名声等三弁送湘乡也。墓志铭作就，再行专丁送归。

咸丰九年正月二十八日

1 先轸：春秋时期晋国卿大夫、名将。

2 丧元：战死沙场。

致四弟、九弟、季弟·邑中须有团练

澄侯、沅甫、季洪三弟左右：

自接沅弟十七日在省一信，至今七日未接长沙嗣音，不知耒阳、常宁、安仁、衡州近状何如？至为悬系。团练之法，余向不以为然，而我邑此次却须有团练以壮声威。望澄弟尽心为之，无以我言为典要。

此间新招三千余人，佘星焕等长宁勇千人于初一日到营，张子衡之平江勇千三百人已将到齐矣。凌荫庭之接带义营千人俱扎贵溪，俟练妥后，即日亦当来老营。惟彭山屺之兵未到。到齐时，老营共七千余人，将卒皆跃跃欲试，气象颇好，似堪一战，惜无好统领临阵指麾之耳。

湘勇之在江者，多有回援湖南之意。吾令浚川由吉安回茶陵，已去二札一批，至今尚未回信。又派吴翔冈回援，翔冈之营虽交凌荫庭，尚留四百人，合新招之三百人，亦差足[1]成军。王钤峰、张凯章禀请回援，此时景镇未克，碍难撤退。二十四日镇贼扑凯章所辖之祥字营，一击即退。凯军近日已稳，但难期克复耳。

我日记中郁闷之怀虽不能免，然癣疾已愈十分之八九，办事精神亦较六年略好。往年心中愧悔之事，与官场不和之事，近亦次第消融而弥缝之。惟七年在家度量太小，说话太鄙，至

1 差足：略可。

今悔之。此外方寸尚泰然也。

咸丰九年三月初三日

致四弟、九弟、季弟·湖南协饷停解

澄侯、沅甫、季洪三弟左右：

温弟灵榇于初十到县，十五可到家，至以为慰。又幸叔父能亲笔写字，得纪寿引见恩旨后，必可日就康强，尤为家庭之福。

凯军在景德镇相持如故。十三日打一小胜仗，十六日二更，贼放火伪遁以诱我，我军亦未受其害。老营气象如常。湖南每月协饷三万，因有事停解。予以萧军之二万五千余请其发给，亦差足相当。吉营望沅弟甚切，四月能来为妙。澄弟身常劳苦，心常安逸，最善最善。予近日事亦平顺，以心血太亏，故多忧疑，恒用自警。沅弟劝我规模宜阔，我可勉而几也。其谓处事宜决断，则尚有未能。用情之厚薄，惟李家赙仪略厚，以渠以厘金济我军已二万余，不可无以酬之。此外皆循旧规耳。

再，芝生前有信，请用大字书格言，兹写挂屏四张寄之，虽非格言，亦聊以答其殷殷之意。芝生、罛山皆亲戚中之极可敬爱者。沅弟在家，所以润泽族戚朋友者，皆得其当。若能于族戚之读书者更加一番奖劝，暗暗转移风气，人人讲究品学，则我家之子弟随在观感，不期进而自进，沅弟于此等处曾加体验否？

咸丰九年三月二十三日抚州军中

致四弟·述近况

澄侯四弟左右：

今年以来，贤弟实太劳苦，较之我在军营殆过十倍，万望加意保养。祁阳之贼或可不窜湘乡，万一窜入，亦系定数，予已不复悬系。

予自去年六月再出，无不批之禀，无不复之信。往年之嫌隙尤悔，业已消去十分之七八。惟办理军务，仍不能十分尽职，盖精神不足也。贤弟闻我在外近日尚有错处，不妨写信告我。予派委员伍华翰在衡州坐探，每三日送信一次。家中若有军情报营，可寄衡州交伍转送也。

咸丰九年五月初六日

致四弟·以寿序作格言

澄侯四弟左右：

萧浚川又至宝庆，大局当不足虑。贼至十万之多，每日需食米千石，需子药数千斤。渠全无来源，粮米掳尽，断无不走之理，可不须大胜仗也。沅弟启行后，日日大雨，甚为辛苦。

余右目红疼，不能写小字。前因贤弟夫妇四十寿辰，思写红纸屏一付寄贺，即将平日所称祖父之“勤俭孝友，书蔬鱼猪”等语述写一编，以为寿序也可，以为格言也可。因目疾尚未及办，待下次再寄也。叔父处，前年以大事未办寿屏。明年叔母五十晋一，拟请漱六、筠仙为之。弟意以为何如？在界岭等处，弟亦太辛苦，须当常服补药，保养身体，孝之大端也。

咸丰九年五月二十四日

致四弟·责晏起

澄侯四弟左右：

贺常四到营，接弟信，言早起太晏，诚所不免。吾去年住营盘，各营皆畏慎早起。自腊月二十七移寓公馆，至抚州亦住公馆，早间稍晏，各营皆随而渐晏。未有主帅晏而将弁能早者也。犹之一家之中，未有家长晏而子弟能早者也。

沅弟在景镇，办事甚为稳靠，可爱之至。惟据称悍贼甚多，一时恐难克复。官兵有劲旅万余，决可无碍。季弟在湖北已来一信，胡咏帅待之甚厚，家中尽可放心。

家中读书事，弟亦宜常常留心。如甲五、科三等皆须读书，不失大家子弟风范，不可太疏忽也。

正封缄间，接奉寄谕，饬令赴蜀剿贼。此时欲去，则景镇之官兵实难遽行抽调，欲不去，则四川亦系要地。尚未定计复奏，兹先将廷寄付回一阅。

咸丰九年六月初四日

致四弟·述奉防蜀之旨

澄侯四弟左右：

宝庆久被长围所困，心殊悬悬。景德镇于十四夜克复，十五日派队跟追。闻浮梁贼尚未退，不知该逆别有诡计否？沅弟追贼约三日，回营后即谋来抚，将归里，为改葬事也。

前奉防蜀之旨，顷已复奏，言兵力太单，难以入蜀，且景镇未克，不可遽行抽动等因，已于十八日拜发，其时不知景镇之即复也。目下之计，大约带兵由长江上溯至荆州、宜昌等处，防贼占荆、宜，则两湖俱难措手。若谕旨必令赴蜀，则须添至二万余人，太少无益也。

咸丰九年六月十八日

致四弟、九弟·必须略置墓田

澄、沅两弟左右：

宝庆解围，团勇当撤。贼窜祁、衡，吾邑遂可弛防。

予在湖口住十日，八月初一日至浔阳。耽搁二日，因阻风，不克成行。好在上游无事，贼不入蜀，余行虽迟滞，尚不误事。日内守风[1]此间，可游览庐山近处胜景。朱品隆等各营，已由陆路先至黄州。季弟奉胡中丞札，募勇千人，闻初四日自黄州起

1 守风：等候适合行船的风势。

行归湘。吉字中营之饷，到黄州再派人起解；如已开船北来，则不远解亦可。

先考妣改葬之期已近，果办得到否？须略置墓田，令守墓者耕之。凡墓下立双石柱，方柱圆首。柱高而远不刻字者，谓之华表，柱矮而刻字者，谓之阙。四柱平立，上有横石二条，谓之坊。凡神道碑，有上覆以亭者；有左右及后面皆以砖石贴砌，上盖圆筒瓦者；有露立全无覆盖者。三者随弟斟酌。要之上用螭[1]首，下用龟趺[2]，则一定之式，不可改易。公卿大夫之家有隆礼者，于墓门之南立墓表碑，又于极南远处立神道碑，稍简者仅立一碑。二者听弟斟酌。要之宜立于墓门之外，江西立于坟堆之趾，湖南立于罗匡之头，皆非古法，不可学也。至筑坟结顶，上年周璧冲结顶最合古法，今京师王公贝勒及品官之家，坟茔多用此式，勿以其为吾乡所创见骇闻而不用也。吾之所见如此，望弟细心详酌。

吾于祖父坟墓祠庙皆未尽心，实怀隐疚。今沅弟能力办之，澄弟能玉成之，为先人之功臣，即为余弥此阙憾，且慰且感。余此次在外，专了从前未了之事，而弥缝过失亦十得七八耳。

咸丰九年八月初五日九江舟次

1 螭（chī）：上古传说中龙生九子之一，为一种没有角的龙。螭首一般指建筑上面的螭龙头像。

2 龟趺（fū）：上古传说中龙生九子之一，形似龟，好负重。

致四弟·述楚军难北征及湖南樊镇一案

澄侯四弟左右：

沅弟到营，得闻家事之详，近日婚嫁两事皆已完毕，可少休息。

吾于二十八日自黄州归，接奉寄谕，以湖北大举征皖，恐其驱贼北窜。吾细察湘勇柔脆，实难北征。一渡淮水，共食麦面，天气苦寒，必非湘人所能耐。拟于日内复奏，陈明楚军所以不能北行之故。湖南樊镇一案，骆中丞奏明湖南历次保举，一秉至公，并将全案卷宗封送军机处。皇上严旨诘责，有“属员怂恿，劣幕要挟”等语，并将原奏及全案发交湖北，原封未动。从此湖南局面，不能无小变矣。

余身体平安，惟目疾久不痊愈，精神意兴日臻老态。所差堪自信者，看书看稿犹能精细深入，每日黎明即起，不敢隳祖父之家风，足以告慰。

咸丰九年十月初四日巴河军次

致四弟、九弟·述捻匪之猖獗

澄侯、沅甫两弟左右：

自余于巴河拔营，沅甫于次日登舟。计此信到家，沅弟亦抵里门矣。余拔营后长行七日，十一月初三日至黄梅，驻扎城外，距太湖百二十里。

太湖贼约三四千，被我兵万五千人四面环围，城贼极为穷蹙。所虑者，四眼狗[1]率党来援，或有变动，否则太湖年内可克。余暂驻梅邑，细察地势，再行前进。

日内癣疾大作，目亦极蒙，幸精神如常，每日竭力支撑，不甚懈怠。

河南捻匪日以猖獗，皖南宁国屡次败挫，六合大营被四眼狗攻陷，扬州近又被围，气机殊未转耳。

咸丰九年十一月初三日

致四弟、九弟·颇虑统将乏人

澄侯、沅甫两弟左右：

十五日接弟信，知沅弟初一日移新宅，贺贺。吾弟以孝友之本，立宏大之规，气魄远胜阿兄。或者祖父之泽，得吾弟而门乃大乎？

日内警报频闻，援贼四眼狗纠合捻匪龚瞎子[2]带五六万人来援，鲍超扎小池驿御之，已在太湖之前四十里。蒋之纯扎龙家凉亭，多都护扎新仓，相去各十里内外。二十二日开仗，我军

1 四眼狗：指太平天国将领陈玉成，因其双目下各有黑痣，清军蔑称其为“四眼狗”。

2 龚瞎子：即龚得树，捻军首领，目若近视，人称“龚瞎子”。

先获大胜，穷追二十余里，因遇伏而小挫。太湖城外留唐义渠一军三千四百人，太形单薄。余派前帮十营六千人前往助扎，派朱云岩、李申夫统领，不知前敌多、鲍等军果站得住否？余在宿松，身边仅四千三百人，除吉中、吉左之外，均不甚可恃，心殊焦灼。萧浚川奉旨调赴黔蜀，希庵亦以母病不来，统将乏人，不知所以为计。

余癣疾大发，为十余年所仅见，夜不成寐，幸温书未甚间断耳。

咸丰九年十二月二十四日

致四弟、九弟·问新屋形状及述贼包围鲍营

澄侯、沅甫两弟左右：

除夕接两弟家书并纪泽儿一禀，欣悉家中四宅平安，惟叔父病未痊愈，至以为念。

沅弟移居后，新屋气象闻尚宏敞，不知居之俱适意否？凡屋有取直光者，有取斜光者，有取反光者。闻新屋极高而天井不甚阔，则所取皆直光矣。未、申以后，内室尚不黑暗否？装修及制器殊不易易，颇有头绪否？余在此望沅弟来甚切，而恐弟应办之事皆未办妥，不敢遽催。

前敌多、鲍、蒋三军自腊月二十二大战后，贼于二十四、六等日包围鲍营，二十七日遂长围鲍营，层层包裹，霆左营四

面皆合，水米文报不通。幸定心坚守几日，二十九日贼解围，少退五里以外。除日多都护另派精选前营扎于霆左营之垒，而令霆左弁勇暂入鲍之中军休息数日，从此前敌应稍安稳。

余自去冬以来癣疾大发，目蒙异常，而应办之事未甚间断。新年军事紧急，少为将息，除公事外，不敢多作一事也。纪泽儿所论八分不合古义。至欲来营省觐，余亦思一见，沅弟来时可带纪泽来展谒[1]一次，住营一月，专人送归。

咸丰十年庚申正月初四日

致四弟、九弟·述克复太湖县

澄侯、沅甫两弟左右：

多都护于二十五日出队诱贼，业已破贼二垒。贼以大队猛扑，多部败退，贼追十里。唐、蒋各部齐出接应，鲍亦猛进，多亦回杀，贼遂大败，凶悍者伤亡二三千人。二十六日，我军乘胜进攻，五军出满队，凡万八千人，排列而进，破贼垒六十余座。垒内火药甚多，草棚甚密，火球所着，登时轰发，狂风旋转，巨火烛天。山谷之间，人马仓卒难逃，多被烧死。牲粮衣物，一炬焦土。杀贼亦实有三四千人，仅有三垒未破。四眼狗于是夜逃去，三垒亦逃，太湖县之贼亦逃，即将城池克复。

1 展谒：拜见。

此次大捷，实足寒逆胆而快人心。沅弟虽不在营，而中军、义字两营连破贼垒，亦极有功。季弟在太湖克复一城，志亦少纾。特此飞告，俾沅弟放心。目下不必遽思回营，一则叔父病尚未痊，老宅之事须沅妥为料理；一则九弟妇体气不旺，新第之事亦须粗立纪纲。待四月初来营可也。

咸丰十年正月二十八日

致四弟、九弟·痛悉叔父去世

澄侯、沅甫两弟左右：

接来信，痛悉叔父大人于十九日戌刻弃世，哀痛曷极！自八年十一月闻温弟之耗，叔父即说话不圆，已虞其以忧伤生。叔父生平，外面虽处顺境，而暗中却极郁抑，思之伤心。

此次一切从丰，两弟自有权衡，丧礼以哀为主，丧次以肃静为主，余于闻讣之第二日进公馆设位成服，拟素食七日，素服十四日，仍行撤灵入营。季弟拟请假回籍，余嘱其来宿松灵前行礼。

沅弟言新第不敢再求惬意，自是知足之言。但湿气一层不可不详察。若湿气太重，人或受之，则易伤脾。凡屋高而天井小者，风难入，日亦难入，必须设法祛散湿气，乃不生病，至嘱至嘱。

咸丰十年二月初八日

致四弟、九弟·闻克复杭城信及嘱不必添营

澄侯、沅甫两弟左右：

自初十日闻浙江被围之信，十三日闻失守之信，寸心焦灼，全军为之惊扰。一则恐有援浙之行，二则大局一坏，一木难支，所谓一马之奔，无一毛而不动，一舟之覆，无一物而不沉也。兹幸于十八日接张筱浦先生来信，杭城于三月三日克复，欣慰无极。特专人驰告家中，亦以慰陈作梅将母之怀。前有信嘱沅弟来营，或酌募一二营带来，兹浙事既已平定，即不必添营。沅弟信中意于今冬谋为蝉蜕[1]之计，尤可不必再行添募。盖凡勇皆服原募之人，不甚服接带之人，多一营头，则蝉蜕时多一番纠结也。

咸丰十年三月十九日

致四弟、九弟·论进补药及必须起早

澄侯、沅甫两弟左右：

接家信，知叔父大人已于三月二日安厝马公塘。两弟于家中两代老人养病送死之事，备极诚敬，将来必食报于子孙。闻马公塘山势平衍，可决其无水蚁凶灾，尤以为慰。

澄弟服补剂而大愈，甚幸甚幸。吾生平颇讲求惜福二字之义，近来补药不断，且菜蔬亦较奢，自愧享用太过，然亦体气

1 蝉蜕：蝉蜕壳成虫。比喻解脱。

太弱，不得不尔。胡润帅、李希庵常服辽参，则其享受更有过于予者。家中后辈子弟体弱，学射最足保养，起早尤千金妙方，长寿金丹也。

咸丰十年三月二十四日

致四弟、九弟·寻地必求惬意

澄侯、沅甫两弟左右：

沅弟既与作梅兄意见相合，则家中寻地可留梅公多住一二月，以必得为期。改葬本非好事，然既已屡改，则必求惬意而后止。予非欲求地以徼富贵者，惟作梅以三千里外至吾乡，千难万难，不可错过。

澄弟所跋对联，甚为妥叶。服补药虽多，仍当常常静坐，不可日日外出。一则保养身体，二则教训子侄，至嘱至嘱。

此间至今未得进兵，实为迟滞。希庵至多公处，与之畅谈，针芥[1]契合，相得益彰，大约数日后即可移营进逼桐城、怀宁矣。浙江克复后，皖南又大震动。河南捻匪上窜，陕西及樊城戒严。四眼狗近赴全椒，思解金陵之围。

予身体平安。癣疾皆在腿以下，本是空闲地方，任其骚扰可也。

咸丰十年闰三月十四日

1 针芥：细叶和小草，指极细小的事物。

致四弟·治家八字诀

澄侯四弟左右：

二十七日接弟信，欣悉各宅平安。沅弟是日申刻到，又得详问一切，敬知叔父临终毫无抑郁之情，至为慰念。

予与沅弟论治家之道，一切以星冈公为法，大约有八字诀。其四字即上年所称“书、蔬、鱼、猪”也；又四字则曰“早、扫、考、宝”。早者，起早也；扫者，扫屋也；考者，祖先祭祀，敬奉显考、王考、曾祖考，言考而妣可该也；宝者，亲族邻里，时时周旋，贺喜吊丧，问疾济急，星冈公常曰：“人待人，无价之宝也。”星冈公生平于此数端最为认真，故余戏述为八字诀曰“书、蔬、鱼、猪，早、扫、考、宝”也。此言虽涉谐谑，而拟即写屏上，以祝贤弟夫妇寿辰，使后世子孙知吾兄弟家教，亦知吾兄弟风趣也。弟以为然否？

咸丰十年闰三月二十九日

致四弟·述苏锡失守信

澄侯四弟左右：

前寄一缄，想已入览。近日江浙军事大变，金陵大营溃败，退守镇江，旋退保丹阳。二十九日丹阳失守，张国樑阵亡。四月初五日和雨亭将军、何根云制军退至苏州。初十日无锡失守，十三日苏州失守。目下浙江危急之至。孤城新复，无兵无饷，又无军火器械，贼若再至，亦难固守。东南大局一旦瓦裂，皖北各军必有分投江浙之命，非胡润帅移督两江，即余往视师苏州。二者苟有其一，则目下三路进兵之局不能不变。抽兵以援江浙，又恐顾此而失彼。贼若得志于江浙，则江西之患亦近在眉睫。吾意劝湖南将能办之兵力出至江西，助防江西之北界，免致江西糜烂后湖南专防东界，则劳费多而无及矣，不知以吾言为然否？左季高在余营住二十余日，昨已归去。渠尚肯顾大局。沅弟、季弟新围安庆，正得机得势之际，不肯舍此而它适。余则听天由命，或皖北，或江南，无所不可。死生早已置之度外，但求临死之际，寸心无所悔憾，斯为大幸。

家中之事，望贤弟力为主持，切不可日趋于奢华。子弟不可学大家口吻，动辄笑人之鄙陋，笑人之寒村[1]，日习于骄纵而不自知，至戒至嘱！予本思将“书、蔬、鱼、猪，早、扫、考、宝”八字作一寿屏，为贤弟夫妇贺生，日内匆匆，尚未作就。予目疾近日略好。有言早洗面水泡洗二刻即效，比试行之。诸请放心。

咸丰十年四月二十四日

1 寒村：犹“寒酸”。

致四弟·嘱纪泽来省觐

澄侯四弟左右：

予拟于十五日起行带兵渡江，驻扎徽州、池州二府境内。其九弟所带之万人，现扎安庆城外者，仍不撤动。盖以公事言之，予虽驻军南岸，仍当以北岸为根本。有胡中丞在北岸主持一切，又有多礼堂、李希庵及沅弟三支大军，则北岸稳，湖北稳，袁、翁之军亦稳，余在南岸亦可倚北为声援也。以私事言之，余为地方官，若仅带一胞弟在身边，则好事未必见九弟之功，坏事必专指九弟之过，嫌疑之际，不可不慎。余定带鲍镇超之霆字营六千人、朱品隆二千人及现在宿松之马步二千人，合万人先行。余俱在湖南陆续调集招募，足成三万之数。左季高现奉旨以四品京堂候补襄办余处军务，所有应在湖南招勇等事，即咨请季翁在湘料理。

近日得浙江王中丞信，苏州之贼尚未至浙境。浙江省城有杭州将军瑞、署钦差大臣张及中丞三人，应可保全。但使保得浙江，保得江西，则此后尚可挽回全局。

纪泽儿若来省觐，则由长沙，或坐战船，或坐民船，直下湖北以至湖口、东流，余扎营当在东流附近地方。长江之险，夏月风涛无定，每遇极热之时，须防暴风之至，下晚湾泊宜早。来营住一月，即令其速归也。望弟谕泽儿沿途谨慎，不必求快。

咸丰十年五月初四日

致四弟·述营中诸务业集

澄弟左右：

五月四日接弟缄，“书、蔬、鱼、猪，早、扫、考、宝”横写八字，下用小字注出，此法最好，余必遵办，其次序则改为“考、宝、早、扫，书、蔬、鱼、猪”。目下因拔营南渡，诸务丛集，实有未能。

苏州之贼已破嘉兴，淳安之贼已至绩溪，杭州、徽州十分危急，江西亦可危之至。余赴江南，先驻徽郡之祁门，内顾江西之饶州，催张凯章速来饶州会合。又札王梅村募三千人进驻抚州，保江西即所以保湖南也。札王人树仍来办营务处。不知七月均可赶到否？若此次能保全江西、两湖，则将来仍可克复苏、常，大局安危，所争只在六、七、八、九数月。

泽儿不知已起行来营否？弟为余照料家事，总以俭字为主。情意宜厚，用度宜俭，此居家居乡之要诀也。

咸丰十年五月十四日

致九弟、季弟·述杨光宗不驯

沅、季弟左右：

出队以护百姓收获甚好，与吉安散耕牛耔种用意相似。吾辈不幸生当乱世，又不幸而带兵，日以杀人为事，可为寒心，惟时时存一爱民之念，庶几留心田[1]以饭子孙耳。杨镇南之哨官杨光宗，头发横而盘，吾早虑其不驯。杨镇南不善看人，又不善断事。弟若看有不妥叶之意，即饬令仍回兄处，兄另拨一营与弟换可耳。

吾于初十日至历口，十一日拟行六十里赶至祁门县。十二日先太夫人忌辰，不欲纷纷迎接应酬也。宁国府一军紧急之至，吾不能拨兵往援，而拟少济之以饷，亦地主之道耳。

咸丰十年六月初十日

致季弟·讲求将略品行学术

季弟左右：

顷接沅弟信，知弟接行知，以训导加国子监学正衔，不胜欣慰。官阶初晋，虽不足为吾季荣，惟弟此次出山，行事则不激不随，处位则可高可卑，上下大小，无人不翕然悦服。因而凡事皆不拂意，而官阶亦由之而晋，或者前数年抑塞之气，至是将畅然大舒乎？《易》曰：天之所助者，顺也；人之所助者，信也。我弟若常常履信思顺如此，名位岂可限量？

吾湖南近日风气蒸蒸日上，凡在行间，人人讲求将略，讲求品行，并讲求学术。弟与沅弟既在行间，望以讲求将略为第

1 心田：良心，心思。

一义，点名看操等粗浅之事必躬亲之，练胆料敌[1]等精微之事必苦思之。品、学二者，亦宜以余力自励。目前能做到湖南出色之人，后世即推为天下罕见之人矣。大哥岂不欣然哉！

沅弟以陈米发民挑濠，极好极好！此等事弟等尽可作主，兄不吝也。

咸丰十年六月二十七日

致九弟、季弟·嘱文辅卿二语

沅、季弟左右：

探报阅悉。此路并无步拨，即由东流、建德驿夫送祁。建德令已死，代理者新到，故文递迟延。弟以后要事须专勇送来，三日可到，或逢三、八专人来一次，每月六次，其不要紧者又由驿发来，则兄弟之消息尤常通矣。

文辅卿办厘金[2]甚好。现在江西厘务经手者，皆不免官气太重，此外则不知谁何之人，如辅卿者能多得几人，则厘务必有起色。吾批二李详文云“须冗员少而能事者多，入款多而坐支者少”；又批云“力除官气，严裁浮费”。弟须嘱辅卿二语：“无官气，有条理。”守此行之，虽至封疆，不可改也。有似辅卿其人者，弟多荐几人更好。甲三启行时，温弟妇甚好，此后

1 料敌：判断敌情。

2 厘金：旧时内地水陆关卡征收的货物通过税。

来之变态也。

咸丰十年六月二十八日

致九弟、季弟·随时推荐正人

沅、季弟左右：

辅卿而外，又荐意卿、柳南二人，甚好。柳南之笃慎，余深知之，意卿亮亦不凡。余告筱辅观人之法，以“有操守而无官气，多条理而少大言”为主，又嘱其求润帅、左、郭及沅荐人。以后两弟如有所见，随时推荐，将其人长处、短处一一告知阿兄，或告筱荃。尤以习劳苦为办事之本。引用一班能耐劳苦之正人，日久自有大效。季弟言，出色之人，断非有心所能做得，此语确不可易。名位大小，万般由命不由人，特父兄之教家，将帅之训士，不能如此立言耳。季弟天分绝高，见道甚早，可喜可爱。然办理营中小事，教训弁勇，仍宜以勤字作主，不宜以命字谕众。

润帅先几陈奏以释群疑之说，亦有函来余处矣。昨奉六月二十四日谕旨，实授两江总督，兼授钦差大臣，恩眷方渥，尽可不必陈明。所虑者，苏、常、淮、扬无一枝劲兵前往。位高非福，恐徒为物议[1]之张本耳。余好出汗，沅弟亦好出汗，

1 物议：众人的批评。

似不宜过劳。

咸丰十年七月初八日

致九弟、季弟·以勤字报君，以爱民二字报亲

沅、季弟左右：

兄膺此巨任，深以为惧。若如陆、何二公之前辙，则诒我父母羞辱，即兄弟子侄亦将为人所侮。福祸倚仗之几，竟不知何者为可喜也。默观近日之吏治人心，及各省之督抚将帅，天下似无戡定之理。吾惟以一勤字报吾君，以爱民二字报吾亲。才识平常，断难立功，但守一勤字，终日劳苦，以少分宵旰[1]之忧。行军本扰民之事，但刻刻存爱民之心，不使先人之积累自我一人耗尽。此兄之所自矢[2]者，不知两弟以为然否？愿我两弟亦常常存此念也。沅弟"多置好官，遴选将才"二语，极为扼要。然好人实难多得，弟为留心采访，凡有一长一技者，兄断不敢轻视。

谢恩折今日拜发。宁国日内无信，闻池州杨七麻子[3]将往攻宁，可危之至。

咸丰十年七月十二日

---

1 宵旰（gàn）：这里借指帝王。

2 自矢：犹"自誓"。

3 杨七麻子：天平天国将领杨辅清。

致九弟、季弟·问军中柴米足否

沅、季弟左右：

接专丁来信，下游之贼渐渐蠢动，九月当有大仗开。此贼惯技，好于营盘远远包围，断我粮道。弟处有水师接济，或可无碍，不知多、李二营何如？有米有柴可济十日半月否？贼虽多，善战者究不甚多，礼、希或可御之。

弟既挖长濠，切不可过濠打仗。胜则不能多杀贼，挫则不能收队也。营中柴尚多否？煤已开出否？红单船下去后，吾拟札陈舫仙办大通厘金，以便弟就近稽查。闻该处每月可得二万余串也。魏柳南宜办厘乎，宜作吏乎？弟密告我。潘意卿何时可到？此间需才极急。浙事岌岌，请援之书如麻。次青今日到祁门，其部下十四五可到。季弟所言诸枉[1]聆悉，定当一一错[2]之，不姑息也。

咸丰十年八月初七日

致九弟·北援不必多兵

沅弟左右：

安庆决计不撤围，江西决计宜保守。此外或弃或取，或抽

1 枉：邪恶。

2 错：废弃、罢黜。

或补，合众人之心思共谋之。北援不必多兵，但即吾与润帅二人中有一人远赴行在[1]，奔问官守，则君臣之义明，将帅之职著，有济无济，听之可也。

咸丰十年九月十四日

致九弟·告战事为天雨所阻

沅弟左右：

接来缄，知营墙及前后濠皆倒，良深焦灼。然亦恐是挖濠时不甚得法。若客土[2]覆得极远，虽雨大，不至仍倒入濠内，庶稍易整理。至墙子则无不倒坍，不仅安庆耳。

徽州之贼，窜浙者十之六七，存府城及休宁者闻不过数千人，不知确否？连日雨大泥深，鲍、张不能进剿，深为可惜。季高尚在乐平，余深恐贼窜入江西腹地，商之季高，无遽[3]入皖，季高亦以雨泥不能速进也。润帅谋皖已大半年，一切均有成竹，而临事复派人救援六安，与吾辈及希庵等之初议全不符合，枪法忙乱，而弟与希庵皆有骄矜之气，兹为可虑。希庵论事最为稳妥，如润帅有枪法稍乱之时，弟与希婉陈而切谏之，弟与希之矜气，则彼此互规之，北岸当安如泰山矣。

咸丰十年九月二十一日

1 行在：皇帝巡行暂居之地。

2 客土：外地运来的泥土。

3 无遽：没有惶恐、窘急。

致九弟、季弟·戒傲惰二字

沅弟、季弟左右：

沅弟以我切责之缄，痛自引咎，惧蹈危机而思自进于谨言慎行之路，能如是，是弟终身载福之道，而吾家之幸也。季弟信亦平和温雅，远胜往年傲岸[1]气象。

吾于道光十九年十一月初二日进京散馆，十月二十八早侍祖父星冈公于阶前，请曰："此次进京，求公教训。"星冈公曰："尔的官是做不尽的，尔的才是好的，但不可傲。满招损，谦受益，尔若不傲，更好全了。"遗训不远，至今尚如耳提面命。吾仅述此语告诫两弟，总以除傲字为第一义。唐虞[2]之恶人曰丹朱傲，曰象傲。桀纣之无道，曰"强足以拒谏，辨足以饰非"，曰"谓已有天命，谓敬不足行"，皆傲也。吾自八年六月再出，即力戒惰字，以儆无恒之弊，近来又力戒傲字。昨日徽州未败之前，次青心中不免有自是之见，既败之后，余益加猛省。大约军事之败，非傲即惰，二者必居其一；巨室之败，非傲即惰，二者必居其一。

余于初六日所发之折，十月初可奉谕旨。余若奉旨派出，十日即须成行。兄弟远别，未知相见何日？惟愿两弟戒此二字，并戒各后辈常守家规，则余心大慰耳。

咸丰十年九月二十四日

---

1 傲岸：高傲自负。

2 唐虞：唐尧和虞舜的合称。

致九弟、季弟·谢给纪泽途费

沅弟、季弟左右：

日内不知北岸贼情何如，至为系念。

季弟赐纪泽途费太多，余给以二百金，实不为少。余在京十四年，从未得人二百金之赠，余亦未尝以此数赠人，虽由余交游太寡，而物力艰难亦可概见。余家后辈子弟，全未见过艰苦模样，眼孔大，口气大，呼奴喝婢，习惯自然，骄傲之气入于膏肓而不自觉，吾深以为虑。前函以傲字箴规两弟，两弟犹能自省自惕；若以傲字告诫子侄，则全然不解。盖自出世以来，只做过大，并未做过小，故一切茫然，不似两弟做过小，吃过苦也。

咸丰十年十月初四日

致九弟、季弟·告军事失利

沅弟、季弟左右：

接信，知北岸日内尚未开仗。此间鲍、张于十五日获胜，破万安街贼巢。十七日获胜，破休宁东门外二垒，鲍军亦受伤百余人。正在攻剿得手之际，不料十九日未刻，石埭之贼破羊栈岭而入，新岭、桐林岭同时被破。张军前后受敌，全局大震，比之徽州之失，更有甚焉。余于十一日亲登羊栈岭，为大雾所迷，目无所睹。十二日登桐林岭，为大雪所阻。今失事恰在此二岭，岂果有天意哉？目下张军最可危虑，其次则祁门老营，距贼仅八十里，朝发夕至，毫无遮阻。现讲求守垒之法，贼来则坚守以待援师，倘有疏虞，则志有素定，断不临难苟免。

回首生年五十，除学问未成尚有遗憾外，余差可免于大戾。贤弟教训后辈子弟，总以勤苦为体，谦逊为用，以药[1]佚骄之积习，余无他嘱。

咸丰十年十月二十日

致四弟·述剿贼情形及忧心子弟骄奢逸

澄侯四弟左右：

此间于十九日忽被大股贼匪窜入羊栈岭，去祁门老营仅六十里，人心大震。幸鲍、张两军于二十日、二十一日大战获胜，克复黟县，追贼出岭，转危为安。此次之险，倍于八月二十五徽州失守时也。现贼中伪侍王李世贤、伪忠王李秀成、伪辅王杨辅清，皆在徽境与兄作对。伪英王陈玉成在安庆境与多、礼、沅、季作对。军事之能否支持，总在十月、十一月内见大分晓。

甲三十月初六至武穴，此时计将抵家。余在外无他虑，总怕子侄习于骄、奢、逸三字。家败，离不得个奢字；人败，离

1 药：医治。

不得个逸字；讨人嫌，离不得个骄字。弟切戒之。

咸丰十年十月二十四日

致四弟·述战事并教子侄以谦勤

澄侯四弟左右：

自十一月来，奇险万状，风波迭起。文报不通者五日，饷道不通者二十余日。自十七日唐桂生克复建德，而皖北沅、季之文报始通。自鲍镇廿八日至景德镇，贼退九十里，而江西饶州之饷道始通。若左、鲍二公能将浮梁、鄱阳等处之贼逐出江西境外，仍从建德窜出，则风波渐平，而祁门可庆安稳矣。

余身体平安。此一月之惊恐危急，实较之八月徽、宁失守时险难数倍。余近年在外，问心无愧，死生祸福，不甚介意。惟接到英、法、米各国通商条款，大局已坏，令人心灰。兹付回二本，与弟一阅。时事日非，吾子侄辈总以谦勤二字为主。戒傲戒惰，保家之道也。

咸丰十年十二月初四日

致四弟·不信医药僧巫和地师

澄侯四弟左右：

十六日接弟手书，具悉弟病日就痊愈，至慰至幸。惟弟服药过多，又坚嘱泽儿请医守治，予颇不以为然。

吾祖星冈公在时，不信医药，不信僧巫，不信地仙。此三者，弟必能一一记忆。今我辈兄弟亦宜略法此意，以绍[1]家风。今年做道场二次，祷祀之事，闻亦常有，是不信僧巫一节，已失家风矣。买地至数千金之多，是不信地仙一节，又与家风相背。至医药，则合家大小老幼，几于无人不药，无药不贵。迨至补药吃出毛病，则又服凉药以攻伐之，阳药吃出毛病，则又服阴药以清润之，辗转差误，不至大病大弱不止。弟今年春间多服补剂，夏末多服凉剂，冬间又多服清润之剂。予意欲劝弟少停药物，专用饮食调养。泽儿虽体弱，而保养之法亦惟在慎饮食、节嗜欲，断不在多服药也。

洪家地契，洪秋浦未到场押字，将来恐仍有口舌。地仙、僧巫二者，弟向来不甚深信，近来亦不免为习俗所移，以后尚祈卓识坚定，略存祖父家风为要。天下信地、信僧之人，曾见有一家不败者乎？北果公屋，予无银可捐。己亥冬，予登山踏勘，觉其渺茫也。

咸丰十年十二月二十四日

1 绍：继承。

致四弟·教去骄惰

澄侯四弟左右：

腊底由九弟处寄到弟信，具悉一切。弟于世事阅历渐深，而信中不免有一种骄气。天地间惟谦谨是载福之道，骄则满，满则倾矣。凡动口动笔，厌人之俗，嫌人之鄙，议人之短，发人之覆，皆骄也。无论所指未必果当，即使一一切当，已为天道所不许。吾家子弟满腔骄傲之气，开口便道人短长，笑人鄙陋，均非好气象。贤弟欲戒子侄之骄，先须将自己好议人短、好发人覆之习气痛改一番，然后令后辈事事警改。欲去骄字，总以不轻非笑人为第一义；欲去惰字，总以不晏起为第一义。弟若能谨守星冈公之八字，考、宝、早、扫，书、蔬、鱼、猪。三不信，不信僧巫，不信医药，不信地仙。又谨记愚兄之去骄去惰，则家中子弟日趋于恭谨而不自觉矣。

咸丰十一年正月初四日

致四弟·戒不轻非笑人

澄侯四弟左右：

弟言家中子弟无不谦者，此却未然。凡畏人不敢妄议论者，谦谨者也；凡好讥评人短者，骄傲者也。谚云：“富家子弟多骄，贵家子弟多傲。”非必锦衣玉食，动手打人，而后谓之骄傲也，但使志得意满，毫无畏忌，开口议人短长，即是极骄极傲耳。予正月初四信中言戒骄字，以不轻非笑人为第一义；戒惰字，以不晏起为第一义。望弟常常猛省，并戒子侄也。

咸丰十一年二月初四日

致九弟、季弟·宜以静字胜贼

沅、季两弟左右：

官相既已出城，则希庵由下巴河南渡以救省城，甚是矣。希庵既已南渡，狗逆必回救安庆，风驰雨骤，经过黄梅、宿松均不停留，直由石牌以下集贤关，此意计中事也。凡军行太速，气太锐，其中必有不整不齐之处，惟有一静字可以胜之。不出队，不呐喊，枪炮不能命中者不许乱放一声，稳住一二日，则大局已定。然后函告春霆渡江救援，并可约多军三面夹击。吾之不肯令鲍军预先北渡者，一则南岸处处危急，赖鲍军以少定人心；二则霆军长处甚多，而短处正坐少一静字。若狗贼初回集贤关，其情切于救城中之母妻眷属，拼命死战，鲍军当之，胜负尚未可知。若鲍公未至，狗贼有轻视弟等之心，而弟等持以谨静专一之气，虽危险数日，而后来得收多、鲍夹击之效，却有六七分把握。吾兄弟无功无能，俱统领万众，主持劫运，生死之早迟，冥冥者早已安排妥帖，断非人谋计较所能及。只要两弟静守数日，则数省之安危胥赖之矣。至嘱至要。

再，群贼分路上犯，其意无非援救安庆。无论武汉幸而保全，贼必以全力回扑安庆围师；即不幸而武汉疏失，贼亦必以小支牵缀[1]武昌，而以大支回扑安庆，或竟弃鄂不顾。去年之弃浙江而解金陵之围，乃贼中得意之笔，今年钞写前文无疑也。无论武汉之或保或否，总以狗逆回扑安庆时官军之能守不能守以定乾坤之能转不能转。安庆之濠墙能守，则武昌虽失，必复为希庵所克，是乾坤有转机也；安庆之濠墙不能守，则武昌虽无恙，贼之气焰复振，是乾坤无转机也。弟等一军关系天地《剥》《复》[2]之机，无以武汉有疏而遽为震摇，须待狗逆回扑坚守之后，再定主意。

咸丰十一年二月二十二日

致四弟·教子弟以三不信及八本

澄侯四弟左右：

上次送家信者三十五日即到，此次专人四十日未到，盖因乐平、饶州一带有贼，恐中途绕道也。

自十二日克复休宁后，左军分出八营在于甲路地方小挫，退扎景镇。贼幸未跟踪追犯，左公得以整顿数日，锐气尚未大减。目下左军进剿乐平、鄱阳之贼。鲍公一军，因抚、建吃紧，

1 牵缀：谓缀其后使不得自由行动。

2《剥》《复》：《周易》二卦名。谓盛衰、消长。

本调渠赴江西省，先顾根本，次援抚、建。因近日鄱阳有警，景镇可危，又暂留鲍军不遽赴省。胡宫保恐狗逆由黄州下犯安庆沅弟之军，又调鲍军救援北岸。其祁门附近各岭，二十三日又被贼破两处。数月以来，实属应接不暇，危险迭见。而洋鬼又纵横出入于安庆、湖口、湖北、江西等处，并有欲来祁门之说。看此光景，今年殆万难支持。然余自咸丰三年冬以来，久已以身许国，愿死疆场，不愿死牖下[1]，本其素志。近年在军办事，尽心竭力，毫无愧怍，死即瞑目，毫无悔憾。

家中兄弟子侄，惟当记祖父之八个字，曰“考、宝、早、扫，书、蔬、鱼、猪”。又谨记祖父之三不信，曰“不信地仙，不信医药，不信僧巫”。余日记册中又有八本之说，曰“读书以训诂为本，作诗文以声调为本，事亲以得欢心为本，养生以戒恼怒为本，立身以不妄语为本，居家以不晏起为本，作官以不要钱为本，行军以不扰民为本”。此八本者，皆余阅历而确有把握之论，弟亦当教诸子侄谨记之。无论世之治乱，家之贫富，但能守星冈公之八字与余之八本，总不失为上等人家。余每次写家信，必谆谆嘱咐，盖因军事危急，故预告一切也。

余身体平安。营中虽欠饷四月，而军心不甚涣散，或尚能支持亦未可知。家中不必悬念。

咸丰十一年二月二十四日

1 牖（yǒu）下：本为“窗下”之意，后借指寿终正寝。

致九弟·陆路万难多运

沅弟左右：

余于十九日未刻由休宁回至祁门，接弟十六夜信，不胜焦虑之至。弟处日内援贼将自梅、宿而至，桐城、庐江等贼亦将大有举动，乃以余前缄办米之故，尚须分心办南岸粮运事件，兄实不安之至。兄十一日信言弟收三万金，或酌量为我办米数千石，其时未闻东征局三万有改解南岸之说，更未闻贼由梅、宿窜下安庆之说也。厥后接弟信，东征局饷改解南岸，即思酌改为北二南一。兹闻上游之贼由梅、宿窜怀，决计改为北二南一。其南一之数，不必遽买多米，请先买千石，再少亦可。试运一次看何如，第一次不过运百石而已。口袋千个已嫌太多，难于买办，弟乃欲办八千个，则是误会兄意。陆运千难万难，岂有一次运至千石之理？兄忙乱之中，公牍私函俱欠细思；弟则但求竭力为之，亦未细思也。总之，援贼若未至石牌、集贤关一带，则弟试为我运米一次，以百石为率，或不运米而运火绳、铅子亦可。援贼若至，则弟可全不管南岸。其经理之人，则东流以张小山为主，桃树店以姚秋浦为主。弟切不可令盛南表弟到东、建。盛南是弟处最得力之人，援贼若到安庆，盛南可为弟代一半之劳也，千万千万！兄已派人往东、建，嘱盛南速归矣。

咸丰十一年三月十九日

致四弟·述安庆之得失

澄侯四弟左右：

余在休宁发一信，因皖南军务棘手，信中预作不测之想。余旋自休宁回祁门，闻景德镇克复，左季翁军三次大获胜仗，杀贼极多。伪侍王败溃，鼠窜而去。景德镇之贼退净，所有鄱阳、浮梁，凡祁门之后路一律肃清。余方欣欣有喜色，以为可安枕而卧，而闻四眼狗围逼集贤关外，九弟、季弟又十分紧急，不得已抽朱云岩带五百人赴安庆，助守于濠内；又调鲍春霆带八千人赴安庆，助攻于关外。

此次安庆之得失，关系吾家之气运，即关系天下之安危，不知沅、季能坚守半月，以待援兵否？余身体平安。皖南自去冬以来，危险异常，目下大有起色。若安庆能转危为安，则事尚可为耳。

咸丰十一年三月二十四日

致九弟·论人力与天事

沅弟左右：

接来书，具悉一切。昨日雨小而风大，今日风小而雨大。鲍军勇夫万余人，纵能渡江，想初二尚未渡毕，初三则断不能渡。

凡办大事，半由人力，半由天事。如此次安庆之守，濠深而墙坚，稳静而不懈，此人力也；其是否不至以一蚁溃堤，以一蝇玷圭，则天事也。各路之赴援，以多、鲍为正援集贤之师，以成、胡为后路缠护之兵，以朱、韦为助守墙濠之军，此人事也；其临阵果否得手，能否不为狗酋所算，能否不令狗酋逃遁，此天事也。吾辈但当尽人力之所能为，而天事则听之彼苍[1]，而无所容心。弟于人力颇能尽职，而每称擒杀狗酋云云，则好代天作主张矣。

至催鲍进兵，亦不宜太急。鲍之队伍由景镇至下隅坂，仅行五日，冒雨遄[2]征，亦可谓极速矣。其锅帐则至今尚未到齐，以泥太深，小车难动也。弟自抚州拔营至景镇，曾经数日遇雨，试一回思，能如鲍公此次之迅速乎？润帅力劝鲍公进兵不必太急，待狗酋求战，气竭力疲而后徐起应之云云，与弟意见正相反。余意不必催鲍急进，亦不必嘱鲍缓战，听鲍公自行斟酌可也。多公调度远胜于鲍，其马队亦数倍于鲍。待多击退黄文金后，再与鲍军会剿集贤关，更有把握。

至狗酋虽凶悍，然屡败于多、李、鲍之手，未必此次忽较平日更狠。黄文金于洋塘、小麦铺两败，军器丢弃已尽。多、鲍之足以制陈、黄二贼，理也，人力之可知者也；其临阵果否得手，则数也，天事之不可知者也。来书谓狗部有马贼二千五六百，似亦未确。系临阵细数乎？抑系投诚贼供乎？闻贼探多假称投诚者，弟宜慎之。

咸丰十一年四月初三日

1 彼苍：天之代称。

2 遄（chuán）：疾速。

致四弟·洋船济贼油盐

澄弟左右：

余自来东流，心绪略舒。安庆之贼，前扎九垒于中空之处，沅弟又扎六垒于贼之后，并九垒与城，皆以大围包之。鲍军亦扎于赤冈岭，围贼四垒，皆有可破之理。所虑者，洋船过安庆城，停泊一天，运送油盐接济。我虽辛苦围攻，贼仍供应不断耳。四眼狗窜至桐城，恐日内又窜上游，蹂躏完善之区。瑞州一股盘踞如故，建德又新来一股，距东流仅四十里。自去年苏、常失守，金陵师溃，目下贼数骤多至数十倍。闻各处败兵溃勇多半投贼，故凶悍亦倍于往年。天意茫茫，不知何日始有转机也。

余身体平安，遍身生疮，竟日作痒。自三月下旬至今，几于无日不雨，自十五后，无日不大风。江水涨添一丈二尺有奇，重棉犹觉畏寒。洋船上下长江，几如无日无之。

纪泽儿信，亦不为无见。纪鸿文笔大方，可为喜慰。

咸丰十一年四月二十四日

致九弟、季弟·须将外濠加挖

沅弟、季弟左右：

鲍军准用民夫，即日当通行各县。黟县于初五日克复。左军闻亦至景镇。或者天从人愿，三县竟可不弃乎？水大异常，于贼则处处不利。然江西、两湖农不能收种，官不能安居，商不能贸易，口粮更从何处取出？真大忧也。

弟论兵贵精不贵多一段，实有至理。然弟处守外濠内濠，约计七十余里，万余人尚嫌其少。如贼猛扑外、内两濠，地段太长，余深以为虑。比之左公乐平野战，迥乎不同。弟切不可存此心，谓人已太多，力已有余也。若存此心，必致误事。计外、内并守，仅敷一班站防，并不能两班轮替。若贼来轮换猛扑，而守者昼夜不换，岂不可危？弟从此着想，并须将外濠加挖，至嘱至嘱。

添募本不易易。余令鲍、朱、唐添募，系采弟与希庵及诸公之言，实三公均不宜将多也。

咸丰十一年五月初九日

致九弟·宜作坚守之计

沅弟左右：

劫数之大，良可叹悸，然使尧、舜、周、孔生今之世，亦不能谓此贼不应痛剿。

援贼至吕亭驿，日内想已开仗。弟总作一坚守不战之计，并预作一桐军小挫之想，亮当足以御之。

再，狗酋此次援皖，利在速战。方今盛暑酷热，若出队站立烈日之中历二三个时辰之久，任是铁汉，亦将渴乏劳疲。若挂车河官军作坚守之计，任贼诱战搦战，总不出队与之交仗，待其晒过数日之后，相机打之，亦一法也。多礼帅谋略最优，不知肯为此坚忍之着否？弟试与商之。

咸丰十一年六月初五日

致九弟·暂缓奏祀望溪

沅弟左右：

望溪先生之事，公私均不甚惬。

公牍中须有一事实册，将生平履历，某年中举中进士、某年升官降官、某年得罪、某年昭雪及生平所著书名，与列祖褒赞其学问品行之语，一一胪列，不作影响约略之词，乃合定例。望溪两次获罪，一为戴名世《南山集》序，入刑部狱；一为其族人方某挂名逆案，将方氏通族编入旗籍，雍正间始准赦宥，免隶旗籍，望溪文中所云“因臣而宥及合族”者也。今欲请从祀孔庙，须将两案历奉谕旨一一查出，尤将国史本传查出，恐有严旨碍眼者，易干驳诘[1]。从前入祀两庑[2]之案，数十年而不一见，近年层见迭出，几于无岁无之。去年大学士九卿等议复陆秀夫从祀之案，声明以后外间不得率请从祀。兹甫及一年，若

1 驳诘：辩驳诘问。

2 两庑（wǔ）：大成殿东西两面的房子叫“两庑”，里面配享的贤儒大都是著名人物。

遽违新例而入奏，必驳无疑。右三者，公事之不甚惬者也。

望溪经学勇于自信，而国朝巨儒，多不甚推服。《四库书目》中于望溪每有贬词，《皇清经解》中并未收其一册一句。姬传先生最推崇方氏，亦不称其经说。其古文号为一代正宗，国藩少年好之，近十余年亦别有宗尚[1]矣。国藩于本朝大儒，学问则宗顾亭林、王怀祖两先生，经济则宗陈文恭公，若奏请从祀，须自三公始。李厚庵与望溪，不得不置之后图。右，私志之不甚惬者也。

咸丰十一年六月二十九日

致九弟·述贼万难持久

沅弟左右：

当此酷暑，贼以积劳之后远来攻扑，我军若专守一静字法，可期万稳。多公亦宜用静字法，此贼万无持久之道，弟不必虑多军之久困也。或出队，或不出队，或过练潭，或不过练潭，由多公作主。余所谓静者，不焦急耳。昔曹操八十万人自荆州东下，吴以五万人御之，而周瑜策其必败者，一料曹兵不服水土，二料刘表水师新附，不乐为用，三料暑热久疲。其后赤壁之役，果不出周郎之所料。闻德安克复，雪琴专函来报。又言成、蒋

1 宗尚：推崇、效法。

军病人太多，不能全进，又闻鲍军病者极多。以此而推，狗、辅之部病必更多，故料其不能持久。

咸丰十一年七月十七日

致九弟·闻安庆克复

沅弟左右：

郭弁到，接喜信，知本日卯刻克复安庆。是时恰值日月合璧，五星联珠，钦天监[1]于五月具奏，以为非常祥瑞。今皖城按时应验，国家中兴，庶有冀乎！此间银不满六千金，欲凑万金犒赏将士，弟处可设法办得四千金否？

咸丰十一年八月初一日

致九弟·述挽胡润帅联

沅弟左右：

调巡湖营由刘家渡拖入白湖之札，今日办好，即派人送去。吾所虑者，水师不能由大江入白湖，白湖不能通巢湖耳。今仅拖七八丈宽堤即入白湖，斯大幸矣。若白湖能通巢湖，则更幸矣。

余昨日作挽润帅一联云：

---

1 钦天监：掌观察天象、推算节气、制定历法的官署。

逋寇在吴中，是先帝与荩臣临终憾事；

荐贤满天下，愿后人补我公未竟勋名。

咸丰十一年九月十四日

致九弟·今专守庐江无为

沅弟左右：

多公信来，日内呕血甚多。此人劳苦太过，病恐难于速愈。又安庆克城，人人优奖，惟多公尚嫌其薄。弟当以信函慰之，或能亲往看视亦好。

李、王二镇水师，究竟坚劲可恃否？望弟细察。运漕可乘机取，巢县亦未始不可乘机攻取。吾意取之易而守之难，目下且专守庐江、无为二处，稍息兵之力，亦稍抑其矜情躁气。待水师肃清巢湖后，运漕、巢县皆囊中物耳。吾于水师实不放心也。

咸丰十一年九月二十五日

致四弟、九弟·望来共商大计

澄弟、沅弟左右：

得赵玉班寄季弟信，知沅弟于十月二十八日自长沙还家，竟可赶上初三祭期，至慰至慰。

此间军事平安。三河之贼无故自退，或与庐州贼目不和，或别有诡谋，均未可知。予令振字、开字两营移守三河伪城，而派竹庄之千三百人接守庐江，均札归多都统就近调度。竹庄自安庆开差，可至庐邑，不知振、开两营果能守三河要隘否？如守得坚定，则庐郡、巢县或易于得手。

浙江自绍兴失守后别无确信，闻宁波继陷，杭城被围，可危之至。予奏请左寺堂由广信、衢州援浙，又调鲍春霆进攻宁国。宁国距杭仅三百里，亦可掣浙贼之势，坚杭人之心。第目下均尚未拔行，不知赶得及否？

江苏、上海来此请兵之钱调甫，即前任湘抚钱伯瑜中丞之少君[1]也，久住不去，每次涕泣哀求，大约不得大兵同行即不还乡，可感可敬。余前许令沅弟带八千人往救，正月由湘至皖，二月由皖至沪，实属万不得已之举。务望沅弟于年内将新兵六千招齐，正月交盛南带来，沅则扁舟先来，共商大计。吾家一门受国厚恩，不能不力保上海重地。上海为苏、杭及外国财货所聚，每月可得厘捐六十万金，实为天下膏腴。吾今冬派员去提二十万金，当可得也。陈舫仙丁内艰，家无兄弟，本应给假回籍治丧。吾因运漕吃紧之地，批令待沅弟来再行给假。兹将原批暨信钞阅。望沅弟正月到皖，则余不甚失信，至要至要。

咸丰十一年十月十四日

1 少君：敬称他人之子。

致四弟、九弟·但求保全上海

澄弟、沅弟左右：

三河复后，予派振、开两营往守，吴竹庄团防营替守庐江。开营全赴三河，另札将吴、罗、程归多都护调度。运漕等处日内如故。以理揆之，环巢湖四面，庐郡及舒、庐、无、巢五城，运漕、东关、三河三隘，八者官兵已占其六，想贼并此二者亦不能久守矣。惟浙江危急，上海亦有唇齿之忧，务望沅弟迅速招勇来皖，替出现防之兵，带赴江苏下游，与少荃、昌岐同去。得八千陆兵、五千水师，必能保朝廷膏腴之区，慰吴民水火之望也。

京师十月以来，新政大有更张。皇太后垂帘听政，中外悚肃。余连接廷寄谕旨十四件，倚畀[1]太重，权位太尊，虚望太隆，可悚可畏。浙事想已无及，但求沅弟与少荃二人能为我保全上海。人民如海，财货如山，所裨多矣。庐、巢一克，余与弟中无梗隔，事局尚可为也。

咸丰十一年十一月二十四日

致九弟·注意训练新军及戒用人太滥

沅弟左右：

接弟腊月专丁一缄，具悉一切。弟于十九日敬办星冈公拨

1 倚畀（bì）：倚靠信任。

向事件，起行来营，月杪[1]或可赶到。少荃准于二月杪赴镇江，弟能早十日赶到，则诸事皆妥。除程学启外，少荃欲再向弟处分拨千人，余亦欲许之，不知弟有何营可拨？渠赴镇江，即日将有悍贼寻战，新勇太多，实不放心。弟进攻巢县、和、含一带，不妨稍迟，待新军训练已成，再行进兵可也。

用人太滥，用财太侈，是余所切戒阿弟之大端。李、黄、金本属拟不于伦。黄君心地宽厚，好处甚多。而此二者，弟亦当爱而知其恶也。在安庆未虐使军士，未得罪百姓，此二语兄可信之。拼命报国，侧身修行，此二语弟亦当记之。余近日平安。幼丹抚江，季高抚浙，希庵抚皖，应不至大掣肘。

同治元年正月十四日

致季弟·慰丧弟妇

季弟左右：

接家书，知季弟妇于二月初七日仙逝。何以一病不起？想系外感之症。弟向来襟怀不畅，适闻此噩耗，亮必哀伤不能自遣。惟弟体亦不十分强旺，尚当达观节哀，保重身体。应否回籍一行，待沅弟至三山夹与弟熟商，再行定夺。

长江数百里内厘卡太多，若大通再抽船厘，恐商贾裹足，

1 月杪（miǎo）：月底。

有碍大局，拟不批准。荻港厘局分成为数无多，拟批令改于华阳镇分成，为数较多，弟之所得较厚，又与外江水师无交涉争利之嫌，更为妥善。诸嘱保重，至要至要。

同治元年二月二十一日

致九弟、季弟·筹办粤省厘金

沅弟、季弟左右：

复奏朱侍御一疏，定于五日内拜发。请钦派大员专抽广东全省厘金，余奏派委员随同筹办，专济苏、浙、皖、鄂四省之饷，大约所得每月在二十万上下，胜于江西厘务也。此外实无可生发，计今年春夏必极穷窘，秋冬当渐优裕。

马队营制，余往年所定，今阅之，觉太宽而近于滥，如公夫、长夫之类是也。然业已久行，且姑仍之。弟新立营头，即照此办理。将来裁减，当与华字、顺字等营并裁，另行刻新章也。

上海派洋船来接少荃一军，花银至十八万两之多，可骇而亦可怜。不能不令少荃全军舟行，以顺舆情。三月之内，陆续拔行。其黄昌岐水军，则俟三、四月之交，遇大顺风直冲下去。弟到运漕，可告昌岐来此一晤也。

同治元年三月初三日

致九弟·咨鄂协解火药

沅弟左右：

火药即日咨请湖北协解五万，不知见许否？凡与人交际，当求其诚信之素孚；求其协助，当亮其力量所能为。弟每求人，好开大口，尚不脱官场陋习。余本不敢开大口，而人亦不能一一应付，但略亮我之诚实耳。四十万铁，究竟有着落否？此时子弹亦极少也。

韩正国、程学启初七日开行，少荃初八早开行，轮船不过三四日可抵上海。余令开字营号补皖勇改淮勇，程云必待沅帅缄谕乃敢改换，亦足见其不背本矣。

广东全省抽厘专供江浙军饷一折，本日拜发。大约秋冬以后，每月可添银二十万两，春夏则苦不堪言耳。

同治元年三月初八日

致九弟·办事好手不多

沅弟左右：

和城已克，大约裕溪口、西梁山两处俱难站脚，若得庐郡速下，则江北可一律肃清矣。雪琴已派水师三营进清巢湖，若弟能派四千人助围庐郡，东路多公更易得手，但须与守巢县之兵声气联络，万一有大股援贼上犯，我之局势本紧，方能立于不败之地。

至弟欲亲率五千人南渡，助攻芜、鲁，则断不可。用兵以审势为第一要义。以弟军目下论之，若在下游采石渡江，隔断金陵、芜湖两贼之气，下窥秣陵关，是为得势。若在上游三山渡江，使巢、和、西梁留守之师与分攻鲁港之兵隔气，是为失势。余已调鲍公全军与季弟会攻芜、鲁。弟军破西梁山后，将巢、和、西梁山三处派兵守定，即作为弟军后路根本，然后亲率七八千人由采石渡江。闻太平府城已拆，该逆毫无守御，应易收复。弟驻军太平一带，与隔江和州、西梁之兵阴相犄角；水师自裕溪口起至乌江止，联络屯扎，两岸亦易通气。如此布置，则弟军上可夹攻东梁、芜湖，下可规取[1]金陵，似为得势。余意如此，弟再细询熟于地形者，或亲赴南岸一看乃可定局。其渡江之早迟，亦由弟自行酌度。或待庐州克后，或庐未克而先渡，弟与多公函商行之。

至进兵金陵之早迟，亦由弟自行审察机势。机已灵活，势已酣足，早进可也；否则不如迟进。与其顿兵城下，由他处有变而退兵，不如在四外盘旋作势，为一击必中之计。兄不遥制也。

同治元年三月二十七日

---

1 规取：设法夺取。

致九弟·抽本省之厘税

沅弟左右：

接信，知弟目下将操练新军，甚善甚善。惟称欲过江斜上四华山扎营，则断不可。四华山上逼芜湖，下逼东梁，若一两月不破此二处，则我军无势无趣，不得不退回北岸矣。

弟军南渡，总宜在东梁山以下采石、太平一带。如嫌采石下面形势太宽，即在太平以上渡江，总宜夺金柱关，占内河江面为主。余昨言妙处有四：一曰隔断金陵、芜湖之气，二曰水师打通泾县、宁国之粮路，三曰芜贼四面被围，四曰抬船过东坝可达苏州，犹妙之小者耳。又有最大者，金柱关可设厘卡，每月进款五六万；东坝可设厘卡，每月亦五六万。二处皆系苏皖交界，弟以本省之藩司，抽本省之厘税，尤为名正言顺。弟应从太平关南渡，毫无疑义，余可代作主张，其迟速则仍由弟作主耳。西梁上下两岸，从三山起至采石止，望弟绘一图寄来，至要至要。

同治元年四月初六日

致九弟·宜多选好替手

沅弟左右：

水师攻打金柱关时，若有陆兵三千在彼，当易得手。保彭杏南，系为弟处分统一军起见。弟军万八千人，总须另有二人堪为统带者，每人统五六千，弟自统七八千，然后可分可合。杏南而外，尚有何人可以分统，亦须早早提拔。办大事者，以多选替手为第一义。满意之选不可得，姑节取其次，以待徐徐教育可也。

同治元年四月十二日

致四弟·纪鸿幸取县首

澄弟左右：

纪鸿儿幸取县首，诗文虽不甚稳惬，而其中多有精警之句，疏宕之气。寅皆先生时雨之化，可敬可感，当略备微仪，以申鄙意。府院考皆当极热之时，鸿儿体弱，不知能耐此酷暑否？今年乡试，鸿儿即可不必入场，盖工夫尚早，年纪太轻，本无望中之理，又恐鸿儿难熬此九日之辛苦也。

军事平善。多将军于十四夜攻克庐州府城。皖北数十州县为粤匪所占，今皆克复，一律肃清，只余二三城为捻匪、苗逆所占，想亦易于就绪。四眼狗未经擒戮，北窜河南，殊为后患。沅弟由西梁山渡江南岸，进攻金柱关。季弟尚在鲁港。鲍春霆进剿宁国府，徽、衢等处贼皆退，江西今年得保平安。余身体平安，家中不必挂念。

同治元年四月二十四日

致九弟、季弟·注意清慎勤

沅弟、季弟左右：

帐棚即日赶办，大约五月可解六营，六月再解六营，使新勇略得却暑也。小抬枪之药与大炮之药此间并无分别，亦未制造两种药。以后定每月解药三万斤至弟处，当不致更有缺乏。王可升十四日回省，其老营十六可到。到即派往芜湖，免致南岸中段空虚。

雪琴与沅弟嫌隙已深，难遽期其水乳。沅弟所批雪信稿，有是处，亦有未当处。弟谓雪声色俱厉，凡目能见千里而不能自见其睫，声音笑貌之拒人，每苦于不自见，苦于不自知。雪之厉，雪不自知；沅之声色，恐亦未始不厉，特不自知耳。曾记咸丰七年冬，余咎骆公、文、耆待我之薄，温甫则曰："兄之面色，每予人以难堪。"又记十一年春，树堂深咎张泮山简傲不敬，余则谓树堂面色亦拒人于千里之外。观此二者，则沅弟面色之厉，得毋似余与树堂之不自觉乎？

余家目下鼎盛之际，余忝窃将相，沅所统近二万人，季所统四五千人，近世似此者曾有几家？沅弟半年以来，七拜君恩，近世似弟者曾有几人？日中则昃，月盈则亏，吾家亦盈时矣。管子云："斗斛满则人概[1]之，人满则天概之。"余谓天之概无形，仍假手于人以概之。霍氏盈满，魏相概之，宣帝概之；诸葛恪

1 概：刮平，不使过量。

盈满，孙峻概之，吴主概之。待他人之来概而后悔之，则已晚矣。吾家方丰盈之际，不待天之来概，人之来概，吾与诸弟当设法先自概之。自概之道云何？亦不外清、慎、勤三字而已。吾近将清改为廉字，慎字改为谦字，勤字改为劳字，尤为明浅，确有可下手之处。

沅弟昔年于银钱取与之际不甚斟酌，朋辈之讥议菲薄，其根实在于此。去冬之买犁头嘴、栗子山，余亦大不谓然。以后宜不妄取分毫，不寄银回家，不多赠亲族，此廉字工夫也。

谦之存诸中者不可知，其着于外者约有四端：曰面色，曰言语，曰书函，曰仆从、属员。沅弟一次添招六千人，季弟并未禀明径招三千人，此在他统领所断做不到者，在弟尚能集事[1]，亦算顺手。而弟等每次来信索取帐棚、子药等件，常多讥讽之词，不平之语，在兄处书函如此，则与别处书函更可知矣。沅弟之仆从随员颇有气焰，面色言语，与人酬接时，吾未及见，而申夫曾述及往年对渠之词气，至今饮憾。以后宜于此四端痛加克治，此谦字工夫也。

每日临睡之时，默数本日劳心者几件，劳力者几件，则知宣勤王事之处无多，更竭诚以图之，此劳字工夫也。

余以名位太隆，常恐祖宗留诒之福自我一人享尽，故将劳、谦、廉三字时时自惕，亦愿两贤弟之用以自惕，且即以自概耳。

湖州于初三日失守，可悯可敬。

同治元年五月十五日

1 集事：成功。

致九弟、季弟·刚柔互用

沅弟、季弟左右：

沅于人概、天概之说不甚厝意，而言及势利之天下，强凌弱之天下，此岂自今日始哉？盖从古已然矣。

从古帝王将相，无人不由自立自强做出，即为圣贤者，亦各有自立自强之道，故能独立不惧，确乎不拔。昔余往年在京，好与诸有大名大位者为仇，亦未始无挺然特立、不畏强御之意。近来见得天地之道，刚柔互用，不可偏废，太柔则靡，太刚则折。刚非暴虐之谓也，强矫[1]而已；柔非卑弱之谓也，谦退而已。趋事赴公，则当强矫；争名逐利，则当谦退。开创家业，则当强矫；守成安乐，则当谦退。出与人物应接，则当强矫；入与妻孥[2]享受，则当谦退。若一面建功立业，外享大名，一面求田问舍，内图厚实，二者皆有盈满之象，全无谦退之意，则断不能久。此予所深信，而弟宜默默体验者也。

同治元年五月二十八日

---

1 强矫：强行矫正。

2 孥（nú）：儿女。

致九弟、季弟·述负李次青实甚

沅弟、季弟左右：

湖南之米昂贵异常，东征局无米解来，安庆又苦于碾碓无多，每日不能舂出三百石，不足以应诸路之求。每月解子药各三万斤，不能再多，望弟量入为出，少操几次，以省火药为嘱。

扎营图阅悉。得几场大雨，吟、昆等营必日松矣。处处皆系两层，前层拒城贼，后层防援贼，当可稳固无虞。少荃代买之洋枪，今日交到一单，待物到即解弟处。洋物机括太灵，多不耐久，宜慎用之。

次青之事，弟所进箴规极是极是，吾过矣，吾过矣！吾因郑魁士享当世大名，去年袁、翁两处及京师台谏尚累疏保郑为名将，以为不妨与李并举，又有郑罪重李情轻，暨王锐意招之等语，以为比前折略轻。逮拜折之后，通首读来，实使次青难堪。今得弟指出，予益觉大负次青，愧悔无地。予生平于朋友中负人甚少，惟负次青实甚。两弟为我设法，有可挽回之处，予不惮改过也。

同治元年六月初二日

致九弟、季弟·须惜士卒精力

沅弟、季弟左右：

接少荃信，知伪忠王在上海受创而返，即日来援金陵。弟等濠墙已固，应足御之。所虑者，夏月士卒多病，恐队伍单弱。银米子药等事，吾必设法多解，竭平日之力办之。援贼至金陵，大战当在七月，此外弟应需之物，速写信来，七月初尚可赶到。此间能办之件，亦必先尽弟营也。临战之际，预先爱惜士卒精力，以备届时辛苦熬夜，犹考试者场前静养也。

同治元年六月初八日

致九弟·望勿各逞己见，注意外间指摘

沅弟左右：

此次洋枪合用，前次解去之百支果合用否？如有不合之处，一一指出，盖前次亦花大价钱买来，若过于吃亏，不能不一一与之申说也。

吾因近日办事，名望关系不浅，以鄂中疑季之言相告，弟则谓我不应述及。外间指摘吾家昆弟过恶，吾有所闻，自当一一告弟，明责婉劝，有则改之，无则加勉，岂可秘而不宣？鄂之于季，自系有意与之为难。名望所在，是非于是乎出，赏罚于是乎分，即饷之有无亦于是乎判。去冬金眉生被数人参劾，

后至抄没其家，妻孥中夜露立，岂果有万分罪恶哉？亦因名望所在，赏罚随之也。众口悠悠，初不知其所自起，亦不知其所由止。有才者忿疑谤之无因，而悍然不顾，则谤且日腾；有德者畏疑谤之无因，而抑然自修，则谤亦日熄。吾愿弟等之抑然，不愿弟等之悍然。愿弟等敬听吾言，手足式好，同御外侮；不愿弟等各逞己见，于门内计较雌雄，反忘外患。

至阿兄忝窃高位，又窃虚名，时时有颠坠之虞。吾通阅古今人物，似此名位权势，能保全善终者极少。深恐吾全盛之时，不克庇荫弟等，吾颠坠之际，或致连累弟等。惟于无事时常以危词苦语互相劝诫，庶几免于大戾。酷热不能治事，深以为苦。

同治元年六月二十日

致四弟·开用总督关防[1]及监政之印信

澄侯四弟左右：

此间军事，四眼狗纠同五伪王救援安庆，其打先锋者已至集贤关。九弟屡信皆言坚守后濠可保无虞，但能坚持十日半月之久，城中粮米必难再支，可期克复矣。徽州六属俱平安。欠饷多者七个月，少者四五六月不等，幸军心尚未涣散。江西省

1 官防：清代，正规职官用正方形官印，称为“印”；临时派遣的官员用长方形的官印，称为“官防”。

城戒严，附近二三十里处处皆贼。余派鲍军往救，湖北之南岸已无一贼，北岸德安、随州等有金、刘与成大吉三军，必可日有起色。

余癣疾未痊，日来天气亢燥，甚以为苦。幸公事勉强能了，近日无积阁[1]之弊。总督关防、盐政印信于初四日到营，余即于初六日开用。

家中雇长沙园丁已到否？菜蔬茂盛否？诸子侄无傲气否？傲为凶德，惰为衰气，二者皆败家之道。戒惰莫如早起，戒傲莫如多走路、少坐轿，望弟留心做戒。如闻我有傲惰之处，亦写信来规劝。

同治元年七月十四日

致九弟、季弟·不服药之利

沅弟、季弟左右：

季弟病似疟疾，近已痊愈否？吾不以季病之易发为虑，而以季好轻下药为虑。吾在外日久，阅事日多，每劝人以不服药为上策。吴彤云近病极重，水米不进已十四日矣。十六夜四更，已将后事料理，手函托我，余一概应允，而始终劝其不服药。

1 积阁：积压。阁，通“搁”。

自初十日起，至今不服药十一天，昨夜竟大有转机，疟疾减去十之四，呃逆各症减去十之七八，大约保无它变。希庵五月之季病势极重，余缄告之云治心以广大二字为药，治身以不药二字为药，并言作梅医道不可恃。希乃断药月余，近日病已痊愈，咳嗽亦止。是二人者，皆不服药之明效大验。季弟信药太过，自信亦太深，故余所虑不在于病，而在于服药。兹谆谆以不服药为戒，望季曲从之，沅力劝之，至要至嘱。

季弟信中所商六条，皆可允行。回家之期，不如待金陵克后乃去，庶几一劳永逸。如营中难耐久劳，或来安庆闲散十日八日，待火轮船之便，复还金陵本营亦无不可。若能耐劳耐烦，则在营久熬更好，与弟之名曰贞，号曰恒者，尤相符合。其余各条皆办得到，弟可放心。

上海四万尚未到，到时当全解沅处。东征局于七月三万之外，又有专解金陵五万，到时亦当全解沅处。东局保案自可照准，弟保案亦日内赶办。雪琴今日来省，筱泉亦到。

同治元年七月二十日

致九弟、季弟·不可服药

沅弟、季弟左右：

久不接来信，不知季病痊愈否？各营平安否？东征局专解沅饷五万，上海许解四万，至今尚未到皖。阅新闻纸，其中一条言何根云六月初七正法，读之悚惧惆怅！

余去岁腊尾买鹿茸一架，银百九十两，嫌其太贵。今年身体较好，未服补药，亦未吃丸药。兹将此茸送至金陵，沅弟配制后，与季弟分食之。中秋凉后，或可渐服，但偶有伤风微恙，则不宜服。余阅历已久，觉有病时断不可吃药，无病时可偶服补剂调理，亦不可多。吴彤云大病二十日，竟以不药而愈。邓寅皆终身多病，未尝服药一次。季弟病时好服药，且好易方。沅弟服补剂失之太多，故余切戒之，望弟牢记之。

弟营起极早，饭后始天明，甚为喜慰。吾辈仰法家训，惟早起、务农、疏医、远巫四者尤为切要。

同治元年七月二十五日

致九弟、季弟·金陵似可克复

沅弟、季弟左右：

接沅弟排递[1]一缄，大傩礼神[2]，以驱厉气而鼓众心，或亦足以却病。余寸心忧灼，未尝少安。一则以弟营与鲍营病者太多，为之心悸；二则各县禾稼前伤于旱，继而蝗虫阴雨，皆有所损，收成歉薄，各军勇夫七万人难于办米；三则以秦祸[3]日烈，多公

1 排递：由排筏递送过来。

2 大傩（nuó）礼神：以大傩之礼敬奉神祇，以驱逐疫病。

3 秦祸：此指陕西回民起义。

不能遽了，袁、李皆将去位，长淮南北，千里空虚。天意茫茫，竟不知果有厌乱[1]之期否？幸季弟疟疾速愈，大为欣慰。观民心之思治，贼情之涣散，金陵似有可克之机。然古来成大功大名者，除千载一郭汾阳[2]外，恒有多少风波，多少灾难，谈何容易！愿与吾弟兢兢业业，各怀临深履薄之惧，以冀免于大戾。

东征局五万，因北风太大，尚未到省。此月竟止解去五万，下月必补足也。

同治元年七月二十八日

致九弟·述保举人为难

沅弟左右：

所保各员均奉允准，惟金安清明谕不准调营，寄谕恐弟为人耸动[3]。盖因金君经余两次纠参[4]，朝廷恐余兄弟意见不合也。大抵清议[5]所不容者，断非一口一疏所能挽回，只好徐徐以待其自定。又近世保人，亦有多少为难之处。有保之而旁人不以为然，

1 厌乱：厌恶战乱。

2 郭汾阳：唐朝名将郭子仪。安史之乱平息以后，郭子仪因功被封为汾阳王，故又称为“郭汾阳”。

3 耸动：怂恿。

4 纠参：举发弹劾。

5 清议：官僚士大夫品评人物的风气。

反累斯人者；有保之而本人不以为德，反成仇隙者。余阅世已深，即荐贤亦多顾忌，非昔厚而今薄也。

景、河、婺、乐四卡，左帅业已归还余处。上海四万，余志在必得，恐不免大有争论。霞仙升陕抚，先办汉中军务，闻李雨苍系多帅所劾。

同治元年八月初二日

致九弟·述查参金眉生

沅弟左右：

小河西岸尽为我有，贼船万不能过，且凭河为守，又可当一道长濠，可慰之至。然城内有数十万悍贼，上游黄、胡、古、赖等即日下援金陵，穷寇有致死于我之心，抑又可惧之至。河之东岸暂不必谋，少息兵力，以打援贼可也。

金眉生参者极多。二三年来，胜帅屡疏保之，升于九天；袁帅屡疏劾之，沉于九渊。余十一年冬查参革职，胜帅又以一疏劾我，谓为党袁而不公。余偶与汪曜奎言之，汪以告胜，胜又寄函于我，自陈前疏之误。即如下游诸公，李、吴、乔皆痛恶眉而不知其美，郭又酷好眉而不知其恶。此等处弟须详询密查，不可凭立谈而遽信其人之生平耳。饷银今日解去三万，湖南又另解四万与弟，节下当可敷衍。

生日在即，万不可宴客称庆。此间谋送礼者，余已力辞之，弟在营亦宜婉辞而严却之。家门大盛，常存日慎一日而恐其不终之念，或可自保。否则颠蹶之速，有非意计所能及者。

同治元年八月初五日

致四弟·告军中病疫

澄弟左右：

沅、霆两军病疫迄未稍愈，宁国各属军民死亡相继，道殣[1]相望，河中积尸生虫，往往缘船而上。河水及井水皆不可食。其有力者，用舟载水于数百里之外。臭秽之气中人[2]，十病八九。诚宇宙之大劫，军行之奇苦也。

洪容海投诚后，其党黄、朱等目复叛，广德州既得复失。金柱关常有贼窥伺，近闻增至三四万人，深可危虑。余心所悬念者，惟此二处。

余体气平安。惟不能多说话，稍多则气竭神乏。公事积阁，恐不免于贻误。弟体亦不甚旺，总宜好好静养。莫买田产，莫管公事，吾所嘱者，二语而已。盛时常作衰时想，上场当念下场时。富贵人家，不可不牢记此二语也。

同治元年闰八月初四日

---

1 殣（jìn）：饿死（的人）。

2 臭秽之气中人：又臭又脏的污秽之气侵入人的身体。

致四弟·对本县父母官之态度

澄弟左右：

沅弟金陵一军危险异常，伪忠王率悍贼十余万昼夜猛扑，洋枪极多，又有西洋之落地开花炮，幸沅弟小心坚守，应可保全无虞。鲍春霆至芜湖养病，宋国永代统宁国一军，分六营出剿，小挫一次。春霆力疾[1]回营，凯章全军亦赶至宁国守城。虽病者极多，而鲍、张合力，此路或可保全。又闻贼于东坝抬船至宁郡诸湖之内，将图冲出大江，不知杨、彭能知之否？若水师安稳，则全局不至决裂耳。

来信言，余于沅弟，既爱其才，宜略其小节，甚是甚是。沅弟之才，不特吾族所少，即当世亦实不多见。然为兄者，总宜奖其所长而兼规其短，若明知其错而一概不说，则非特沅一人之错，而一家之错也。

吾家于本县父母官，不必力赞其贤，不可力诋其非。与之相处，宜在若远若近、不亲不疏之间。渠有庆吊，吾家必到；渠有公事，须绅士助力者，吾家不出头，亦不躲避；渠于前后任之交代，上司衙门之请托，则吾家丝毫不可与闻。弟既如此，并告子侄辈常常如此。子侄若与官相见，总以谦谨二字为主。

同治元年九月初四日

1 力疾：动作有力而迅速。

致九弟·兵贵机局灵活

沅弟左右：

贼之来援金陵，群酋大会二次，各路布置周妥而后来。贼处心积虑以求逞于我，我轻心深入，以侥幸于不可得之城。弟之骤进，余之调度，皆轻敌而不能精审。此次经一番大惊恐，长一分大阅历。如忠、侍等酋解围而去，弟当趁势退兵，以伤兵羸弱者循江滨退至金柱关，选精锐者整队追贼，追至大官圩、小丹阳一带，与鲍军互为声援。待新募之卒到后，认真整练，再行进兵。

弟由高淳、东坝、溧阳以进宜兴，鲍由建平、广德以进长兴，两路排进，相去常在百里内外。水师棋布于丹阳、石臼、南漪等湖，与陆军相去常在数十里内，旌旗相望。弟以金柱为后路根本，鲍以芜湖为后路根本，处处联络，庶无全局瓦裂之患。宜兴、长兴两城皆在太湖西岸，陆军到此休息停顿。待李朝斌水师办成驶入太湖后，陆军再行前进。此大局所关一年二年之军势，不可不早为定计。若长扎雨花台，以二三万劲旅屯宿该处，援贼不来，则终岁清闲，全无一事；援贼再来，则归路全断，一蚁溃堤。此等最险之着，只可一试再试，岂可屡屡试之，以为兵家要诀乎？望弟早早定计，贼不解围，则忍心坚守；贼若解围，则以追为退，不着痕迹。行兵最贵机局[1]生活，

1 机局：局势。

弟在吉安、安庆，机局已不甚活，至金陵则更呆矣。

久晴之后，必苦阴雨；下弦之后，夜必晦暗。不知弟处仍能坚守否？缩濠恐长贼气，即可定计不缩。营中米粮子药，究竟尚可支若干日？我自能打算也。

同治元年九月二十一日

致九弟·述器重杜小舫

沅弟左右：

接十五日、十七日信，有畏慎[1]而无怫郁[2]，极慰极慰。老弟之意量远矣，先世之气脉长矣。

杜小舫文澜往年经郭雨三专函力保，去年又经晏彤甫函保，故余一见即器重之，许以驻汉口办督销局[3]务。近日与南坡亦极水乳，南亦请以汉口督销局委之。其品望虽未必果翕[4]舆论，然亦当稍优于金、许也。许之条陈[5]多有可采，候与南坡商之。

杨守炮船一事，弟之公牍甚为婉逊，即照弟所拟办理。末世好以不肖之心待人，欲媒孽[6]老弟之短者，必先说与阿兄不睦。

1 畏慎：戒惕谨慎。

2 怫郁：心情不舒畅。

3 督销局：清时掌地区食盐运销的官署。

4 翕（xī）：相合。

5 条陈：分条陈述意见的呈文。

6 媒孽：借端诬罔构陷，酿成其罪。

吾之常常欲弟检点者，即所以杜小人之谗口也。何铣罚款断不放松，幸毋听谣言而生疑。

同治元年九月二十二日

致九弟·切忌全作呆兵

沅弟左右：

来信欣悉。季弟之病已愈六七分，能进饮食，为之大慰。

李世忠虽十分危迫，然渠始终亲驻九洑洲行营，当非遽不能支之象。惟浦口官营被贼攻扑，颇不可解，岂新开口业已干涸，贼已遍行北岸耶？否则贼能渡大江而至九洑洲，不能遽渡新开河而至北岸？若贼已遍行北岸，则和、含、巢、庐，上至舒、桐、潜、太，处处可虑。余拟将希庵部下之驻寿州、霍邱、三河尖等处者陆续抽出，移至六安、庐州、巢、含等处，免致已复之城尽隳前功。

苗沛霖前后所上僧邸各禀，痛诋楚师，令人阅之发指。僧邸所与苗党之札，亦袒护苗练而疏斥楚师。世事变化反复，往往出乎意想之外。所谓道高一尺，魔高一丈。不饱历事故，乌知局中之艰难哉！

弟信均已接到，添募新营，尽可允许；不变换局面，则断不能允许。前此向、和以重兵株守金陵，不早思变计以图灭贼，吾尝讥其全无智略，今岂肯以向、和为师，而蹈其覆辙乎？再添十营，从弟之请可也；金陵老营永不拔动，从弟之计可也；至以数万人全作呆兵，图合长围，则余断断不从。予之拙见，总宜有呆兵，有活兵，有重兵，有轻兵，缺一不可。以万人为呆兵、重兵屯宿金陵，以万人为活兵、轻兵进攻东坝、句容、二溧等处，以八九千人保后路芜湖、金柱，随时策应。望弟熟审，以此次回信定局。

同治元年十月二十七日

致九弟·拟接季弟灵柩

沅弟左右：

接弟十八日辰刻信，知季弟溘逝，哀恸曷极！应商之事，条列于左：

一、余准于三日起行赴金陵，本月内准到。一则与弟商季弟后事及营中各事，一则亲接季弟灵柩，由金陵护送至安庆。载灵榇之船不必大，取其轻便易行者。予坐一长龙船，季榇载一民船，各用数号舢板拖带，庶上水稳而且快。至安庆后，应否另换大船，俟与弟面商。

一、季弟请恤事，应请少荃出奏。上海现在有威林密轮船在此，二十六七日可过金陵，余信弟信，均可由该船带沪。

一、季弟部下五千人，自当归并弟处统领；若另有可分统之人，俟余与弟相见后再行下札。弟久劳之后，继以忧伤，务当强自宽解。予于兄弟骨肉之际，夙有惭德[1]，愧憾甚多。弟则仁至义尽，毫无遗憾，千万莫太悲伤。

一、弟信须洋药等物，余当带洋药万斤、洋帽二十万、洋枪四百杆亲交弟处。白齐文在上海大闹，兹将筠仙原信付阅，该军断不来矣。只要春霆站得住，军务尚可支持也。

同治元年十一月二十二日

致九弟·述季柩已到此

沅弟左右：

两日未接弟信，不知金陵各营平安否？季榇到此已一日，外间幛联颇多，联无十分称意者。余因书一联云：

英名百战总成空，泪眼看河山，怜予季保此人民、拓此疆土；

慧业多生磨不尽，痴心说因果，望来世再为哲弟、并为勋臣。

亦不称意也。今日已漆一次，拟在此漆五次，二十日发引登舟。少荃信来，欲为季请谥、请祠、请加衔立传，恐已在官奏之后，兹将少荃信钞阅。

朱云岩因前调青阳之檄，已弃旌德城而回徽。宁郡四面皆贼，深恐难支。

同治元年十二月初十日

1 惭德：因言行有缺失而内愧于心。

致九弟·作季弟挽联一副

沅弟左右：

昨寄缄后，罼山恰到，道弟虽忧劳过甚，而精神完足，为之少慰。

余在季公馆三宿，今日仍回本署。至盐河一看，新城已修十分之八，十五六可竣工矣。九洑洲图迄无善本，余请人画一幅，以应恭邸之求。兹将副本寄弟一阅，果不甚差谬否？

春霆久无来信，悬系之至。昨夕拟为季弟作墓志，竟夜未成一字，却又得挽联一副云：

大地干戈十二年，举室效愚忠，自称家国报恩子；

诸兄离散三千里，音书寄涕泪，同哭天涯急难人。

或用弟名写之，或不写，未定也。

同治元年十二月十二日

致九弟·派送季柩归里

沅弟左右：

季弟墓志作就，不甚称意。唐鹤九所寄挽联极佳，云：

秀才肩半壁东南，方期一战成功，挽回劫运；

当世号满门忠义，岂料三河洒泪，又陨台星。

余欲改“成功”二字为“功成”，改“洒泪”为“痛定”，似更妥叶。余仅派戈什哈一人送季榇。盖以弟所派诸人，凡事皆有条理，不必更派文武委员，反虞纷乱也。

同治元年十二月十八日

致四弟·述为季弟治丧并家中来接柩事

澄弟左右：

接弟来信，知已得季弟沦逝之信，将在荷叶宅内为季治丧发引[1]。季弟此次身后之事，沅在金陵办得十分整齐。余于初九日接进安庆，二十发引登舟，一切未敢稍忽，大致与七年先大夫之丧礼仪规模一一相似，亦系新制六十四人舆，新制高脚牌。挽联稍少，祭幛则较七年更多。身后之虚荣，在季弟可称全备。前沅弟意季到湘乡后，不必更进紫田、荷叶等屋，余意亦以为然，望弟即照此办理，将季榇从北港径至马公塘山内，千妥万妥。古人云："祭不欲数，数则烦，烦则不敬。[2]"祭尚不可烦渎，况丧礼而可烦渎乎？余系一家之主，安庆系省会之地，又系季弟克复之城，一切礼仪在此行之，即在此发引登山，想季弟之英灵，亦必默鉴，深以为然。

再，季弟灵柩，自金陵至安庆七百里而走十六日，甚为迟滞。此次二十日自安庆开船，计程至湘潭二千里，应须四十余

1 发引：出殡。

2 这句话是说：祭祀的礼节，不可太繁，太繁则使人倦惰，就失去虔敬的心意。

日乃可到潭，当在二月十五后矣。然风信无定，或遇顺风，早到亦未可知。自湘潭至北港，又须七八日。家中办接柩事，总在二月初十以后。葬马公塘则不进荷叶，不葬马公塘则必进荷叶，二者听弟一言决断。余与沅相隔太远，往返商酌，恐致误事，不敢遥断也。

季弟升知府、赠按察使两次谕旨寄回。李中丞又奏请照二品例议恤，请谥请祠，恐更有后命。二十日业经题主[1]，恐须改题耳。

同治元年十二月二十二日

致九弟·述为季弟请谥

沅弟左右：

少荃为季弟请谥请祠折稿昨日寄到，兹钞寄弟阅。目下之是否俞允[2]，殊不敢必。但吾与弟将来若再立功绩，克复金陵，则请谥亦终可望允准。两宫太后及恭邸力求激浊扬清，赏罚严明，但患无可赏之实，不患无不次[3]之赏。而罚罪亦毫不假借，如去年之诛二王一相，今年之戮林、米与何，近日拿问胜帅，又

1 题主：人死后，立一木牌，上写死者衔名，先写作“××× 神王”，然后在出殡前请有名望者用朱笔在“王”字上加一点为“主”，谓之“题主”。

2 俞允：允许。多用于君主。

3 不次：不依寻常次序，犹言“破格”。

拿问前任苏藩司蔡映斗进京，谕旨皆严切异常。吾辈忝当重任，不恃无意外之罚，而恃无可罚之实。

少荃解银四万，吾暂不解弟处，且解鲍、张两军各二万为度岁之资。弟处昨日解银四万两，年内必到。其解钱二万串，今日用民船解去，年内之能到与否，未可知也。

澄弟昨有信来，言季椋不宜附葬马公塘，其言亦颇近理。余因相隔太远，不敢遥决，请澄自行决断。

同治元年十二月二十三日

致九弟·整顿陈栋之勇

沅弟左右：

陈栋之勇除已至金陵三营外，尚有九营，吾昨令营务处点名，共四千六百余人。闻精壮者不甚多，可汰者占三分之一。余札拨二营与鲍春霆，拨一营与朱云岩，以六营归弟处。若果汰去三分之一，则可挑存四营，其余或令全坐原船遣归，或酌留数百作为余勇，听弟裁度。

昨奉年终颁赏福字、荷包、食物之类，闻弟有一分，春霆亦有一分，此系特恩。吾兄弟报国之道，总求实浮于名，劳浮于赏，才浮于事，从此三句切实切实做去，或者免于大戾。

同治二年正月十三日

致九弟·申请辞退一席[1]

沅弟左右：

疏辞两席一节[2]，弟所说甚有道理。然处大位大权而兼享大名，自古曾有几人能善其末路[3]者？总须设法将权位二字推让少许，减去几成，则晚节渐渐可以收场耳。今因弟之所陈，不复专疏奏请，遇便仍附片申请。但能于两席中辞退一席，亦是一妙。

李世忠处，余拟予以一函。一则四坝卡请归余派员经收，其银钱仍归渠用；一则渠派人在两坝封捆淮北之盐，几与抢夺无异，请其迅速停止。看渠如何回复。

本日接两次家信，交来人带寄弟阅。鼎三侄善读书，大慰大慰。其眉宇本轩昂出群，又温弟郁抑过甚，必有稍伸之一日也。弟军士气甚旺，可喜。然军中消息甚微，见以为旺，即寓骄机[4]。老子云“两军相对，哀者胜矣”，其义最宜体验。

同治二年正月十七日

1 席：职位。

2 节：符节。古使者所持以作凭证。

3 善其末路：能有好的结局。

4 见以为旺，即寓骄机：看上去很旺盛，但已经带有骄矜的征兆。

致九弟·述彼此意趣之不同

沅弟左右：

左臂疼痛不能伸缩，实深悬系。兹专人送膏药三个与弟，即余去年贴右臂而立愈者，可试贴之，有益无损也。

"拂意[1]之事接于耳目"，不知果指何事？若与阿兄间有不合，则尽可不必拂[2]郁。弟有大功于家，有大功于国，余岂有不感激、不爱护之理？余待希、厚、雪、霆诸君，颇自觉仁让兼至，岂有待弟反薄之理？惟有时与弟意趣不合。弟之志事[3]，颇近春夏发舒[4]之气；余之志事，颇近秋冬收啬[5]之气。弟意以发舒而生机乃旺，余意以收啬而生机乃厚。平日最好昔人"花未全开月未圆"七字，以为惜福之道、保泰之法莫精于此，曾屡次以此七字教诫春霆，不知与弟道及否？星冈公昔年待人，无论贵贱老少，纯是一团和气，独对子孙诸侄则严肃异常，遇佳时令节，尤为懔懔不可犯，盖亦具一种收啬之气。不使家中欢乐过节，流于放肆也。余于弟营保举、银钱、军械等事，每每稍示节制，亦犹本"花未全开月未圆"之义。至危迫之际，则救焚拯溺，不复稍有所吝矣。弟意有不满处，皆在此等关头，故将余之襟怀揭出，俾弟释其疑而豁其郁，此关一破，则余兄弟丝毫

1 拂意：不如意。

2 拂：通"怫"。

3 志事：抱负。

4 发舒：无约束。

5 啬：爱惜保养。

皆合矣。

再，余此次应得一品荫生，已于去年八月咨部，以纪瑞侄承荫[1]，因恐弟辞让，故当时仅告澄而未告弟也。将来瑞侄满二十岁时，纪泽已三十矣，同去考荫，同当部曹。若能考取御史，亦不失世家气象。以弟于祖父兄弟宗族之间竭力竭诚，将来后辈必有可观。目下小恙断不为害，但今年切不宜亲自督队耳。

同治二年正月十八日

致九弟·述纪梁宜承荫

沅弟左右：

臂疼尚未大愈，至为系念。然治之之法，只宜贴膏药，不宜服水药。余日内当赴金陵看视，正月当成行也。接奉寄谕，知少荃为季弟请二品恤典、立传、予谥、建祠一概允准，但未接阅谕旨耳。陈栋之勇既好，甚慰甚慰。纪梁宜荫一节，余亦思之再四，以其目未痊愈，读书作字均难加功。且弟有功于家庭根本之地，不特为同气[2]之冠，亦为各族所罕，质诸祖父在天之灵，亦应如此。

九洑洲北渡之贼果有若干？吾意尚以南岸为重。刘南云、王峰臣两军，弟幸勿遽调北渡。盖北岸守定安、合、无、庐、

1 承荫：恩荫授官。

2 同气：有血缘关系的亲属，犹指同胞兄弟。

舒五城，此外均可挽救，南岸若失宁国，则不可救矣。

同治二年正月二十七日

致九弟·论恬淡冲融[1]之襟怀

沅弟左右：

弟读邵子诗，领得恬淡冲融之趣，此是襟怀长进处。自古圣贤豪杰，文人才士，其志事不同，而其豁达光明之胸大略相同。以诗言之，必先有豁达光明之识，而后有恬淡冲融之趣。如李白、韩退之、杜牧之则豁达处多，陶渊明、孟浩然、白香山则冲淡处多，杜、苏二公无美不备，而杜之五律最冲淡，苏之七古最豁达。邵尧夫虽非诗之正宗，而豁达、冲淡二者兼全。吾好读《庄子》，以其豁达，足益人胸襟也。去年所讲“生而美者，若知之，若不知之，若闻之，若不闻之[2]”一段，最为豁达。推之即“舜、禹之有天下而不与[3]”，亦同此襟怀也。

吾辈现办军务，系处功利场中，宜刻刻勤劳，如农之力穑，如贾之趋利，如篙工[4]之上滩，早作夜思，以求有济。而治事之外，此中却须有一段豁达冲融气象，二者并进，则勤劳而以恬淡

---

1 冲融：恬适。

2 这句话是说：生来就漂亮之人，好像自己知道，又好像不知道；好像自己听说过，又好像没有听说过。

3 不与：不参与其富贵。

4 篙工：船夫。

出之，最有意味。余所以令刻“劳谦君子”印章与弟者，此也。

少荃已克复太仓州，若再克昆山，则苏州可图矣。吾但能保沿江最要之城隘，则大局必日振也。

同治二年三月二十四日

致九弟·尽可随时陈奏

沅弟左右：

弟之谢恩折，尚可由安庆代作代写代递。初膺[1]开府重任，心中如有欲说之话，思自献于君父之前者，尽可随时陈奏。奏议是人臣最要之事，弟须加一番工夫。弟文笔不患不详明，但患不简洁，以后从简当二字上着力。

同治二年四月初一日

致九弟·不必再行辞谢

沅弟左右：

辞谢一事，本可浑浑言之，但求收回成命，已请筱泉、子密代弟与余各拟一稿矣。昨接弟咨，已换署新衔，则不必再行

1 膺：接受。

辞谢。吾辈所最宜畏惧敬慎者，第一则以方寸为严师[1]，其次则左右近习[2]之人，如巡捕、戈什、幕府文案及部下营哨官之属，又其次乃畏清议。今业已换称新衔，一切公文体制为之一变，而又具疏辞官，已知其不出于至诚矣。

弟应奏之事，暂不必忙。左季帅奉专衔奏事之旨，厥后三个月始行拜疏。雪琴得巡抚及侍郎后，除疏辞复奏二次外，至今未另奏事。弟非有要紧事件，不必专衔另奏。寻常报仗，仍由余办可也。

同治二年四月十六日

致九弟·当大事宜明强

沅弟左右：

来信“乱世功名之际，尤为难处”十字，实获我心。本日余有一片，亦请将钦篆[3]、督篆[4]二者分出一席，另简[5]大员。吾兄弟常存此兢兢业业之心，将来遇有机缘，即便抽身引退，庶几善始善终，免蹈大戾乎？至于担当大事，全在“明强[6]”二字。《中庸》

1 以方寸为严师：以自己（有原则、懂进退、知分寸）的内心作为准则。

2 近习：亲近。

3 钦篆：指钦差大臣。

4 督篆：总督的大印，借指总督的官位。

5 简：选择、选拔。

6 明强：高明、坚强。

学、问、思、辨、行五者，其要归于愚必明，柔必强。弟向来倔强之气，却不可因位高而顿改。凡事非气不举，非刚不济，即修身齐家，亦须以明强为本。

巢县既克，和、含必可得手。以后进攻二浦，望弟主持一切，余相隔太远，不遥制也。

同治二年四月二十七日

致九弟·欣悉家庭和睦

沅弟左右：

苦攻无益，又以皖北空虚之故，心急如焚。我弟忧劳如此，何可再因上游之事，添出一番焦灼。上游之事，千妥万妥。两岸之事皆易收拾，弟积劳太久，用心太苦，不可再虑及他事。

弟以“博文约礼”奖泽儿，语太重大，然此儿纯是弟奖借[1]而日进。记咸丰七年冬，胡帅寄余信，极赞三庵一琴[2]之贤，时温弟在坐，告余曰：“沅弟实胜迪、希、厚、雪。”余比[3]尚不深信。近见弟之围攻百数十里而毫无罅隙，欠饷数百万而毫无怨言，乃信温弟之誉有所试[4]。然则弟之誉泽儿者，或亦有所试乎？

---

1 奖借：称赞、推许。

2 三庵一琴：指湘军四将，李续宾（字迪庵）、李续宜（字希庵）、杨岳斌（字厚庵）、彭玉麟（字雪琴）。

3 比：那时。

4 试：验证。

余于家庭有一欣慰之端，闻妯娌及子侄辈和睦异常，有姜被同眠[1]之风，爱敬兼至，此足卜家道之兴，然亦全赖老弟分家时布置妥善，乃克[2]臻此。余俟江西案办妥乃赴金陵，弟千万莫过忧灼，至祷至嘱。

同治二年六月初一日

致九弟·战事宜自具奏

沅弟左右：

专丁送信，具悉一切。所应复者，仍条列如左：

一、折稿皆轩爽[3]条畅[4]，尽可去得[5]。余平日好读东坡《上神宗皇帝书》，亦取其轩爽也，弟可常常取阅，多阅数十遍，自然益我神智。譬如饮食，但得一般适口充肠，正不必求多品也。金陵战事，弟自行具奏亦可，然弟总以不常奏事为妥。凡督抚以多奏新事、不袭故常[6]为露面，吾兄弟正在鼎盛之际，弟于此等处可略退缩一步。

一、鲍军仍须由大胜关进孝陵卫，决不可由下面绕来。待

1 姜被同眠：东汉姜肱与弟友爱，常同被而眠，后常用“姜被同眠”形容兄弟友爱。

2 克：能够。

3 轩爽：轩敞高爽。

4 条畅：有条理而且通畅。

5 去得：拿得出手。

6 不袭故常：不固袭常规。

过中秋后，弟信一到，余即咨鲍由南头进兵。

一、弟骤添多营，本与余平日之规模不相符合。然贼势穷蹙[1]之际，力求合围亦是正办，余亦不敢以弟策为非。恽中丞余曾保过，凡大臣密保人员，终身不宜提及一字，否则近于挟长[2]，近于市恩[3]。此后余与湘中函牍，不敢多索协饷[4]，以避挟长市恩之嫌，弟亦不宜求之过厚，以避尽欢竭忠之嫌。

一、江西厘务，下半年当可略旺。然余统兵已近十万，即半饷亦须三十万，思之胆寒。弟处米除每月三千外，本日又解四千石矣。

同治二年七月二十三日

致九弟·在积劳二字上着力

沅弟左右：

初五夜地道轰陷贼城十余丈，被该逆抢堵，我军伤亡三百余人，此盖意中之事。城内多百战之寇，阅历极多，岂有不能抢堵缺口之理？苏州先复，金陵尚遥遥无期，弟切不必焦急。

古来大战争、大事业，人谋仅占十分之三，天意恒居十分

1 穷蹙：极其窘迫。

2 挟长：倚仗自己年长。

3 市恩：以私惠讨好别人。

4 协饷：清代对地方贫瘠、收支不能平衡的省份，规定由富裕省份拨款协助，叫作“协饷”。

之七。往往积劳之人非即成名之人，成名之人非即享福之人。此次军务，如克复武汉、九江、安庆，积劳者即是成名之人，在天意已算十分公道，然而不可恃也。吾兄弟但在积劳二字上着力，成名二字则不必问及，享福二字则更不必问矣。

厚庵坚请回籍养亲侍疾，只得允准，已于今日代奏。苗逆于二十六夜擒斩，其党悉行投诚。凡寿州、正阳、颍上、下蔡等城一律收复，长淮指日肃清，真堪庆幸。

弟近日身体健否？吾所嘱者二端：一曰天怀淡定，莫求速效；二曰谨防援贼、城贼内外猛扑，稳慎御之。

同治二年十一月十二日

致四弟·注意俭字

澄弟左右：

围山嘴桥稍嫌用钱太多，南塘竟希公祠宇亦尽可不起。沅弟有功于国、有功于家，千好千好，但规模太大，手笔太廓，将来难乎为继。吾与弟当随时斟酌，设法裁减。此时竟希公祠宇业将告竣，成事不说，其星冈公祠及温甫、事恒两弟之祠皆可不修，且待过十年之后再看。至嘱至嘱。

余往年撰联赠弟，有“俭以养廉，直而能忍”二语。弟之直人人知之，其能忍则为阿兄所独知；弟之廉人人料之，其不俭则阿兄所不及料也。以后望弟于俭字加一番工夫，用一番苦心。

不特家常用度宜俭，即修造公费，周济人情，亦须有一俭字意思。总之，爱惜物力，不失寒士之家风而已。弟以为然否？

同治二年十一月十四日

致四弟·勤俭首要

澄弟左右：

吾不欲多寄银物至家，总恐老辈失之奢，后辈失之骄。未有钱多而子弟不骄者也。吾兄弟欲为先人留遗泽，为后人惜余福，除却勤俭二字，别无做法。弟与沅弟皆能勤而不能俭，余微俭而不甚俭。子侄看大眼、吃大口[1]，后来恐难挽回，弟须时时留心。

同治三年正月十四日

致四弟·宜劝诸侄勤读

澄弟左右：

沅弟营中久无战事，金陵之贼亦无粮尽确耗[2]。杭州之贼目陈炳文，闻有投诚之信，克复当在目前。天气阴雨作寒，景象似不甚佳。吾在兵间日久，实愿早灭此寇，俾斯民稍留孑遗，而

1 看大眼、吃大口：看待事物眼光要求高，吃东西要求无限满足。

2 确耗：确切的消息。

睹此消息，竟未知何日息兵也。

纪泽兄弟及王甥、罗婿，读书均属有恒。家中诸侄，近日勤奋否？弟之勤为诸兄弟之最，俭字工夫，日来稍有长进否？诸侄不知俭约者，弟常常训责之否？至为廑系[1]。

同治三年三月初四日

致九弟·毋恼毋怒以养肝疾

沅弟左右：

适闻常州克复、丹阳克复之信，正深欣慰，而弟信中有云“肝病已深，痼疾已成，逢人辄怒，遇事辄忧”等语，读之不胜焦虑！今年以来，苏、浙克城甚多，独金陵迟迟尚无把握，又饷项奇绌，不如意之事机、不入耳之言语纷至迭乘[2]。余尚愠郁成疾，况弟之劳苦过甚百倍阿兄，心血久亏数倍于阿兄乎？余自春来，常恐弟发肝病，而弟信每含糊言之，此四句乃露实情。此病非药饵所能为力，必须将万事看空，毋恼毋怒，乃可渐渐减轻。蝮蛇螫[3]手，则壮士断其手，所以全生也。吾兄弟欲全其生，亦当视恼怒如蝮蛇，去之不可不勇，至嘱至嘱。

余年来愧对老弟之事，惟拨去程学启一名将，有损于阿弟。

1 廑系：同“廑念”，十分想念，惦念。

2 迭乘：轮流更替。

3 螫（shì）：毒虫或毒蛇咬刺。

然有损于家，有益于国，弟不必过郁，兄亦不必过悔。顷见少荃为程学启请恤一疏，立言公允，兹特寄弟一阅。李世忠事，十二日奏结。又饷绌情形一片，即为将来兄弟引退之张本[1]。余病假于四月二十五日满期，余意再请续假。幕友皆劝销假，弟意以为何如？淮北票盐[2]、课厘[3]两项，每岁共得八十万串，拟概供弟一军。此亦巨款，而弟尚嫌其无几，余于咸丰四、五、六、七、八、九等年，从无一年收过八十万者，再筹此等巨款，万不可得矣。

同治三年四月十三日

致九弟·心肝之病以自养自医为主

沅弟左右：

厚庵到皖，坚辞督办一席。渠之赴江西与否，余不能代为主持。至于具折[4]，则必须渠亲自陈奏，余断不能代辞。厚帅现拟在此办折，拜疏后仍回金陵水营。春霆、昌岐闻亦日内可到。春霆回籍之事，却不能不代为奏恳也。

弟病近日少愈否？肝病余所深知，腹疼则不知何症。屡观

1 张本：为事态的发展预先做出安排。

2 票盐：商家缴纳盐税后凭政府发给的凭证运销的食盐，这里可理解为盐税。

3 课厘：征收的税赋。

4 具折：备拟奏折。

《朗山脉按》，以扶脾为主，不求速效，余深以为然。然心肝两家之病究以自养自医为主，非药物所能为力。今日偶过裱画店，见弟所写对联，光彩焕发，精力似甚完足。若能认真调养，不过焦灼，必可渐渐复元。

同治三年五月初十日

致九弟·郁怒最易伤人

沅弟左右：

内疾外症果愈几分？凡郁怒最易伤人。余有错处，弟尽可一一直说。人之忌我者，惟愿弟做错事，惟愿弟之不恭；人之忌弟者，惟愿兄做错事，惟愿兄之不友。弟看破此等物情，则知世路之艰险，而心愈抑畏[1]，气反愈平和矣。

同治三年五月二十三日

致四弟·教家中以勤俭为主

澄弟左右：

余在金陵二十日起行至安庆，内外大小平安。门第太盛，余教儿女辈惟以“勤、俭、谦”三字为主。自安庆以至金陵，

1 抑畏：谦抑敬畏。

沿江六百里，大小城隘皆沅弟所攻取。余之幸得大名高爵，皆沅弟之所赠送也，皆高、曾、祖、父之所留贻也。余欲上不愧先人，下不愧沅弟，惟以力教家中勤俭为主。余于俭字做到六七分，勤字则尚无五分工夫。弟与沅弟于勤字做到六七分，俭字则尚欠工夫。以后各勉其所长，各戒其所短。弟每用一钱，均须三思。至嘱。

同治三年八月初四日

致四弟、九弟·述浚秦淮河及书信往来论文事

澄弟、沅弟左右：

腊月初六日接沅弟信，知已平安到家，慰幸无已。

少荃于初六日起行，已抵苏州。余于十四日入闱写榜，是夜二更发榜，正榜二百七十三，副榜四十八，闱墨极好，为三十年来所未有，韫斋先生与副主考亦极得意，士子欢欣传诵。韫师定于二十六日起程，平景孙编修奏请便道回浙。此间公私送程仪约各三千有奇[1]。各营挑浚[2]秦淮河，已浚十分之六，约年内可以竣事。

澄弟所劝大臣大儒致身[3]之道，敬悉敬悉。惟目下精神实不

1 奇（jī）：余数，零头。

2 挑浚（jùn）：清除淤塞。

3 致身：本指献身，后用作出仕之典。

如从前耳。

《鸣原堂论文》钞东坡万言书，阅之如尚有不能解者，宜写信来问。弟每次问几条，余每次批几条，兄弟论文于三千里外，亦不减对床风雨[1]之乐。弟以不能文为此生缺憾，宜趁此家居时苦学二三年，不可抛荒片刻也。

同治三年十二月十六日

致九弟·讲求奏议不迟

沅弟左右：

弟信言寄文每月六篇为率[2]，余意每月三次，每次未满千字者则二篇，千字以上者则止一篇。选文之法，古人选三之二，本朝人选三之一，不知果当弟意否？

弟此时讲求奏议尚不为迟，不必过于懊悔。天下督抚二十余人，其奏疏有过弟者，有鲁卫[3]者，有不及弟者。弟此时用功不求太猛，但求有恒。以弟攻金陵坚苦之力用之他事，又何事不可为乎？

同治四年正月二十四日

1 对床风雨：亦作“对床夜雨”，语出白居易诗句“能来同宿否，听雨对床眠”，指亲友或兄弟久别重逢，倾心交谈。

2 率：标准。

3 鲁卫：犹言“兄弟”“伯仲”之间，喻情况相同或相似。

致四弟、九弟·述军情

澄弟、沅弟左右：

纪瑞侄得取县案首，喜慰无已。吾不望代代得富贵，但愿代代有秀才。秀才者，读书之种子也，世家之招牌也，礼教之旗帜也。谆嘱瑞侄从此奋勉加功，为人与为学并进，切戒骄奢二字，则家中风气日厚，而诸子侄争相濯磨[1]矣。

吾自奉督办山东军务之命，初九、十三日两折皆已寄弟阅看，兹将两次批谕钞阅。吾于二十五日启行登舟，在河下停泊三日，待遣回之十五营一概开行，带去之六营一概拔队，然后解维[2]长行。茂堂不愿久在北路，拟至徐州度暑后，九月间准茂堂还湘。勇丁有不愿留徐州者，亦听随茂堂归。总使吉中全军人人荣归，可去可来，无半句闲话惹人谈论，沅弟千万放心。

余舌尖蹇涩，不能多说话，诸事不甚耐烦，幸饮食如常耳。沅弟湿毒未减，悬系之至。药物断难奏效，总以能养能睡为妙。

同治四年五月二十五日

---

1 濯磨：洗涤磨练。比喻加强修养，以期有为。

2 维：缆索。

致四弟、九弟·寄银与亲族三党

澄弟、沅弟左右：

余经手事件，只有长江水师应撤者尚未撤，应改为额兵者尚未改，暨报销二者未了而已。今冬必将水师章程出奏，并在安庆设局办理报销。诸事清妥，则余兄弟或出或处，或进或退，绰有余裕。

近四年每年寄银少许与亲属三党，今年仍循此例。惟徐州距家太远，勇丁不能携带。因写信与南坡，请其在盐局兑汇，余将来在扬州归款。请两弟照单封好，用红纸签写“菲仪”[1]等字，年内分送。千里寄此毫毛，礼文不可不敬也。

同治四年十一月十六日

致四弟·述养身五事

澄弟左右：

乡间谷价日贱，禾豆畅茂，尤是升平景象，极慰极慰。

贼自三月下旬退出曹、郓之境，幸保山东运河以东各属，而仍蹂躏于曹、宋、徐、泗、凤、淮诸府，彼剿此窜，倏往忽来。直至五月下旬，张、牛各股始窜至周家口以西，任、赖各股始窜至太和以西。大约夏秋数月，山东、江苏可以高枕无忧，

1 菲仪：谦辞，菲薄的礼物。

河南、皖、鄂又必手忙脚乱。余拟于数日内至宿迁、桃源一带察看堤墙，即由水路上临淮而至周家口。盛暑而坐小船，是一极苦之事，因陆路多被水淹，雇车又甚不易，不得不改由水程。余老境日逼，勉强支持一年半载，实不能久当大任矣。

因思吾兄弟体气皆不甚健，后辈子侄尤多虚弱，宜于平日讲求养生之法，不可于临时乱投药剂。养生之法，约有五事，一曰眠食有恒，二曰惩忿[1]，三曰节欲，四曰每夜临睡洗脚，五曰每日两饭后各行三千步。惩忿，即余匾中所谓养生以少恼怒为本也。眠食有恒及洗脚二事，星冈公行之四十年，余亦学行有七年矣。饭后三千步近日试行，自矢永不间断。弟从前劳苦太久，年近五十，愿将此五事立志行之，并劝沅弟与诸子侄行之。

余与沅弟同时封爵开府，门庭可谓极盛，然非可常恃之道。记得己亥正月星冈公训竹亭公[2]曰："宽一[3]虽点翰林，我家仍靠作田为业，不可靠他吃饭。"此语最有道理，今亦当守此二语为命脉。望吾弟专在作田上用些工夫，辅之以"书、蔬、鱼、猪，早、扫、考、宝"八字，任凭家中如何贵盛，切莫全改道光初年之规模。凡家道所以可久者，不恃一时之官爵，而恃长远之家规；不恃一二人之骤发，而恃大众之维持。我若有福罢官回家，当与弟竭力维持。老亲旧眷，贫贱族党，不可怠

1 惩忿：克制愤怒。

2 竹亭公：曾国藩父亲曾麟书字"竹亭"。

3 宽一：曾国藩乳名。

慢，待贫者亦与富者一般，当盛时预作衰时之想，自有深固之基矣。

同治五年六月初五日

致九弟·宜在自修处求强

沅弟左右：

接弟信，具悉一切。弟谓命运作主，余素所深信；谓自强者每胜一筹，则余不甚深信。凡国之强，必须多得贤臣工；家之强，必须多出贤子弟。此关乎天命，不尽由人谋。至一身之强，则不外乎北宫黝[1]、孟施舍[2]、曾子三种。孟子之集义而慊[3]，即曾子之自反而缩也。惟曾、孟与孔子告仲由[4]之强，略为可久可常。此外斗智斗力之强，则有因强而大兴，亦有因强而大败。古来如李斯、曹操、董卓、杨素，其智力皆横绝一世，而其祸败亦迥异寻常。近世如陆、何、肃、陈[5]，皆予知自雄，而俱不保其终。故吾辈在自修处求强则可，在胜人处求强则不可。若专在胜人处求强，其能强到底与否尚未可知，即使终身强横安稳，亦君子所不屑道也。

---

1 北宫黝：战国时齐国勇士。

2 孟施舍：传说中的一位勇士。

3 慊（qiè）：惬意，满足。

4 仲由：孔子弟子子路。

5 陆、何、肃、陈：指陆建瀛、何桂清、肃顺、陈孚恩，均未得善终。

贼匪此次东窜，东军小胜二次，大胜一次；刘、潘大胜一次，小胜数次。似已大受惩创，不似上半年之猖獗。但求不窥陕、洛，即窜鄂境，或可收夹击之效。余定于明日请续假一月，十月请开各缺，仍留军营，刻一木戳，会办中路剿匪事宜而已。

同治五年九月十二日

致四弟·送银共患难者及述星冈公之家规

澄弟左右：

余于十月二十五日接入觐[1]之旨，次日写信召纪泽来营，厥后又有三次信止其勿来，不知均接到否？自十一月初六接奉回江督任之旨，十七日已具疏恭辞；二十八日又奉旨令回本任，初三日又具疏恳辞。如再不获命，尚当再四疏辞。但受恩深重，不敢遽求回籍，留营调理而已。余从此不复作官。同乡京官，今冬炭敬[2]犹须照常馈送。昨令李翥汉回湘送罗家二百金，李家二百金，刘家百金，昔年曾共患难者也。

前致弟处千金，为数极少，自有两江总督以来，无待胞弟如此之薄者。然处兹乱世，钱愈多则患愈大，兄家与弟家总不宜多存现银。现钱每年足敷一年之用，便是天下之大富，人间

1 入觐（jìn）：大臣入朝进见帝王。

2 炭敬：外官在冬季赠送京官的钱财。

之大福。家中要得兴旺，全靠出贤子弟，若子弟不贤不才，虽多积银积钱积谷积产积衣积书，总是枉然。子弟之贤否，六分本于天生，四分由于家教。吾家代代皆有世德明训，惟星冈公之教尤应谨守牢记。吾近将星冈公之家规，编成八句，云：

书蔬鱼猪，考早扫宝；常说常行，八者都好；

地命医理，僧巫祈祷，留客久住，六者俱恼。

盖星冈公于地、命、医、僧、巫五项人进门便恼，即亲友远客久住亦恼。此八好六恼者，我家世世守之，永为家训，子孙虽愚，亦必略有范围也。

同治五年十二月初六日

致九弟・一悔字诀

沅弟左右：

鄂署五福堂有回禄[1]之灾，幸人口无恙，上房无恙，受惊已不小矣。其屋系板壁纸糊，本易招火。凡遇此等事，只可说打杂人役失火，固不可疑会匪之毒谋，尤不可怪仇家之奸细。若大惊小怪，胡想乱猜，生出多少枝叶，仇家转得传播以为快。惟有处处泰然，行所无事。申甫[2]所谓“好汉打脱牙和血吞”，星冈公所谓“有福之人善退财”，真处逆境者之良法也。

1 回禄：传说中火神之名。借指火灾。

2 申甫：曾国藩幕僚李申甫。

弟求兄随时训示申儆[1]，兄自问近年得力，惟有一悔字诀。兄昔年自负本领甚大，可屈可伸，可行可藏，又每见得人家不是。自从丁巳、戊午大悔大悟之后，乃知自己全无本领，凡事都见得人家有几分是处。故自戊午至今九载，与四十岁以前迥不相同。大约以能立能达为体，以不怨不尤为用。立者，发奋自强，站得住也；达者，办事圆融，行得通也。吾九年以来，痛戒无恒之弊，看书写字，从未间断，选将练兵，亦常留心，此皆自强能立工夫。奏疏公牍，再三斟酌，无一过当之语，自夸之词，此皆圆融能达工夫。至于怨天本有所不敢，尤人则常不能免，亦皆随时强制而克去之。弟若欲自儆惕[2]，似可学阿兄丁、戊二年之悔，然后痛下针砭，必有大进。

立、达二字，吾于己未年曾写于弟之手卷中，弟亦刻刻思自立自强，但于能达处尚欠体验，于不怨尤处尚难强制。吾信中言皆随时指点，劝弟强制也。赵广汉，本汉之贤臣，因星变[3]而劾魏相，后乃身当其灾，可为殷鉴。默存一悔字，无事不可挽回也。

同治六年正月初三日

1 申儆：训戒。

2 儆惕：戒惧。

3 星变：星象的异常变化。

致九弟·必须逆来顺受

沅弟左右：

接李少帅信，知春霆因弟复奏之片，言省三[1]系与任逆[2]接仗，霆军系与赖逆[3]交锋，大为不平，自奏伤疾举发，请开缺[4]调理。又以书告少帅，谓弟自占地步[5]。弟当此百端拂逆[6]之时，又添此至交龃龉之事，想心绪益觉难堪。然事已如此，亦只有逆来顺受之法，仍不外悔字诀、硬字诀而已。

朱子尝言：悔字如春，万物蕴蓄初发；吉字如夏，万物茂盛已极；吝字如秋，万物始落；凶字如冬，万物枯凋。又尝以元字配春，亨字配夏，利字配秋，贞字配冬。兄意贞字即硬字诀也。弟当此艰危之际，若能以硬字法冬藏之德，以悔字启春生之机，庶几可挽回一二乎？

闻左帅近日亦极谦慎。在汉口气象何如？弟曾闻其略否？申夫[7]阅历极深，若遇危难之际，与之深谈，渠尚能于恶风骇浪之中默识把舵之道，在司道中不可多得也。

同治六年三月初二日

---

1 省三：刘铭传，字省三，淮军将领。

2 任逆：任化邦，捻军首领。

3 赖逆：赖文光，捻军首领。

4 开缺：官员因故去职，致职位空缺，准备另外选人充任。

5 自占地步：行事霸道。

6 百端拂逆：诸事不顺。

7 申夫：李榕，字申夫，时任湖北按察使。

致四弟、九弟·谕旨饬[1]沅陛见[2]

澄弟、沅弟左右：

初二日接奉寄谕，饬沅弟迅速进京陛见，兹用排单[3]恭录谕旨咨至弟处。上年十二月，韫斋先生[4]力言京师士大夫于沅弟毫无闲言，余即知不久必有谕旨征召，特不料如是之速。余拟于日内复奏一次，言弟"所患夜不成寐之病尚未痊愈，赶紧调理。一俟稍痊，即行进京。一面函商臣弟国荃，令将病状详细陈明"云云。沅弟奉旨后，望作一折寄至金陵，附余发折之便复奏。

余意不寐屡醒之症总由元、二两年用心太过，肝家亦暗暗受伤，必须在家静养一年，或可奏效，明春再行出山，方为妥善。若此后再有谕旨来催，亦须稍能成寐乃可应诏急出，不审两弟之意以为何如？

筱荃来抚吾湘，诸事尚不至大有更张。惟次山以微罪去官，令人怅怅。沅弟前函有长沙之行，想正值移宫换羽[5]之际，难为情也。

同治六年三月初四日

---

1 饬（chì）：命令。

2 陛见：谓臣下谒见皇帝。

3 排单：清代驿站传递公文填注的单据。

4 韫斋先生：刘崐，号韫斋，被尊为"湘军之师"。

5 移宫换羽：原指乐曲换调，后比喻事情有变化。

致四弟·念及丁口繁盛

澄弟左右：

吾乡雨水沾足[1]，甲五、科三、科九三侄妇皆有梦熊之祥，至为欢慰。吾自五十以后，百无所求，惟望星冈公之后丁口繁盛，此念刻刻不忘。吾德不及祖父远甚，惟此心则与祖父无殊。弟与沅弟望后辈添丁之念，又与阿兄无殊。或者天从人愿，鉴我三兄弟之诚心，从此丁口日盛，亦未可知。且即此一念，足见我兄弟之同心。无论哪房添丁，皆有至乐。和气致祥，自有可卜昌盛之理。

沅弟自去冬以来忧郁无极。家眷拟不再接来署。吾精力日衰，断不能久作此官。内人率儿妇辈久居乡间，将一切规模立定，以耕、读二字为本，乃是长久之计。

同治六年五月初五日

致四弟、九弟·述为学四要

澄、沅两弟左右：

屡接弟信，并阅弟给纪泽等谕帖，具悉一切。兄以八月十三出省，十月十五日归署。在外匆匆，未得常寄函与弟，深以为歉。小澄生子，岳松入学，是家中近日可庆之事。沅弟夫妇

1 沾足：谓雨水充足。

病而速痊，亦属可慰。

吾见家中后辈体皆虚弱，读书不甚长进，曾以养生六事勖儿辈：一曰饭后千步，一曰将睡洗脚，一曰胸无恼怒，一曰静坐有常时，一曰习射有常时，射足以习威仪，强筋力，子弟宜多习。一曰黎明吃白饭，一碗不沾点菜。此皆闻诸老人，累试毫无流弊者，今亦望家中诸侄试行之。又曾以为学四事勖儿辈：一曰看生书宜求速，不多阅则太陋；一曰温旧书宜求熟，不背诵则易忘；一曰习字宜有恒，不善写则如身之无衣，山之无木；一曰作文宜苦思，不善作则如人之哑不能言，马之跛不能行。四者缺一不可，盖阅历一生，而深知深悔之者，今亦望家中诸侄力行之。养生与为学，二者兼营并进，则志强而身亦不弱，或是家中振兴之象。两弟如以为然，望常以此教诫子侄为要。

兄在外两月有余，应酬极繁，眩晕、疝气等症幸未复发，脚肿亦愈。惟目蒙日甚，小便太数[1]，衰老相逼，时势当然，无足异也。

同治六年十月二十三日

致四弟·兄弟同蒙封爵

澄弟左右：

初十日接奉恩旨，余蒙封侯爵、太子太保，沅弟蒙封伯爵、

1 数（shuò）：屡次。

太子少保，均赏双眼花翎。沅部李臣典子爵，萧孚泗男爵。殊恩异数，萃于一门。祖宗积累阴德，吾辈食此厚报，感激之余，弥增歉悚。沅弟五六月来辛苦迥异寻常，近日湿毒十愈其七。初十、十一、十二等日戏酒宴客，每日百余席，沅应酬周到，不以为苦。谚称“人逢喜事精神爽”，其信然欤！

余拟于七月下旬回皖，九月再来金陵，十一月举行江南乡试。沅弟拟九、十月回籍。各营应撤二万人，遣资尚无着也。

同治七年五月十四日

与二子书

与纪泽书·闻母大故，料理奔丧事宜

字谕纪泽儿：

七月廿五日丑正[1]二刻，余行抵安徽太湖县之小池驿，惨闻吾母大故。余德不修，无实学而有虚名，自知当有祸变，惧之久矣。不谓天不陨灭我身，而反灾及我母，回思吾平日隐慝大罪不可胜数，一闻此信，真无地自容矣。

小池驿去大江之滨尚有二百里，此两日内雇一小轿，仍走旱路，至湖北黄梅县临江之处，即行雇船。计由黄梅至武昌不过六七百里，由武昌至长沙不过千里，大约八月中秋后可望到家。

一出家辄十四年，吾母音容不可再见，痛极痛极！不孝之罪，岂有稍减之处。

兹念京寓眷口尚多，还家甚难，特寄信到京，料理一切，开列于后：

一、我出京时，将一切家事，面托毛寄云年伯，均蒙慨许。此时遭此大变，尔往叩求寄云年伯，筹划一切，必能俯允。现

1 丑正：丑时为一点至三点，一点为丑初，两点为丑正。

在京寓并无银钱，分毫无出，不得不开吊收赙仪，以作家眷回南之路费。开吊所得，大抵不过三百金，路费以人口太多之故，计须四五百金，其不足者，可求寄云年伯张罗。此外同乡如黎樾乔、黄恕皆老伯，同年如王静庵、袁午桥年伯，平日皆有肝胆，待我甚厚，或可求其凑办旅费。受人恩情，当为将来报答之地，不可多求人也。袁漱六姻伯处，只可求其出力帮办一切，不可令其张罗银钱，渠甚苦也。

一、京寓所欠之账，惟“西顺兴”最多，此外如杨临川、王静安、李玉泉、王吉云、陈仲鸾诸兄，皆多年未偿。可求寄云年伯及黎、黄、王、袁诸君，内择其尤相熟者，前往为我展缓[1]。我再有信致各处。外间若有奠金来者，我当概存寄云、午桥两处，有一两即以一两还债，有一钱即以一钱还债，若并无分文，只得待我起复后再还。

一、家眷出京，行路最不易。樊城旱路既难，水路尤险。此外更无好路，不如仍走王家营为妥，只有十八日旱路。到清江即王家营也。时，有郭雨三亲家在彼，到池州江边，有陈岱云亲家及树堂在彼，到汉口时，吾当托人照料。江路虽险，沿途有人照顾，或略好些。闻扬州有红船最稳，虽略贵亦可雇。

尔母最怕坐车，或雇一驮轿亦可，又闻驴子驮轿比骡子较好。然驮轿最不好坐，尔母可先试之，如不能坐，则仍坐三套大车为妥。于驮轿大车之外，另雇一空轿车备用，不可装行李。

1 展缓：放宽期限。

一、开吊散讣，不可太滥。除同年、同乡、门生外，惟门簿上有来往者散之，此外不可散一分，其单请庞省三先生定。此系无途费不得已而为之，不可滥也，即不滥，我已愧恨极矣。

一、外间亲友，不能不讣告寄信，然尤不可滥，大约不过二三十封。我到武昌时，当寄一单来，并寄信稿，此刻不可遽发信。

一、铺店账目，宜一一清楚。今年端节，已全楚矣。此外只有松竹斋新账，可请省三先生往清，只可少给他，不可欠他的出京。又有天元德皮货店，请寄云年伯往清，其新猞猁猻皮褂，即退还他，若已做成，即并缎面送赠寄云可也。万一无钱，皮局账亦暂展限，但累寄云年伯多矣。

一、"西顺兴"账，自丁未年夏起，至辛亥年夏止，皆有折子。可将折子找出，请一明白人细算一遍，如省三先生、湘宾先生及子彦皆可。究竟用他多少钱。专算本钱，不必兼算利钱，待本钱还清，然后再还利钱。我到武昌时，当写一信与萧沛之三兄，待我信到后，然后请寄云年伯去讲明可也。总须将本钱利钱划为两段，乃不至轇轕[1]不清。六月所借之捐贡银一百廿余金，须设法还他，乃足以服人。此事须与寄云年伯熟计。其折子即交与毛，另誊一个带回。

一、高松年有银百五十金，我经手借与曹西垣，每月利息立有折子。京钱十千。今我家出京，高之利钱已无着落。渠系苦

1 轇轕（jiāo gé）：参差纵横，杂乱交错。

人，我当写信与西垣，嘱其赶紧寄京。目前求黎樾乔老伯，代西垣清几个月利钱，至恳至恳。并请高与黎见面一次。

一、木器等类，我出京时，已面许全交与寄云，兹即一一交去，不可分散于人；虽炕垫炕枕及我坐蓝缎垫之类，玻璃灯及镜屏之类，亦一概交寄云年伯。盖器本少，分则更少矣，送渠一人，犹成人情耳。锡器磁器，亦交与他。锡器带一木箱回家亦可，其九碗合大圆席者不必带。

一、书籍我出京时一一点明与尔舅父看过，其要紧者，皆可带回。《读礼通考》四套，不在要紧之列，此时亦须带回。

此外我所不要带之书，惟《皇清经解》六十函算一大部，我出京时已与尔舅说明，即赠送与寄云年伯；我带两函出京，将来仍寄京。又《会典》五十函算一大部，可借与寄云用。自此二部外，并无大部，亦无好板，可买打磨厂油箱，一一请书店伙计装好，上贯铁钉封皮。交寄云转寄存一庙内，每月出赁钱可也。边袖石借《通典》一函，田敬堂借地图八幅，吴南屏借梅伯言诗册，俱往取出带回。

一、大厅书架之后，有油木箱三个，内皆法帖之类，其已裱好者可全带回，其未裱者带回亦可送人。家信及外来信粘在本子上者，皆宜带回。地舆图三付，并田敬堂借一分则四分矣。皆宜带回，又有十八省散图亦带回。字画对联之类择好者带回，上下木轴均撤去，以便卷成一捆。其不好者太宽者不必带，如《画像赞》《玄秘塔》之类。做一宽箱封锁，与书箱同寄一庙内。

凡收拾书籍字画之类，均请省三先生及子彦帮办，而牧云一一过目。其不带者，均用箱寄庙。带一点单回。

一、我本思在江西归家，凡本家亲友，皆以银钱赠送。今既毫无可赠矣，尔母归来，须略备接仪[1]。但须轻巧不累赘者，如毡帽、挽袖之类，亦不可多费钱；捞沙膏、眼药之属，亦宜带些。高丽参带半斤。

一、纪泽宜做棉袍褂一付、靴帽各一，以便向祖父前叩头承欢。

一、王雁汀先生寄书，有一单，我已点与子彦看。记得乾隆二集系王世兄取去，五集系王太史敦敏向刘世兄借去，余刘世兄取去者有一片，此外皆在架上，可送还他。

一、苗仙鹿寄卖之书，《声订》《声读表》共一种，《毛诗韵订》一种，《建首字读》本想到江西销售几部，今既不能，可将书架顶上三种各四十余部还他，交黎樾乔老伯转交。

一、送家眷出京，求牧云总其事。如牧云已中举，亦求于复试后九月廿外起行，由王家营水路至汉口，或不还家，仍由汉口至京会试可也。下人中必须罗福、盛贵，若沈祥能来更好，否则李长子亦可，大约男仆须四人，女仆须三人。九月廿前后必须起程，不可再迟。一定由王家营走，我当写信托沿途亲友照料。

一、水陆途费约计三百余金，买东西捆装行李之物及略备接仪约须数十金，男女仆婢支用安家约须数十金，罗福、盛贵、

1 接仪：接人待物的礼金或是礼物。

鲁厨子多给几许钱亦可。共须五百金也。开吊之所入不足，则求毛年伯及诸位老伯张罗，总以早出京到家为要。其京中各账，我再写信去料理。

以上十七条，细心看明照办。并请袁姻伯、庞先生、毛寄云年伯、黎樾乔老伯、黄恕皆老伯、王静庵年伯、袁午桥年伯同看，不可送出外去看。

咸丰二年七月二十六日

与纪泽书·料理奔丧事宜

字谕纪泽儿：

吾于七月廿五日在太湖县途次痛闻吾母大故，是日仍雇小轿行六十里，是夜未睡，写京中家信料理一切，命尔等眷口于开吊后赶紧出京。廿六夜发信交湖北抚台寄京，廿七发信交江西抚台寄京。两信是一样说话，而江西信更详，恐到得迟，故由两处发耳。惟仓卒哀痛之中，有未尽想到者，兹又想出数条，开示于后：

一、他人欠我账目，算来亦将近千金。惟同年鄢勖斋敏学，当时听其肤受之诉[1]而借与百金，其实此人并不足惜，寄云兄深知此事。今渠已参官[2]，不复论已。此外凡有借我钱者，皆光景甚

1 肤受之诉：指谗言。肤受，指浮泛不实，或指利害切身。

2 参官：被参劾而罢官。

窘之人，此时我虽窘迫，亦不必向人索取，如袁亲家、黎樾翁、汤世兄、周荇农、邹云阶，此时皆甚不宽裕。至留京公车，如复生同年、吴镜云、李子彦、刘裕轩、曾爱堂诸人，尤为清苦异常，皆万不可向其索取，即送来亦可退还。盖我欠人之账，既不能还清出京，人欠我之账而欲其还，是不恕[1]也。从前黎樾翁出京时，亦极窘，而不肯索穷友之债，是可为法。至于胡光伯之八十两、刘仙石之二百千钱，渠差旋[2]时自必还交袁亲家处，此时亦不必告知渠家也。外间有借我者，亦极窘，我亦不写信去问他。

一、我于廿八廿九在九江耽搁两日，雇船及办青衣等事，三十早即开船。廿九日江西省城公送[3]来奠分银[4]一千两，余以三百两寄京还债，以“西顺兴”今年之代捐贡银及寄云兄代买皮货银之类，皆极紧急，其银交湖北主考带进京，想到京时家眷已出京矣，即交寄云兄择其急者而还之。下剩七百金，以二百余金在省城还账，即左景乔之百金及凌、王、曹、曾四家之奠金。带四百余金至家办葬事。

一、驮轿要雇即须二乘，尔母带纪鸿坐一乘，乳妈带六小姐五小姐坐一乘。若止一乘，则道上与众车不同队，极孤冷也。此外雇空太平车一乘，备尔母道上换用。又雇空轿车一乘，备

1 恕：仁爱；推己及人。

2 旋：归来。

3 公送：众人联合赠送。

4 奠分银：送给丧家的奠礼。

尔与诸妹弱小者坐。其余概用三套头大车。我之主见，大略如此，若不妥当，仍请袁姻伯及毛、黎各老伯斟酌，不必以我言为定准。

一、李子彦无论中否，皆须出京，可请其与我家眷同行几天，行至雄县，渠分路至保定去，亦不甚绕也。到清江浦写[1]船，可请郭雨三姻伯雇，或雇湖广划子二只亦可，或至扬州换雇红船，或雇湘乡“钓钩子”亦可。沿途须发家信，至清江浦托郭姻伯寄信，至扬州托刘星房老伯寄信，至池州托陈姻伯，至九江亦可求九江知府寄，至湖北托常太姻伯寄，以慰家中悬望。信面写法，另附一条。

一、小儿女等，须多做几件棉衣。道上十月固冷，船上尤寒也。

一、我托夏阶平老伯请各家诰封：一梁献廷、一邓廷楠、一刘继振三教官。我另有信与阶平兄，尔须送银十二两至夏家去。至家中请封之事，暂不交银，俟后再寄可也。

一、御书诗匾及戴醇士、刘椒云所写匾，俱可请裱匠启下，卷起带回。王孝凤借去天图，其底本系郭筠仙送我的，暂存孝凤处，将来请交筠仙。

一、我船一路阻风，行十一日，尚止走得三百余里，极为焦灼。幸冯树堂由池州回家，来至船上，与我作伴，可一同到省，堪慰孤寂，京中可以放心。

---

1 写：租赁。

一、江西送奠仪千金，外有门包[1]百金，丁贵、孙福等七人已分去六十金，尚存四十金，将来罗福、盛贵、沈祥等到家，每人可分八九两。渠等在京要支钱，亦可支与他，渠等皆极苦也。

一、松竹斋军机信封五寸长者、六寸长者、七寸长者三等，各为我买百封并签子。

一、我写信十余封至京，各处有回我信者，先交折差寄回。

一、我在九江时，知府陈景曾、知县李福甲午同年。皆待我极好。家眷过九江时，我已托他照应，但讨快不讨关。讨关，免关钱也，讨快但求快快放行，不免关税也。尔等过时，渠若照应，但可讨快，不可代船户讨免关。

一、船上最怕盗贼。我在九江时，德化县派一差人护送，每夜安船后，差人唤塘兵打更，究竟好些。家眷过池州时，可求陈姻伯饬县派一差人护送，沿途写一“溜信”一径护送到湖南，上县传知下一县，谓之“溜信”。或略好些。若陈姻伯因系亲戚，避嫌不肯，则仍至九江求德化县派差护送。每过一县换一差，不过赏大钱二百文。

一、各处发讣信，现在病不知日，没不知时，不能写信稿，只好到家后再说。

沿途寄家信封面写式：

1 门包：送给看门人的贿赂财物。

内家信敬求加封妥寄至

湖北巡抚部院常署内转求速递至湘乡县

前任礼部右堂曾宅开拆为感

某月某日自某处发

家眷不出京，此式不用了。此后写信，但交顺天府马递至湖北抚署转交我手便是。

（此信写后，余于十二日至湖北省城晤常世兄，备闻湖南消息。此后家眷不出京，我另写一信，此信全用不着了。）

咸丰二年八月初八日

与纪泽书·知长沙被围

字谕纪泽儿：

余于初八日在舟中写就家信，十一早始到黄州，因阻风太久，遂雇一小轿起旱[1]。十二日未刻到湖北省城，晤常南陔先生之世兄，始知湖南消息。长沙被围危急，道路梗阻，行旅不通，不胜悲痛，焦灼之至。现在武昌小住，家眷此时万不可出京，且待明年春间再说。开吊之后，另搬一小房子住，予陆续设法寄银进京用。匆匆草此，俟一二日内续寄。

咸丰二年八月十二夜

1. 起旱：由陆地行走。

与纪泽书·绕道回乡

字谕纪泽儿：

十三日在湖北省城住一天，左思右想，只得仍回家见吾父为是。拟十四日起行，由岳州、湘阴绕道出沅江、益阳以至湘乡，大约须半月。沿途自知慎重。如果遇贼，即仍回湖北省城，陆续有家信寄京，不必挂念。

家眷既不出京，止将书检存箱内，搬一房子，余物概不必动。予行李皆存常大人署中，留荆七、孙福看守。自带丁、韩二人回南，常又差四人护送，可以放心。

咸丰二年八月十三夜

与纪泽书·至家料理母亲后事

字谕纪泽儿：

予于八月十四日在湖北起行，十八至岳州，由湘阴、宁乡绕道，于二十三日到家，在腰里新屋痛哭吾母。二十五日至白杨坪老屋，敬谒吾祖星冈公坟墓。家中老少平安，地方亦安静。合境团练武艺颇好，土匪可以无虞。吾奉父亲大人之命，于九月十三日暂厝吾母于腰里屋后，俟将来寻得吉地，再行迁葬。

家眷在京，暂时不必出京，俟长沙事平再有信来。王吉云同年在湖北主考回京，予交三百二十金托渠带京，想近日可到。

予将发各处讣信，刻尚无暇，待九月再寄。京中寄信同，交湖北常大人处最妥。岳父、岳母俱于二十五日来我家，身体甚好，尔可告知尔母，余不尽。

咸丰二年八月二十六日

与纪泽书·出殡之事一切从俭

字谕纪泽儿：

予自在太湖县闻讣后，于二十六日书家信一号，托陈岱云交安徽提塘寄京，二十七日发二号家信，托常南陔交湖北提塘寄京，二十八日发三号，交丁松亭转交江西提塘寄京。此三次信，皆命家眷赶紧出京之说也。八月十三日，在湖北发家信第四号，十四日发第五号，二十六日到家后发家信第六号。此三次信皆言长沙被围，家眷不必出京之说也。不知皆已收到否？

予于二十三日到家，家中一切清吉，父亲大人及叔父母以下皆平安。予癣疾自到家后日见痊愈。地方团练人人皆习武艺，土匪决可无虞。粤匪之氛虽恶，我境僻处万山之中，不当孔道[1]，亦断不受其蹂躏。

现奉父亲大人之命，于九月十三日权厝先妣于下腰里屋后山内，俟明年寻有吉地再行改葬。所有出殡之事，一切皆从俭约。

1 孔道：大道、要道。

丁贵自二十七日已打发他去了，我在家并未带一仆人，盖居乡即全守乡间旧样子，不参半点官宦气习。丁贵自回益阳，至渠家住数日，仍回湖北为我搬取行李回家，与荆七二人同归。孙福系山东人，至湖南声音不通，即命渠由湖北回京，给渠盘缠十六两，想渠今冬可到京也。

尔奉尔母及诸弟妹在京，一切皆宜谨慎。目前不必出京，待长沙贼退后，予有信来，再行收拾出京。

兹寄去信稿一件，各省应发信单一件。尔可将信稿求袁姻伯或庞师照写一纸发刻[1]。其各省应发信，仍求袁、毛、黎、黄、王、袁诸位妥为寄去。予到家后，诸务丛集，各处不及再写信，前在湖北所发各处信，想已到矣。

十三日申刻，母亲大人发引，戌刻下殡[2]。十二日早响鼓，巳刻开祭，共祭百余堂。十三日正酒一百九十席，前后客席甚多。十四日开吊，客八人一席，共二百六十余席，诸事办得整齐。母亲即权厝于凹里屋后山内，十九日筑坟可毕。

现在地方安静。闻长沙屡获胜仗，想近日即可解围。尔等回家，为期亦近。罗劭农芸皋之弟。至我家，求我家在京中略为分润渠兄。我家若有钱，或十两，或八两，可略分与芸皋用，不然，恐同县留京诸人有断炊之患也。书不能尽，余俟续示。

咸丰二年九月十八日

---

1 发刻：交付刻板。

2 下殡（sì）：将灵柩用大绳吊入墓穴，叫“下殡”。

与纪鸿书·由俭入奢易，由奢返俭难

字谕纪鸿儿：

家中人来营者，多称尔举止大方，余为少慰。凡人多望子孙为大官，余不愿为大官，但愿为读书明理之君子。勤俭自持，习劳习苦，可以处乐，可以处约，此君子也。

余服官二十年，不敢稍染官宦气习，饮食起居，尚守寒素家风，极俭也可，略丰也可，太丰则吾不敢也。凡仕宦之家，由俭入奢易，由奢返俭难，尔年尚幼，切不可贪爱奢华，不可惯习懒惰。无论大家小家、士农工商，勤苦俭约，未有不兴，骄奢倦怠，未有不败。尔读书写字不可间断，早晨要早起，莫坠高曾祖考以来相传之家风。吾父吾叔，皆黎明即起，尔之所知也。

凡富贵功名，皆有命定，半由人力，半由天事。惟学作圣贤，全由自己作主，不与天命相干涉。吾有志学为圣贤，少时欠居敬工夫，至今犹不免偶有戏言戏动。尔宜举止端庄，言不妄发，则入德之基也。

咸丰六年九月廿九日

与纪泽书·劝儿勤学，不可浪掷光阴

字谕纪泽儿：

胡二等来，接尔安禀[1]，字画尚未长进。尔今年十八岁，齿已渐长，而学业未见其益。陈岱云姻伯之子号杏生者，今年入学，学院批其诗冠通场。渠系戊戌二月所生，比尔仅长一岁，以其无父无母，家渐清贫，遂尔勤苦好学，少年成名。尔幸托祖父余荫，衣食丰适，宽然无虑，遂尔酣豢[2]佚乐，不复以读书立身为事。古人云劳则善心生，佚则淫心生，孟子云生于忧患，死于安乐，吾虑尔之过于佚也。

新妇初来，宜教之入厨作羹，勤于纺绩，不宜因其为富贵子女，不事操作。大、二、三诸女已能做大鞋否？三姑一嫂每年做鞋一双寄余，各表孝敬之忱，各争针黹[3]之工。所织之布，做成衣袜寄来，余亦得察闺门以内之勤惰也。

余在军中，不废学问，读书写字，未甚间断，惜年老眼蒙，无甚长进。尔今未弱冠，一刻千金，切不可浪掷光阴。

四年所买衡阳之田，可觅人售出，以银寄营，为归还李家款。父母存，不有私财，士庶人且然，况余身为卿大夫乎？

余癣疾复发，不似去秋之甚。李次青十七日在抚州败挫，

---

1 安禀：旧时儿女给父母写信要请安问好，并且禀告自己的情况，因此把儿女给父母的信叫作“安禀”。

2 酣豢（huàn）：沉醉于某种情境。

3 针黹（zhǐ）：指各种针线活。

已详寄沅浦函中，现在崇仁加意整顿，三十日获一胜仗。口粮缺乏，时有决裂之虞，深用焦灼。

尔每次安禀，详陈一切，不可草率。祖父大人之起居，阖家之琐事，学堂之工课，均须详载，切切此谕。

咸丰六年十月初二日

与纪泽书·教子读《汉书》

字谕纪泽儿：

接尔安禀，字画略长进，近日看《汉书》。余生平好读《史记》《汉书》《庄子》《韩文》四书，尔能看《汉书》，是余所欣慰之一端也。

看《汉书》有两种难处：必先通于小学训诂之书，而后能识其假借奇字；必先习于古文辞章之学，而后能读其奇篇奥句。尔于小学、古文两者皆未曾入门，则《汉书》中不能识之字、不能解之句多矣。

欲通小学，须略看段氏《说文》《经籍纂诂》二书。王怀祖先生有《读书杂志》，中于《汉书》之训诂极为精博，为魏晋以来释《汉书》者所不能及。

欲明古文，须略看《文选》及姚姬传之《古文辞类纂》二书。班孟坚[1]最好文章，故于贾谊、董仲舒、司马相如、东方朔、

1 班孟坚：班固，字孟坚，《汉书》作者。

司马迁、扬雄、刘向、匡衡、谷永诸传皆全录其著作；即不以文章名家者，如贾山、邹阳等四人传，严助、朱买臣等九人传，赵充国屯田之奏，韦元成议礼之疏以及贡禹之章，陈汤之奏狱，皆以好文之故，悉载钜篇。如贾生[1]之文，既著于本传，复载于《陈涉传》《食货志》等篇；子云[2]之文，既著于本传，复载于《匈奴传》《王贡传》等篇；极之《充国赞》《酒箴》，亦皆录入各传。盖孟坚于典雅瑰玮之文，无一字不甄采[3]。尔将十二帝纪阅毕后，且先读列传。凡文之为昭明[4]暨姚氏[5]所选者，则细心读之，即不为二家所选，则另行标识之。若小学、古文二端略得途径，其于读《汉书》之道思过半矣。

世家子弟，最易犯一奢字、傲字。不必锦衣玉食而后谓之奢也，但使皮袍呢褂俯拾即是，舆马仆从习惯为常，此即日趋于奢矣。见乡人则嗤其朴陋，见雇工则颐指气使，此即日习于傲矣。《书》称“世禄之家，鲜克由礼[6]”。《传》[7]称“骄奢淫佚，宠禄过也”。京师子弟之坏，未有不由于骄奢二字者，尔与诸弟其戒之。至嘱至嘱。

咸丰六年十一月初五

---

1 贾生：指西汉初年著名政论家、文学家贾谊。

2 子云：扬雄，字子云，西汉辞赋家、思想家。

3 甄采：选择采用。

4 昭明：指南朝梁文学家萧统。萧统谥号昭明，俗称“昭明太子”。

5 姚氏：姚鼐，字姬传，清代著名散文家，与方苞、刘大櫆并称为“桐城派三祖”。

6 这句话是说：世代做官的人家，很少遵循礼教。

7《传》：指《左传》。

与纪泽书·教子读书习字及做人之道

字谕纪泽儿：

余此次出门，略载日记，即将日记封每次家信中。闻林文忠家书，即系如此办法。

尔在省仅至丁、左两家，余不轻出，足慰远怀。

读书之法，看、读、写、作四者，每日不可缺一。看者，如尔去年看《史记》《汉书》《韩文》《近思录》，今年看《周易折中》之类是也。读者，如《四书》《诗》《书》《易经》《左传》诸经，《昭明文选》、李、杜、韩、苏之诗，韩、欧、曾、王之文，非高声朗诵则不能得其雄伟之概，非密咏恬吟则不能探其深远之韵。譬之富家居积[1]，看书则在外贸易，获利三倍者也；读书则在家慎守，不轻花费者也。譬之兵家战争，看书则攻城略地，开拓土宇者也；读书则深沟坚垒，得地能守者也。看书与子夏之“日知所亡”[2]相近，读书与“无忘所能”[3]相近，二者不可偏废。

至于写字，真行篆隶，尔颇好之，切不可间断一日。既要求好，又要求快。余生平因作字迟钝，吃亏不少。尔须力求敏捷，每日能作楷书一万，则几[4]矣。

---

1 居积：积累。

2 日知所亡：每天都了解一些新知识。

3 无忘所能：每月都不忘学到的东西。

4 几：差不多。

至于作诗文，亦宜在二三十岁立定规模，过三十后则长进极难。作四书文，作试帖诗，作律赋，作古今体诗，作古文，作骈体文，数者不可不一一讲求，一一试为之。少年不可怕丑，须有狂者进取之趣，过时不试为之，则后此弥[1]不肯为矣。

至于作人之道，圣贤千言万语，大抵不外敬、恕二字。“仲弓问仁”[2]一章，言敬恕最为亲切。自此以外，如“立则见参于前也，在舆则见其倚于衡也”，“君子无众寡，无小大，无敢慢”，斯为泰而不骄；正其衣冠，俨然人望而畏，斯为威而不猛。是皆言敬之最好下手者。孔言欲立立人，欲达达人；孟言行有不得，反求诸己；以仁存心，以礼存心；有终身之忧，无一朝之患。是皆言恕之最好下手者。尔心境明白，于恕字或易着功，敬字则宜勉强行之。此立德之基，不可不谨。

科场在即，亦宜保养身体。余在外平安，不多及。

再，此次日记，已封入澄侯叔函中寄至家矣。余自十二至湖口，十九夜五更开船晋[3]江西省，廿一申刻即至章门。余不多及。又示。

咸丰八年七月廿一日

---

1 弥：更。

2 仲弓问仁：仲弓问孔子怎样做才是“仁”。

3 晋：同“进”。

与纪泽书·读书当循“虚心涵泳[1]，切己体察”之法

字谕纪泽：

八月一日，刘曾撰来营，接尔第二号信并薛晓帆信，得悉家中四宅平安，至以为慰。

汝读《四书》无甚心得，由不能“虚心涵泳，切己体察”。朱子教人读书之法，此二语最为精当。尔现读《离娄》，即如《离娄》首章“上无道揆，下无法守”[2]，吾往年读之，亦无甚警惕。近岁在外办事，乃知上之人必揆诸道，下之人必守乎法；若人人以道揆自许，从心而不从法，则下凌上矣。“爱人不亲”章，往年读之，不甚亲切，近岁阅历日久，乃知治人不治者，智不足也。此切己体察之一端也。

涵泳二字，最不易识。余尝以意测之，曰：涵者，如春雨之润花，如清渠之溉稻。雨之润花，过小则难透，过大则离披[3]，适中则涵濡而滋液；清渠之溉稻，过少则枯槁，过多则伤涝，适中则涵养而浡兴。泳者，如鱼之游水，如人之濯足。程子谓鱼跃于渊，活泼泼地；庄子言濠梁观鱼，安知非乐？此鱼水之快也。左太冲[4]有“濯足万里流”之句，苏子瞻有夜卧濯足诗，有浴罢诗，亦人性乐水者之一快也。善读书者，须视书如水，而视此心如花

1 涵泳：沉浸、深入体会。

2 上无道揆，下无法守：在上者没有行为准则，在下者不守法规制度。

3 离披：衰残、凋敝。

4 左太冲：指西晋著名文学家左思。太冲是左思的字。

如稻如鱼如濯足，则涵泳二字，庶可得之于意言之表。尔读书易于解说文义，却不甚能深入，可就朱子涵泳、体察二语悉心求之。

邹叔明新刊地图甚好，余寄书左季翁，托购致十幅，尔收得后，可好藏之。薛晓帆银百两宜璧还[1]。余有复信，可并交季翁也。此嘱。

咸丰八年八月初三日

与纪泽书·作诗宜讲究声调

字谕纪泽儿：

十九日曾六来营，接尔初七日第五号家信并诗一首，具悉次日入闱，考具皆齐矣，此时计已出闱还家。

余于初八日至河口，本拟由铅山入闽，进捣崇安，已拜疏[2]矣。光泽之贼窜扰江西，连陷泸溪、金溪、安仁三县，即在安仁屯踞，十四日派张凯章往剿。十五日余亦回驻弋阳，待安仁破灭后，余乃由泸溪云际关入闽也。

尔七古诗，气清而词亦稳，余阅之忻慰。凡作诗，最宜讲究声调。余所选抄五古九家、七古六家，声调皆极铿锵，耐人百读不厌。余所未抄者，如左太冲、江文通、陈子昂、柳子厚之五古，鲍明远、高达夫、王摩诘、陆放翁之七古，声调亦清

1 璧还：敬语，原璧退还。

2 拜疏：上奏章。

越异常。尔欲作五古、七古，须熟读五古、七古各数十篇。先之以高声朗诵，以昌其气；继之以密咏恬吟，以玩其味。二者并进，使古人之声调，拂拂然若与我之喉舌相习，则下笔为诗时，必有句调凑赴腕下。诗成自读之，亦自觉琅琅可诵，引出一种兴会来。古人云“新诗改罢自长吟”，又云“煅诗未就且长吟”，可见古人惨淡经营之时，亦纯在声调上下工夫。盖有字句之诗，人籁[1]也；无字句之诗，天籁[2]也。解此者，能使天籁、人籁凑泊[3]而成，则于诗之道思过半矣。

尔好写字，是一好气习。近日墨色不甚光润，较去年春夏已稍退矣。以后作字，须讲究墨色。古来书家，无不善使墨者，能令一种神光活色浮于纸上，固由临池之勤染翰之多所致，亦缘于墨之新旧浓淡，用墨之轻重疾徐，皆有精意运乎其间，故能使光气常新也。

余生平有三耻：学问各途，皆略涉其涯矣，独天文算学，毫无所知，虽恒星五纬亦不识认，一耻也；每作一事，治一业，辄有始无终，二耻也；少时作字，不能临摹一家之体，遂致屡变而无所成，迟钝而不适于用，近岁在军，因作字太钝，废阁[4]殊多，三耻也。尔若为克家[5]之子，当思雪此三耻。推步

1 人籁：人工制作而成。籁，古代管乐器。

2 天籁：自然形成。

3 凑泊：凝合，聚合。

4 废阁：搁置，不实施。

5 克家：能承担家事。

算学，纵难通晓，恒星五纬，观认尚易。家中言天文之书，有“十七史”中各《天文志》，及《五礼通考》中所辑《观象授时》一种。每夜认明恒星二三座，不过数月，可毕识矣。凡作一事，无论大小难易，皆宜有始有终。作字时，先求圆匀，次求敏捷。若一日能作楷书一万，少或七八千，愈多愈熟，则手腕毫不费力。将来以之为学，则手抄群书，以之从政，则案无留牍，无穷受用，皆自写字之匀而且捷生出。三者皆足弥吾之缺憾矣。

今年初次下场，或中或不中，无甚关系。榜后即当看《诗经注疏》，以后穷经读史，二者迭进。国朝大儒，如顾、阎、江、戴、段、王数先生之书，亦不可不熟读而深思之。光阴难得，一刻千金，以后写安禀来营，不妨将胸中所见，简编所得，驰骋议论，俾余得以考察尔之进步，不宜太寥寥。此谕。

咸丰八年八月二十日

与纪泽书·教子读十三经

字谕纪泽儿：

闻儿经书将次读毕，差用少慰[1]。自《五经》外，《周礼》《仪礼》《尔雅》《孝经》《公羊》《穀梁》六书自古列之于经，所

1 少慰：稍稍感觉安慰。

谓十三经也。此六经宜请塾师口授一遍，尔记性平常，不必求熟。

十三经外所最宜熟读者，莫如《史记》《汉书》《庄子》《韩文》四种。余生平好此四书，嗜之成癖，恨未能一一诂释笺疏，穷力讨治。自此四种而外，又如《文选》《通典》《说文》《孙武子》《方舆纪要》、近人姚姬传所辑《古文辞类纂》、余所抄十八家诗，此七书者，亦余嗜好之次也。凡十一种，吾以配之《五经》《四书》之后，而《周礼》等六经者，或反不知笃好，盖未尝致力于其间，而人之性情各有所近焉尔。吾儿既读《五经》《四书》，即当将此十一书寻究一番，纵不能讲习贯通，亦当思涉猎其大略，则见解日开矣。

咸丰八年九月廿八日

与纪泽书·教子作字及学作赋

字谕纪泽儿：

十月十一日接尔安禀，内附隶字一册。廿四日接澄叔信，内附尔临《玄教碑》一册。王五及各长夫来，具述家中琐事甚详。

尔信内言读《诗经注疏》之法，比之前一信已有长进。凡汉人传注、唐人之疏，其恶处在确守故训，失之穿凿；其好处在确守故训，不参私见。释谓为勤，尚不数见，释言为我，处处皆然，盖亦十口相传之诂，而不复顾文气之不安。如《伐木》为文王与友人入山，《鸳鸯》为明王交于万物，与尔所疑《螽斯》章解，同一穿凿。朱子《集传》，一扫旧障，专在涵泳神味，虚而与之委蛇。然如《郑风》诸什，注疏以为皆刺忽者固非，朱子以为皆淫奔者亦未必是。尔治经之时，无论看注疏，看宋传，总宜虚心求之。其惬意者，则以朱笔识出，其怀疑者，则以另册写一小条，或多为辨论，或仅著数字，将来疑者渐晰，又记于此条之下，久久渐成卷帙，则自然日进。高邮王怀祖先生父子，经学为本朝之冠，皆自札记得来。吾虽不及怀祖先生，而望尔为伯申氏甚切也。

尔问时艺可否暂置，抑或他有所学？余惟文章之可以道古、可以适今者，莫如作赋。汉魏六朝之赋，名篇巨制，具载于《文选》，余尝以《西征》《芜城》及《恨》《别》等赋示尔矣。其小品赋，则有《古赋识小录》；律赋，则有本朝之吴谷人、顾耕石、陈秋舫诸家。尔若学赋，可于每三、八日作一篇大赋，或数千字，小赋或仅数十字，或对或不对，均无不可。此事比之八股文略有意趣，不知尔性与之相近否？

尔所临隶书《孔宙碑》，笔太拘束，不甚松活，想系执笔太近毫之故，以后须执于管顶。余以执笔太低，终身吃亏，故教尔趁早改之。《玄教碑》墨气甚好，可喜可喜。郭二姻叔嫌左肩太俯，右肩太耸，吴子序年伯欲带归示其子弟。尔字姿于草书尤相宜，以后专习真草二种，篆隶置之可也。四体并习，恐将来不能一工。

余癣疾近日大愈，目光平平如故。营中各勇夫病者，十分已好六七，惟尚未复元，不能拔营进剿，良深焦灼。闻甲五目疾十愈八九，忻慰之至。尔为下辈之长，须常常存个乐育诸弟之念。君子之道，莫大乎与人为善，况兄弟乎？临三、昆八，系亲表兄弟，尔须与之互相劝勉。尔有所知者，常常与之讲论，则彼此并进矣。此谕。

咸丰八年十月廿五日

与纪泽书·劝儿学天文历法

字谕纪泽儿：

二十五日寄一信，言读《诗经注疏》之法。二十七日县城二勇至，接尔十一日安禀，具悉一切。

尔看天文，认得恒星数十座，甚慰甚慰。前信言《五礼通考》中《观象授时》二十卷内恒星图最为明晰，曾翻阅否？国朝大儒于天文历数之学，讲求精熟，度越前古。自梅定九、王寅旭以至江、戴诸老，皆称绝学，然皆不讲占验[1]，但讲推步[2]。占验者，观星象云气以卜吉凶，《史记·天官书》《汉书·天文志》是也。推步者，测七政[3]行度，以定授时，《史记·律书》《汉

---

1 占验：占卜的征兆；占卜的结果得到应验。

2 推步：推算天象历法。

3 七政：又称七曜、七纬，指金、木、水、火、土五星加上太阳、月亮。

书·律历志》是也。秦味经先生之《观象授时》简而得要，心壶既肯究心此事，可借此书与之阅看。《五礼通考》内有之，《皇清经解》内亦有之。若尔与心壶二人能略窥二者之端绪，则足以补余之阙憾矣。

四六[1]落脚一字粘法，另纸写示。因接安徽信，遂不开示。

书至此，接赵克彰十五夜自桐城发来之信，温叔[2]及李迪庵方伯[3]尚无确信，想已殉难矣，悲悼曷极！来信寄叔祖父封内中有往六安州之信，尚有一线生机。余官至二品，诰命三代，封妻荫子，受恩深重，久已置死生于度外，且常恐无以对同事诸君于地下。温叔受恩尚浅，早岁不获一第，近年在军亦不甚得志，设有不测，赍[4]憾有穷期耶？

军情变幻不测，春夏间方冀此贼指日可平，不图七月有庐州之变，八、九月有江浦、六合之变，兹又有三河之大变，全局破坏与咸丰四年冬间相似，情怀难堪。但愿尔专心读书，将我所好看之书领略得几分，我所讲求之事钻研得几分，则余在军中，心常常自慰。尔每日之事，亦可写日记，以便查核。

咸丰八年十月廿九日

1 四六：指四六体骈文。

2 温叔：指曾国藩六弟曾国华，字温甫。咸丰八年十月，于三河镇战死。

3 李迪庵方伯：李续宾，字迪庵，湘军将领，因军功授浙江布政使，加巡抚衔，死于三河镇之役。方伯，指地方长官。

4 赍（jī）：带着，怀抱着。

与纪泽书·常慰岳母，答《诗经》疑

字谕纪泽儿：

初一日接尔十二日一禀，得知四宅平安，尔将有长沙之行，想此时又归也。少庚早世[1]，贺家气象日以凋耗，尔当常常寄信与尔岳母，以慰其意，每年至长沙走一二次，以解其忧。耦耕先生学问文章，卓绝辈流，居官亦恺恻[2]慈祥，而家运若此，是不可解，尔挽联尚稳妥。

《诗经》字不同者，余忘之。凡经文版本不合者，阮氏《校勘记》最详。阮刻《十三经注疏》，今年六月在岳州寄回一部，每卷之末皆附《校勘记》。《皇清经解》中亦刻有《校勘记》，可取阅也。凡引经不合者，段氏《撰异》最详，段茂堂有《诗经撰异》《书经撰异》等著，俱刻于《皇清经解》中。尔翻而校对之，则疑者明矣。

咸丰八年十二月初三

与纪泽书·教子作文习字

字谕纪泽儿：

日来接尔两禀，知尔《左传注疏》将次看完。《三礼注疏》，非将江慎修《礼书纲目》识得大段，则注疏亦殊难领会，尔可

---

1 早世：过早的去世。

2 恺（kǎi）恻：和乐恻隐。

暂缓，即《公》《穀》[1]亦可缓看。尔明春将胡刻《文选》细看一遍，一则含英咀华，可医尔笔下枯涩之弊，一则吾熟读此书，可常常教尔也。

沅叔及寅皆先生望尔作四书文，极为勤恳。余念尔庚申、辛酉下两科场，文章亦不可太丑，惹人笑话。尔自明年正月起，每月作四书文三篇，俱由家信内封寄营中。此外或作得诗赋论策，亦即寄呈。

写字之中锋者，用笔尖着纸，古人谓之蹲锋，如狮蹲、虎蹲、犬蹲之象。偏锋者，用笔毫之腹着纸，不倒于左，则倒于右。当将倒未倒之际，一提笔则为蹲锋。是用偏锋者，亦有中锋时也。此谕。

咸丰八年十二月廿三

与纪泽书·敬爱长辈，为后辈立榜样

字谕纪泽儿：

闻尔至长沙已逾月余，而无禀来营，何也？少庚讣信百余件，闻皆尔亲笔写之，何不发匠刊刻？或请人帮写？非谓尔宜自惜精力，盖以少庚年未三十，情有等差，礼有隆杀[2]，则精力亦不宜过竭耳。

---

1 《公》《穀》：《公羊传》《穀梁传》。

2 隆杀：此指尊卑、厚薄、高下。

近想已归家度岁？今年家中因温甫叔之变，气象较之往年迥不相同。余因去年在家，争辩细事，与乡里鄙人无异，至今深抱悔憾，故虽在外，亦恻然寡欢。尔当体我此意，于叔祖、各叔父母前尽些爱敬之心，常存休戚一体之念，无怀彼此歧视之见，则老辈内外必器爱尔，后辈兄弟姊妹必以尔为榜样。日处日亲，愈久愈敬，若使宗族乡党皆曰纪泽之量大于其父之量，则余欣然矣。

余前有信教尔学作赋，尔复禀并未提及；又有信言涵养二字，尔复禀亦未之及。嗣后我信中所论之事，尔宜一一禀复。

余于本朝大儒，自顾亭林之外，最好高邮王氏之学。王安国以鼎甲官至尚书，谥文肃，正色立朝；生怀祖先生，经学精卓；生王引之，复以鼎甲官尚书，谥文简。三代皆好学深思，有汉韦氏、唐颜氏之风。余自憾学问无成，有愧王文肃公远甚，而望尔辈为怀祖先生，为伯申氏，则梦寐之求，未尝须臾忘也。怀祖先生所著《广雅疏证》《读书杂志》，家中无之。伯申氏所著《经义述闻》《经传释词》，《皇清经解》内有之，尔可试取一阅，其不知者，写信来问。本朝穷经者，皆精小学，大约不出段、王两家之范围耳。余不一一。

再，纪泽明春须至罗家、刘家、李家拜年，如今年正月之样。刘峙衡待我极好，余至今念之，拟寄银百两交其妻子。泽儿至峙家，顺便仍宜拜沅堂大老师。李家迪公之事，余当在营厚赙之。

咸丰八年十二月三十

与纪泽书·习字作文皆可摹古人间架

字谕纪泽儿：

三月初二日接尔二月廿日安禀，得知一切。内有贺丹麓先生墓志，字势流美，天骨开张，览之忻慰。惟间架间有太松之处，尚当加功。

大抵写字只有用笔、结体两端。学用笔，须多看古人墨迹，学结体，须用油纸摹古帖，此二者，皆决不可易之理。小儿写影本，肯用心者，不过数月，必与其摹本字相肖。吾自三十时，已解古人用笔之意，只为欠却间架工夫，便尔作字不成体段。生平欲将柳诚悬、赵子昂两家合为一炉，亦为间架欠工夫，有志莫遂。尔以后当从间架用一番苦功，每日用油纸摹帖，或百字，或二百字，不过数月，间架与古人逼肖而不自觉。能合柳、赵为一，此吾之素愿也，不能，则随尔自择一家，但不可见异思迁耳。

不特写字宜摹仿古人间架，即作文亦宜摹仿古人间架。《诗经》造句之法，无一句无所本。《左传》之文，多现成句调。扬子云为汉代文宗，而其《太玄》摹《易》，《法言》摹《论语》，《方言》摹《尔雅》，《十二箴》摹《虞箴》，《长杨赋》摹《难蜀父老》，《解嘲》摹《客难》，《甘泉赋》摹《大人赋》，《剧秦美新》摹《封禅文》，《谏不许单于朝书》摹《国策》信陵君谏伐韩，几于无篇不摹。即韩、欧、曾、苏诸巨公之文，亦皆有所摹拟，以成体段。尔以后作文作诗赋，均宜心有摹仿，而后间架可立，其收效较速，其取径较便。

前信教尔暂不必看《经义述闻》，今尔此信言业看三本，如看得有些滋味，即一直看下去，不为或作或辍，亦是好事。惟《周礼》《仪礼》《大戴礼》《公》《穀》《尔雅》《国语》《太岁考》等卷，尔向来未读过正文者，则王氏《述闻》亦暂可不观也。

尔思来营省觐，甚好，余亦思尔来一见。婚期既定五月廿六日，二、四月间自不能来，或七月晋省乡试，八月底来营省觐亦可。身体虽弱，处多难之世，若能风霜磨炼，苦心劳神，亦自足坚筋骨而长识见。沅甫叔向最羸弱，近日从军，反得壮健，亦其证也。

赠伍嵩生之君臣画像乃俗本，不可为典要。奏折稿当抄一目录付归。余详诸叔信中。

咸丰九年三月初三日

与纪泽书·习字宜下苦功

字谕纪泽儿：

廿二日接尔禀并《书谱叙》，以示李少荃、次青、许仙屏诸公，皆极赞美。云尔钩联顿挫，纯用孙过庭草法。而间架纯用赵法，柔中寓刚，绵里藏针，动合自然等语，余听之亦欣慰也。

赵文敏集古今之大成，于初唐四家[1]内师虞永兴，而参以

1 初唐四家：指唐代初期四位著名书法家欧阳询、虞世南（赐爵永兴县子，世称“虞永兴”）、褚遂良、薛稷。

钟绍京，因此以上窥二王，下法山谷，此一径也。于中唐师李北海，而参以颜鲁公、徐季海之沉着，此一径也。于晚唐师苏灵芝，此又一径也。由虞永兴以溯二王及晋六朝诸贤，世所称南派者也。由李北海以溯欧、褚及魏北齐诸贤，世所谓北派者也。尔欲学书，须窥寻此两派之所以分。南派以神韵胜，北派以魄力胜。宋四家，苏、黄近于南派，米、蔡近于北派，赵子昂欲合二派而汇为一。尔从赵法入门，将来或趋南派，或趋北派，皆可不迷于所往。我先大夫竹亭公，少学赵书，秀骨天成。我兄弟五人，于字皆下苦功，沅叔天分尤高。尔若能光大先业，甚望甚望。

制艺一道，亦须认真用功。邓瀛师，名手也。尔作文，在家有邓师批改，付营有李次青批改，此极难得，千万莫错过了。

付回赵书《楚国夫人碑》，可分送三先生、汪、易、葛。二外甥及尔诸堂兄弟。又旧宣纸手卷、新宣纸横幅，尔可学《书谱》，请徐柳臣一看。此嘱。

咸丰九年三月廿三日

与纪泽书·看书不可无恒

字谕纪泽儿：

初四夜接尔二十六号禀。所刻《心经》，微有西安《圣教》笔意，总要养得胸次博大活泼，此后当更有长进也。

尔去年看《诗经注疏》已毕否？若未毕，自当补看，不可无恒耳。讲《通鉴》，即以我过笔者讲之亦可，将来另购一部，尔照我之样过笔一次可也。

冯树堂师诗草曾寄营矣。尔复信言十二年进京，程资不敢领。新写“闳深肃穆”四匾字，拓一分付回。余不多及。

再，同县拔贡生傅泽鸿寄朱卷数十本来营，兹付去程仪三十两，尔可觅便寄傅家，或专人送去。

咸丰九年五月十四日

与纪泽书·读书不求记忆，但求明白

字谕纪泽儿：

接尔二十九、三十号两禀，得悉《书经注疏》看《商书》已毕。《书经注疏》颇庸陋，不如《诗经》之该博[1]。我朝儒者，如阎百诗、姚姬传诸公，皆辨别《古文尚书》之伪，孔安国之传亦伪作也。

盖秦燔书后，汉代伏生所传，欧阳及大小夏侯所习，皆仅二十八篇，所谓《今文尚书》者也。厥后孔安国家有《古文尚书》，多十余篇，遭巫蛊之事，未得立于学官，不传于世。厥后张霸有《尚书》百两篇，亦不传于世。后汉贾逵、马、郑作《古文尚书注解》，亦不传于世。至东晋梅赜始献《古文尚书》

1 该博：同“赅博”，意为学问或见识广。

并孔安国传，自六朝唐宋以来承之，即今通行之本也。自吴才老及朱子、梅鼎祚、归震川，皆疑其为伪，至阎百诗遂专著一书以痛辨之，名曰《疏证》。自是辨之者数十家，人人皆称伪古文、伪孔氏也。《日知录》中略著其原委，王西庄、孙渊如、江艮庭三家皆详言之。《皇清经解》中皆有，江书不足观。此亦《六经》中一大案，不可不知也。

尔读书记性平常，此不足虑。所虑者第一怕无恒，第二怕随笔点过一遍，并未看得明白，此却是大病。若实看明白了，久之必得些滋味，寸心若有怡悦之境，则自略记得矣。尔不必求记，却宜求个明白。

邓先生讲书，仍请讲《周易折中》。余圈过之《通鉴》暂不必讲，恐污坏耳。尔每日起得早否？并问。此谕。

咸丰九年六月十四日

与纪泽书·整理文稿

字谕纪泽儿：

正月间曾以《欧阳生文集序》寄晓岑，久无复信，不知寄到否？便中一查。又去年托小岑买得刘石庵小横幅，已取回否？此幅极佳，余笃好之，曾交银十两，尔取回为要。

余往年作《原才》一篇，去岁于尔案间见之，尔可抄一稿寄营。又甲辰年作《五箴》及《祭汤海秋文》，尔见稿否？亦可抄来也。

近思将历年所作古文清一稿本，虽无佳者，亦不忍听其零落耳，日内当写一目录至各处查出也。

咸丰九年六月十九日

与纪泽书·习字当学大家

字谕纪泽儿：

尔前寄所临《书谱》一卷，余比送徐柳臣先生处，请其批评，初七日接渠回信，兹寄尔一阅。十三日晤柳臣先生，渠盛称尔草字可以入古，又送尔扇一柄，兹寄回。刘世兄送西安《圣教》，兹与手卷并寄回查收。

尔前用油纸摹字，若常常为之，间架必大进。欧、虞、颜、柳四大家是诗家之李、杜、韩、苏，天地之日星江河也，尔有志学书，须窥寻四人门径。至嘱至嘱！

咸丰九年七月十四日

与纪泽书·族中红白喜事当不失礼

字谕纪泽儿：

尔外祖母于九月十八日寿辰，兹寄去银三十两，家中配水礼[1]送去。以后凡亲族中有红白喜事，我应送礼者，尔写信禀知，其丰俭多少大约之数，尔禀四叔及尔母酌量写来可也。

此次寄丸药二瓶，一送叔祖，一寄尔母，服之相安否，尔下次禀知。

咸丰九年九月初七日

与纪泽书·明春办大女儿嫁事

字谕纪泽儿：

廿一日得家书，知尔至长沙一次，何不寄安禀来营？婚期改九月十六，余甚喜慰。余老境侵寻[2]，颇思将儿女婚嫁早早料理。袁漱六亲家患咳血疾，昨专人走松江看视，若得复元，吾即思明春办大女儿嫁事。袁铁庵来我家时，尔禀问母亲，可以吾意商之。

京中书到时，有胡刻《通鉴》一部，留家中讲解，即将吾圈过一部寄来营可也。又汲古阁初印《五代史》一部，亦寄来。皮衣等件，速速寄来。

吾买帖数十部，下次寄尔。此谕。

咸丰九年九月廿四日

1 水礼：指糕点、水果、酒食等普通礼物。

2 侵寻：渐进、渐次发展。

与纪泽书·教儿早起、有恒、举止厚重

字谕纪泽儿：

接尔十九、二十九日两禀，知喜事完毕，新妇能得尔母之欢，是即家庭之福。

我朝列圣相承，总是寅正即起，至今二百年不改。我家高曾祖考相传早起，吾得见竟希公、星冈公皆未明即起，冬寒起坐约一个时辰，始见天亮。吾父竹亭公亦甫黎明即起，有事则不待黎明，每夜必起看一二次不等，此尔所及见者也。余近亦黎明即起，思有以绍先人之家风。尔既冠[1]授室，当以早起为第一先务，自力行之，亦率新妇力行之。

余生平坐无恒之弊，万事无成，德无成，业无成，已可深耻矣。逮办理军事，自矢靡他[2]，中间本志变化，尤无恒之大者，用为内耻。尔欲稍有成就，须从有恒二字下手。

余尝细观，星冈公仪表绝人，全在一重字。余行路容止亦颇重厚，盖取法于星冈公。尔之容止甚轻，是一大弊病，以后宜时时留心，无论行坐，均须重厚。早起也，有恒也，重也，三者皆尔最要之务。早起是先人之家法，无恒是吾身之大耻，不重是尔身之短处，故特谆谆戒之。

吾前一信答尔所问者三条，一字中换笔，一“敢告马走”，一注疏得失，言之颇详，尔来禀何以并未提及？以后凡接我教

---

1 既冠：已经到了行加冠礼的时候，指已成年。

2 矢靡他：矢志不移，没有其他想法。

尔之言，宜条条禀复，不可疏略。此外教尔之事，则详于寄寅皆先生“看读写作”一缄中矣。此谕。

咸丰九年十月廿四日

与纪泽书·嘱儿服侍叔父

字谕纪泽儿：

接尔元夕禀，知叔父大人病极沉重。余未在家，尔宜常至白玉堂服侍汤药，勤敬二字断不可忽。若在老宅而有倦色有肆容，则与不去无异。余往年在外，多愧悔之端，近两年补救不少。至在家亦有可愧悔者，儿为我补救可也。

澄叔分居上腰里，应用粗细器皿须由下腰里分去，尔禀母亲雇工陆续送去。尔至长沙看贺岳母，须待叔祖病减乃去，禀商澄、沅两叔父遵行。

咸丰十年二月初四日

与纪泽书·读书不必强记，但求识其意味

字谕纪泽儿：

廿日接二月二日来禀并祭文稿。文尚条畅，惟意义太少，叔祖之德全未称道，亦非体制，词藻亦太寒俭。

尔现看《文选》，宜略抄典故藻汇，分类抄记，以为馈贫之粮。

《文选》前数本，系汉人之赋，极难领会，后半则易看矣。余所见友朋中，无能知汉赋之意味者。尔不能记忆，亦由于不知其意味。此刻不必求记，将来若能识得意味，自可渐记一二。余向来记性极坏，近老年反略好些，由于识得意味也。

时文亦不必苦心孤诣去作，但常常作文，心常用则活，不用则窒，常用则细，不用则粗。

江忠烈之太夫人，余将寄银一百，幛一悬，写兄弟四人名，家中不必另致情。江太夫人大事，岷樵曾赙银二百，余收一百。先大夫大事，达川曾赙银五十，余收二十也。

余前允尔来营省觐。兹因陈作梅来吾乡看地，须尔在家中陪款[1]，恐作梅先生未到湘时，沅叔业已先出，尔须等候作梅先生，在家住廿余日，再送陈至省，展谒贺岳母，小住即仍归去。闻儿妇或有梦熊之喜，尔于下半年再行来营省觐可也。此嘱。

咸丰十年二月廿四日

与纪泽书·治家八法与读《文选》之道

字谕纪泽：

初一日接尔十六日禀。澄叔已移寓新居，则黄金堂老宅，

1 陪款：陪同、款待。

尔为一家之主矣。昔吾祖星冈公最讲求治家之法，第一起早，第二打扫洁净，第三诚修祭祀，第四善待亲族邻里。凡亲族邻里来家，无不恭敬款接，有急必周济之，有讼必排解之，有喜必庆贺之，有疾必问，有丧必吊。此四事之外，于读书、种菜等事尤为刻刻留心，故余近写家信，常常提及书、蔬、鱼、猪四端者，盖祖父相传之家法也。尔现读书无暇，此八事纵不能一一亲自经理，而不可不识得此意，请朱运四先生细心经理，八者缺一不可。其诚修祭祀一端，则必须尔母随时留心。凡器皿第一等好者留作祭祀之用，饮食第一等好者亦备祭祀之需。凡人家不讲究祭祀，纵然兴旺，亦不久长，至要至要。

尔所论看《文选》之法，不为无见。吾观汉魏文人，有二端最不可及，一曰训诂精确，二曰声调铿锵。《说文》训诂之学，自中唐以后，人多不讲，宋以后说经，尤不明故训，及至我朝巨儒，始通小学。段茂堂、王怀祖两家，遂精研乎古人文字声音之本，乃知《文选》中古赋所用之字，无不典雅精当。尔若能熟读段、王两家之书，则知眼前常见之字，凡唐宋文人误用者，惟《六经》不误，《文选》中汉赋亦不误也。即以尔禀中所论《三都赋》言之，如“蔚若相如，皭若君平”，以一“蔚”字概括相如之文章，以一“皭”字概括君平之道德，此虽不尽关乎训诂，亦足见其下字之不苟矣。

至声调之铿锵，如“开高轩以临山，列绮窗而瞰江”，“碧出苌宏之血，鸟生杜宇之魄”，“洗兵海岛，刷马江洲”，“数军实乎桂林之苑，飨戎旅乎落星之楼”等句，音响节奏，皆后世所不能及。尔看《文选》，能从此二者用心，则渐有入理处矣。

作梅先生想已到家，尔宜恭敬款接。沅叔既已来营，则无人陪往益阳，闻胡宅专人至吾乡迎接，即请作梅独去可也。尔舅父牧云先生身体不甚耐劳，即请其无庸来营；吾此次无信，尔先致吾意，下次再行寄信。此嘱。

咸丰十年闰三月初四

与纪泽书·嘱儿研习小学

字谕纪泽儿：

二十七日刘得四到，接尔禀，所论《文选》俱有所得，问小学亦有条理，甚以为慰。

沅叔于二十七到宿松，初三日由宿至集贤关，将尔禀带去矣。余不能悉记，但记尔问穜、种二字，此字段茂堂辨论甚晰。“穜”为艺也，犹吾乡言栽也，点也，插也。“种”为后熟之禾。《诗》之“黍稷重穋”，《七月》《閟宫》。《说文》作“穜稑”。穜，正字也；重，假借字也；穋与稑，异同字也。隶书以穜、种二字互易，今人于耕穜，概用“种”字矣。

吾于训诂、词章二端颇尝尽心。尔看书若能通训诂，则于古人之故训大义、引申假借渐渐开悟，而后人承讹袭误之习可改；若能通词章，则于古人之文格文气、开合转折渐渐开悟，而后人硬腔滑调之习可改，是余之所厚望也。

嗣后尔每月作三课，一赋、一古文、一时文，皆交长夫带至营中，每月恰有三次长夫接家信也。

吾于尔有不放心者二事，一则举止不甚重厚，二则文气不甚圆适。以后举止留心一重字，行文留心一圆字，至嘱至嘱。

咸丰十年四月初四日

与纪泽书·纪泽觐见途中

字谕纪泽儿：

余于初四日自建德启行，十一日至祁门县。闻尔于廿八日自长沙开船，计此时可抵湖口矣，特专人往接。尔或由湖口彭泽小路入祁门境，或由建德循余所经过之路来祁门皆可，但不可走景德镇，以太远也。牧云舅氏处先行问安。

咸丰十年六月十六日

与纪泽书·至齐云山一游

字谕纪泽儿：

余今日至渔亭，遍走各营，颇劳。闻凯章、作梅明日由此经过，不得不等候一送，因便至齐云山一游，初二日始回祁门也。有廷寄及家信送来，余不必送。此谕。

咸丰十年七月廿九日

与二子书·不积田产。嘱儿读书

字谕纪泽纪鸿儿：

泽儿在安庆所发各信及在黄石矶湖口之信，均已接到。鸿儿所呈拟连珠体[1]寿文，初七日收到。

余以初九日出营至黟县查阅各岭，十四日归营，一切平安。鲍超、张凯章二军，自廿九、初四获胜后未再开仗。杨军门带水陆三千余人至南陵，破贼四十余垒，拔出陈大富一军，此近日最可喜之事。

英夷业已就抚，余九月六日请带兵北援一疏，奉旨无庸前往，余得一意办东南之事，家中尽可放心。

泽儿看书天分高，而文笔不甚劲挺，又说话太易[2]，举止太轻[3]，此次在祁门为日过浅[4]，未将一轻字之弊除尽，以后须于说话走路时刻刻留心。鸿儿文笔劲健，可慰可喜。此次连珠文，先生改者若干字？拟体系何人主意？再行详禀告我。

---

1 连珠体：兴于东汉的文体。以辞句连续，互相发明，历历如贯珠，故称“连珠”。其特点是“义明而词净，事圆而音泽”。

2 易：轻易、随意。

3 轻：轻飘。

4 为日过浅：谓时日少也。

银钱田产，最易长骄气逸气，我家中断不可积钱，断不可买田，尔兄弟努力读书，决不怕没饭吃。至嘱。

澄叔处此次未写信，尔禀告之。闻邓世兄读书甚有长进，顷阅贺寿之单帖寿禀，书法清润。兹付银十两，为邓世兄买书之资。此次未写信寄寅皆先生，前有信留明年教书，应收到矣。

咸丰十年十月十六日

与二子书·告之近况

字谕纪泽纪鸿儿：

十月廿九日接尔母及澄叔信，又棉鞋、瓜子二包，得知家中各宅平安。

泽儿在汉口阻风六日，此时当已抵家。举止要重，发言要讱[1]，尔终身须牢记此二语，无一刻可忽也。

余日内平安，鲍、张二军亦平安。左军廿二日在贵溪获胜一次，廿九日在德兴小胜一次，然贼数甚众，尚属可虑。普军在建德，贼以大股往扑，只要左、普二军站得住，则处处皆稳矣。

泽儿字，天分甚高，但少刚劲之气，须用一番苦工夫，切莫把天分自弃了。家中大小，总以起早为第一义。澄叔处此次

1 讱（rèn）：说话谨慎。

未写信，尔等禀之。

咸丰十年十一月初四

与纪泽书·不可轻信医药

字谕纪泽儿：

曾名琮来，接尔十一月廿五日禀，知十五、十七尚有两禀未到。

尔体甚弱，咳吐咸痰，吾尤以为虑，然总不宜服药。药能活人，亦能害人。良医则活人者十之七，害人者十之三；庸医则害人者十之七，活人者十之三。余在乡在外，凡目所见者，皆庸医也。余深恐其害人，故近三年来，决计不服医生所开之方药，亦不令尔服乡医所开之方药。见理极明，故言之极切，尔其敬听而遵行之。每日饭后走数千步，是养生家第一秘诀。尔每餐食毕，可至唐家铺一行，或至澄叔家一行，归来大约可三千余步，三个月后，必有大效矣。

尔看完《后汉书》，须将《通鉴》看一遍，即将京中带回之《通鉴》，仿照余法，用笔点过可也。尔走路近略重否？说话略钝否？千万留心，此谕。

咸丰十年十二月廿四

与纪泽书·文章雄奇之道

字谕纪泽儿：

腊月廿九日接尔一禀，系十一月十四日送家信之人带回。又由沅叔处送到尔初归时二信，慰悉。尔以十四日到家，而鸿儿十八日禀中言尔总在日内可到，何也？岂鸿信十三四写就而朱金权于十八日始署封面耶？

霞仙先生之令弟仙逝，余于近日当写唁信，并寄奠仪，尔当先去吊唁。

尔问文中雄奇之道。雄奇以行气为上，造句次之，选字又次之。然未有字不古雅而句能古雅，句不古雅而气能古雅者，亦未有字不雄奇而句能雄奇，句不雄奇而气能雄奇者。是文章之雄奇，其精处在行气，其粗处全在造句选字也。余好古人雄奇之文，以昌黎为第一，扬子云次之，二公之行气，本之天授。至于人事之精能，昌黎则造句之工夫居多，子云则选字之工夫居多。尔问叙事志传之文难于行气，是殊不然。如昌黎《曹成王碑》《韩许公碑》，固属千奇万变，不可方物[1]，即卢夫人之铭、女挐之志，寥寥短篇，亦复雄奇崛强。尔试将此四篇熟看，则知二大二小，各极其妙矣。

尔所作《雪赋》，词意颇古雅，惟气势不畅，对仗不工。两汉不尚对仗，潘、陆则对矣，江、鲍、庾、徐则工对矣。尔宜

1 方物：此指识别、名状。

从对仗上用工夫。此嘱。

咸丰十一年正月初四日

与纪泽书·痛补所短，发扬所长

字谕纪泽儿：

正月初十日接尔腊月十九日一禀，十二日又由安庆寄到尔腊月初四日之禀，具知一切。

长夫走路太慢，而托辞于为营中他信绕道长沙耽搁之故，此不足信。譬如家中遣人送信至白玉堂，不能按期往返，有责之者，则曰被杉木坝、周家老屋各佃户强我送担[1]耽搁了，为家主者但当严责送信之迟，不管送担之真与否也，况并无佃户强令送担乎？营中送信至家与黄金堂送信至白玉堂，远近虽殊，其情一也。

尔求抄古文目录，下次即行寄归。尔写字笔力太弱，以后即常摹柳帖亦好。家中有柳书《玄秘塔》《琅邪碑》《西平碑》各种，尔可取《琅邪碑》日临百字，摹百字。临以求其神气，摹以仿其间架。每次家信内，各附数纸送阅。

《左传注疏》阅毕，即阅看《通鉴》。将京中带回之《通鉴》，仿我手校本，将目录写于面上。其去秋在营带去之手校

1 送担：挑运行李。

本，便中仍当寄送祁门，余常思翻阅也。

尔言鸿儿为邓师所赏，余甚欣慰。鸿儿现阅《通鉴》，尔亦可时时教之。尔看书天分甚高，作字天分甚高，作诗文天分略低，若在十五六岁时教导得法，亦当不止于此。今年已廿三岁，全靠尔自己扎挣发愤，父兄师长不能为力。作诗文是尔之所短，即宜从短处痛下工夫。看书写字尔之所长，即宜扩而充之。走路宜重，说话宜迟，常常记忆否？余身体平安，告尔母放心。

咸丰十一年正月十四日

与纪泽书·告之近日战况

字谕纪泽儿：

正月十四发第二号家信，谅已收到。日内祁门尚属平安。鲍春霆自初九日在洋塘获胜后，即追贼至彭泽。官军驻牯牛岭，贼匪踞下隅坂，与之相持，尚未开仗。日内雨雪泥泞，寒风凛冽，气象殊不适人意。

伪忠王李秀成一股，正月初五日围玉山县，初八日围广丰县，初十日围广信府，均经官军竭力坚守，解围以去，现窜铅山之吴坊、陈坊等处，或由金溪以窜抚、建，或径由东乡以扑江西省城，皆意中之事。余嘱刘养素等坚守抚、建，而省城亦预筹防守事宜。只要李逆一股不甚扰江西腹地，黄逆一股不再犯景德镇等处，三、四月间，安庆克复，江北可分兵来助南岸，则大局必有转机矣。目下春季必尚有危险迭见，余当谨慎图之，泰然处之。

余身体平安，惟齿痛时发。所选古文，已钞目录寄归，其中有未注明名氏者，尔可查出补注，大约不出《百三名家全集》及《文选》《古文辞类纂》三书之外。

尔问《左传》解《诗》《书》《易》与今解不合。古人解经，有内传，有外传；内传者，本义也，外传者，旁推曲衍，以尽其余义也。孔子系《易》，“小象”则本义为多，“大象”则余义为多。孟子说《诗》，亦本子贡之因贫富而悟切磋[1]，子夏之因素绚而悟礼后[2]，亦证余义处为多。《韩诗外传》尽余义也，《左传》说经亦以余义立言者多。

袁荚生之二百金，余去年曾借松江二百金送季仙九先生，此项只算还袁宅可也。树堂先生送尔三百金，余当面言只受百金，尔写信寄营酬谢，言受一璧二云云，余在营中备匹百金，并尔信函交冯可也。此字并送澄叔一阅，此次不另作书矣。

咸丰十一年正月廿四日

---

1 语出《论语·学而》：“子贡曰：‘贫而无谄，富而无骄，何如？’子曰：‘可也。未若贫而乐，富而好礼者也。’子贡曰：‘《诗》云：如切如磋，如琢如磨，其斯之谓与？’”言子贡因谈论贫富而明白了切磋的道理。

2 语出《论语·八佾》：“子夏问曰：‘巧笑倩兮，美目盼兮，素以为绚兮，何谓也？’子曰：‘绘事后素。’曰：‘礼后乎？’”言子夏在知道以素为绚之后，知道礼仪是在有了仁德之心以后产生的。

与二子书·嘱儿买茶及种竹

字谕纪泽纪鸿儿：

得正月廿四日信，知家中平安。

此间军事，自去冬十一月至今，危险异常，幸皆化险为夷。目下惟左军在景德镇一带十分可危，余俱平安。余将以十七日移驻东流、建德。

付回银八两，为我买好茶叶陆续寄来。下手竹茂盛，屋后山内仍须栽竹，复吾父在日之旧观。余七年在家芟伐各竹，以倒[1]厅不光明也。乃芟后则黑暗如故，至今悔之，故嘱尔重栽之。

劳字，谦字，常常记得否？

咸丰十一年二月十四日

与二子书·嘱儿不可从军，不必做官

字谕纪泽纪鸿儿：

接二月廿三日信，知家中五宅平安，甚慰甚慰。

余以初三日至休宁县，即闻景德镇失守之信。初四日写家书，托九叔处寄湘，即言此间局势危急，恐难支持，然犹意力攻徽州，或可得手，即是一条生路。

初五日进攻，强中、湘前等营在西门挫败一次。十二日再

1 倒：更换，改变。

行进攻，未能诱贼出仗。是夜二更，贼匪偷营劫村，强中、湘前等营大溃。凡去廿二营，其挫败者八营，强中三营、老湘三营、湘前一、震字一。其幸而完全无恙者十四营，老湘六、霆三、礼二、亲兵一、峰二。与咸丰四年十二月十二夜贼偷湖口水营情形相仿。

此次未挫之营较多，以寻常兵事言之，此尚为小挫，不甚伤元气。目下值局势万紧之际，四面梗塞，接济已断，加此一挫，军心尤大震动。所盼望者，左军能破景德镇、乐平之贼，鲍军能从湖口迅速来援，事或略有转机，否则不堪设想矣。

余自从军以来，即怀见危授命之志。丁戊年在家抱病，常恐溘逝牖下，渝我初志，失信于世。起复再出，意尤坚定。此次若遂不测，毫无牵恋。自念贫窭无知，官至一品，寿逾五十，薄有浮名，兼秉兵权，忝窃万分，夫复何憾。

惟古文与诗，二者用力颇深，探索颇苦，而未能介然[1]用之，独辟康庄。古文尤确有依据，若遽先朝露，则寸心所得，遂成广陵之散。作字用功最浅，而近年亦略有入处。三者一无所成，不无耿耿。至行军本非余所长，兵贵奇而余太平，兵贵诈而余太直，岂能办此滔天之贼？即前此屡有克捷，已为侥幸，出于非望矣。

尔等长大之后，切不可涉历兵间，此事难于见功，易于造孽，尤易于贻万世口实。余久处行间，日日如坐针毡，所差不负吾心、不负所学者，未尝须臾忘爱民之意耳。近来阅历愈多，

1 介然：坚定执着。

深谙督师之苦，尔曹惟当一意读书，不可从军，亦不必做官。

吾教子弟不离八本、三致祥。八者曰：读古书以训诂为本，作诗文以声调为本，养亲以得欢心为本，养生以少恼怒为本，立身以不妄语为本，治家以不晏起为本，居官以不要钱为本，行军以不扰民为本。三者曰：孝致祥，勤致祥，恕致祥。吾父竹亭公之教人，则专重孝字，其少壮敬亲，暮年爱亲，出于至诚，故吾纂墓志，仅叙一事。

吾祖星冈公之教人，则有八字、三不信。八者，曰考、宝、早、扫，书、蔬、鱼、猪。三者，曰僧巫，曰地仙，曰医药，皆不信也。

处兹乱世，银钱愈少，则愈可免祸，用度愈省，则愈可养福。尔兄弟奉母，除劳字俭字之外，别无安身之法。吾当军事极危，辄将此二字叮嘱一遍，此外亦别无遗训之语，尔可禀告诸叔及尔母无忘。

咸丰十一年三月十三日

与纪泽书·告之近期战事

字谕纪泽儿：

三月卅日建德途次接澄侯弟在永丰所发一信，并尔将去省时在家所留之禀。尔到省后所寄一禀，却于廿八日先到也。

余于廿六日自祁门拔营起行，初一日至东流县。鲍军七千余人于廿五日自景德镇起行，三十日至下隅坂，因风雨阻滞，初三日始渡江，即日进援安庆，大约初八九可到。沅弟、季弟在安庆稳守十余日，极为平安。朱云岩带五百人廿四自祁门起行，初二日已至安庆助守营濠，家中尽可放心。

此次贼救安庆，取势乃在千里以外，如湖北则破黄州，破德安，破孝感，破随州、云梦、黄梅、蕲州等属，江西则破吉安，破瑞州、吉水、新淦、永丰等属，皆所以分兵力，亟肆以疲我，多方以误我。贼之善于用兵，似较昔年更狡更悍。吾但求力破安庆一关，此外皆不遽与之争得失。转旋之机，只在一二月可决耳。

乡间早起之家，蔬菜茂盛之家，类多兴旺。晏起无蔬之家，类多衰弱。尔可于省城菜园中，用重价雇人至家种蔬，或二人亦可，其价若干，余由营中寄回。此嘱。

此次未写信与澄叔，尔禀告之。

咸丰十一年四月初四日

与纪泽书·种菜之法及写匾与子侄

字谕纪泽儿：

六月廿日唐介科回营，接尔初三日禀并澄叔一函，具悉一切。

今年彗星出于北斗与紫微垣之间，渐渐南移，不数日而退出右辅与摇光之外，并未贯紫微垣，亦未犯天市也。占验之说，本不足信，即有不祥，或亦不大为害。

省雇园丁来家，宜废田一二丘，用为菜园。吾现在营课勇夫种菜，每块土约三丈长，五尺宽，窄者四尺余宽，务使芸草及摘蔬之时，人足行两边沟内，不践菜土之内。沟宽一尺六寸，足容便桶。大小横直，有沟有浍，下雨则水有所归，不使积潦伤菜。四川菜园极大，沟浍终岁引水长流，颇得古人井田遗法。吾乡一家园土有限，断无横沟，而直沟则不可少。吾乡老农虽不甚精，犹颇认真，老圃则全不讲究。我家开此风气，将来荒山旷土，尽可开垦，种百谷杂蔬之类。如种茶亦获利极大，吾乡无人试行，吾家若有山地，可试种之。

尔前问《说文》中逸字，今将贵州郑子尹所著二卷寄尔一阅。渠所补一百六十五文，皆许书本有之字，而后世脱失者也。其子知同又附考三百字，则许书本无之字，而他书引《说文》有之，知同辨为不当有者也。尔将郑氏父子书细阅一遍，则知叔重原有之字，被传写逸脱者，实已不少。

纪渠侄近写篆字甚有笔力，可喜可慰，兹圈出付回。尔须教之认熟篆文，并解明偏旁本意。渠侄、湘侄要大字横匾，余即日当写就付归，寿侄亦当付一匾也。家中有李少温篆帖《三坟记》《迁先茔记》，亦可寻出，呈澄叔一阅。澄弟作篆字，间架太散，以无帖意故也。邓石如先生所写篆字《西铭》《弟子职》之类，永州杨太守新刻一套，尔可求郭意诚姻叔拓一二分，俾家中写篆者有所摹仿。家中有褚书《西安圣教》《同州圣教》，尔可寻出寄营，《王圣教》亦寄来一阅，如无裱者，则不必寄也。《汉魏六朝百三家集》，京中一分，江西一分，想俱在家，可寄一部来营。

余疮疾略好，而癣大作，手不停爬，幸饮食如常。安庆军事甚好，大约可克复矣。此次未写信与澄叔，尔将此呈阅，并问澄弟近好。

咸丰十一年六月廿四日

与纪泽书·择定大女儿嫁期

字谕纪泽儿：

八月廿日胡必达、谢荣凤到，接尔母子及澄叔三信，并《汉魏百三家》《圣教序》三帖。廿二日谭在荣到，又接尔及澄叔二信，具悉一切。

蔡迎五竟死于京口江中，可异可悯，兹将其口粮三两补去，外以银廿两赈恤其家。朱运四先生之母仙逝，兹寄去奠仪银八两。蕙姑娘之女一贞于今冬发嫁，兹付去奁仪十两。家中可分别妥送。

大女儿择于十二月初三日发嫁，袁家已送期[1]来否？余向定妆奁之资二百金，兹先寄百金回家制备衣物，余百金俟下次再寄。

1 期：指期单，系男方在婚前送给女方确定结婚日期的纸介。

其自家至袁家途费，暨六十侄女出嫁奁仪[1]，均俟下次再寄也。

居家之道，惟崇俭可以长久，处乱世尤以戒奢侈为要义。衣服不宜多制，尤不宜大镶大缘，过于绚烂。尔教导诸妹敬听父训，自有可久之理。

牧云舅氏书院一席，余已函托寄云中丞，沅叔告假回长沙，当面再一提及，当无不成。

余身体平安。廿一日成服[2]哭临[3]，现在三日已毕。疮尚未好，每夜搔痒不止，幸不甚为害。满叔近患疟疾，廿二日痊愈矣。此次未写澄叔信，尔将此呈阅。

咸丰十一年八月廿四日

与纪泽书·论述《尔雅》

字谕纪泽儿：

接尔八月十四日禀并日课一单、分类目录一纸。日课单批明发还。

目录分类，非一言可尽。大抵有一种学问，即有一种分类之法；有一人嗜好，即有一人摘抄之法。若从本原论之，当以《尔雅》为分类之最古者。天之星辰，地之山川、鸟兽、草木，

1 奁（lián）仪：送给嫁女儿人家的贺礼。

2 成服：死者的亲属穿上丧服。

3 哭临：原本指帝后死丧集众定时举哀，后泛称人死之后集众举哀或至灵前吊祭。

皆古圣贤人辨其品汇，命之以名，《书》所称大禹主名山川，《礼》所称黄帝正名百物是也。物必先有名而后有是字，故必知命名之原，乃知文字之原。舟车弓矢，俎豆钟鼓，日用之具，皆先王制器以利民用，必先有器而后有是字，故又必知制器之原，乃知文字之原。君臣上下，礼乐兵刑，赏罚之法，皆先王立事以经纶天下，或先有事而后有字，或先有字而后有事，故又必知万事之本，而后知文字之原。此三者，物最初，器次之，事又次之。

三者既具，而后有文词。《尔雅》一书，如释天、释地、释山、释水、释草木、释鸟兽虫鱼，物之属也；释器、释宫、释乐，器之属也；释亲，事之属也；释诂、释训、释言，文词之属也。《尔雅》之分类，惟属事者最略；后世之分类，惟属事者最详。

事之中又判为两端焉：曰虚事，曰实事。虚事者，如经之三《礼》，马[1]之八《书》，班[2]之十《志》，及三《通》之区别门类是也。实事者，就史鉴中已往之事迹，分类纂记，如《事文类聚》《白孔六帖》《太平御览》及我朝《渊鉴类函》《子史精华》等书是也。

尔所呈之目录，亦是抄摘实事之象，而不如《子史精华》中目录之精当。余在京藏《子史精华》，温叔于廿八年带回，想尚在白玉堂，尔可取出核对，将子目略为减少。后世人事日多，

1 马：指西汉时期史学家、文学家司马迁，著有《史记》。

2 班：指东汉史学家、文学家班固，著有《汉书》。

史册日繁，摘类书者事多而器物少，乃势所必然。尔即可照此抄去，但期与《子史精华》规模相仿，即为善本。其末附古语鄙谚，虽未必无用，而不如径摘抄《说文》训诂，庶与《尔雅》首三篇相近也。

余亦思仿《尔雅》之例抄纂类书，以记日知月无忘之效，特患年齿已衰，军务少暇，终不能有所成。或余少引其端，尔将来继成之可耳。

余身体尚好，惟疮久不愈。沅叔已拔营赴庐江、无为州，一切平安。胡宫保仙逝，是东南大不幸事，可伤之至。

紫兼毫营中无之，兹付笔廿支、印章一包查收，蓝格本下次再付。澄叔处尚未写信，将此送阅。

咸丰十一年九月初四日

与纪泽书·寄银为大女儿于归[1]之用

字谕纪泽儿：

昨见尔所作《说文分韵解字》凡例，喜尔今年甚有长进，因请莫君指示错处。莫君名友芝，字子偲，号郘亭，贵州辛卯举人，学问淹雅。丁未年在琉璃厂与余相见，心敬其人。七月来营，复得畅谈。其学于考据、词章二者皆有本原，义理亦践

1 于归：出嫁。

修不苟。兹将渠批订尔所作之凡例寄去，余亦批示数处。

又寄银百五十两，合前寄之百金，均为大女儿于归之用，以二百金办奁具，以五十金为程仪。家中切不可另筹银钱，过于奢侈。遭此乱世，虽大富大贵，亦靠不住，惟勤俭二字可以持久。又寄丸药二小瓶，与尔母服食。

尔在家常能早起否？诸弟妹早起否？说话迟钝、行路厚重否？宜时时省记也。

咸丰十一年九月廿四日

与纪泽书·贼氛环逼，忧闷之至

字谕纪泽儿：

接沅叔信，知二女喜期。陈家择于正月二十日入赘。澄叔欲于乡间另备一屋，余意即在黄金堂成礼，或借曾家坳头行礼，三朝后仍接回黄金堂，想尔母子与诸叔已有定议矣。兹寄回银二百两，为二女奁资[1]，外五十金为酒席之费，俟下次寄回。亦于此次寄矣。

浙江全省皆失，贼势浩大，迥异往时气象。鲍军在青阳，亦因贼众兵单，未能得手。徽州近又被围。余任大责重，忧闷之至。疮癣并未少减，每当痛痒极苦之时，常思与尔母子相见。因贼氛

1 奁资：嫁妆，陪嫁的财物。

环逼，不敢遽接家眷。又以罗氏女须嫁，纪鸿须出考，且待明春察看。如贼焰少衰，安庆无虞，则接尔母带纪鸿来此一行，尔夫妇与陈婿在家照料一切。若贼氛日甚，则仍接尔来此一行。明年正二月，再有准信。纪鸿县府各考，均须请邓师亲送。澄叔前言纪鸿至书院读书，则断不可。

前蒙恩赐遗念衣一、冠一、扳指一、表一，兹用黄箱送回，宣宗遗念衣一、玉佩一，亦可藏此箱内。敬谨尊藏。此嘱。

咸丰十一年十二月十四

与纪泽书·论读诗与作诗

字谕纪泽儿：

正月十三、四连接尔十二月十六、廿四日两禀，又得澄叔十二月廿二一缄、尔母十六日一缄，备悉一切。

尔诗一首，阅过发回。尔诗笔远胜于文笔，以后宜常常为之。余久不作诗，而好读诗，每夜分辄取古人名篇高声朗诵，用以自娱。今年亦当间作二三首，与尔曹相和答，仿苏氏父子之例。尔之才思，能古雅而不能雄骏，大约宜作五言，而不宜作七言。余所选十八家诗凡十厚册，在家中，此次可交来丁带至营中。尔要读古诗，汉魏六朝取余所选曹、阮、陶、谢、鲍、谢六家，专心读之，必与尔性质相近。至于开拓心胸，扩充气魄，穷极变态，则非唐之李杜韩白、宋金之苏黄陆元八家不足以尽天下古今之奇观。尔之质性，虽与八家者不相近，而要不可不将此八人之集悉心研究一番，实《六经》外之巨制，文字中之尤物也。

尔于小学粗有所得，深用为慰。欲读周汉古书，非明于小学，无可问津。余于道光末年，始好高邮王氏父子之说，从事戎行未能卒业，冀尔竟其绪耳。

余身体尚可支持，惟公事太多，每易积压。癣痒迄未甚愈。家中索用银钱甚多，其最要紧者，余必付回。

京报在家，不知系报何喜？若节制四省，则余已两次疏辞[1]矣，此等空空体面，岂亦有喜报耶？

葛家信一封、匾字四个付回。澄叔处此次未写信，尔将此呈阅。

同治元年正月十四日

与纪泽书·述战事之艰，询问县考事宜

字谕纪泽儿：

二月十三日接正月廿三日来禀，并澄侯叔一信，知五宅平安。二女正月廿日喜事诸凡顺遂，至以为慰。

此间军事如恒。徽州解围后，贼退不远，亦未再来犯。左

1 疏辞：上书请辞。

中丞进攻遂安，以为攻严州保衢州之计。鲍春霆顿兵青阳，近未开仗。洪叔在三山夹收降卒三千人，编成四营。沅叔初七日至汉口，十五后当可抵皖。李希帅初九日至安庆，三月初赴六安州。多礼堂进攻庐州，贼坚守不出。上海屡次被贼扑犯，洋人助守，尚幸无恙。

余身体平安。今岁间能成寐，为近年所仅见。惟圣眷太隆，责任太重，深以为危。知交有识者，亦皆代我危之，只好刻刻谨慎，存一临深履薄之想而已。

今年县考在何时？鸿儿赴考须请寅师往送，寅师父子一切盘费皆我家供应也。共需若干，尔付信来，由营寄回。

七十侄女于归，寄去银百两、褂料一件并里裙料一件。尔所需笔墨等件付回，照单查收。此信并呈澄叔一阅，不另具。

同治元年二月十四日

与纪泽书·论古今文人琐事之劳，述其母病况

字谕纪泽儿：

三月十三日接尔二月廿四日安禀并澄叔信，具悉五宅平安。

尔至葛家送亲后，又须至浏阳送陈婿夫妇，又须赶回黄宅送亲，又须接办罗氏女喜事。今年春夏，尔在家中，比余在营更忙。然古今文人学人，莫不有家常琐事之劳其身，莫不

有世态冷暖之撄[1]其心。尔现当家门鼎盛之时，炎凉之状不接于目，衣食之谋不萦于怀，虽奔走烦劳，犹远胜于寒士困苦之境也。

尔母咳嗽不止，其病当在肺家。兹寄去好参四钱五分，高丽参半斤，好者如试之有效，当托人到京再买也。余近久不吃丸药，每月两逢节气，服归脾汤三剂。迩来渴睡[2]甚多，不知是好是歹。

军事平安。鲍公于初七日在铜陵获一大胜仗。少荃坐火轮船于初八日赴上海，其所部六千五百人当陆续载去。希庵所派救颍州之兵，颍郡于初五日解围。

第三女于四月廿二日于归罗家，兹寄去银二百五十两查收。余不详，即呈澄叔一阅。此嘱。

同治元年三月十四日

与纪泽书·论纪泽之优缺点，述军事近况

字谕纪泽儿：

连接尔十四、廿二日在省城所发禀，知二女在陈家，门庭雍睦，衣食有资，不胜欣慰。

尔累月奔驰酬应，犹能不失常课，当可日进无已。人生惟

1 撄（yīng）：扰乱。

2 渴睡：疲倦，想睡。

有常是第一美德。余早年于作字一道，亦尝苦思力索，终无所成，近日朝朝摹写，久不间断，遂觉月异而岁不同。可见年无分老少，事无分难易，但行之有恒，自如种树畜养，日见其大而不觉耳。

尔之短处在言语欠钝讷，举止欠端重，看书能深入而作文不能峥嵘。若能从此三事上下一番苦工，进之以猛，持之以恒，不过一二年，自尔精进而不觉。言语迟钝，举止端重，则德进矣；作文有峥嵘雄快之气，则业进矣。尔前作诗，差[1]有端绪，近亦常作否？李、杜、韩、苏四家之七古，惊心动魄，曾涉猎及之否？

此间军事，近日极得手。鲍军连克青阳、石埭、太平、泾县四城，沅叔连克巢县、和州、含山三城暨铜城闸、雍家镇、裕溪口、西梁山四隘，满叔连克繁昌、南陵二城暨鲁港一隘。现仍稳慎图之，不敢骄矜。

余近日疮癣大发，与去年九、十月相等。公事丛集，竟日忙冗，尚多积阁之件。所幸饮食如常，每夜安眠或二更三更之久，不似往昔彻夜不寐，家中可以放心。此信并呈澄叔一阅，不另致也。

同治元年四月初四日

---

1 差：大致可以。

与二子书·劝儿立志

字谕纪泽纪鸿儿：

今日专人送家信，甫经成行，又接王辉四等带来四月初十之信，尔与澄叔各一件。藉悉一切。

尔近来写字，总失之薄弱，骨力不坚劲，墨气不丰腴，与尔身体向来轻字之弊正是一路毛病。尔当用油纸摹颜字之《郭家庙》、柳字之《琅琊碑》《玄秘塔》，以药其病，日日留心，专从厚重二字上用工，否则字质太薄，即体质亦因之更轻矣。

人之气质由于天生，本难改变，惟读书则可变化气质。古之精相法者，并言读书可以变换骨相。欲求变之之法，总须先立坚卓之志。即以余生平言之，三十岁前最好吃烟，片刻不离，至道光壬寅十一月廿一日立志戒烟，至今不再吃。四十六岁以前作事无恒，近五年深以为戒，现在大小事均尚有恒。即此二端，可见无事不可变也。尔于厚重二字，须立志变改。古称金丹换骨，余谓立志即丹也。满叔回信系忘送，故特由驿补发。此嘱。

同治元年四月廿四日

与纪泽书·论读书与作文之法

字谕纪泽儿：

接尔四月十九日一禀，得知五宅平安。

尔《说文》将看毕，拟先看各经注疏，再从事于词章之学。余观汉人词章，未有不精于小学训诂者，如相如、子云、孟坚于小学皆专著一书，《文选》于此三人之文著录最多。余于古文，志在效法此三人并司马迁、韩愈五家，以此五家之文，精于小学训诂，不妄下一字也。

尔于小学既粗有所见，正好从词章上用功。《说文》看毕之后，可将《文选》细读一过，一面细读，一面抄记，一面作文以仿效之。凡奇僻之字，雅故之训，不手抄则不能记，不摹仿则不惯用。自宋以后，能文章者不通小学。国朝诸儒，通小学者又不能文章。余早岁窥此门径，因人事太繁，又久历戎行，不克卒业，至今用为疚憾。尔之天分长于看书，短于作文；此道太短，则于古书之用意行气，必不能看得谛当[1]。目下宜从短处下工夫，专肆力[2]于《文选》，手抄及摹仿二者皆不可少。待文笔稍有长进，则以后诂经读史，事事易于着手矣。

此间军事平顺。沅、季两叔皆直逼金陵城下，兹将沅信二件寄家一阅。惟沅、季两军进兵太锐，后路芜湖等处空虚，颇为可虑。余现筹兵补此瑕隙，不知果无疏失否。

余身体平安，惟公事日繁，应复之信积阁甚多，余件尚能料理，家中可以放心。此信送澄叔一阅。余思家乡茶叶甚切，迅速付来为要。

同治元年五月十四日

1 谛当：确当，恰当。

2 肆力：竭尽力量（去做）。

与纪泽书·嘱其厚待袁婿

字谕纪泽儿：

二十日接家信，系尔与澄叔五月初二所发。廿二日又接澄侯衡州一信，具悉五宅平安，三女嫁事已毕。

尔信极以袁婿为虑，余亦不料其遽尔学坏至此。余即日当作信教之，尔等在家却不宜过露痕迹。人所以稍顾体面者，冀人之敬重也；若人之傲惰鄙弃业已露出，则索性荡然无耻，摈弃不顾，甘与正人为仇，而以后不可救药矣。我家内外大小，于袁婿处礼貌均不可疏忽。若久不悛改[1]，将来或接至皖营，延师教之亦可。大约世家子弟，钱不可多，衣不可多，事虽至小，所关颇大。

此间各路军事平安。多将军赴援陕西，沅、季在金陵孤军无助，不无可虑。湖州于初三日失守。鲍攻宁国，恐难遽克。安徽亢旱，顷间三日大雨，人心始安。谷即在长沙采买，以后澄叔不必挂心。

此次不另寄澄信，尔禀告之。此嘱。

同治元年五月廿四日

1 悛（quān）改：悔悟改过。

与纪鸿书·劝儿常守俭朴之风

字谕纪鸿儿：

前闻尔县试幸列首选，为之欣慰。所寄各场文章，亦皆清润大方。昨接易芝生先生十三日信，知尔已到省。城市繁华之地，尔宜在寓中静坐，不可出外游戏征逐。

兹余函商郭意城先生，在于东征局兑银四百两，交尔在省为进学之用。如郭不在省，尔将此信至易芝生先生处借银亦可。印卷之费，向例两学及学书共三分，尔每分宜送钱百千。邓寅师处送谢礼百两，邓十世兄处送银十两，助渠买书之资。余银数十两，为尔零用及略添衣物之需。

凡世家子弟，衣食起居，无一不与寒士相同，庶可以成大器，若沾染富贵气习，则难望有成。吾忝为将相，而所有衣服不值三百金，愿尔等常守此俭朴之风，亦惜福之道也。其照例应用之钱，不宜过啬。谢廪保须二十千，赏号亦略丰。谒圣之后，拜客数家，即行归里。今年不必乡试，一则尔工夫尚早，二则恐体弱难耐劳也，此谕。

再，尔县考诗有错平仄者：头场末句“移”；二场三句“禁”，仄声用者“禁止”“禁戒”也，平声用者犹云受不住也，谚云“禁不起”；三场四句“节俭仁惠崇”系倒写否？十句“逸”仄声；五场九、十句失粘。过院考时，务将平仄一一检点，如有记不真者，则另换一字。抬头处亦宜细心，再谕。

同治元年五月廿七日

与纪泽书·劝儿多读古书，法王羲之、陶渊明，不法嵇、阮

字谕纪泽儿：

曾代四、王飞四先后来营，接尔二十日、廿六日两禀，具悉五宅平安。

和张邑侯诗，音节近古，可慰可慰。五言诗若能学到陶潜、谢朓一种冲淡之味，和谐之音，亦天下之至乐，人间之奇福也。尔既无志于科名禄位，但能多读古书，时时哦诗作字，以陶写性情，则一生受用不尽。第宜束身圭璧[1]，法王羲之、陶渊明之襟韵潇洒则可，法嵇、阮之放荡名教则不可耳。

希庵丁艰，余即在安庆送礼，写四兄弟之名，家中似可不另送礼。或鼎三侄另送礼物，亦无不可，然只可送祭席挽幛之类，银钱则断不必送，尔与四叔父、六婶母商之。希庵到家之后，我家须有人往吊，或四叔，或尔去皆可，或目下先去亦可。

近年以来，尔兄弟读书所以不甚耽搁者，全赖四叔照料大事，朱金权照料小事。兹寄回鹿茸一架、袍褂料一付，寄谢四叔。丽参三两、银十二两，寄谢金权。又袍褂一付，补谢寅皆先生，尔一一妥送。家中贺喜之客，请金权恭敬款接，不可简慢，至要至要。

贤五先生请余作传，稍迟寄回，此次未写复信，尔先告之。

1 束身圭璧：以圭璧那样完美的标准约束自身。

家中有殿板《职官表》一书，余欲一看，便中寄来。抄本国史文苑儒林传尚在否？查出禀知，此嘱。

同治元年七月十四日

与纪泽书·论《汉书》之训诂、《庄子》之诙诡

字谕纪泽儿：

接尔七月十一日禀并澄叔信，具悉一切。鸿儿十三日自省起程，想早到家。

此间诸事平安，沅、季二叔在金陵亦好，惟疾疫颇多。前建清醮[1]，后又陈龙灯狮子诸戏，仿古大傩[2]之礼，不知少愈否。

鲍公在宁国招降童容海一股，收用者三千人，余五万人悉行遣散，每人给钱一千。鲍公办妥此事，即由高淳、东坝会剿金陵。

希帅由六安回省，初三已到，久病之后，加以忧戚，气象黑瘦，咳嗽不止，殊为可虑。本日接奉谕旨，不准请假回籍，赏银八百，饬地方官照料。圣恩高厚，无以复加，而希帅思归极切，观其病象，亦非回籍静养，断难痊愈，渠日内拟自行具折陈情也。

尔所作《拟庄》三首，能识名理，兼通训诂，慰甚慰甚。

1 清醮（jiào）：谓道士设坛祈祷。

2 大傩（nuó）：民间击鼓驱除疫鬼的一种仪式。

余近年颇识古人文章门径，而在军鲜暇，未尝偶作，一吐胸中之奇[1]。尔若能解《汉书》之训诂，参以《庄子》之诙诡，则余愿偿矣。至行气为文章第一义，卿、云之跌宕，昌黎之倔强，尤为行气不易之法，尔宜先于韩公倔强处揣摩一番。

京中带回之书，有《谢秋水集》，名文济，国初南丰人。可交来人带营一看。澄叔处未另作书，将此呈阅。

同治元年八月初四日

与纪泽书·述军中士卒多病

字谕纪泽儿：

日内未接家信，想五宅平安，为慰。

此间近状如常，各军士卒多病，迄未少愈。甘子大至宁国一行，归即一病不起。许吉斋座师之世兄名敬身号藻卿者，远来访我，亦数日物故。幸杨、鲍两军门皆有转机，张凯章闻亦少瘥[2]。三公无他故，则大局尚可为也。

沅叔营中，病者亦多，沅意欲奏调多公一军回援金陵。多公在秦，正当紧急之际，焉能东旋？且沅、季共带二万余人，仅保营盘，亦无请援之理。惟祝病卒渐愈，禁得此次风浪，则此后普成坦途矣。

---

1 奇（jī）：不顺当的。

2 瘥（chài）：病好了。

李希庵于闰八月廿三日安庆开行，奔丧回里，唐义渠即于是日到皖。两公于余处皆以长者之礼见待，公事毫无掣肘。余亦推诚相与，毫无猜疑。皖省吏治，或可渐有起色。

余近日癣疾复发，不似去秋之甚。眼蒙则逐日增剧，夜间几不复能看字。老态相催，固其理也，余不一一。此信可送澄叔一阅。

同治元年闰八月廿四

与纪泽书·述战事之艰辛

字谕纪泽儿：

接尔闰月禀，知澄叔尚在衡州未归，家中五宅平安，至以为慰。

此间连日恶风惊浪。伪忠王在金陵苦攻十六昼夜，经沅叔多方坚守，得以保全。伪侍王初三四亦至。现在金陵之贼数近二十万，业经守二十日，或可化险为夷。兹将沅叔初九、初十与我二信寄归外，又有大夫第[1]信，一慰家人之心。

鲍春霆移扎距宁郡城二十里之高祖山，虽病弁太多，十分可危，然凯军在城主守，春霆在外主战，或足御之。惟宁国县城于初六日失守，恐贼猛扑徽州、旌德、祁门等城，又恐其由

1 大夫第：曾国荃于咸丰九年在家乡荷叶镇建成的一处宅邸。

间道[1]径窜江西，殊可深虑。

余近日忧灼迥异寻常，气象与八年春间相类；盖安危之机，关系太大，不仅为一己之身名计也。但愿沅、霆两处幸保无恙，则他处尚可徐徐补救。此信送澄叔一阅，不详。

同治元年九月十四日

与纪泽书·分析军事

字谕纪泽儿：

旬日未接家信，不知五宅平安如常否？

此间军事，金柱关、芜湖及水师各营，已有九分稳固可靠；金陵沅叔一军，已有七分可靠；宁国鲍、张各军，尚不过五分可靠。此次风波之险，迥异寻常，余忧惧太过，似有怔忡[2]之象。每日无论有信与无信，寸心常若皇皇无主。前此专虑金陵沅、季大营或有疏失，近日金陵已稳，而忧惶战栗之象不为少减，自是老年心血亏损之症。欲尔再来营中省视，父子团聚一次。一则或可少解怔忡病症，二则尔之学问亦可稍进。或今冬起行，或明年正月起行，禀明尔母及澄叔行之。

尔在此住数月归去，再令鸿儿来此一行。寅皆先生明年定在大夫第教书，鸿儿随之受业。金二外甥有志向学，尔可带之

1 间道：偏僻的小路。

2 怔忡（zhēng chōng）：心中躁动不安；心悸。

来营。余详日记中，此谕。

同治元年十月初四日

与纪泽书·论训诂之学

字谕纪泽儿：

十月初十日接尔信，与澄叔九月廿日县城发信，具悉五宅平安，希庵病亦渐好，至以为慰。

此间军事，金陵日就平稳，不久当可解围。沅叔另有二信，余不赘告。鲍军日内甚为危急。贼于湾沚渡过河西，梗塞霆营粮路。霆军当士卒大病之后，布置散漫，众心颇怨，深以为虑。鲍若不支，则张凯章困于宁国郡城之内，亦极可危。如天之福，宁国亦如金陵之转危为安，则大幸也。

尔从事小学《说文》，行之不倦，极慰极慰。小学凡三大宗：言字形者，以《说文》为宗，古书惟大小徐二本，至本朝而段氏特开生面，而钱坫、王筠、桂馥之作亦可参观。言训诂者，以《尔雅》为宗，古书惟郭注邢疏，至本朝而邵二云之《尔雅正义》、王怀祖之《广雅疏证》、郝兰皋之《尔雅义疏》，皆称不朽之作。言音韵者，以《唐韵》为宗，古书惟《广韵》《集韵》，至本朝而顾氏《音学五书》乃为不刊之典，而江慎修、戴东原、段茂堂、王怀祖、孔巽轩、江晋三诸作，亦可参观。尔欲于小学钻研古义，则三宗如顾、江、段、邵、郝、王六家之书，均不可不涉猎而探讨之。

余近日心绪极乱，心血极亏，其慌忙无措之象，有似咸丰八年春在家之时，而忧灼过之，甚思尔兄弟来此一见，不知尔何日可来营省视？

仰观天时，默察人事，此贼竟无能平之理。但求全局不遽决裂，余能速死，而不为万世所痛骂，则幸矣。此信送澄叔一阅，不另致。

同治元年十月十四日

与二子书·述军事劳烦，牙疼殊甚

字谕纪泽纪鸿儿：

日内未接家信，想五宅平安。

此间军事，金陵于初五日解围，营中一切平安，惟满叔有病未愈。目下危急之处有三：一系宁国鲍、张两军粮路已断，外无援兵。一系旌德朱品隆一军被贼围扑，粮米亦缺。一系九洑洲之贼窜过北岸，恐李世忠不能抵御。大约此三处者断难幸全。

余两月以来，十分忧灼，牙疼殊甚。心绪之恶，甚于八年春在家、十年春在祁门之状。尔明年新正来此，父子一叙，或可少纾忧郁。

尔近日走路身体略觉厚重否？说话略觉迟钝否？鸿儿近学

作试帖诗否？袁氏婿近常在家否？尔若来此，或带袁婿与金二外甥同来亦好。澄叔处未另致。

同治元年十月廿四日

与纪泽书·论四言诗

字谕纪泽儿：

廿九接尔十月十八在长沙所发之信，十一月初一又接尔初九日一禀，并与左镜和唱酬诗及澄叔之信，具悉一切。

尔诗胎息[1]近古，用字亦皆的当[2]。惟四言诗最难有声响有光芒，虽《文选》韦孟以后诸作，亦复尔雅有余，精光不足。扬子云之《州箴》《百官箴》诸四言，刻意摹古，亦乏作作[3]之光渊渊[4]之声。

余生平于古人四言，最好韩公之作，如《祭柳子厚文》《祭张署文》《进学解》《送穷文》诸四言，固皆光如皎日，响如春霆，即其他凡墓志之铭词及集中如《淮西碑》《元和圣德》各四言诗，亦皆于奇崛之中迸出声光，其要不外意义层出、笔仗雄拔而已。自韩公而外，则班孟坚《汉书叙传》一篇，亦四

1 胎息：师承；效法。

2 的（dí）当：恰当。

3 作作：形容光芒四射或声势逼人。

4 渊渊：深广，深邃。

言中之最隽雅者。尔将此数篇熟读成诵，则于四言之道自有悟境。

镜和诗雅洁清润，实为吾乡罕见之才，但亦少奇矫[1]之致。凡诗文欲求雄奇矫变，总须用意有超群离俗之想，乃能脱去恒蹊[2]。尔前信读《马汧督诔》，谓其沉郁似《史记》，极是极是，余往年亦笃好斯篇。尔若于斯篇及《芜城赋》《哀江南赋》《九辩》《祭张署文》等篇吟玩不已，则声情自茂，文思汩汩矣。

此间军事危迫异常，九洑洲之贼纷窜江北，巢县、和州、含山俱有失守之信。余日夜忧灼，智尽能索。一息尚存，忧劳不懈，他非所知耳！

尔行路渐重厚否？纪鸿读书有恒否？至为廑念[3]。余详日记中。此次澄叔处无信，尔详禀告。

同治元年十一月初四

与纪泽书·练字应从刚字、厚字用功

字谕纪泽儿：

廿二、三日连寄二信与澄叔，驿递长沙转寄，想俱接到。

季叔赍志长逝，实堪伤恸。沅叔之意，定以季榇葬马公塘，

1 奇矫：雄奇矫变，奇特出众。

2 恒蹊：传统，俗套。

3 廑（qín）念：殷切关注。

与高轩公合冢，尔即可至北港迎接。一切筑坟等事，禀问澄叔，必恭必悫[1]。俟季叔葬事毕后，再来皖营可也。

尔现用油纸摹帖否？字乏刚劲之气，是尔生质短处，以后宜从刚字厚字用功，特嘱。

同治元年十一月廿四

与纪泽书·论韩愈五言诗

字谕纪泽儿：

十一日接十一月廿二日来禀，内有鸿儿诗四首。十二日又接初五日来禀，其时尔初自长沙归也。两次皆有澄叔之信，具悉一切。

韩公五言诗，本难领会，尔且先于怪奇可骇[2]处、诙谐可笑处细心领会。可骇处，如咏落叶，则曰“谓是夜气灭，望舒陨其圆”；咏作文，则曰“蛟龙弄角牙，造次欲手揽”。可笑处，如咏登科，则曰“侪辈妒且热，喘如竹筒吹”；咏苦寒，则曰“羲和[3]送日出，恇怯频窥觇”。尔从此等处用心，可以长才力，亦可添风趣。

鸿儿试帖，大方而有清气，易于造就，即日批改寄回。

---

1 悫（què）：诚实。

2 可骇（hài）：令人惊讶，令人震惊。

3 羲和：神话传说中驾日车的神；太阳之母。

季叔奉初六恩旨追赠按察使，照按察使军营病故例议恤，可称极优，兹将谕旨录归。此间定于十九日开吊，二十日发引，同行者为厚四、甲二、甲六、葛亦山、江龙三诸族戚，又有员弁亲兵等数十人送之，大约二月可到湘潭，葬期若定二月底三月初，必可不误。

下游军事渐稳。北岸萧军于初十日克复运漕，鲍军粮路虽不甚通，而贼实不悍，或可勉强支持。

此信送澄叔一阅。外冯春皋对一付查收。

同治元年十二月十四

与纪泽书 · 述军事近况

字谕纪泽儿：

接澄叔初五夜一缄，尔亦有一禀。又接澄叔十二日在有恒堂[1]所发之缄，系排单递到者。余昨日已复信，亦排递交玉班转送矣。

季叔灵榇十二月廿日自安庆登舟，日内风色颇顺，到湘潭之迟速虽不可知，大约在二月初十以后。

此间近日兵事如常。朱云岩进攻青阳，于廿二日可到池州，廿四五可以进兵。萧、毛在无为、运漕一带，萧尚未再进，毛

1 有恒堂：曾国藩季弟曾国葆的宅第，在荷叶镇新建村。

于廿日小挫一次。春霆之粮路至今未通，殊为可虑。惟金陵沅叔大营与芜湖东西梁山十分稳固，兹可喜耳。

余近尚平安，牙疼小愈。署中上下均吉，并告。

同治元年十二月廿四

与纪泽书·劝女顺从女婿

字谕纪泽儿：

萧开二来，接尔正月初五日禀，得知家中平安。罗太亲翁仙逝，此间当寄奠仪五十金，祭幛一轴，下次付回。

罗婿性情乖戾，与袁婿同为可虑，然此无可如何之事，不知平日在三女儿之前亦或暴戾不近人情否？尔当谆嘱三妹柔顺恭谨，不可有片语违忤。三纲之道，君为臣纲，父为子纲，夫为妻纲，是地维所赖以立，天柱所赖以尊。故《传》曰：君，天也；父，天也；夫，天也。《仪礼》记曰：君至尊也，父至尊也，夫至尊也。君虽不仁，臣不可以不忠；父虽不慈，子不可以不孝；夫虽不贤，妻不可以不顺。

吾家读书居官，世守礼义，尔当诰戒大妹三妹忍耐顺受。吾于诸女妆奁甚薄，然使女果贫困，吾亦必周济而覆育之。目下陈家微窘，袁家罗家并不忧贫，尔谆劝诸妹，以能耐劳忍气为要。吾服官多年，亦常在耐劳忍气四字上做工夫也。

此间近状平安。自鲍春霆正月初六日泾县一战后，各处未再开仗。春霆营士气复旺，米粮亦足，应可再振。伪忠王复派贼数万续渡江北，非希庵与江味根等来，恐难得手。

余牙疼大愈，日内将至金陵一晤沅叔。此信送澄叔一阅，不另致。

同治二年正月廿四日

与纪泽书·处乱世而得宽闲之岁月

字谕纪泽儿：

二月廿一日在运漕行次[1]，接尔正月廿二日、二月初三日两禀，并澄叔两信，具悉家中五宅平安。大姑母及季叔葬事，此时均当完毕。

尔在团山嘴桥上跌而不伤，极幸极幸。闻尔母与澄叔之意欲修石桥，尔写禀来，由营付归可也。《礼》云：“道而不径，舟而不游。[2]”古之言孝者，专以保身为重。乡间路窄桥孤，嗣后吾家子侄凡遇过桥，无论轿马，均须下而步行。

吾本意欲尔来营见面，因远道风波之险，不复望尔前来，且待九月霜降水落，风涛性定，再行寄谕定夺。目下尔在家饱看群书，兼持门户，处乱世而得宽闲之岁月，千难万难，尔切莫错过此等好光阴也。

1 行次：干差事。

2 道而不径，舟而不游：走路不要走小路，坐船不要坐小船。

余以十六日自金陵开船西上，沿途阅看金柱关、东西梁山、裕溪口、运漕、无为州等处，军心均属稳固，布置亦尚妥当，惟兵力处处单薄，不知足以御贼否。余再至青阳一行，月杪即可还省。南岸近亦吃紧，广匪两股窜扑徽州，古、赖等股窜扰青阳，其志皆在直犯江西，以营一饱，殊为可虑。

澄叔不愿受沅之貤封，余当寄信至京，停止此举，以成澄志。

尔读书有恒，余欢慰之至。第所阅日博，亦须札记一二条，以自考证。脚步近稍稳重否？常常留心，此嘱。

澄叔此次未另写信，将此禀告。

同治二年二月廿四日

与纪泽书·论古茂之文章，劝儿背诵经典

字谕纪泽儿：

接尔二月十三日禀并《闻人赋》一首，具悉家中各宅平安。

尔于小学训诂，颇识古人源流，而文章又窥见汉魏六朝之门径，欣慰无已。余尝怪国朝大儒如戴东原、钱辛楣、段懋堂、王怀祖诸老，其小学训诂实能超越近古，直逼汉唐，而文章不能追寻古人深处，达于本而阂[1]于末，知其一而昧其二，颇所不

1 阂（hé）：阻隔。

解。私窃有志，欲以戴、钱、段、王之训诂，发为班、张、左、郭之文章，晋人左思、郭璞小学最深，文章亦逼两汉，潘、陆不及也。久事戎行，斯愿莫遂。若尔曹能成我未竟之志，则至乐莫大乎是，即日当批改付归。

尔既得此津筏[1]，以后便当专心一志，以精确之训诂，作古茂之文章。由班、张、左、郭上而扬、马，而《庄》《骚》，而《六经》，靡不息息相通；下而潘、陆，而任、沈，而江、鲍、徐、庾，则词愈杂，气愈薄，而训诂之道衰矣。至韩昌黎出，乃由班、张、扬、马而上跻《六经》，其训诂亦甚精当。尔试观《南海神庙碑》《送郑尚书序》诸篇，则知韩文实与汉赋相近；又观《祭张署文》《平淮西碑》诸篇，则知韩文实与《诗经》相近。近世学韩文者，皆不知其与扬、马、班、张一鼻孔出气，尔能参透此中消息，则几矣。

尔阅看书籍颇多，然成诵者太少，亦是一短。嗣后宜将《文选》最惬意者熟读，以能背诵为断。如《两都赋》《西征赋》《芜城赋》及《九辩》《解嘲》之类，皆宜熟读。《选》后之文，如《与杨遵彦书》徐、《哀江南赋》庾亦宜熟读。又经世之文如马贵与《文献通考》序二十四首，天文如丹元子之《步天歌》，《文献通考》载之，《五礼通考》载之。地理如顾祖禹之《州域形势叙》。见《方舆纪要》首数卷，低一格者不必读，高一格者可读，其排列某州某郡无文气者亦不必读。以上所选文七篇三种，尔与纪鸿儿皆

1 津筏：渡河的木筏。比喻门径。

当手抄熟读，互相背诵，将来父子相见，余亦课[1]尔等背诵也。

尔拟以四月来皖，余亦甚望尔来，教尔以文。惟长江风波，颇不放心，又恐往返途中，抛荒学业，尔禀请尔母及澄叔酌示。

如四月起程，则只带袁婿及金二甥同来；如八九月起程，则奉母及弟妹妻女合家同来。到皖住数月，孰归孰留，再行商酌。

目下皖北贼犯湖北，皖南贼犯江西，今年上半年必不安静，下半年或当稍胜。尔若于四月来谒，舟中宜十分稳慎，如八月来，则余派大船至湘潭迎接可也。余详日记中，尔送澄叔一阅，不另函矣。

同治二年三月初四日

与纪泽书·述军事近况

字谕纪泽儿：

顷接尔禀及澄叔信，知余二月初四在芜湖下所发二信同日到家，季叔与伯姑母葬事皆已办妥。尔自楮山归来，俗务应稍减少。

此间近日军事最急者，惟石涧埠毛竹丹、刘南云营盘被围，自初三至初十，昼夜环攻，水泄不通。次则黄文金大股由建德

1 课：督促完成。

窜犯景德镇。余本檄鲍军救援景镇，因石涧埠危急，又令鲍改援北岸，沅叔亦拨七营援救石涧埠。只要守住十日，两路援兵皆到，必可解围。又有捻匪由湖北下窜，安庆必须安排守城事宜。各路交警[1]，应接不暇。幸身体平安，尚可支持。

《闻人赋》圈批发还。尔能抗心希古[2]，大慰余怀。纪鸿颇好学否？尔说话走路，比往年较迟重否？

付去高丽参一斤，备家中不时之需。又付银十两。尔托楮山为我买好茶叶若干斤；去年寄来之茶，不甚好也。此信送与澄叔一看，不另寄。奏章谕旨一本查收。

同治二年三月十四日

与纪鸿书·论科考

字谕纪鸿儿：

接尔禀件，知家中五宅平安，子侄读书有恒为慰。尔问今年应否往过科考？尔既作秀才，凡岁考科考，均应前往入场，此朝廷之功令，士子之职业也。

惟尔年纪太轻，余不放心，若邓师能晋省送考，则尔凡事有所禀承，甚好甚好。若邓师不赴省，则尔或与易芝生先生同住，或随亦山、镜和、子祥诸先生同伴，总须得一老成者照应

1 交警：交相有警。

2 抗心希古：使自己志节高尚，以古之贤者为榜样。

一切，乃为稳妥。

尔近日常作试帖诗否？场中细检一番，无错平仄，无错抬头也。此次未写信与澄叔，尔为禀告。

同治二年五月十八日

与纪鸿书·安排子女来皖相见

字谕纪鸿儿：

接尔澄叔七月十八日信，并尔寄泽儿一缄，知尔奉母于八月十九日起程来皖，并三女与罗婿一同前来。

现在金陵未复，皖省南北两岸群盗如毛，尔母及四女等姑嫂来此，并非久住之局。大女理应在袁家侍姑尽孝，本不应同来安庆，因榆生在此，故吾未尝写信阻大女之行。若三女与罗婿，则尤应在家事姑事母，尤可不必同来。余每见嫁女贪恋母家富贵而忘其翁姑者，其后必无好处。余家诸女当教之孝顺翁姑，敬事丈夫，慎无重母家而轻夫家，效浇俗[1]小家之陋习也。

三女夫妇若尚在县城省城一带，尽可令之仍回罗家奉母奉姑，不必来皖；若业已开行，势难中途折回，则可同来安庆一次，小住一月二月，余再派人送归。其陈婿与二女，计必在长沙相见，不可带之同来；俟此间军务大顺，余寄信去接可也。

1 浇俗：犹言“浇风”，指浮躁的社会风气。

此间一切平安，纪泽与袁婿、王甥初二俱赴金陵。此信及奏稿一本，尔禀寄澄叔，交去人送去，余未另人告澄叔也。

同治二年八月初四日

与纪泽书·劝儿以勤谦二字为主

字谕纪泽儿：

廿四日申正之禀，廿六申刻接到。余于廿五日巳刻抵金陵陆营，文案各船亦于廿六申刻赶到。沅叔湿毒未愈，而精神甚好。伪忠王曾亲讯一次，拟即在此杀之。

由安庆咨行各处之折，在皖时未办咨札稿，兹寄去一稿；若已先发，即与此稿不符，亦无碍也。刻折稿寄家，可一二十分，或百分亦可。沅叔要二百分，宜先尽沅叔处，此外各处不宜多散。此次令王洪升坐轮船于廿七日回皖，以后送包封者仍坐舢板归去。包封每日止送一次，不可再多。

尔一切以勤谦二字为主，至嘱。

顷见安庆付来之咨行稿甚妥，此间稿不用矣。

同治三年六月廿六日

与纪泽书·悯将士之辛苦

字谕纪泽儿：

廿七日未刻接尔廿五申初一禀。此间廿四、廿七日皆得大雨，不知安庆雨否？

吾今日至各营一看，愈悯各将士辛苦可敬，沅叔之劳尤可钦也。

勒孙等今日亦到，沅叔处苦无屋容许多人。廿四日此间未派人送家信，尔派人送否？

同治三年六月廿七日

与纪泽书·述军中之苦

字谕纪泽儿：

廿九日接尔廿七日申刻禀。余以是日巡览各营，夜宿萧信卿处，距沅叔大营三十里，故接包封稍晚也。天气虽热，然此间屡得大雨，早晚尚凉，比之沅叔与诸将终年在矮屋破棚之中，战争于烈日骤雨之下，苦乐相去远矣，尔等勿以为念。

余拟将城内城外周览一过，七月中旬即可返棹回皖。洪秀全之逆尸昨已挖出亲验，李秀成之亲供[1]亦将取毕。沅叔湿毒尚未愈也。

---

1 亲供：亲自书写的供状。

督科一请示禀批数字附还。

同治三年六月廿九日

与纪泽书·述军营近况

字谕纪泽儿：

七月初一日接六月廿八禀，并廷寄及恭王信件、包封各件均已收到。

余今日看孝陵卫、天保城地道缺口及伪天王府等处，午正回沅叔营次，一切平安。惟李少山作士物故，失一善人，沅叔伤感殊甚耳。

柯小泉病状何如？便中禀及，此嘱。

同治三年七月初一日

与纪泽书·安排各项事宜

字谕纪泽儿：

连接廿九日、初一、初二日三次日禀，具悉一切。小泉竟尔不起，深用悼惜，尔往吊唁，余再致联幛、赙仪也。

各处咨文，尽可不粘保单。兹将排单寄去十余分，如咨文尚未发，排可也，不排亦可也。各省发咨太迟，今亦不复论矣。

安庆并无长龙解饷，此间已派长龙数号回皖。外间司道及各署有应商之事，余曾嘱其就子密一商。以后凡涉外事，请子密作一缄寄我可也。

裱地图，面背皆用白纸，但用黄绫镶边而已。和州图稍展，令宽四旁略有可折为妥，此嘱。

今日逢四送信之期，余寄四叔信一缄，日记一本，尔阅后专人送去。

同治三年七月初四日

与纪泽书·述军中近况

字谕纪泽儿：

日内北风甚劲，未接包封及尔禀信，余亦未发信也。

伪忠王自写亲供，多至五万余字。两日内看该酋亲供，如校对房本误书，殊费目力。顷始具奏洪、李二酋处治之法，李酋已于初六正法，供词亦抄送军机处矣。

沅叔拟于十一、二等日演戏请客，余亦于十五前后起程回皖。日内因天热事多，尚未将江西一案出奏，计非五日不能核定此稿。老年畏热，亦畏案牍之繁难者。余将来到金陵，即在英王府寓居，顷已派人修理矣，此谕。

同治三年七月初七日

与纪泽书·述军营发生疾病

字谕纪泽儿：

初八早接尔初四日禀，具悉一切。

营中疾病尚多，李臣典初二日死矣。榆生封房之事，沅叔以为无之，仅借仕一所，将米起入仓中。

日来北风甚大。向之包封日余辄到，此次三日余也，此谕。

同治三年七月初八日

与纪泽书·告知朝廷封赏

字谕纪泽儿：

本日未刻接富将军咨到廷寄，余蒙恩封一等侯，沅叔蒙恩封一等伯。惟廿三日之折尚未批回，恩旨一道尚未接到，大约夹板仍发安庆，连日因风逆，故未到耳。兹将寄谕抄付安庆一看，恐战船较迟，故用排递，此嘱。

同治三年七月初八日

与纪鸿书·勉励家中子弟去傲惰二弊

字谕纪鸿儿：

自尔起行后，南风甚多，此五日内却是东北风，不知尔已至岳州否？

余以廿五日至金陵，沅叔病已痊愈。廿八日戮洪秀全之尸，初六日将伪忠王正法。初八日接富将军咨，余蒙恩封侯，沅叔封伯。余所发之折，批旨尚未接到，不知同事诸公得何懋赏，然得五等者甚少，余借人之力以窃上赏，寸心不安之至。

尔在外以谦、谨二字为主。世家子弟，门第过盛，万目所属。临行时，教以三戒之首末二条，及力去傲、惰二弊，当已牢记之矣。场前不可与州县来往，不可送条子。进身之始，务知自重。酷热尤须保养身体，此嘱。

同治三年七月初九日

与纪泽书·请其详查封赏之事例

字谕纪泽儿：

初九日接尔初六申刻之禀，知廿三日之折，批旨尚未到皖，颇不可解，岂已递至官相处耶？各处来信皆言须用贺表，余亦不可不办一分。尔请程伯敷为我撰一表，为沅叔撰一表。伯敷前后所作谢折太多，此次拟另送润笔费三十金，盖亦仅见之美事也。

得五等之封者似无多人。余借人之力而窃上赏，寸心深抱不安。从前三藩之役，封爵之人较多。求阙斋西间有《皇朝文献通考》一部，尔试查《封建考》中三藩之役共封几人？平准部封几人？平回部封几人？开单寄来。

伪幼主有逃至广德之说，不知确否。此谕。

同治三年七月初九日

与纪泽书·告知封赏之事

字谕纪泽儿：

今早接奉廿九日谕旨，余蒙恩封一等侯、太子太保、双眼花翎，沅叔蒙恩封一等伯、太子少保、双眼花翎，李臣典封子爵，萧孚泗男爵，其余黄马褂九人，世职十人。双眼花翎四人。余兄弟及李、萧。恩旨本日包封抄回，兹先将初七之折寄回发刻，李秀成供明日付回也。

同治三年七月初十日

与纪泽书·告知近况

字谕纪泽儿：

接尔十一、十二、十三等号禀，具悉一切。此间初十、十

一、十二等日戏酒三日，沅叔料理周到，精力沛然，余则深以为苦。亢旱酷热，老人所畏，应治之事多搁废者。江西周石一案，奏稿久未核办，尤以为疚。自六月廿三日起，凡人证皆由余发给盘川[1]，以示体恤，尔托子密告知两司可也。

鄂刻地图，尔可即送一分与莫偲老。《轮船行江说》三日内准付回，另纸缮写，粘贴大图空处。万篪轩、忠鹤皋及泰州、扬州各官，日内均来此一见。李少泉亦拟来一晤，闻余将以七月回皖，遂不来矣。此谕。

同治三年七月十三日

与纪泽书·催刻李秀成供

字谕纪泽儿：

十四日接尔十二申刻禀，具悉一切。

初十至十二戏酒请客三日。十三日各统领请余兄弟，无戏。酷热如火，沅叔应酬无倦，余则惫矣。

李秀成供如尚未刻成，可令书局工匠众手赶到，限三日刻成，分两次付五十本来此，以便分咨各处。

余本日寄澄叔信，尔专人送湘，并寄恩旨二道，初七日疏一通。如已刻成，则多寄几分可也。

---

1 盘川：即盘缠。

金陵十日内未得雨，亢热异常，盼泽极矣。余续告。

同治三年七月十四日

与纪泽书·述近日之劳乏

字谕纪泽儿：

十五日接尔十三日禀，具悉一切。此间亢热如故，今日微有风耳。

余二日内当作各折片，殊以为苦。袁榆生之叔以今日去世，有家信一封，尔为速交。

金陵若不得大雨，病未已也。余积搁文牍甚多，而江西一案尤为繁难。老年畏热，何能任此艰巨，行谋谢去矣。榆婿信并付阅，余续告。

同治三年七月十五日

与纪泽书·请抄写《轮舟行江浅深说》

字谕纪泽儿：

十六早接尔十四申刻禀，十六申刻又接尔十五申刻禀，具悉一切。

余昨日改谢恩折二件，今日拜发，派王廷贵曾恒德赍[1]京。富将军过江，定于十八日来此会晤，余起程应俟二十矣。

《轮舟行江浅深说》，即照此缮写，贴于图之空处。但须方、刘一对，图与说不至两歧为要。筱岑信及贺表俱待八月再商。鲍军初四大捷，江西事应松耳。余续告。

同治三年七月十六日

与纪泽书·告知欲登舟回安庆

字谕纪泽儿：

二日未接尔禀，盖北风阻滞之故。此间十七日大风大雨，萧然便有秋气。

富将军今日来拜，畅谈一切。余拟明日登舟，乘坐民船，不求其快。舟中须作周、石狱事一折，非三四日不能了。沅叔处无一人独坐之位，无一刻清净之时，故未办也。其他积搁之事亦尚不少，皆须在船一为清理，到皖当在月杪矣，此嘱。

同治三年七月十八日

1 赍：送。

与纪泽书·述回皖所经之地，称愧受恩典

字谕纪泽儿：

十九日接尔十七日禀，知十一日之信至十七早始赶到安庆。哨官疲缓如此，不能不严惩也。

余于十九日回拜富将军，即起程回皖，约行七十里乃至棉花堤。今日未刻发报后，长行顺风，行七十里泊宿，距采石不过十余里。

接奉谕旨，诸路将帅督抚均免造册造报销，真中兴之特恩也。顷又接尔十八日禀，抄录封爵单一册。我朝酬庸[1]之典，以此次为最隆，愧悚战兢，何以报称，尔曹当勉之矣。

同治三年七月二十日

与纪泽书·告知行程

字谕纪泽儿：

二十二日卯刻接尔二十日禀，十九日禀昨日到矣。

余廿日行七十里至烈山，廿一日行二十里至采石，今日未刻当可行百里至芜湖也。此行在舟中改江西讼案招[2]，计须五日乃了，正不望其太速耳。

---

1 酬庸：犹言“酬功”“酬劳”。

2 招：口供、供词。

余二十日看袁婿，病似疟疾，尚送迎大门，当不要紧。

同治三年七月廿二日

与纪鸿书·劝儿以谦敬保家门之盛美

字谕纪鸿：

自尔还湘启行后，久未接尔来禀，殊不放心。今年天气奇热，尔在途次平安否？

余在金陵与沅叔相聚二十五日，二十日登舟还皖，体中尚适。

余与沅叔蒙恩晋封侯伯，门户太盛，深为祗惧[1]。

尔在省以谦敬二字为主，事事请问意臣、芝生两姻叔，断不可送条子，致腾物议。[2]十六日出闱，十七、八拜客，十九日即可回家。九月初在家听榜信后，再起程来署可也。

择交是第一要事，须择志趣远大者，此嘱。

同治三年七月廿四日

1 祗（zhī）惧：敬惧，小心谨慎。

2 腾物议：物议沸腾，谓议论纷纷，舆论强烈。

与纪泽书·告知行程

字谕纪泽儿：

二十四日接尔二十三禀。余廿四日行六十里宿旧县，二十五日行一百里宿铜陵之上，风非不顺，其如船太笨何！

江西讼案折已脱稿，大致多用少仲底本，不甚费心，然已惫矣。明日再行一日，如不能多走，廿七日当换小船耳。

同治三年七月廿五日

与纪泽书·告知行程

字谕纪泽儿：

昨、今两日接尔廿四日二禀、廿五日一禀，具悉一切。

余今日巳刻过大通，夜或可宿池州。廿八日当发一报，广东厘金拟请于八月三十日停止，并请将粤厘每三十万加举人一名。尔求子密代作一折，以原案尽存子密处，或请莼卿作亦可。折不必长，廿七夜迎投舟中。若风稍顺，余廿八日亦到省矣，江西讼案一折亦廿八可发也，此嘱。

同治三年七月廿六日

与二子书·谕儿谦慎勤俭

字谕纪泽纪鸿儿：

余于初四日自邵伯开行后，初八日至清江浦。闻捻匪张、任、牛三股并至蒙、亳一带，英方伯雉河集营被围，易开俊在蒙城亦两面皆贼，粮路难通。余商昌岐带水师由洪泽湖至临淮，而自留此待罗、刘旱队至，乃赴徐州。

尔等奉母在寓，总以勤俭二字自惕，而接物出以谦慎。凡世家之不勤不俭者，验之于内眷而毕露。余在家深以妇女之奢逸为虑，尔二人立志撑持门户，亦宜自端内教始也。

余身尚安，癣略甚耳。

同治四年闰五月初九

与二子书·询及家事，简述近况

字谕纪泽纪鸿儿：

专人来，接鸿儿初六夜信，具悉署内平安。罗氏外孙有病，比来已就痊否？又闻刘松山一军在龙潭闹饷，不肯渡江，不知近状何如？深为系念。

余于初八日至清江浦。发、捻二逆群萃皖北蒙、亳一带，英方伯雉河集营被围甚紧，英带廿八骑于初六日自营冲出，其诸将尚在该集守营求救。余拟改驻临淮，先救皖北之急，廿内外自袁浦启行。

身体尚好。临淮至金陵，官封二日可到也。日记一本可寄湘乡否？两叔信另寄矣。

同治四年闰五月十四

与纪泽书·述近况并指定二子阅习书目

字谕纪泽儿：

接尔十一、十五日两次安禀，具悉一切。尔母病已痊愈，罗外孙亦好，慰慰。

余到清江已十一日，因刘松山未到，皖南各军闹饷，故尔迟迟未发。雉河、蒙城等处，日内亦无警信。罗茂堂等今日开行，由陆路赴临淮。余俟刘松山到后，拟于廿一日由水路赴临淮。

身体平安。惟廑念湘勇闹饷，有弗戢[1]自焚之惧，竟日忧灼。蒋之纯一军在湖北业已叛变，恐各处相煽，即湘乡亦难安居。思所以痛惩之之法，尚无善策。

杨见山之五十金，已函复小岑在于伊卿处致送。邵世兄及各处月送之款，已有一札，由伊卿长送矣。惟壬叔向按季送，偶未入单。刘伯山书局撤后，再代谋一安砚之所。该局何时可

1 弗戢（jí）：不及时制止。

撤，尚无闻也。

寓中绝不酬应，计每月用钱若干？儿妇诸女，果每日纺绩有常课否？下次禀复。

吾近夜饭不用荤菜，以肉汤炖蔬菜一二种，令极烂如臡[1]，味美无比，必可以资培养，菜不必贵，适口则足养人。试炖与尔母食之。星冈公好于日入时手摘鲜蔬，以供夜餐。吾当时侍食，实觉津津有味。今则加以肉汤，而味尚不逮于昔时。后辈则夜饭不荤，专食蔬而不用肉汤，亦养生之宜，且崇俭之道也。

颜黄门之推《颜氏家训》作于乱离之世，张文端英《聪训斋语》作于承平之世，所以教家者极精，尔兄弟各觅一册，常常阅习，则日进矣。

同治四年闰五月十九

与二子书·述战事并指点二子功课

字谕纪泽纪鸿儿：

闰五月三十日由龙克胜等带到尔廿三日一禀，六月一日由驿递到尔十八日一禀，具悉一切。罗家外孙既系慢惊风，则极难医治。

余于廿五、六日渡洪泽湖面二百四十里，廿七日入淮，廿

1 臡（ní）：带骨的肉酱。

八日在五河停泊一日，等候旱队，廿九日抵临淮。闻刘省三于廿四日抵徐州，廿八日由徐州赴援雉河。英西林于廿六日攻克高炉集，雉河之军心益固，大约围可解矣。罗、张、朱等明日可以到此，刘松山初五六可到。余小住半月，当仍赴徐州也。

毛寄云年伯廿五日至清江，急欲与余一晤，余廿八日寄一信，因太远，止其来临淮。

尔写信太短。近日所看之书，及领略古人文字意趣，尽可自摅[1]所见，随时质正。前所示有气则有势，有识则有度，有情则有韵，有趣则有味，古人绝好文字，大约于此四者之中必有一长。尔所阅古文，何篇于何者为近？可放论而详问焉。

鸿儿亦宜常常具禀，自述近日工夫，此示。

同治四年六月初一日

与二子书·举例亲授二子作文

字谕纪泽纪鸿儿：

纪泽于陶诗之识度不能领会，试取《饮酒》二十首、《拟古》九首、《归田园居》五首、《咏贫士》七首等篇反复读之，若能窥其胸襟之广大，寄托之遥深，则知此公于圣贤豪杰皆已升堂入室。尔能寻其用意深处，下次试解说一二首寄来。

1 摅（shū）：抒发、表达。

又问有一专长，是否须兼三者乃为合作，此则断断不能。韩无阴柔之美，欧无阳刚之美，况于他人而能兼之？凡言兼众长者，皆其一无所长者也。

鸿儿言此表范围曲成，横竖相合，足见善于领会。至于纯熟文字，极力揣摩固属切实工夫，然少年文字，总贵气象峥嵘。东坡所谓，蓬蓬勃勃，如釜上气。古文如贾谊《治安策》、贾山《至言》、太史公《报任安书》、韩退之《原道》、柳子厚《封建论》、苏东坡《上神宗书》，时文如黄陶庵、吕晚村、袁简斋、曹寅谷，墨卷如《墨选观止》《乡墨精锐》中所选两排三迭之文，皆有最盛之气势。尔当兼在气势上用功，无徒在揣摩上用功。大约偶句多，单句少，段落多，分股少，莫拘场屋之格式，短或三五百字，长或八九百字千余字，皆无不可。虽系《四书》题，或用后世之史事，或论目今之时务，亦无不可。总须将气势展得开，笔仗使得强，乃不至于束缚拘滞，愈紧愈呆。

嗣后尔每月作五课揣摩之文，作一课气势之文，讲揣摩者送师阅改，讲气势者寄余阅改。四象表中，惟气势之属太阳者，最难能而可贵。古来文人虽偏于彼三者，而无不在气势上痛下工夫，两儿均宜勉之，此嘱。

同治四年七月初三日

与纪泽书·示儿应读书有恒

字谕纪泽儿：

十二日接尔初八日禀，具悉一切。

福秀之病，全在脾亏，余前信已详言之。今闻小岑先生峻补脾胃，似亦不甚相宜，凡五藏极亏者，皆不受峻补也。尔少时亦极脾亏，后用老米炒黄，熬成极酽之稀饭，服之半年，乃有转机，尔母当尚能记忆。金陵可觅得老米否？试为福秀一服此方。

开生到已数日，元征信接到，兹有复信，并邵二世兄信，尔阅后封口交去。渠需银两，尔陆续支付可也。

义山集似曾批过，但所批无多，余于道光廿二、三、四、五、六等年，用胭脂圈批。唯余有丁刻《史记》、六套，在家否。王刻韩文、在尔处。程刻韩诗、最精本。小本杜诗、康刻《古文辞类纂》、温叔带回，霞仙借去。震川集、在季师处。山谷集，在黄恕皆家。首尾完毕，余皆有始无终，故深以无恒为憾。近年在军中阅书，稍觉有恒，然已晚矣。故望尔等于少壮时，即从有恒二字痛下工夫，然须有情韵趣味，养得生机盎然，乃可历久不衰，若拘苦疲困，则不能真有恒也。

密禀悉，当细察耳。

正封缄间，又接泽儿初九日禀。小孩病尚未好，尔母泄泻，系脾虚火亏。昔年在京服重剂黄芪参术，此后不宜日日服药，服则宜补火补气。内银钱所房屋尽可退还，停止租钱。李宫保处宜旬日一往，幕中陈、凌、蒋、陈等皆熟人也。

同治四年七月十三日

与二子书·商议四女婚事

字谕纪泽纪鸿儿：

七月廿四日接泽儿十九日之禀、鸿儿十四日之禀并诗文一首。八月初二接泽儿廿八日一禀，并郭云仙姻丈与尔之信，具悉一切，其廿六日专兵之禀尚未到也。

郭宅姻事，吾意决不肯由轮船海道行走。嘉礼尽可安和中度，何必冒大洋风涛之险？至礼成或在广东，或在湘阴，须先将我家或全眷回湘，或泽儿夫妇送妹回湘，吾家主意定后，而后婚期之或迟或早可定，而后成礼之或湘或粤亦可定。吾既决计不回江督之任，而全眷犹恋恋于金陵，不免武仲据防[1]之嫌，是尔母及全眷早迟总宜回湘；全眷皆须还乡，四女何必先行？

吾意九、十月间，尔兄弟送家属悉归湘乡。经过省城时，如吉期在半月之内，或尔母亲至湘阴一送亦可；如吉期尚遥，则纪泽夫妇带四妹在长沙小住，届期再行送至湘阴成婚。至成礼之地，余意总欲在湘阴为正办。云仙姻丈去岁嫁女至左家，既可在湘阴由意城主持，则今年娶妇，亦可在湘阴请意城主持。

1 武仲据防：语出《论语·宪问》：孔子曰："臧武仲以防求为后于鲁。"言臧武仲凭借防邑请求立他的后人为鲁国卿大夫。

金陵至湘阴近三千里，粤东至湘阴近二千里，女家送三千，婿家迎二千，而成礼于累世桑梓之地，岂不尽美尽善？

尔以此意详复筠仙姻丈一函，令崔成贵等由海道回粤。余亦以此意详致一函，由排单寄去。即以此信为定，喜期定用十二月初二日，全眷十月上中旬自金陵启行，断不致误。如筠仙姻丈不愿在湘阴举行，仍执送粤之说，则我家全眷暂回湘乡，明年再商吉期可也。

郭宅送来衣服、首饰及燕菜、马褂之类全数收领，途费四百则交来使带回，无庸收存，此间送女途费理应自备也。崔巡捕、杨仆各给银四十两，但用余名写书一封答之，其喜期之书帖，待湘阴成礼时再办。

鸿儿之文气势颇旺，下次再行详示。尔母须用伏苓，候至京之便购买。

余以廿四自临淮起行，十日无雨，明日可到徐州矣，途次平安，勿念。

再，尔复云仙姻叔之信，或将余此次复信抄一稿附去，或不抄，尔兄弟酌之。余决计不由海道行走，如必欲送粤，余不甚坚执也，但心以湘阴为宜耳。

陈舫仙寄到在京见闻密件，兹抄寄尔阅，秘之。朱金权远来，似不便阻其来徐，只好听之。又示。

同治四年八月初三日

与纪泽书·安顿友人葬事及家事

字谕纪泽儿：

八月十一日接尔七月廿五、八月初三日禀二件，知王长胜有中途被抢之事，不知初六又派人送信否？

邵世兄开来行略等件收到，位西先生遗文亦阅一过。本月当作墓铭，出月亲为书写，仍付金陵，交刻季公铭之张氏兄弟钩刻，大约刊刻拓印须三个月工夫，年底乃可蒇事[1]。尔告邵子晋急急返杭，料理葬事，以速为妙。此石不宜埋藏土中，将来或藏之邵氏家庙，或嵌之邵家屋壁，或一二年后，于墓之址丈余另穿一小穴补行埋之，亦无不可，此次不可待碑成再定葬期也。

科四进学在四十二名，其下尚有三名。余于八月六日送去贺礼银五十两，横批写格言一幅。尧阶之世兄贺仪二十两亦已付去。尔九叔母生日，不便由余处寄礼，由尔母寄去为妥。潘文质即日坐舢板回金陵，此间有高丽参三斤带去，亦可用以配礼。

余以初四抵徐，一切平安。九叔自闻抚晋[2]之命，已来过信三次，兹封寄尔等一阅，余不多及。

前初三日信全家回湘之说，尔母子议定否？若不愿遽归，迅速具禀来商。郭家如应允在湘阴成婚，则当依其十二月初二

1 蒇（chǎn）事：事情办理完成。

2 抚晋：任山西巡抚。

日之期，不可更改。或全家同行，或仅尔夫妇送去，总须在重阳前定局也，又示。

袁勿斋求挽联、书序，实无暇为之，尔婉辞之可也。

同治四年八月十三日

与纪泽书·交代藏书读书事宜

字谕纪泽儿：

兹因潘文质回金陵，寄去鹿胶二斤、高丽参三斤，并冬菜、口蘑等物查收。

又付《全唐诗》四本，即六月间取来者，恐其遗失，故寄回，归于全部之中。又王船山先生《书经稗疏》三本、《春秋家说序》一薄本，系托刘韫斋先生在京城文渊阁抄出者，尔可速寄欧阳晓岑丈处，以便续行刊刻。

刘松山前借去鄂刻地图七本，兹已取回，尚有二十六本在金陵，可寄至大营，配成全部。此书金陵寓中尚有十余部，尔珍藏之，将来即以前代之图用朱笔写于此图之上。

《全唐文》太繁，而郭慕徐处有专集十余种，其中有《韩昌黎集》，吾欲借来一阅，取其无注，便于温诵也。又《文献通考》、吾曾点过田赋、钱币、户口、职役、征榷、市籴、土贡、国用、刑制、舆地等门者。《晋书》、《新唐书》，要殿本。《晋书》兼取李芋仙送毛刻本。均取来，以便翻阅。《后汉书》亦可带来殿本。

冬春皮衣均于此次舢板带来。缺衿者一裹圆者皆要，袍褂不要。此嘱。

同治四年八月十九日

与纪泽书·示儿养生之道

字谕纪泽儿：

卅日成鸿纲到，接尔八月十六日禀，具悉尔十一后连日患病，十六尚神倦头眩，不知近已痊愈否？

吾于凡事皆守“尽其在我，听其在天”二语，即养生之道亦然。体强者，如富人因戒奢而益富；体弱者，如贫人因节啬而自全。节啬非独食色之性也，即读书用心，亦宜检约，不使太过。余八本匾中，言养生以少恼怒为本，又尝教尔胸中不宜太苦，须活泼泼地，养得一段生机，亦去恼怒之义也。

既戒恼怒，又知节啬，养生之道，已尽其在我者矣。此外寿之长短，病之有无，一概听其在天，不必多生妄想去计较他。凡多服药饵，求祷神祇，皆妄想也。吾于医药祷祀等事，皆记星冈公之遗训，而稍加推阐，教示后辈。尔可常常与家中内外言之。

尔今冬若回湘，不必来徐省问，徐去金陵太远也。朱金权拟于初十内外回金陵，欲伴尔回湘。近日贼犯山东，余之调度，概咨少泉宫保处。澄、沅两叔信附去查阅，不须寄来矣。此嘱。

同治四年九月初一日

与二子书·述近况，问寒衣

字谕纪泽纪鸿儿：

自成鸿纲于八月杪来，接泽儿十六日一禀后，未接续信，不知尔病有翻复否？殊深悬系。

潘文质八月十九自徐回金陵，此时想已早到。炮船接衣服者不知起行北来否？日内已骤寒矣。

山东之贼尚在郓城、巨野等处，潘军亦未开仗。临淮各营于初五日到此。张树珊军初六日自徐赴东。

余身体平安，公事较之在金陵时减去一半，稍得安闲。霞仙亲家于部议降调后，闻瑞、罗两星使别无贬词。舫仙信中，有一片抄寄尔阅。

余左辅上壮齿动摇，计将辞去矣。

同治四年九月初七日

与纪泽书·嘱家事数条

字谕纪泽儿：

重九日接尔二十六日一禀，并姜豆等物，具悉一切。专兵走信太慢，仍由清江一路坐船而来，无谓之至。

凡督抚送要信之戈什哈专兵等，若发一护牌，准用经过州县之驿马，则每日应走二百数十里，与折差相似。李宫保闰五月初六日专一人来，初八早便至宝应是也。即不准用驿马，每日亦应行百一二十里，由金陵至徐州不过限七八天到。笨重东西如木匣之类概不可带，惟小包袱可背负于马上者可带少许。以后再派其来，亦须与之订八日之限，否则，竟借李宫保官封为便。

尔病未痊愈，余日内深为系念。不服药极是，邓寅皆先生之不药不饭亦良法也。子佩处兹寄祭幛一悬、赙仪二百金、回信一封，由二兵带归，尔交周少君手。南旋之说，待接得郭宅复信，如四女果于十二月二日成婚，则尔带三、四两妹先归，待新屋修妥后，明年早则三月，迟则七八月，再接全眷还湘。澄叔信言富托易商，则修葺亦易耳。

尔岳丈业经降调，郭云丈亦有严旨申饬。顷奉寄谕，欲令李宫保赴河南之西路剿贼，大约一二月内局势又将变更。付去京报数本，王聂寄尔信件照收，余不多嘱。

同治四年九月初十日

与纪泽书·私助幕友银钱

字谕纪泽儿：

初十日一信，交二兵带去。是日钱子密回金陵，渠以家口太众，薪资无余，求余札金陵粮台每月仍送渠家银若干，以佐菽水[1]之需。余以幕友告假辞出者颇多，向无仍在粮台支银之例，

1 菽水：豆和水，指普通饮食。

未允给札，而许以私信稍为资助。既曰私助，则可不用公文。尔与伊卿商，或在家发或在台发，尔见子密即告之。每月致送三十金，以五个月为率。将来概由徐州寄还归款可也。

子佩之二百，粤使之八十，地球之六十，均将由徐寄去，此外尚有应寄者否？沅叔寄尔及钱赵信、纪瑞呈余信寄去。方世兄《地球图说》，余与开生加签，兹付去，可转交也，此嘱。

同治四年九月十二日

与纪泽书·述军情近况

字谕纪泽儿：

十七日接尔初十日禀，知尔病三次翻复，近已痊愈否？

舢板尚未到徐，而此间群贼萃于铜、沛二县，攻破民圩颇多，与微山湖相近。湖中水浅，近郡处又窄，舢板或畏贼不欲进耶？马步贼约六七万，火器虽少而剽悍异常，看来凶焰尚将日长。吾已定与贼相终始，故亦安之若素。

文辅卿自京来此，言近事颇详。九叔浮言[1]渐息，霞仙虽降调，而物望尚好。云仙众望较减，天眷亦甚平平。顷接云信，婚期已改明年，然则尔今冬亦可不回湘矣，原信抄去一阅。

尔母健饭，大慰大慰。

同治四年九月廿二日

1 浮言：流言；没有根据的中伤之语。

与纪泽书·交代琐事数条

字谕纪泽儿：

廿四日接尔十一日禀，并耆、术、附子收到。此间有马谷山送龙井茶十二瓶，陈小浦所买之茶应全留金陵。莫偲老带来之二瓶，如有便，拟带寄澄、沅叔也。精茗及各药物，以后当交内银钱所[1]收，辽参则交王芝圃收。贺胜臣现进京递折子，黄齐昂即日出外管带马队矣。

兹将邵位西墓铭付回。其兄之名空二字，尔可填写，交匠人钩摹刊刻。季公墓铭，匠人刻出太时俗，无深厚之意，余字尚不如是薄也。尔可教张氏二匠，用刀须略明行气之法。刀下无气，则顺修逆描，全失劲健之气矣。

《几何原本序》付去照收。余十九日复奏李公入洛、李丁迭迁[2]一疏，尔可至李宫保署查阅。

此间带来之笔墨甚少，尔命曾文煜捡各种笔墨二十余支、十余笏，便中付来，此嘱。

同治四年九月廿五日

1 内银钱所：清时主要服务于军队大营内各类人员供应的机构。

2 迭迁：犹“迭毁”，宗庙之制，谓宗庙依次而毁。

与纪泽书·寄书命二子细览

字谕纪泽儿：

初三夜蒋大春到，接尔廿六日早一禀，具知李老太太病已痊愈，尔病亦好，慰慰。

此间之贼，于廿九日稍与徐郡派出之马队接仗，其夜即窜萧县，初一、二日窜又渐远，现尚不知果窜何处。

各兵既力求宽限，以后即限九日。以八百里之程，每日仅走九十里，并非强人所难。仍须立一课程，早到一日赏三百，早二日赏六百，迟一日打四十，二日打八十，革去。

张文端公《聪训斋语》，兹付去二本，尔兄弟细心省览，不特于德业有益，实于养生有益。

余身体平安，惟精神日损，老景逐增，而责任甚重，殊为悚惧。余不多及。

同治四年十月初四日

与二子书·为子择良师

字谕纪泽纪鸿儿：

十八日接泽儿十一夜禀并笔墨二包。余日内偶忘写信，故戎国治未得速归。二十二日又接尔十八日一禀。

余近日身体平安。捻匪自窜河南后，久无消息。十九日之折，顷接寄谕，业经照准。

明年寓中请师，顷桐城吴汝纶挚甫来此，以本年连捷，得内阁中书，告假出京。余劝令不必遽尔进京当差，明年可至余幕中专心读书，多作古文。因拟请其父吴元甲号育泉者至金陵教书，为纪鸿及陈婿之师。育泉以廪生举孝廉方正，其子汝纶，系一手所教成者也。挚甫闻此言，欣然乐从，归告其父，想必允许。惟澄、沅叔已答应将富圫让与我家居住，明岁将送全眷回湘，吴来金陵，恐非长久之局。挚甫由徐赴金陵，余拟派差官送之，尔可与之面商一切。沈戟门先生今冬可辞谢也。

邵铭既难遽刻，拟换写后半。琦、赛两名之下，各添一公字，便中寄来。滕将薪水单阅过，可照此发。

鸿儿每十日宜写一禀，字宜略大，墨宜浓厚，此嘱。

同治四年十月廿四日

与纪泽书·谕纪泽来营过年

字谕纪泽儿：

十一月初五宛庆荣至，接尔廿六日一禀，具悉一切。

彭宫保尚在安庆，松生陪王益梧去，恐无所遇，抑别有他营耶？

日内贼尚在河南，吴中丞疏称豫省情形万难，供职无状，请另简贤能，谕旨又催移营。现因湖团一案关系极大，必须在徐料理。

新年即将移驻河南之周家口，尔可于腊月来徐省觐，随同度岁。由金陵坐船至清江，清江雇王家营轿车至徐，余派弁至清江迎接，大约水陆不过十二三日程耳。季荃无病，何必托词不来？

《聪训斋语》俟觅得再寄。余前信欲乞慕徐斋头《全唐文》残本中韩文一种，尔曾与慕徐说及否？《明史》亦未带来。其时尔疾未痊，鸿儿看信或不细心。尔腊月来营，可将此二书带来，《明史》即将陈刻本带来亦可，王氏《广雅疏证》可附带也。

尔岳霞仙先生因杨厚庵代陕绅奏留，仍抚秦中。金陵已见邸钞否？余不及。

同治四年十一月初六

与二子书·交代家事若干并命纪泽代为查寄典籍

字谕纪泽纪鸿儿：

十一日接泽儿初六日排单一函，十七日午刻接专兵杨锦荣送到尔二人信函。泽儿信面注十一日，则杨弁七日即到，已照格赏钱千八百文矣。《广雅》、邵铭收到。郭家韩文既缺四卷，即不必带来。

尔母之信欲令泽儿夫妇先归，而自带鸿儿留金陵，以便去余稍近，声息易通。余明年正月即移驻周家口，该处距汉口八百四十里，距长沙一千六百余里，距金陵亦一千三百余里，两边皆系陆路，周家口而通信于金陵，与通信于长沙，其难一也。泽儿来此省觐，送余移营起程后即回金陵，全眷仍以三月回湘为妥。

吴育泉正月上学，教满两月，如果师弟相得，或请之赴湖南，或令纪鸿、陈婿随吴师来余营读书，亦无不可。家中人少，不宜分作两处住也。

余日来核改长江水师章程，将次完竣。惟提镇以下至千把，每年各领养廉若干。此间无书可查，泽儿可翻《会典》查出寄来，难抄许多，将书数本折角寄。凡经制之现行者查典，凡因革之有由者查事例。武职养廉，记始于乾隆四十七年补足名粮案内；文职养廉，记始于雍正五年耗羡归公案内。尔细查武养廉数目，即日先寄。

又提督之官，见《明史·职官志》都察院条内，本与总督、巡抚等官皆系文职而带兵者，不知何时改为武职。尔试翻寻《会典》，或询之凌晓岚、张啸山等，速行禀复。

向伯常十一日得病，十八日午时去世。笃行好学，极可悯也。余不悉。

同治四年十一月十八

与纪泽书·交代琐事若干

字谕纪泽儿：

二十日成巡捕来，接尔十月廿□日禀及尔母一函。二十四日接尔二十日禀，系善后局排单递来。二十八日接尔二十二日信，系蒋大春赍到，并《会典》五册、《明史》一册。

国初提督尚文武兼用，厥后专用武职，不知始于何时？前明有挂印总兵，以总兵而挂平西将军、征南将军等印，国朝总兵亦间存挂印之名，而实无真印，不知何年并挂印之名而去之？尔试问刘伯山能记之否。水师章程定于十二月出奏，如其查不出，亦不要紧，凡办事不必定讲考据也。

薛世香业由徐州经过回豫，其祭幛等，尔不必带来徐州，可交李宫保，托其寄长洲县蒯令转寄薛处。沈师放学时，可送八金，以为节敬。渠明年既未定馆，尔可商之李宫保，求派入忠义局。

容闳所送等件，如在二十金以内，即可收留，多则璧还为是。

尔来徐州，初十后即可起程，余于十二三派员至清江接护。北徐严寒甚于金陵，尔最畏寒，宜有以筹备之。或谓洋绒作棉袄棉裤之里最暖，但棉不宜厚，尔至扬州买三四丈带来，余不悉。

同治四年十一月廿九

与纪泽书·问妻病，嘱纪泽添寒衣

字谕纪泽儿：

十二月二日接尔十一月廿八日一禀，知尔母又患胃脘痛症。小岑丈后果来否？轮船行走虽易，自瓜口至扬尚有五十里，亦不易行。

尔母之病体，略与尔祖母江太夫人相似，总不外姜、附、耆、术、丽参之属即可奏效，若熬党参膏终年调理，必有大益。尔初十以后起程来徐，系坐长龙否？寒衣似须增加，徐州之寒甚于金陵，今年雪极多且大也。余不悉告。

同治四年十二月初三

与纪鸿书·细教纪鸿习文练字

字谕纪鸿：

尔学柳帖《琅邪碑》，效其骨力，则失其结构，有其开张，则无其抗搏。古帖本不易学，然尔学之尚不过旬日，焉能众美毕备，收效如此神速？余昔学颜柳帖，临摹动辄数百纸，犹且一无所似。余四十以前在京所作之字，骨力间架皆无可观，余自愧而自恶之。四十八岁以后，习李北海《岳麓寺碑》，略有进境，然业历八年之久，临摹已过千纸。今尔用功未满一月，遂欲遽跻神妙耶？余于凡事皆用困知勉行[1]工夫，尔不可求名太骤，求效太捷也。

以后每日习柳字百个，单日以生纸临之，双日以油纸摹之。临帖宜徐，摹帖宜疾，专学其开张处。数月之后，手愈拙，字愈丑，意兴愈低，所谓困也。困时切莫间断，熬过此关，便可少进。再进再困，再熬再奋，自有亨通精进之日。不特习字，凡事皆有极困极难之时，打得通的，便是好汉。

余所责尔之功课，并无多事，每日习字一百，阅《通鉴》五叶，诵熟书一千字，或经书或古文古诗，或八股试帖，从前读书，即为熟书，总以能背诵为止，总宜高声朗诵。三八日作一文一诗。此课极简，每日不过两个时辰即可完毕，而看读写作四者俱全，余则听尔自为主张可也。

尔母欲与全家住周家口，断不可行。周家口河道甚窄，与永丰河相似，而余住周家口亦非长局，决计全眷回湘。纪泽侯全行复元，二月初回金陵，余于初九日起程也，此嘱。

同治五年正月十八日

---

1 困知勉行：遇困而求知，尽力实行。

与二子书·教子以眠食二功养生

字谕纪泽纪鸿儿：

二十日接纪泽在清江浦所发之信。二十二日李鼎荣来，又接一信。二十四日又接尔至金陵十九日所发之信。舟行甚速，病亦大愈，为慰。

老年来始知圣人教孟武伯问孝[1]一节之真切。尔虽体弱多病，然只宜清静调养，不宜妄施攻治。庄生云："闻在宥天下，不闻治天下也。[2]"东坡取此二语，以为养生之法。尔熟于小学，试取"在宥[3]"二字之训诂体味一番，则知庄、苏皆有顺其自然之意。养生亦然，治天下亦然。若服药而日更数方，无故而终年峻补，疾轻而妄施攻伐强求发汗，则如商君治秦、荆公[4]治宋，全失自然之妙。柳子厚所谓名为爱之其实害之，陆务观所谓"天下本无事，庸人自扰之"，皆此义也。东坡游罗浮诗云："小儿少年有奇志，中宵起坐存黄庭。"下一"存"字，正合庄子"在宥"二字之意。盖苏氏兄弟父子皆讲养生，窃取黄老微旨，故称其子为有奇志。以尔之聪明，岂不能窥透此旨？余教尔从眠食二端用功，看似粗浅，却得自然之妙。尔以后不轻服药，自然日

---

1 圣人教孟武伯问孝：孟武伯问孔子什么是孝，孔子说"无违"（生事之以礼，死葬之以礼，祭之以礼）。

2 这句话是说：只听说听任天下安然自在地发展，没有听说要对天下进行治理。

3 在宥：任物自在，无为而化。宥，宽容。

4 荆公：指北宋著名政治家王安石。由于他晚年被封为荆国公，故又称为"王荆公"。

就壮健矣。

余以十九日至济宁，即闻河南贼匪图犯山东，故暂住此间，不遽赴豫。贼于廿二日已入山东曹县境，余调朱星槛三营来济护卫，腾出潘军赴曹攻剿。须俟贼出齐境，余乃移营西行也。

尔侍母西行，宜作还里之计，不宜留连鄂中。仕宦之家，往往贪恋外省，轻弃其乡，目前之快意甚少，将来之受累甚大，吾家宜力矫此弊，余不悉。

李眉生于二十四日到济宁相见矣。四叔、九叔寄余信二件寄阅。他人寄纪泽信四件、王成九信一件查收。

同治五年二月廿五日

与纪泽书·安排二子行程

字谕纪泽儿：

全眷起行已定十七、廿六两日，当可从容料理。得沅叔二月十三日信，定于三月初间赴鄂履任，尔等到鄂，当可少为停留。

贼在山东，余须留于济宁就近调度，不能遽至周家口。纪鸿儿过安庆时，不可轻赴周口，且随母至湖北，再行定计。尔过安庆，往拜吴挚甫之父种泉翁，观其言论风范，果能大有益于鸿儿否？如其蔼然可亲，尔兄弟即定计请之同船赴鄂，即在沅叔署中读书。若余抵周家口，距汉口八百四十里，纪鸿省觐尚不甚难。尔则奉母还乡，不必在鄂久住。

金陵署内木器之稍佳者不必带去，余拟寄银三百，请澄叔在湘乡、湘潭置些木器，送于富托，但求结实，不求华贵。衙门木器等物，除送人少许外，余概交与房主姚姓、张姓，稍留去后之思。

同治五年三月初五日

与二子书·教二子多用浑、勤之功

字谕纪泽纪鸿儿：

顷据探报，张逆业已回窜，似有返豫之意。其任、赖一股锐意来东，已过汴梁，顷探亦有改窜西路之意。如果齐省一律肃清，余仍当赴周家口，以践前言。

雪琴之坐船已送到否？三月十七果成行否？沿途州县有送迎者，除不受礼物酒席外，尔兄弟遇之，须有一种谦谨气象，勿恃其清介而生傲惰也。

余近年默省之“勤、俭、刚、明、忠、恕、谦、浑”八德，曾为泽儿言之，宜转告与鸿儿。就中能体会一二字，便有日进之象。泽儿天质聪颖，但嫌过于玲珑剔透，宜从浑字上用些工夫。鸿儿则从勤字上用些工夫，用工不可拘苦，须探讨些趣味出来。

余身体平安，告尔母放心，此嘱。

同治五年三月十四日

与二子书·述军情，斥长婿

字谕纪泽纪鸿儿：

日内未接来禀，不知十七日业已成行否？十日发信一次，使余放心，自不可少。自金陵起借用善后局封，过安庆后借竹庄封，至两湖则用沅叔暨李筱泉封可也。尔前禀问“二十四史”、《五礼通考》之外更须何书?《大学衍义》《衍义补》及《皇朝职官表》六套，亦可交竹庄觅便寄来。

此间军事，惟运河之沈口一带最为吃紧，余则守局尚稳，昨有复吴仲仙一函抄寄尔阅。沅叔将富托兑与我住，又多出田一百余亩。兹将各信寄尔等看，道途太远，可不必带回大营矣。余身体平善，所最虑者，恐贼窜过运河，则济宁、省城与曲阜孔林皆可危耳。沅叔拟驻襄阳，大约俟尔母子过后再出省也。

袁秉桢在徐州粮台扯空银六百两，行事日益荒唐。顷令巡捕传谕，以后不许渠见我之面，入我之公馆。渠未婚而先取妾，在金陵不住内署，不入拜年，既不认妻子，不认岳家矣，吾亦永远绝之可也。大女送至湘潭袁宅，不可再带至富托，教之尽妇道。二女究留金陵否，前信尚未确告，想有禀续陈矣。

同治五年三月十九日

与二子书·训导二子当应科场

字谕纪泽纪鸿儿：

四月十日，接尔二人在裕溪口所发禀，廿二日接纪泽在安庆一信，廿四日接纪泽在九江所发信，知沿途清吉为慰。此时想已安抵湖北，沅叔恩明谊美，必留全眷在湖北过夏。余意业已回籍，即以一直到家为妥。

富托房屋如未修完，即在大夫第借住，纪鸿即留鄂署读书。世家子弟既为秀才，断无不应科场之理。既入科场，恐诗文为同人及内外帘所笑，断不可不切实用功。科六与黄宅生先生若来湖北，纪鸿宜从之讲求八股。湖北有胡东谷，是一时文好手，此外尚有能手否？尔可禀商沅叔，择一善讲者而师事之。余尚不能遽赴周家口，申夫亦不能遽赴鄂中。道远而逼近贼氛，鸿儿不可冒昧来营，即在武昌沅叔左右苦心作诗文经策。彭芳四来，已留用矣。

同治五年四月廿五日

与二子书·治病忌屡改方剂，忌轻服药

字谕纪泽纪鸿儿：

五月十八日接泽儿四月廿八日禀函，二十一日又接初七日信各一件并诗文，具悉一切。

尔母患头昏泄泻，自是阳亏脾虚之症，宜以扶阳补脾为主。近日高丽参易助浮火，辽参贵重不可多得，不如多服党参，亦有效验而无流弊。道光二十八年，尔母在京大病，脾虚发泻，即系重服参、术、耆而愈。以大锅熬党参膏为君，每次熬十斤计。芾村身体最强，据云不服他药，惟每年以党参二十余斤熬膏常服，日益壮盛，并劝余常服此药。

纪泽于看书等事，似有过人之聪明，而于医药等事，似又有过人之愚蠢。即如汗者心之精液，古人以与精血并重，养生家惟恐出汗有伤元气。泽儿则伤风初至即求发汗，伤风将愈尚求大汗，屡汗元气焉得不伤？腠理[1]焉得不疏？又如服药以达荣卫[2]，有似送信以达军营。治标病者似送百里之信，隔日乃有回信；治本病者似送三五百里之信，经旬乃有回信。泽儿则日更数方，譬之辰刻送信百里，午刻未回又换一信，酉刻未回再换一令，号令数更，军营将安所适从？方剂屡改，脏腑安所听命？以后于己病母病宜切记此二事。即沅叔脚上湿毒，亦宜戒尅伐之剂，禁屡换之方。余近年学祖父星冈公夜夜洗脚，不轻服药，日见康强，尔与沅叔及诸昆弟能学之否？

宋生香先生文笔圆熟，尽可从游。鸿儿之文笔太平直，全无拄意，明年下场，深恐为同辈所笑。自六月以后，尔与纪瑞将各项工课渐停，专攻八股试帖，兼学经策，每月寄文六篇来

1 腠（còu）理：皮下肌肉之间的空隙和皮肤、肌肉的纹理。

2 荣卫：荣指血的循环，卫指气的周流。

营，断不可少。但求诗文略有可观，不使人讥尔兄弟案首[1]是送情的，则余心慰矣。

朱劭卿领批须院试入学后乃可放心，深为悬系。常仪庵治齿方无处检寻，余不悉。

同治五年五月廿五日

与二子书·嘱纪泽协修县志

字谕纪泽纪鸿儿：

六月六日接纪泽五月十七、二十六日两禀，具悉一切。沅叔足疼痊愈，深可喜慰，惟外毒遽瘳[2]，不知不生内疾否。

唐文李、孙二家，系指李翱、孙樵。八家始于唐荆川之文编，至茅鹿门而其名大定，至储欣同人而添孙、李二家，御选《唐宋文醇》亦从储而增为十家。以全唐皆尚骈俪之文，故韩、柳、李、孙四人之不骈者为可贵耳。

湘乡修县志，举尔纂修。尔学未成就，文甚迟钝，自不宜承认。然亦不可全辞，一则通县公事，吾家为物望所归，不得不竭力赞助；二则尔惮于作文，正可借此逼出几篇。天下事无所为而成者极少，有所贪有所利而成者居其半，有所激有所逼而成者居其半。尔篆韵抄毕，宜从古文上用功。余不能文，而

1 案首：清代科考，县试、府试及院试第一名被称为“案首”。

2 瘳（chōu）：病愈。

微有文名，深以为耻；尔文更浅而亦获虚名，尤不可也。或请本县及外县之高手为撰修，而尔为协修。吾友有山阳鲁一同通父，所撰《邳州志》《清河县志》，下次专人寄回。即为近日志书之最善者。此外再取有名之志为式，议定体例，俟余核过，乃可动手。

纪鸿前文申夫改过，并自作一文三诗，兹寄去。申夫订于八月至鄂，教授一月即行回川，渠善于讲说，而讲试帖尤为娓娓可听。鸿儿瑞侄听渠细讲一月，纵八股不进，试帖必有长进，鸿儿文病在太无拄意，以后以看题及想拄意为先务。

余于十五日自济宁起程，顷始行二十余里。身体尚好，但觉疲乏耳，此谕。

同治五年六月十六日

与二子书·曾家女子须擅纺织酒食

字谕纪泽纪鸿儿：

十六日在济宁开船后寄去一信，廿三日在韩庄下寄沅叔一信并日记，均到否？

余于廿五日至宿迁。小舟酷热，昼不干汗，夜不成寐，较之去年赴临淮时困苦倍之。欧阳健飞言宿迁极乐寺宽大可住，余以杨庄换船，本须耽搁数日乃能集事，因一面派人去办船，一面登岸住庙，拟在此消停三日，再行前进。

尔兄弟侍母八月回湘。在徐州所开接礼单，余不甚记忆。惟本家兄弟接礼究嫌太薄。兹拟酌送两千金，内澄叔一千，白玉堂六百，有恒堂四百。尔禀商尔母及沅叔先行挪用，余近日将此数寄武昌抚署可也。

吾家门第鼎盛，而居家规模礼节，总未认真讲求。历观古来世家久长者，男子须讲求耕读二事，妇女须讲求纺绩酒食二事。《斯干》之诗，言帝王居室之事，而女子重在酒食是议。《家人》卦，以二爻为主，重在中馈[1]。《内则》一篇，言酒食者居半。故吾屡教儿妇诸女亲主中馈，后辈视之若不要紧。

此后还乡居家，妇女纵不能精于烹调，必须常至厨房，必须讲求作酒作醯醢[2]、小菜、换茶之类。尔等亦须留心于莳蔬养鱼，此一家兴旺气象，断不可忽。纺绩虽不能多，亦不可间断。大房倡之，四房皆和之，家风自厚矣，至嘱至嘱。

同治五年六月廿六日

与二子书·嘱儿要习勤有恒，半月一禀

字谕纪泽纪鸿儿：

十六日寄信与沅叔，载十五日遇风舟危之状，想已到鄂。余自近三月以来，每月发家信六封：澄叔一封，专送沅叔三封，

1 中馈：指妇女在家掌管饮食之事。

2 醯醢（xī hǎi）：鱼肉酱。

尔等二封，皆排递鄂署，均得达否？

在临淮住六七日，拟由怀远入涡河，经蒙、亳以达周家口，中秋前必可赶到。届时沅叔若至德安，当设法至汝宁、正阳等处一会。

余近来衰态日增，眼光益蒙，然每日诸事有恒，未改常度。尔等身体皆弱，前所示养生五诀，已行之否？泽儿当添不轻服药一层，共六诀矣。

既知保养，却宜勤劳。家之兴衰，人之穷通，皆于勤惰卜之。泽儿习勤有恒，则诸弟七八人皆学样矣。鸿儿来禀太少，以后半月写禀一次。泽儿六月初三日禀亦嫌太短，以后可泛论时事，或论学业也，此谕。

同治五年七月二十日

与二子书·指点二子作文读史要义

字谕纪泽纪鸿儿：

接纪泽六月廿三、七月初三日两禀，并纪鸿及瑞侄禀信、八股。两人气象俱光昌，有发达之概，惟思路未开。作文以思路宏开为必发之品，意义层出不穷，宏开之谓也。

余此次行役[1]，始为酷热所困，中为风波所惊，旋为疾病所

1 行役：因服兵役、劳役或公务而外出跋涉。

苦。此间赴周家口尚有三百余里，或可平安耳。

尔拟于《明史》阅毕，重看《通鉴》，即可便看王船山之《读通鉴论》。尔或间作史论，或作咏史诗。惟有所作，则心自易入，史亦易熟，否则难记也。余近状详日记中，到周口后又专弁送信，此示。

早间所食之盐姜已完，近日设法寄至周家口。吾家妇女须讲究作小菜，如腐乳、酱油、酱菜、好醋、倒笋之类，常常做些，寄与我吃。《内则》言事父母舅姑，以此为重。若外间买者，则不寄可也。

同治五年八月初三日

与二子书·勿轻服药，重在眠食

字谕纪泽纪鸿儿：

旬日以来接泽儿七月十五、廿四、八月初三日等禀，鸿儿八月初二日禀，并诗文各二首。余近况及八月上旬日记，已于十二日寄沅叔矣。现在外病虽去，惟用心辄汗，近四日已不看书，眼蒙且疼，齿痛亦甚，盖元气亏而有虚火，且有肝郁，但平日调养得宜，不久或可复元。

鸿儿背痛微热等症，医者或即以痨病目之，切不可误信危言深论，轻于服药。鹿胶太滞，高丽参系硫磺水浇种，均不可轻服。昔晓岑之子功甫，信高云亭深语不传之秘，终无效验。

彭有十于壬子冬在余家，刘兰舟诊之，危言告余曰："若非峻补，难过明夏。"彭以无钱谢之。今兰舟已逝十年，而有十至今无恙。凡医生危言深语，切弗轻信，尤不可轻于服药。调养工夫，全在眠食二字上。观鸿儿此次禀信、诗文，似无病者，或聪明未开，才不能赴其所志，胸襟稍觉郁郁。或随母回湘，或来周口侍奉余侧，胸襟开扩，弗药可愈。叶亭甥侍此一年，胸襟日畅，文与字均长进也。

回家馈赠，除澄叔三家从厚外，余可不必优厚。尔外祖父母宜送百金，此外辅臣公后裔各家、王氏四家、江氏三家、牧清一家、姊妹各家，听尔母子商酌分送，极多者亦不过四十金耳，或请沅叔一酌。宋生香处亦宜酌送修金。

尔待康侯起程，当在秋杪，计申夫八月中旬必达鄂省。彼急于回蜀，论文不能久耳，此谕。

同治五年八月十四日

与二子书·得孙大喜

字谕纪泽纪鸿儿：

接尔等八月初十日禀，知鸿儿生男之喜。军事棘手、衰病焦灼之际，闻此大为喜慰。排行用浚、哲、文、明四字，此儿乳名浚一，书名应用广字派否，俟得沅叔回信再取名也。

九月初十后，泽儿送全眷回湘，鸿儿可来周家口侍奉左右。

明年夏间，泽儿来营侍奉，换鸿儿回家乡试。余病已痊愈，惟不能用心，偶一用心，即有齿痛出汗等患。而折片[1]不肯假手于人，责望太重，万不能不用心也。

朱子《纲目》一书，有续修宋元及明合为一编者，白玉堂忠愍公有之，武汉买得出否？若有而字大明显者，可买一部带来，此谕。

同治五年八月廿二日

与二子书 · 家事数条，心得若干

字谕纪泽纪鸿：

接泽儿八月十八日禀，具悉择期九月廿日还湘，十月廿四日四女喜事，诸务想办妥矣。凡衣服首饰百物，只可照大女二女三女之例，不可再加。纪鸿于廿日送母之后，即可束装来营，自坐一轿，行李用小车，从人或车或马皆可，请沅叔派人送至罗山，余派人迎至罗山。

淮勇不足恃，余亦久闻此言。然物论[2]悠悠，何足深信；所贵好而知其恶，恶而知其美。省三、琴轩均属有志之士，未可厚非。申夫好作识微之论，而实不能平心细察。余所见将才杰出者极少，但有志气，即可予以美名而奖成之。

1 折片：奏文的代称。

2 物论：众人的议论、舆论。

余病虽已愈，而难于用心，拟于十二日续假一月，十月奏请开缺，但须沅弟无非常之举，吾乃可徐行吾志耳。否则别有波折，又须虚与委蛇也，此谕。

同治五年九月初九日

与二子书·拟奏请开缺

字谕纪泽纪鸿：

余病大致已好，惟不甚能用心。自度难任艰巨，已于十三日具片续假一月，将来请开各缺。纵不能离营调养，但求事权稍小，责任稍轻，即为至幸。欲求平捻功成，从容引退，殆恐不能，即求免于谤议，亦不能也。

捻匪窜过沙河、贾鲁河之北，不知已入鄂境否。若鸿儿尚未回湘，目下亦不必来周口，恐中途适与贼遇。

盐姜颇好，所作椿麸子、酝菜亦好。家中外须讲求莳蔬，内须讲求晒小菜，此足验人家之兴衰，不可忽也，此谕。

同治五年九月十七日

与纪泽书·读诗文当先认其貌，后观其神

字谕纪泽儿：

九月廿六日接尔初九日禀，廿九、初一等日接尔十八、廿一日两禀，具悉一切。廿三如果开船，则此时应抵长沙矣。廿四之喜事，不知由湘阴舟次而往乎？抑自省城发喜轿乎？

尔读李义山诗，于情韵既有所得，则将来于六朝文人诗文，亦必易于契合。凡大家名家之作，必有一种面貌，一种神态，与他人迥不相同。譬之书家羲、献、欧、虞、褚、李、颜、柳，一点一画，其面貌既截然不同，其神气亦全无似处。本朝张得天、何义门虽称书家，而未能尽变古人之貌，故必如刘石庵之貌异神异，乃可推为大家。诗文亦然，若非其貌其神迥绝群伦，不足以当大家之目。渠既迥绝群伦矣，而后人读之，不能辨识其貌，领取其神，是读者之见解未到，非作者之咎也。

尔以后读古文古诗，惟当先认其貌，后观其神，久之自能分别蹊径。今人动指某人学某家，大抵多道听途说，扣盘扪烛[1]之类，不足信也。君子贵于自知，不必随众口为附和耳。

余病已大愈，尚难用心，日内当奏请开缺。近作古文二首，亦尚入理，今冬或可再作数首。

唐镜海先生没时，其世兄求作墓志，余已应允，久未动笔，并将节略失去。尔向唐家或贺世兄处蔗农先生子，镜海丈婿也。索

1 扣盘扪烛：比喻不经实践，认识片面，难得真知。扣，敲。扪，摸。

取行状[1]节略寄来。罗山文集、年谱未带来营，尔向易芝生先生渠求作碑甚切。索一部付来，以便作碑，一偿夙诺。

纪鸿初六日自黄安起程，日内应可到此，余不悉。

同治五年十月十一日

与纪泽书·止纪泽来周家口营

字谕纪泽儿：

廿六日寄去一信，令尔于腊月来营，侍余正月进京。继又念尔体气素弱，甫经到家，又行由豫入都，驰驱太劳，且余在京不过半月两旬，尔不随侍亦无大损。而富托新造家室，尔不在家，即有所损。兹再寄一信止尔之行，尔仍居家侍母，经营一切，腊月不必来营，免余惦念。

余定于正初北上，顷已附片复奏抄阅。届时鸿儿随行，二月回豫，鸿儿三月可还湘也。余决计此后不复作官，亦不作回籍安逸之想，但在营中照料杂事，维系军心。不居大位享大名，或可免于大祸大谤，若小小凶咎，则亦听之而已。

余近日身体颇健，鸿儿亦发胖。家中兴衰，全系乎内政之整散。尔母率二妇诸女，于酒食纺绩二事，断不可不常常勤习。目下官虽无恙，须时时作罢官衰替[2]之想，至嘱至嘱。

1 行状：叙述死者生平事迹的文章。

2 衰替：衰败。

初五将专人送信，此次未另寄澄叔信，可送阅也。

同治五年十一月初三

与纪泽书·述近况

字谕纪泽儿：

自接尔十月初九日一禀，久无续音。不知廿四日果办喜事否？全家已抵富圫否？

此间军事，东股任、赖窜入光、固，贼势已衰。西股张总愚久踞秦中华阴一带，余派春霆往援，大约腊初可以成行。霞仙迫不及待，寄来一信，峻辞[1]诃责，甚至以杨嗣昌比我，余不能堪，此后亦不复与通信矣。

十七日复奏不能回江督本任一折，刻木质关防留营自效一片，兹抄寄家中一阅。前有一信令尔来营侍余进京，后又有三信止尔勿来，想俱接到。若果能开去各缺，不过留营一年，或可请假省墓。但平日虽有谗谤之言，亦不乏誉颂之人，未必果准悉开诸缺耳。

纪鸿在此体气甚好，月余未令作文，听其潇洒闲适，一畅天机，腊月当令与叶甥开课作文。尔胆怯等症由于阴亏，朱子所谓气清者魄恒弱，若能善睡酣眠，则此症自去矣。

---

1 峻辞：严辞，严厉的言词。

此函呈澄叔一阅，特谕。

同治五年十一月十八

与纪泽书·述军情近况。嘱儿善待新邻

字谕纪泽儿：

十一月廿二日接尔十月廿七在长沙发禀，廿三日接十一月初二在湘潭发禀，廿六日接十一日在富托发禀，得悉平安回家，小大清吉，至为欣慰。

此间军事，任、赖由固始窜至鄂境，郭子美廿三日在德安获胜。该逆不得逞志于鄂，势必仍回河南。张逆入秦，已奏派春霆援秦，本月当可起程，惟该逆有至汉中过年、明春入蜀之说，不知鲍军追赶得及否。

本日折差回营，十三日又有满御史参劾，奉有明发谕旨，兹抄回一阅。十月廿六日寄信令尔来营随侍进京，厥后又有三信止尔勿来，计尔到家后不过数日即接来营之手谕。余拟再具数疏婉辞，必期尽开各缺而后已。将来或再奉入觐之旨，亦未可知。尔在家料理家政，不复召尔来营随侍矣。

李申夫之母尝有二语云，有钱有酒款远亲，火烧盗抢喊四邻，戒富贵之家不可敬远亲而慢近邻也。我家初移富托，不可轻慢近邻，酒饭宜松，礼貌宜恭。建四爷如不在我家，或另请一人款待宾客亦可。除不管闲事不帮官司外，有可行方便之处，

亦无吝也。澄叔处将此信送阅。

尔信于郭家及长沙事太略，下次详述一二，此谕。

正封缄间，接奉廿三日寄谕，令余仍回江督之任。余病不能多阅文牍，决计具疏固辞。兹将谕旨抄回一阅。

陈季牧遽尔[1]沦谢。此间于初一日派李翥汉至长沙陈宅吊唁，幛一悬，银二百两。此外尚有数处送情，再有信寄家也。

同治五年十一月廿八

与纪泽书·须作代代做士民之想

字谕纪泽儿：

十二月初六日接尔十一月廿一日排递之信，十八日接廿七日专勇之信，具悉一切。

余自奉回两江本任之命，十七、初三日两次具疏坚辞，皆未谕允，训词肫挚[2]，只得遵旨暂回徐州接受关防，令少泉得以迅赴前敌，以慰宸廑[3]。兹将初九日寄谕、二十一日奏稿抄寄家中一阅。余自揣精力日衰，不能多阅文牍，而意中所欲看之书又不肯全行割弃，是以决计不为疆吏，不居要任，两三月内，必再专疏恳辞。

1 遽（jù）尔：骤然，突然。

2 肫（zhūn）挚：真挚诚恳。

3 宸廑（chén qín）：帝王的殷切关注。

军务极为棘手。廿一日有一军情片，廿二日有与沅叔信，兹抄去一阅。

朱金权利令智昏，不耐久坐，余在徐州已深知之。今年既请彭芳六照管书籍，款接人客，应将朱金权辞绝之，并请澄叔专信辞谢，乃有凭据。

余近作书箱，大小如何廉昉八箱之式。前后用横板三块，如吾乡仓门板之式。四方上下皆有方木为柱为匡，顶底及两头用板装之。出门则以绳络之而可挑，在家则以架乘之，而可累两箱三箱四箱不等。开前仓板则可作柜，并开后仓板则可过风。当作一小者送回，以为式样。吾县木作最好而贱，尔可照样作数十箱，每箱不过费钱数百文。

读书乃寒士之本业，切不可有宦家风味。吾于书籍及文房器具，但求为寒士所能备者，不求珍异也。家中新居富托，一切须存此意，莫作代代做官之想，须作代代做士民之想。门外挂匾，不可写侯府相府字样，天下多难，此等均未必可靠，但挂“宫太保[1]第”一匾而已。

吾明年正月初赴徐，纪鸿随往。二月半后天暖，令鸿儿坐炮船至扬州，搭轮船至汉口，三月必可到家。郭婿读书何如？详写告我。

此信呈澄叔一阅。

同治五年十二月廿三

1 太保：曾国藩平定太平天国后，清廷加封其太子太保。

与纪泽书·家信每月三封，不可再少

字谕纪泽儿：

正月初四日专人送信并书箱之式回家。旋于初六日自周家口起行，至十五日抵徐州府，一路平安，惟初十日阻雪一天，余均按程行走，定于十九日接印。官场自李少泉宫保而下，至大小文武各员，皆愿我久于斯任，不再疏辞，江南士民闻亦望之如岁。自问素无德政，不知何以众心归向若此。

沅叔劾官相之事，此间平日相知者如少泉、雨生、眉生皆不以为然，其疏者亦复同辞。闻京师物论，亦深责沅叔而共恕官相，八旗颇有恨者，雨生云然。尔当时何以全不谏阻？顷见邸抄，官相处分当不甚重，而沅叔构怨颇多，将来仕途易逢荆棘矣。

曾文煜尚未到营，而尔交彼带来之信却已先到。近两旬未接尔信，殊深悬系。嗣后除专勇到家接信外，须另写两次交李中丞排递来营，每月三信，不可再少。信中须详写几句，如长沙风气何如，吾县及吾都风俗如何，尔与何人交好，凡本家亲邻近状皆宜述及，以慰远怀。

此信呈澄叔一阅。

同治六年正月十七日

与纪泽书·不积银钱留与儿孙

字谕纪泽儿：

二月初九王则智等到营，接澄叔及尔母腊月廿五日之信并甜酒、饼粑等物。十二日接尔正月廿一日之禀，十三日接澄叔正月十四日之信，具悉一一切。

富托修理旧屋，何以花钱至七千串之多？即新造一屋，亦不应费钱许多。余生平以大官之家买田起屋为可愧之事，不料我家竟尔行之。澄叔诸事皆能体我之心，独用财太奢与我意大不相合。凡居官不可有清名，若名清而实不清，尤为造物所怒。我家欠澄叔一千余金，将来余必寄还，而目下实不能遽还。

尔于经营外事颇有才而精细，何不禀商尔母暨澄叔，将家中每年用度必不可少者逐条开出，计一岁除田谷所入外，尚少若干，寄营余核定后，以便按年付回。

袁薇生入泮，此间拟以三百金贺之，以明余屏绝榆生，恶其人非疏其家也。

余定于十六日自徐起行回金陵。近又有御史参我不肯接印，将来恐竟不能不作官，或如澄叔之言，一切遵旨而行亦好，兹将折稿付回。曾文煜到金陵住两三月，仍当令其回家。余将来不积银钱留与儿孙，惟书籍尚思添买耳。

沅叔屡奉寄谕严加诘责，劾官之事中外多不谓然，湖北绅士公呈请留官相，幸谭抄呈入奏时朝廷未经宣布。沅叔近日心绪极不佳，而捻匪久蹂鄂境不出，尤可闷也。

此信呈澄叔阅，不另致。

同治六年二月十三日

与纪泽书·为后辈读书事忧虑

字谕纪泽儿：

二月十六日接正月初十禀，廿一日又接二十六日信，得知是日生女，大小平安，至以为慰。儿女早迟有定，能常生女即是可生男之征，尔夫妇不必郁郁也。李宫保于甲子年生子，已四十二矣。惟元五殇亡，余却深为廑系。家中人口总不甚旺，而后辈读书天分平常，又无良师善讲者教之，亦以为虑。

科一作文数次，脉理全不明白，字句亦欠清顺。欲令其归应秋闱，则恐文理纰缪，为监临以下各官所笑；欲不令其下场，又恐阻其少年进取之志。拟带至金陵，于三月初八、四月初八学乡场之例，令其于九日内各作三场十四艺，果能完卷无笑话，五月再遣归应秋试。

科一生长富贵，但闻谀颂之言，不闻督责鄙笑之语，故文理浅陋而不自知；又处境太顺，无困横激发之时，本难期其长进。惟其眉宇大有清气，志趣亦不庸鄙，将来或终有成就。

余二十岁在衡阳从汪师读书，二十一岁在家中教澄、温二弟，其时之文与科一目下之文相似，亦系脉不清而调不圆。厥后癸巳甲午间，余年二十三四，聪明始小开；至留馆以后，年三十一二岁，聪明始大开。科一或禀父体，似余之聪明晚开亦未可知。拟访一良师，朝夕与之讲《四书》、经书、八股，不知果能聘请否。若能聘得，则科一与叶亭及今为之未迟也。

余以十六日自徐州起行，廿二日至清江，廿三日过水闸，到金陵后仍住姚宅行台。此间绅民望余回任甚为真切，御史阿凌阿全列之弹章，谓余不肯回任为骄妄，只好姑且做去，福祸听之而已。

澄叔正月十三、廿八之信已到，暂未作复，此信送澄叔一阅。徐寿衡之长子、次子皆殇，其妻扶正者。并其女亦丧，附及。

同治六年二月廿五日

与纪泽书·纪鸿抱病

字谕纪泽儿：

三月初十日罗登高来，接尔二月初六之信，十五日接二月十九日禀，具悉一切。余以初六日至金陵，初八日专差送信与澄叔，此外常有信与沅叔，不知尔常得知其详否？

鸿儿自今年以来长有小病，自二月廿六七以后常服清润之药。三月初八、九作三文一诗，十一、二日作经文五道，盖欲三、四月试考二次，令五月回家乡试也。十四日作策三道，是夜即病，初意料其用心太过，体弱生疾。十五日服熟地等滋阴之剂，是日竟日未起。十六日改服参芪术附等补阳之剂，不料壮热大作，舌有芒刺，竟先伏有外感疫症在内。十七日改服犀角、生地等清凉之剂，亦未大效。现在遍身发红，疹子热尚未退。鸿儿之意因数日吃药太杂，自请停药一日。余向来坚持不药之说，近亦不敢力主，择众论之善者而从之。鸿儿病不甚重，惟体气甚弱，又适在考试用心太过之后，殊为焦虑。

尔母信来，欲带眷口仍来金陵。余本欲留尔母子在富托立家作业，不令再来官署。今因鸿儿抱病，又思接全家来署，免得两地挂心。或早接或迟接，或令鸿儿病痊速归，旬日内再有确信。

余身体平安，但以见客太多为苦。鄂省军事日坏，杏南殇难，春霆又两次奏请开缺，沅叔所处极艰，吾实无以助之。甲五侄处余近日作信慰之。尔六叔母所须绫书过印等物，亦于下次专人寄回。

此信呈澄叔一阅，不另书。

同治六年三月十八日

与纪泽书·点评纪泽新诗

字谕纪泽儿：

十八日寄去一信，言纪鸿病状。十九日请一医来诊，鸿儿乃天花痘喜也。余深用忧骇，以痘太密厚，年太长大，而所服

十五、六、七、八、九等日之药，无一不误。阖署惶恐失措，幸托痘神佑助，此三日内转危为安。兹将日记由鄂转寄家中，稍为一慰。再过三日灌浆，续行寄信回湘也。

尔与澄叔二月廿八日之信顷已接到。尔七律十五首圆适深稳，步趋义山，而劲气倔强处颇似山谷。尔于情韵、趣味二者，皆由天分中得之。凡诗文趣味约有二种，一曰诙诡[1]之趣，一曰闲适之趣。诙诡之趣，惟庄、柳之文，苏、黄之诗，韩公诗文，皆极诙诡，此外实不多见。闲适之趣，文惟柳子厚游记近之，诗则韦、孟、白傅均极闲适。而余所好者，尤在陶之五古、杜之五律、陆之七绝，以为人生具此高淡襟怀，虽南面王不以易其乐也。尔胸怀颇雅淡，试将此三人之诗研究一番，但不可走入孤僻一路耳。

余近日平安，告尔母及澄叔知之。

同治六年三月廿二日

与纪泽书·读书须具大量，不宜妄生意气

字谕纪泽儿：

接尔三月十一日省城发禀，具悉一切。

鸿儿出痘，余十九、廿二日两次详信告知家中。此六日尤

1 诙诡：诙谐奇诡。

为平顺，兹抄六日日记寄沅叔转寄湘乡，俾全家放心。

余忧患之余，每闻危险之事，寸心如沸汤浇灼。鸿儿病痊后，又以鄂省贼久踞臼口天门，春霆病势甚重，焦虑之至。

尔信中述左帅密劾次青，又与鸿儿信言闽中谣歌之事，恐均不确。余闻少泉言及闽绅公禀留左帅，幼丹实不与闻，特因官阶最大，列渠首衔。左帅奏请幼丹督办轮船厂务，幼已坚辞，见诸廷寄矣。余于左、沈二公之以怨报德，此中诚不能无芥蒂，然老年笃畏天命，力求克去褊心[1]忮[2]心。尔辈少年，尤不宜妄生意气，于二公但不通闻问而已，此外着不得丝毫意见，切记切记。

尔禀气太清，清则易柔，惟志趣高坚，则可变柔为刚；清则易刻[3]，惟襟怀闲远，则可化刻为厚。余字汝曰劼刚，恐其稍涉柔弱也。教汝读书须具大量，看陆诗以导闲适之抱，恐其稍涉刻薄也。尔天性淡于荣利，再从此二事用功，则终身受用不尽矣。

鸿儿全数复元，端午后当遣之回湘。此信呈澄叔一阅，不另具。

同治六年三月廿八日

1 褊（biǎn）心：心胸狭窄。褊，狭隘。

2 忮（zhì）：嫉妒。

3 刻：刻薄。

与纪泽书·纪泽痘症渐愈

字谕纪泽儿：

四月八日接尔三月十九省城发禀，具悉一切。

云仙以并未降调之巡抚无故降三级而补运使，自难免于牢骚。精采既好，尚不至大损天和，即是好事。霞仙三月廿二日自汉口南归，计日内已到家矣。

依永诗字俱佳，计八股亦必不恶，大慰大慰。

鸿儿痘症已满二十八日，大致极为平顺，身上痂已落尽，头面尚有小半未落，体气虚弱，尚未下床。论者多谓须静养百日，乃可出门。余察看情形，或令满两个月回湘，或满三个月再回，总以全数复元为度。其乡试入场与否，亦须视身体之耐劳与否，六月杪再行定局。

正月寄回之书箱样子，现在金陵试做数十号，家中无庸再做。余详此旬日记中，已嘱沅叔转寄湘乡矣。此信并呈澄叔一阅。

同治六年四月十二日

与纪泽书·数地大旱

字谕纪泽儿：

初八日接尔四月十六日禀，十二日潘文质到，接尔三月廿六日禀，具悉一切。

此间事颇平顺，惟久不下雨，人心皇皇，步祷[1]已逾二旬，仅廿四日得雨较大，在吾乡约称三泼水。其余初三、九及今十七日雨均甚小，不成泼。稻秧不能栽插，尤恐运河无水，捻匪东窜。惟闻苏、松、徽、宁已得透雨，江西、浙江均有丰稔之象，湖北前虽苦旱，顷初九日亦得大雨，最旱者惟淮、扬、江、镇、安、庐、凤七府，尚不甚宽耳。

叶亭已于十六日北上乡试。纪鸿定于五月底南归，先至家中小住，再赴长沙乡试。尔前寄呈之诗，候批出交鸿儿带去。丽参、鹿胶等物，亦候届时带归。

顷沅叔寄到澄叔五月初二日信，知湘乡哥老会聚众滋事，元七腹泻体瘦，殊切廑系。

余近心虽焦急，而身体无恙，鸿儿尤壮健可慰，余不一一。

同治六年五月十七日

与二子书·嘱家事数条

字谕纪泽纪鸿儿：

高名扬来，接六月廿六日两禀，知鸿儿平安到家。顷又接鸿儿七月八日禀，知复来省寓居黄宅矣。余六月十六之信引温

1 步祷：谓行禹步祷告。

叔因病不能终场，陶少云因病不能终卷，嘱尔到家不必再出赴省。今既到省城，如身体尚可支持，自当进场应试，余不执成见也。

《六经》及《分类字锦》此时无便可寄，亦非科场急需之书，将来觅便将局刻各书寄几分与诸侄可耳。

泽儿中秋后前来金陵，即携纪渠同来，令其开豁眼界，长育德性。余不乐久居此官，尔不宜挈眷来也。

袁漱六所送北宋本不记是淳化本？景祐本？《前汉书》，尔可带来。余昔年阅过之《通鉴》，亦须带来。段《说文》、《读书杂志》《经义述闻》均带来。

今年奇热，余度夏甚苦，然看书未甚间断。家中造楼藏书，本系应办之事，然木料非常之难，果能办否？此谕。

同治六年七月廿二日

与纪泽书·交代私银取用事宜

字谕纪泽儿：

吾以初六日午刻至扬州，初八日巳刻即将起行。

运司派曾德麟解到缉私经费二千余金，吾令其解金陵后路粮台，而在藩署借印批回。吾之银存于雨亭署内者，系养廉，已有万八千余。尔尽可取用。存于作梅台中者，系运司缉私经费及沪关月送公费，现闻近三万金。为余此次进京之用。连来往途费恐近二万。其下余若干，尔临北上时查明确数。姑存台中，将来如实窘迫，亦可取用，否则于□□悄悄散去可也。凡散财最忌有名。

余日内平安。尔母及儿妇痊愈否？署中一切，须时时照摄。十一可搬家否？如实不能，则十九搬移，不可再迟，至嘱至嘱。

同治七年十一月初八

与纪泽书·述因深感报销批旨，故恐难请开缺

字谕纪泽儿：

接十一月十二、十七日安禀，知尔母病势大减，儿妇亦痊愈矣，至以为慰。

余以十七日自清江起行，天气晴和，每日按站行走，惟中有三日仅走半站，亦以爱惜马力，非真不能行也。

折弁刘高山归，报销折奉批旨“着照所请，该部知道”，竟不交部核议，殊属旷典[1]。前雨亭方伯托许缘仲关说[2]部中书吏，余与李相前后军饷三千余万，拟花部费银八万两。今虽得此恩旨，不交部议，而许缘仲所托部吏拟姑听之，不遽翻异前说，但八万已嫌太多，不可再加丝毫。尔先与雨亭一说，并请其告

1 旷典：前所未有的典制。

2 关说：代人陈说，从中给人说好话。

之李相，余不久亦有信与雨亭也。

余于甲子年免办报销册之旨，不追索金陵城内伪王库银之旨，不深究幼主下落之旨，及此次不交部议之旨，感激次骨[1]，较之得高爵穹官[2]，其感百倍过之。在途中日日念，请开缺折难于下笔，徒添一矫情痕迹，无益于事。今因深感批旨，恐竟不具折陈情矣。久宦不休，将来恐难善始善终。

余途中甚健，纪鸿及仆从辈平安。鸿等今日登泰山，余未往也。日记已抄二十一天，姑先寄回，尔可由官封寄澄、沅两叔一阅，余到京续寄。尔每月三次寄信至余处，亦须三次寄两叔处，此嘱。

同治七年十一月廿七

与纪泽书·制造船炮为自强之本

字谕纪泽儿：

泰安发一信交刘高山带至金陵。是日接尔二十日禀，知十九日已移下江考棚为慰。

李中堂欲借后园地球，尽可允许，俟渠到湖北，即交便轮船带去。并求其将方子可请入楚督署内，刊刻此图，附刻图说。仍求将方元征调入鄂省，酌委署缺，必为良吏。

---

1 次骨：入骨。

2 穹官：高官。

李相创立上海、金陵两机器局，制造船炮，为中国自强之本，厥功甚伟。余思宏其绪而大其规，如添翻译馆，造地球，皆是一串之事。故余告冯、沈二君，以后上海铁厂仍请李相主持，马、丁两帅会办。尔可将此意先行函告李相，余以后再有函商之也。

应敏斋所兑号票银虽止一万二千，而言明可用二万两，计别敬[1]用万六七千，尚有三四千作盘川，尽足敷用。小舫此举殊为多事，尔亦不宜寄来，姑带在身边可也。

日内途次平安。三十日小雪，恰与丁中丞在齐河会谈。今日至刘智庙，已交直隶境。兹将廿二以后九日日记寄去，尔速寄澄、沅两叔一览。余久未寄湘信，甚歉甚歉，过保定再寄耳，此嘱。

同治七年十二月初三

与纪泽书 · 发妻目疾加剧

字谕纪泽儿：

河间途次奏稿箱到，接尔禀函。顷又由良乡送到十二月初二日一禀，具悉尔母目疾日剧，不知尚可医否？尔母性急而好

1 别敬：旧时贿赂的讳称。

体面，如其失明，即难久于存活。余尝谓享名太盛，必多缺憾，我实近之；聪明太过，常鲜福泽，尔颇近之；顺境太久，必生波灾，尔母近之。余每以此三者为虑，计惟力行孝友，多吃辛苦，少享清福，庶几挽回万一。家中妇女近年好享福而全不辛劳，余深以为虑也。

洋人电气线之说，断不宜信。目光非他物可比。所恶于智者，为其凿也。不如服药，专治本病，目光则听其自然。穆相一生患目疾，尝语余云："治目宜补阳分，不可滋阴，尤不可服凉药。"如彼之说，则熟地大有碍于目矣，试详参之。

余十三日进京，十四、五、六日召见。应酬纷烦，尚能耐劳。拟正月灯节前后出京。兹将初一至十六日记寄南，尔可将十四、五、六日另出交子密转与各契好一看，但不可传播耳。此次日记，余另抄一分寄澄、沅叔矣，尔不转寄亦可，此嘱。

同治七年十二月十七

与纪泽书·述新年近况并议若干家事

字谕纪泽儿：

久未闻两江折差入京，是以未及写信。前接尔腊月廿六日禀，本日固安途次又接尔正月初七禀，具悉一切。余自十二月十七至除夕，已载于日记中，兹付回。

正月灯节以前惟初三、五无宴席，余皆赴人之召，然每日仅吃一家，有重复者辄辞谢，不似李、马二公日或赴宴四五处，盖在京之日较久，又辈行较老，请者较少也。军机处及弘德殿诸公颇有相敬之意，较去冬初到时似加亲厚，九列中亦无违言。然余生平最怕以势利相接，以机心相贸，决计不作京官，亦不愿久作直督，约计履任一年即当引疾悬车[1]，若到官有掣肘之处，并不待一年期满矣。

接眷北来，殊难定策，听尔与尔母熟商。或全眷今春即回湖南，或全家北来保定，明年与我同回湖南，均无不可。若全来保定，三月初即可起行。余于廿日出京，先行查勘永定河，廿七八可到保定，接印后即派施占琦回金陵。二月廿内外可到。尔将书箱交施由沪运京，即可奉母北行耳。

余送别敬一万四千余金，三江两湖五省全送，但不厚耳。合之捐款及杂费凡万六千上下，加以用度千余金，再带二千余金赴官，共用二万两。已写信寄应敏斋，由作梅于余所存缉私经费项下提出归款。闻该项存后路粮台者已有三万余金，余家于此二万外，不可再取丝毫。尔密商之作梅先生、雨亭方伯，设法用去。

凡散财最忌有名，总不可使一人知。一有名便有许多窒碍，或提作善后局之零用，或留作报销局之部费，不可捐为善举费，至嘱至嘱。余生平以享大名为忧，若清廉之名，尤恐折福也。

---

1 悬车：指隐居不仕。

杜小舫所寄汇票二张，已令高列三涂销寄回。尔等进京，可至雨亭处取养廉数千金作为途费，余者仍寄雨亭处另款存库，余罢官后或取作终老之资，已极丰裕矣。

纪鸿儿及幕府等未随余勘河，廿三日始出京赴保定也。此谕。

同治八年正月廿二日

与纪泽书·安排家眷来保定事宜

字谕纪泽儿：

初二日由驿递去一缄，兹派施占琦回江接眷。尔一面将各书箱由金陵运沪，由沪运津，派施占琦押运；一面送眷由水路至济宁州，余派人至济宁迎接。余去冬与应敏斋面商，派“恬吉[1]”轮船押海运之便，即解余书籍赴津。此次又于复调甫信中言之，尔再连函托询，或“天平”或“恬吉”，先至金陵接书赴沪，再行押米到津。余签押房桌椅等，可酌带几件前来。

至眷口由舟北上，可求昌岐、健飞派船送至济宁、张秋等处。铭军刘子务扎在张秋，车马甚多，送过二百余里，再在临清上船，或竟由陆路至保定，均方便也。

周正林有银千二百两兑存余内银钱所，尔可于养廉中取千

1 恬吉：中国第一艘自制的木壳蒸汽动力船。

二百金交作梅处归款，兹将余寄调甫信抄阅。

江西所欠养廉已解到否？尔带数千金作北上途费，其余万数千金寄存江宁藩库，为余还山终老之资，已为苟完苟美，切不可不知足也。

后路粮台所存缉私经费，除在京兑用二万外，计尚有万余金，即存台作为报销部费，除雨亭、作梅、少岩外，别不使一人知之，最不着迹。此外淮北公费尚有应解余者，十月间书办曾拟札稿去提，余未判行。将来亦作报销部费。余奏调七人中或有缺途费者，在其中提送若干，请雨、梅酌度，多者不得过二百。此外不更动用丝毫矣。

尔母目疾近日何如？如其病重脉险，则以回湘为是，昨信已详言之矣。

在京所用银钱，抄一约略大数寄江。尔可将账并此信寄澄、沅两叔一阅，余详正月日记中，此谕。

同治八年二月初三日

与纪泽书·视儿女勿过于娇贵

字谕纪泽儿：

初二日接印，初三日派施占琦至江南接眷，寄去一缄并正月日记，想将到矣。

初八日纪鸿接尔正月廿七日信，知三孙女乾秀殇亡，殊为感恼，知尔夫妇尤伤怀也。然吾观儿女多少成否，丝毫皆有前定，绝非人力所可强求。故君子之道，以知命为第一要务，不知命，无以为君子也。尔之天分甚高，胸襟颇广，而于儿女一事，不免沾滞之象。吾观乡里贫家儿女，愈看得贱愈易长大；富户儿女，愈看得娇愈难成器。尔夫妇视儿女过于娇贵，柳子厚《郭橐驼传》所谓，旦视而暮抚[1]，爪肤[2]而摇本[3]者，爱之而反以害之。彼谓养树通于养民，吾谓养树通于养儿，尔与冢妇宜深晓此意。

庄子每说委心任运，听其自然之道，令人读之首肯，思之发口。东坡有目疾不肯医治，引《庄子》曰：“闻在宥天下，不闻治天下也。”吾家自尔母以下皆好吃药，尔宜深明此理，而渐渐劝谏止之。

吾自初二接印，至今半月，公事较之江督任内多至三倍，无要紧者，皆刑名案件，与六部例稿相似，竟日无片刻读书之暇。做官如此，真味同嚼蜡矣。

纪鸿近日习字颇有长进，温《左传》亦尚易熟，稍为慰意，此谕。

同治八年二月十八日

1 旦视而暮抚：早晨看了，晚上又去抚摸。

2 爪肤：掐破树皮来观察它是死是活。

3 摇本：摇晃树根来看它是否栽得稳当。

与纪泽书·议家眷北来行程并拟买一侍妾

字谕纪泽儿：

接尔十六日禀，知二月一日去函已到，施占琦赍去之函尚未接到。

尔母旧病痊愈，决计暂不归湘，北来从官，若三月中旬起行，则四月初可抵济宁。余日内派人沿途察看，济宁至临清三百余里，由济宁至张秋百余里水路，由张秋至临清二百余里旱路。可请铭军代统刘子务照料。自临清以下，笨重之物可由舟载至天津，再由津雇舟送至保定，距省三十里登岸，余现开挖省河，则可径抵南门。眷口及随身要物则由济宁登陆。此间地气高燥，上房宽敞，或可却病。惟车行比之舟行，则难易悬殊耳。

余近日所治之事，刑名居其大半，竟日披阅公牍，无复读书之暇，三月初一、二日始稍翻《五礼通考》。昔年每思军事粗毕即当解组[1]还山，略作古文，以了在京之素志。今进退不克自由，而精力日衰，自度此生断不能偿夙愿。

日困簿书之中，萧然寡欢，思在此买一妾服侍起居。而闻京城及天津女子性情多半乖戾，尔可备银三百两交黄军门家，请渠为我买一妾，或在金陵，或在扬州、苏州购买皆可。

事若速成，则眷口北上即可带来，若缓缓买成，则请昌岐派一武弁用可靠之老妈附轮舟送至天津，言明系六十老人买妾，

1 解组：解下印绶，谓辞去官职。

余死即行遣嫁。观东坡《朝云诗序》，言家有数妾，四五年相继辞去，则未死而遣妾，亦古来老人之常事。尔对昌岐言，但取性情和柔，心窍不甚蠢者，他无所择也。

直督养廉银[1]一万五千两，盐院入款银近二万两。其名目尚不如两江缉私经费之正大。而刘印渠号为清正，亦曾取用。余计每年出款须用二万二三千金，除养廉外，只须用盐院所入七八千金，尚可剩出万余金，将来亦不必携去，则后路粮台所剩缉私一款断不必携来矣。尔可告之作梅、雨亭两君，余亦当函告耳，此嘱。

同治八年三月初三日

与纪泽书·诸事从简从省

字谕纪泽儿：

前派周正林至济宁等处查明水陆道路，兹又派王庆云、孙福二人前往济宁迎接眷属。孙福在京多年，上房差事亦熟，王庆云则照料外事尚为得力。带去后档车一辆、轿车一辆。

尔母之轿，必在金陵带来，此间派轿头带去轿夫一班，余夫则由州县加派，两班八人。轿夫有换班车者，系最廓[2]之规模，余在途用之，尔母似可不用，州县亦未必肯供应也。余系用周正

1 养廉银：清制，官吏于常俸之外，规定按职务等级每年另给之银钱。

2 廓：广大；宽阔。

林之车。凡州县不愿支应之事，切弗勉强，概行自出钱文办理。妇女等以三套车，由后开门为最便。纪鸿前坐此车，因轮矮骡高不便，仍改由前开门，后于途中见江西文方伯由后开门甚平且便，乃知纪鸿之车两旁用木架玻璃，前用高骡，因过于讲究，反不便也。

吾家因带兵太久，规模太廓，余虽力求收敛，尚觉用费过多，尔诸事宜从简省处着想，王庆云亦可备询问耳。

刘子务盛藻所统铭军在张秋驻扎，尔可托渠代为照料。余已托振轩写信与刘，令其派马二十匹护送。此外凡派兵护送者，宜辞谢之。二月日记附去收阅，余不多嘱。

同治八年三月廿四日

与纪泽书·述近况及心境

字谕纪泽儿：

廿九日阅尔清江所寄纪鸿信，知廿二夜船上火灾，尔所抄之《说文》《广韵》化为灰烬。凡书籍字画太多者太精者，则遭水火之劫，尔所抄书，亦太精之亚也。

吾于四月初一日出省，来永清、固安一带查阅永定河工。天气亢旱，麦稼既已全坏，而稷粱等不能下种。加以每日大风，羊角[1]盘绕，轿中极凉，吾体中不适。又念百姓遭此旱灾，殆无

1 羊角：指旋风。语见《庄子·逍遥游》“抟扶摇羊角而上者九万里”。

生理；又念尔送全眷在运河，水浅风阻，必难速行；又念施占琦书箱在海，尚无抵津信息，恐为大风所坏。公私种种萦念，不胜焦灼。吾派施占琦、周正林南行时，皆第一日折回，次日乃果成行。吾乡旧俗，以此占事多阻滞之处，如途中处处阻滞，亦只可安心任运，徐待事机之转。

王庆云、孙福等二十五日由保定赴济宁，约计十日可到。途中派马队廿匹护送，已由振轩函托子务矣，此嘱。

同治八年四月初三日

与二子书·托人进京买茸

字谕纪泽纪鸿儿：

十三早接泽儿十二申刻禀信。侯医专主补剂，与余意相合。若果能受鹿茸，此病乃有转机。今日恰有折弁进京，余已寄百金托马松甫买茸，若马已出京，即托敖金甫购买。折差十八日可回保定，可试用也。久烧防其成痨，吾亦尝与尔母言及。侯生在江西接见，吾已忘之，其论病则均近理也。

吾今日午后始自固安来，北四下汛昨日虽已合龙，本日巳刻始克闭气，乃为放心。余本不愿在外久留，然既至下口，恐不能不至天津一行，计回署当在二十后矣，余不多及。

同治八年十月十三日

与二子书·建议热水洗脚

字谕纪泽纪鸿儿：

十六酉刻接纪泽十五日禀，具悉一切。

余今日早发，行六七里始天明，自小惠庄至双口住宿，凡九十里，距天津尚三十五里。明日到津，恐须廿或廿一日乃起行回省，途次须四日也。尔母及冢妇病均宜温补，但恐有不宜轻补、不宜专补者，全赖良医细察耳。

保身莫大于眠食二字。尔兄弟体气俱弱，吾效星冈公法，每夜用极热水洗脚，颇有效验，尔等可于年少时行之。吾曾函示沅叔，似未行也。泽儿牙疼，宜于无事之时，服滋阴之剂，此嘱。

同治八年十月十六日

与二子书·通报归期

字谕纪泽纪鸿儿：

十七日接十六禀并谢医之方、芸陔之信，具悉一切。方与前此诸医略近，吾意总欲其稍进饭食为急，不知有良法否？

芸陔之票只好用军需局印票，然当寄至何处，渠信并未写明，殊难悬揣，俟余回省再定。

余今日午刻至天津。应酬纷繁，殊以为苦。十八、九当酬接两日，二十即可起行回省。

闻南三府饥民嗷嗷思乱，廑系无已，余不多及。

同治八年十月十七日

与纪泽书·述身体近况

字谕纪泽儿：

十九日沈廉带去一缄并船山书二部。廿日黎、谢及徐道奎诊余脉，皆言肝火太旺，宜服凉药，因服龙胆草之类。二十一日脉已平，眩晕亦愈。大约尚须凉药二三剂，乃能尽平肝火，而去眩晕之症，乃能渐服补剂，而冀复元。今日具折请假一月，特书数行，令尔放心。尔考事宜细心料理，不可草率，此嘱。

同治九年四月廿一日

与纪泽书·述晕症未痊愈

字谕纪泽儿：

二十七日折弁归，见尔与纪鸿之信，知廿五日考试平安完卷，廿八日引见，外用[1]内用[2]尚不可知。尔云须见堂官，则已作

1 外用：出任地方官。

2 内用：任命为京官。

分部[1]计矣。

余眩晕之症略愈，尚未大好。现以周抚文、黎竹林为主，旭亭间来一商，本日管才叔亦来一商。必须将晕症痊愈，乃能兼治目疾。而天气亢旱狂风，人心皇皇，余焦灼异常，恐此疾亦难就痊。

京中有肉桂可觅否？保定盐蛋苦其不咸，京中若有咸者，可酌带来省，此嘱。

回省之迟速，听尔斟酌，此间无成见也。

同治九年四月廿七日

与纪泽书·通报近况

字谕纪泽儿：

十三日折弁归，接尔十一日禀，初九日信局所寄禀尚未到也。

余眩晕之症十愈七八，虽未能除根，而周、黎皆云总可除净，现尚服滋阴降火之品。周虎文定于十五日回京，渠初以五月验看，七八月赴江西到省，似难再留。

到部谒堂[2]，似非难事，尔云多延十日，何也？折弁言尔将以十八日出京，余拟以廿一、二日具折续假，若尔能于廿、廿一

1 分部：部署。

2 谒堂：拜谒堂官。

日到省方为妥善，切盼切盼。

保定亢旱异常，人心皇皇，焦虑何极！接家信，四女之子痊痛，是一堪慰之事。季女许字聂家，沅叔即日代办下定[1]事件。余目疾毫无转机，在京曾询访一二否？余不及详。

适派弁至总理衙门送信，便带此函到京。

同治九年五月十三日

与纪泽书·天津缉凶事务缠身，并示儿养身之道

字谕纪泽儿：

接尔初八、初九日两禀，具悉一切。

余以初十日抵天津，途中尚能耐劳耐暑。惟左目益蒙，作字极难，焦灼之至。

天津士民与洋人两不相下，其势汹汹[2]。缉凶之说，万难着笔，办理全无头绪，亦断不能轻请回省，且看数日后机缘如何。

尔病小愈，为之一慰。然吃饭、出恭二事，生人之定理，尔二事与人迥殊，余每以为虑。目下亦无他法，惟清心寡欲以养其内，散步习射以劳其外，病见则服姜、附等药治之，病退则药即止，如是而已。

---

1 下定：旧时婚姻订婚时男方给女方聘礼。

2 指“天津教案”。1870年（同治九年）6月21日，天津民众为反对天主教会在法国武力庇护下的肆意宣教活动，攻击天主教会，造成数十人被杀。

鸿儿等京城寓所，应在贡院附近看定，即日专人前去，不可再迟，或写信一托魏世兄亦可。尔母目有胬肉，似可置之不治，余不多及。

鸿儿起行之时，潘师处须送百金。

同治九年六月十一日

与纪泽书·外务目疾弥深焦灼

字谕纪泽儿：

接尔十一、十二日两禀，内有澄、沅两叔信，具悉一切。

余日内平安，惟以眼蒙为苦。天津人心汹汹，拿犯之说，势不能行，而非此又不能交卷。崇帅欲余撤道、府、县三官以悦洋人之意，余虽知撤张守即大失民心，而不得不勉从以全大局。

今又闻永定河决口之信，弥深焦灼。自到直隶，无日不存忧恐之中，近三四月益无欢悰[1]，惟祝左目少延余明，即为至幸。庚帖[2]礼物尽可不必寄来，尔寄信先行阻止，余亦当徐寄一信也。

李少帅[3]两信言须调兵自卫，顷已调保定丁乐山所统之四千人来此，其张秋之队暂不必调。朝廷一意主和，调兵转生疑端，

1 欢悰（cóng）：欢乐。

2 庚帖：订婚时男女双方交换的写有姓名、生辰八字、籍贯等的帖子。

3 李少帅：指李鸿章，号少荃，投曾国藩湘军起家，后自立淮军，军中呼曰少帅，与曾国藩、左宗棠、张之洞并称“晚清中兴四大名臣”。

且亦未必能御寇也，余不多及。

同治九年六月十四日

与二子书·述目疾之苦

字谕纪泽纪鸿儿：

十五日接尔二人十四日禀，十六日接纪泽十五日禀，具悉一切。纪鸿二十日起行进京，前函既允许矣。

余右目久盲，左目日蒙，作字非常之苦。丁中丞荐一县丞刘会和来，据诊云左目可保，右目可挽救几分，而所开方凉药太多，余不敢服，恐蹈郝医之覆辙也。不治则左目不久必坏，殊为焦灼。

天津事尚无头绪。余所办皆力求全和局者，必见讥于清议，但使果能遏兵[1]，即招谤亦听之耳，余不多及。

同治九年六月十七日

与纪泽书·外务目疾日益烦心

字谕纪泽儿：

接尔十九、二十日两禀，具悉一切。余于十九、二十日服

1 遏兵：阻止战争。

山东丁中丞荐来之眼医刘姓方药二剂，不惟无效，廿一日又发眩晕之病，竹林等以为刘方太疏散之咎。今日又请竹林开方，似四五月旧方，不再服刘方矣。眼蒙殊甚，作字极苦。

天津洋案，罗公使[1]十九日相见，虽无十分桀骜要挟之象，然推诿于提督，为兵船到后要挟地步。目下洋船到者已八九号，闻后来尚且不少，包藏祸心，竟不知作何究竟。崇帅[2]事事图悦洋酋之意以顾和局，余观之殊不足恃。死生置之度外，徐俟其至而已。

白玉堂、敦德堂各寄百金尚妥，即照寄去，朱四婶婶处应寄奠仪卅金。高列三请假进京引见，即可允许，监印系佐杂差使，唐君伯存科第出身，不欲以此烦之。

刘医所开药方二纸抄阅。欧阳健飞与余信寄去，朝珠盒不便寄也，此谕。

同治九年六月廿一日

与纪泽书·悔疚与外国公使交涉失败

字谕纪泽儿：

廿三日接尔廿二日禀。罗淑亚十九日到津，初见尚属和平，

1 罗公使：指当时的法国公使罗淑亚。当时主要由此人出面交涉，步步紧逼，强迫清廷接受其无理要求。

2 崇帅：时任直隶总督完颜崇厚。此人“天津教案”后亲赴法国谢罪。

廿一、二日大变初态，以兵船要挟，须将府县及陈国瑞三人抵命。不得已从地山之计，竟将府县奏参革职，交部治罪。二人俱无大过，张守尤洽民望，吾此举内负疚于神明，外得罪于清议，远近皆将唾骂，而大局仍未必能曲全，日内当再有波澜。吾目昏头晕，心胆俱裂，不料老年遘此大难。兹将渠来照会及余照复抄去，尔可交与作梅转寄卢、钱及存之一看，以明隐忍为此，非得已也。折片另札行总局，嘱诸公密之。

日来服竹林药，晕症已减，惟目蒙日甚，断难久支，以后亦不再治目矣。余自来津，诸事惟崇公之言是听，挚甫[1]等皆咎余不应随人作计，名裂而无救于身之败。余才衰思枯，心力不劲，竟无善策，惟临难不敢苟免，此则虽耄不改耳，此谕。

同治九年六月廿四日

与纪泽书·身体病恙。困惫不堪。时事熬煎

字谕纪泽儿：

连日接尔数禀，具悉。余自廿一日重发眩晕，廿四日以后泄泻不止，廿六日呕吐适值崇公在坐，渠遂以督臣病重请另派重臣入告。奉旨外派丁雨生、内派毛煦初来津会办，并派李少荃带兵入直。又因伯王之奏，调蒙古马队三千、东三省马队二

1 挚甫：曾国藩幕僚吴汝纶，字挚甫。

干备用。余令道府拿犯，已获十一人，或可以平洋人之气。如再要挟不已，余惟守死持之，断不再软一步。以前为崇公所误，失之太柔，以后当自主也。

余之病，目为本，眩晕次之，呕泻又次之。日内困惫不堪。又加时事熬煎，郁闷不可耐。然细心默验，惟目病无可挽回，余似尚非不治之症，家中暂可放心，特目光亦终难支久耳。省中有询近状者，可详告之。酷热难于作字，不多及。

同治九年六月廿九日

与纪泽书·与外国公使再次照会

字谕纪泽儿：

连接尔廿七、八、九三信，具悉一切。余泄泻之症，三日内各仅一次。胃口不开，每顿开水饭一碗，勉强毕之。医家言脾脉甚坏，竟日困卧，以俟渐愈而已。

罗使第二次照会，仍索府县抵命。余照复驳之，渠亦无辞以对。兹将照复稿抄去，恐卢、钱、陈诸公须阅也。廷寄共抄一本寄去，若有妥便，可寄澄、沅二叔一阅。上半年日记付去，可命夏吏将五、六两月抄出，觅便寄湘。

英国公使威妥玛[1]于二十九日来津，本总署商请渠来劝解罗

1“天津教案”处理过程中，前台恶人是法国公使罗淑亚，后台出坏主意的是英国公使威妥玛。

使者。渠口气亦硬，闻即日邀同罗使还京，余派员往留未允。如两酋皆回京议事，余亦可奏请还省矣。

左眼昏蒙日甚，纵令脾泻、眩晕等症能愈，目光亦必不治。药物终不济事，不可妄信医言，浪费钱文也，此嘱。

同治九年七月初三日

与纪泽书·与外国公使交涉

字谕纪泽儿：

连接尔二信，具悉一切。余病少愈，惟胃口不开，疲软殊甚。眼蒙不能治事，甚以为苦，竟日酣卧，亦甚愧也。

毛煦初尚书初五到津，今日往拜威、罗两公使。两使皆欲回京，余请煦帅婉留，在津议结。总署之意，亦欲在津结案，不知可强留否。自余于二十六日第二次照复后，至今别无来文，亦无要求之端，不知有何诡计。英公使威妥玛深通中华文籍，盖各国之主盟，其用心尤不可测。与外国人交涉，别有一副机智肺肠，余固不能强也。

黎、邓定于初七日自津进京乡试，亦送黎元卷三十，邓廿四金。李勉林顷来此间，闻曹镜初亦当一来京师。物议咎我甚峻，则料其必尔矣，此谕。

同治九年七月初六日

与纪泽书·知老境之难

字谕纪泽儿：

连接两禀，具悉一切。

余日内病情如故，总是胃口不开，泻已止，每日出恭一次，但不干耳。贺峻林以精肉煨后再蒸，比食两顿，略可下咽。医家谓心脉脾脉皆坏，余亦自觉病深，而尤以目疾为苦。盖目光及胃口皆与尔母相近，而杂病亦多，乃知老境之难也。

法国罗公使第二次照会，欲杀府县。余坚执不允，渠无如何，顷于初九日回京，将与总署商办。

闻布国[1]与法国构兵打仗，此信甚确。渠内忧方急，亦无暇与我求战，或可轻轻解此灾厄。余俟事势稍定，即将奏请回省矣，此谕。

同治九年七月初十日

与纪泽书·告知近况

字谕纪泽儿：

初十、十一接尔信，具悉。吾病近四日未服药，专烹精肉鲫鱼之类，胃口稍开，饭量亦加，惟眼蒙日甚。

然竟日困卧，不治一事，寸心如负大疚。拟每日仍看书若

1 布国：普鲁士。

干，今日已看《通鉴》矣。两脚无力，登降犹须扶掖，余似渐平复。

钱谷刘幕价本太重，以后至多不得过八百金，尔可托作梅先生与卢、钱诸公商之。

法国罗使于初九日回京，英国威使于初十日回京，崇侍郎于十二日进京，此间现无一事。

狗肉良可已疾，试之未为不可，申夫极美之也，此谕。

同治九年七月十二日

与纪泽书·拟赴江南履任

字谕纪泽儿：

连接尔信，具悉一切。余初七日辞江督之疏，尚未奉到批旨。如不蒙俞允，顷接谕旨，已不准辞。须具折请入京展觐，再赴江南履任。如蒙俞允，须于津案结后，奏请开大学士之缺，一面回保定料理一切，或遣眷属于九月先行，余俟大学士开缺后再行南归。若赴江履任，则余进京陛见之际，眷属亦可先行，粗笨之物派人由运河送南，余出京时过保定料检两日，即可成行。一二日奉到批旨，即可定计也。范兰江之死，余曾允赙仪百金，并允于天津面交蒋道，次日忘之，尔可送交蒋宅，以践此诺。夏子鎏一员，可即令其入署接办刘金范之副手，向来月支束脩若干，火食若干，可问明概交赵金波手，请其分布。

此间之案，日内已将府县亲供核定，即将入奏。拿犯八十余人，坚不吐供，其认供可以正法者不过七八人，余皆无供无证，将来不免驱之就戮，既无以对百姓，又无以谢清议，而事之能了不能了尚在不可知之数。乃知古人之不容于物论者，不尽关心术之坏也。

余胃口尚好，腿软及目蒙如故，余甚轻适，此嘱。

同治九年七月十二日

与纪泽书·目疾偏方

字谕纪泽儿：

十六、十七日接尔信并对笔一包。前此已带笔来，吾偶忘之，遂复索取，昨日已写毕矣。

余日内胃口尚开，十四、五仍水泻，十六、七稍见于涩。医者谓系脾虚发泄，心脾两脉俱虚，阴分尤亏。余以真虚则难补，只好听之。

惟眼蒙日甚，不能不治，又不欲服眼科习用之药。医者云，一贵轮睛，二闻鼻药，鹅不食草等三味研末如鼻烟闻之。三服蒺藜作茶，四以羊肝蒸药末吃，皆偏方也，聊以自解而已。腿软之症，想系衰年常态，不复施治。全不看书则寸心负疚，每日仍看《通鉴》一卷有余。

法国之事，总署奏明仍归余与毛司空筹办。俟丁中丞、李中堂到后，余责日分，或可回省也。名已裂矣，亦不复深问耳，此谕。

同治九年七月十七日

与纪泽书·被逼缉拿天津之事案犯

字谕纪泽儿：

近日连接尔三禀，具悉。余胃口开后，日来善饭如故，泄泻亦未再来。惟两腿尚软，眼蒙日甚，他无所苦。每日仍看《通鉴》一卷有余。新作丸药一料，今日初服，大约无损亦无益也，兹将方付去。

天津之事，总署催余缉拿正凶，提解府县，一日一函，迫于星火。而此间所拿之犯，坚不认供，无可如何，极为棘手。见讥清议，如置不论，目下实难交卷。

芳香之药，尔亦不宜多服，尝见气痛者服之，后愈剧也，此嘱。

同治九年七月廿二日

与纪泽书·竭力缉拿天津案犯

字谕纪泽儿：

接尔三信，具悉一一。余病外感全去，饭量日加，菜则精肉鲫鱼，二者烹调得法，食之相安。惟左目日蒙，势难保全，丁中丞来，力劝速治，亦无良方也。

天津县刘令于廿五日抵津，知府张守于廿七日抵津。日内竭力拿犯，已获者近四十人，将来除释放外，计抵偿者二十人内外，军徒者十人内外。如果保定和局，即失民心，所全犹大，但恐和局不成，枉令斯民拘系敲榜[1]耳。

四女之信已令尔母知之否？余定限八月廿三日以前结案，届时当可回省，此嘱。

同治九年七月廿八日

与纪泽书·调任两江总督

字谕纪泽儿：

初一、二、三日连接尔禀并澄叔两信，具悉一切。今日接奉廷寄，马谷帅被刺客戕害，余仍调两江总督，李少帅调督直隶。余目疾不能服官，太后及枢廷皆早知之，不知何以复有此调？拟即日具疏恭辞，声明津案办毕再请开缺，不审能邀俞

1 敲榜：多写作“敲搒（péng）”，笞打、刑杖。

允否？

余日内食量如故，略复春间之旧，眩晕亦未再发，两腿亦较有力，惟目疾未得少愈，左目与去冬之右目相似。犬肉苟可医目，余亦不难食之，惟宰杀难于觅地，临食难于下喉。佛生少年病目，与余老年之病未必相同耳。

章敬亭如肯受八百金之聘，不妨聘请，将来移交少泉，若嫌俸薄，则不聘矣。

此间拿犯已八十余人，日内督催严讯，总期于廿内外讯毕奏结。廷寄令少帅至天津接印，计亦在月杪矣，余不多及。

同治九年八月初四日

与纪泽书·天津教案徘徊不决

字谕纪泽儿：

接尔十二、十三日禀，知已与李相会晤。尔之病，吾意非大黄所能奏效。旭亭治冢妇有功，此节应送百金。

吾事所以不能速定者，一则天津教案犯人认供者不过六七人，为数太少，洋人未必肯结案，若再兴波澜，忽来战攻，则吾将获大戾，岂能南行？即不决裂，而全案未结，吾亦不可他往。一则谕旨欠“无庸来京请训”一句，不能不具折请觐，若九月离津入京，则出京必十月矣。吾所以徘徊不决者，以此两者之故。

家眷由水路南下，闻雄县有一段浅阻，出省二日似须起旱。由临清至济宁，九月即已干涸，此四五日亦须起旱。吾意书箱及笨重之物，凡上次施占琦所解者，此次由运河去，九月初旬即可起行。派一好委员或铭营之弁。家眷仍起旱，至济宁乃登舟，九月中旬起行。有闰十月，九月当不甚寒。

余仍起旱至清江浦，入觐则十月成行，不入觐则九月成行。吾之随身衣箱书箱，令王庆云在保定署内锁一室守之，待吾应否入觐有准信时再定局也。

吾目病日剧，即至金陵履任，亦不过数月，恐难支持。曾文煜即日当回省清书，余不多及。

同治九年八月十五日

与纪泽书·天津教案奏结，拟归南

字谕纪泽儿：

接尔十七、八、九等日禀，具悉一切。余日内胃口甚好，腿软尚未痊愈，左目亦极昏蒙。尔母目疾，李家邀请可不必去，即至亲如李中堂亦可不必接见。目既残废，又系内眷，自以全不应酬为是。

丁雨帅[1]以空青为治目神药，用重价在苏州购得一具，专丁

1 丁雨帅：丁日昌，小名雨生，初为曾国藩重要幕僚，时任江苏巡抚。

取来，特以见贻，厚意可感。视之黑石大如鸡卵，摇之中作水响。据云一石可医七八盲人，只要瞳人尚存，眼未封闭者，均可复明，但须有良医曾经阅历者，乃能取出点注。应否另配他药，渠拟再到苏州请医来治。余试之后，尔母尚可试也。

天津教案拟于廿三日奏结，第一批应斩凶犯现定十五人，流徒等犯廿余人。又限于九月廿日以前奏结第二批，其修堂、恤银等事，均于第二次完案，不知洋人允准否。

《史记》《三国志》由江南带来者，尔可寄津，余将分饷京中诸老，内择宽长者一部送李中堂。西间之两《汉书》宽大者，本系余自留之物，亦可割以送李中堂。初印精纸者，余父子三人共有两部，亦云多矣。

男妇等有喜不能坐车，自以雇骡轿为是，虽与肩舆之价不甚悬远，然肩舆四人者究嫌奢靡，尔可速觅骡轿，闻榜信[1]数日后家眷可起行。粗物分两批，一由运河，一寄荃相处托由海运亦无不可，然终以运河为正。

盐吏占费将余千金，余不欲以之肥私，可以四百捐育婴堂，余分给诸人。五巡捕各五十，内戈什各三十，外戈什及上房仆婢酌分。李佛生难带之南行，当力荐之荃相耳，此嘱。

同治九年八月廿一日

1 榜信：开船的日子。

与纪泽书·拟由水路南下

字谕纪泽儿：

连日接尔各禀，具悉一切。李中堂于廿五日未刻到津，定于九月初六日接印。与语全家眷属南下之事，渠以走水路为长计。询之李佛生、陈小蕃，皆言骡轿动摇，比车之簸荡尤甚，万一倾跌，比之翻车尤险，不如坐轿为稳。询之天津镇陈云卿，则言孕妇坐轿，亦以不能转动舒展为苦，渠妻言历此畏途，相戒不复犯此。

余闻此数说，决计令全眷由水路南下。自保定南门外上船至小保定县，水尚浅，船尚小，此三日略苦。自小保定以下，则水已渐深，船亦可换雇大者，由是而天津而德州直至临清，皆可请云卿炮船护送，皆坦途也。自临清至张秋陆路二百四十里，有现驻临清之铭军滕提督照料，营中有车，无须另雇，轿则由保定带去耳。由张秋而济宁而韩庄直至清江浦，仍走水路。张秋有李中堂之转运局，有淮军之水师，有铭军之二成队，八成在沧州。皆可照料。济宁以南并可请昌岐、健飞派船来接，是节节皆有东道主人，水道如无阻滞，则于尔母及两妇均属便宜。近省之河，只须闭闸蓄水。若九月十二三日起程，到津时余可与家人相见。

李中堂劝余不必奏请陛见，现未定计。天津教案，已于廿三日奏第一批，定于九月廿日前奏第二批，即行结案。府县定于日内解交刑部。接总理衙门信，洋人声口已松，决不至办重罪。余前奏交刑部，愧悔无已，今始放心矣。若果不请陛见，则九月廿日后，余亦可起程南下，或专由陆路，或与眷属同由水路，均无不可。

余签押房内之衣箱、书箱，尔可令王庆云另载一舟同来天津，余纵入京，亦不复过保定矣。俸余三万金上下，可以二万兑汇，钱方伯处由铭军饷项拨还，余由舟次带往。李相绿呢旧车自须送还，新借之车亦可不用，但须带轿三乘耳，余不及。

邵、郑、黄信付去，刘信发还。

同治九年八月廿七日

与纪泽书·做进京准备

字谕纪泽儿：

初一日接尔廿九日禀并家信等件，满妹之千金既由蒋宅兑回九叔处，将来即须在湘成婚，不能招赘矣。大、二、三女各家皆苦，今冬拟每家寄三百金，四女虽较裕，而遭依永之变，亦拟以此数寄之。趁余家景况好时济之，以后恐难继矣。

谢旭亭初一到此，为余诊脉，与五月略同。余自膝以下浮肿，膝以下酸软无力，人多谓由受湿，谢以为肾虚也。

津案拟于十三四日将第二批奏结，请觐之疏亦于尔时拜发，恐十八九日即须进京，全眷过津时将错过，不得一见。若奉旨无庸进京，则与眷属同南下矣。

余进京应用衣服，如棉袍褂、小毛中毛袍褂之类，可命王庆云清出，与王瑞征同于初六日起行来津，或将余之衣箱及随身书籍全交王庆云先行带来。余进京断不久住，总在十月十一以前出京。署中料理一切，如欠得力之人，余当令贺俊林回省一行。

余目光日蒙，丁中丞力劝全不写字看书，并不阅公文，言之恳切深至，日内即当从之。旭亭言尔病由于思虑伤脾，亦当力戒也。但琐事如麻，父子均不能不用心。廿八日密片抄寄尔看，或送作梅先生一阅，余亦行知省局矣，此嘱。

同治九年九月初二日

与二子书·不欲在京庆生

字谕纪泽、纪鸿儿：

接纪泽初三、四日两禀，知纪鸿业已抵省。余进京展觐，若值生日期内，则唱戏宴客，收辞各礼，断非病躯所能料理。拟于十三日具奏，二十、廿一日起程入都，十月初六、七日必须出京。别敬不能速送，只好与诸公订定出京后补送，或腊底再送炭金。保定寄存之二万金，大抵须用去八九千。能不在京过生日，或虽病尚可支持。

写至此，接尔等初五日两禀。尔等奉母若能于十九、二十日抵津，余尚可与家人一见，再行进京。

八年正月在京送别敬账簿、十二月送同乡炭敬账单，令潘文质寻出，或先行付来亦可。高列三与潘擷师均今日回保定也，作梅与存之、挚甫，李中堂均留之仕于直隶。惟桐云、勉林、俪秋、鹭卿拟调回江南，难于具奏耳。余目蒙、脚肿未痊，余尚轻健。去年史济源手所制木器及江南器物，可留与李相者，开单妥交，或交作梅、李、陈分用，此嘱。

同治九年九月初六日

与二子书·述近况

字谕纪泽纪鸿儿：

接纪泽十一、二日禀，知十二日申刻全眷皆已登舟，想十三已开行矣。闻省雇之船甚小，兹在津雇略大者二号，派戈什哈徐大治带往迎接。若原来之船尚可坐，即不必换，以免耽搁，若原船太小，则换坐此船可也。

余以十三日将津案第二批奏结，十六日拟具折请觐，十八日可奉批旨。若无庸进京，则余与全眷一同南行，否则，余北觐，尔等先南可耳。

赏六十生辰之物，已于十二日颁到：匾一方、福寿字各一张、佛一尊、如意一柄、吉绸十卷、线绉十卷。十六当具折谢恩，此嘱。

纪鸿虽未中，然观其场中之作胜于窗下，将来当为科名中人，不必焦急。

同治九年九月十四日

与二子书·示儿张弛之道

字谕纪泽纪鸿儿：

余十三夜宿燕子矶船厂侧，今日东北逆风。仅行二十余里，至划子口住宿。右脚着有眼之洋袜，左脚着洋绒袜，不知果能消肿否。

竹林之方现尚未服，廉防言到扬代觅佳茸，或当服之。折差汪正清、梁廷超先后进京，可买百余金之茸一试。或在京买，似是打磨厂天会号，再问。或在祁州买，尔自酌之。

织造处送程仪百金，外加五十金水礼，书在外。早早预备。江表弟归，于六十金之外或加二十千更妥，以渠用费不赀，恐未足偿之也。

尔辈身体皆弱，每日须有静坐养神之时，有发愤用功之时，一张一弛，循环以消息[1]之，则学可进而体亦强矣。余俟续及。

同治十年八月十四日

与二子书·抵扬州

字谕纪泽纪鸿儿：

纪泽十五、六、七、八等日禀、纪鸿十八日禀均已接到。余十五、六日均停阻划子口，十七午刻始开行，夜宿泗源沟之

1 消息：变化。

小河。十八申刻抵扬州，十九日因泥泞未阅操，而应酬极烦，疲乏之至。

接沅叔信，知牧云于八月一日仙逝。凌云有寄星泉信，余拟暂不寄去。而先寄一信于李相，报牧云之病，请其催星泉速归。兹将原信付尔兄弟一览。

李道三回鄂，可送渠洋二十元。竹林订定至扬州止，不再前进。蒋鉴海事可令叶亭拟一稿函致石泉，并拟复芗泉信稿一同付来。彭霖穷乏，却无事可找。卢入洋务局，唐子明帮保甲局，事属可行。

余脚肿已消十之九，亦未服药。余俟续告。

沅叔信一厚封，欧宅讣信在内。

同治十年八月二十日

与二子书·扬州应酬，体力不支

字谕纪泽纪鸿儿：

接纪泽十九、廿、廿一三日禀，具悉一切。

余于十八日抵扬，十九日拜客，旋至运署查库，即饮戏酒。廿日阅操，申正毕。旋在厉伯符[1]家饮酒。二十一日阅操，申初毕，旋在何廉昉[2]家戏酒，司道公请也。

---

1 厉伯符：厉云官，字伯符，仪征人，为曾国藩幕僚。

2 何廉昉：何栻，字廉昉，为曾国藩幕僚，晚年居扬州瓠园。

二十二早开船，风逆水逆，仅行二十里。廿三日亦仅行二十里，顷始到邵伯耳。

脚肿于十五、六、七日消去十分之九。在扬昼夜应酬，未能再消，且似更肿，盖此症宜于清闲养之，不宜劳心劳力也。今日难支，似有外感。魏荫亭送鹿茸一架，廉昉送鹿茸面子五两，昨夜已试服二钱。

欧阳星泉既遭家艰，余意讣信且缓寄去。昨有信致李相，末一叶说星泉事，兹抄寄一览。石泉信已核过，兹付回并付官封一件，署中缮正后或交鉴海带去，或另发邮递，均无不可。

黎竹林言接纪鸿信，又孙体有不适，不知是何病症？尔母所缠洋绒，是否在金陵所买？如金陵有之，则可买就寄至行辕，如金陵无之，则余届时在镇江买可也，余不一一。

同治十年八月廿三日

与二子书·教子养生之道

字谕纪泽纪鸿儿：

廿五接纪泽廿二、三日两禀，具悉一一。芗泉信稿收到，少迟核过寄回。鉴海似须送五十金，不可再少。石泉信已发，俟下次再谢申夫事也。

余廿四宿露筋祠，廿五查堤工，泊宿马棚湾。脚肿似已全消。

养生无甚可恃之法，其确有益者，曰每夜洗脚，曰饭后千步，曰黎明吃白饭一碗不沾点菜，曰射有常时，曰静坐有常时。纪泽脾不消化，此五事中能做得三四事，即胜于吃药。叶亭体较好，能做亦妙。纪鸿及杏生等，亦可酌做一二事。余仅办洗脚一事，已觉大有裨益。

孙方与回籍，自可不候余信。余日来应酬极繁，尚可勉支。瑞亭今日来见，臀痈久未痊，弱瘦之状可虑，余不一一。

同治十年八月廿五日

与纪泽书·报近况

字谕纪泽儿：

戈什哈来，言凌云必欲于此次搭丁中丞轮舟至湖口。尔舅氏来此，曾未少加款洽，余思陪同一餐亦尚未办，尔可强留少住数日，与尚斋一同返鄂，并为我致意留之。如万不肯留，则送菲仪百金，外船费廿两，袍褂料一付，星泉船费三十两，必于今日上灯以前赶至下关乃可。如其能留，则更妙矣。

荐差事之说，只能写信与筱泉。即日排单发。去年叶亭之差，系少泉所荐也。

同治十年九月初四日

与纪泽书·嘱子五十岁之前读书

字谕纪泽儿：

十一日接尔初七日禀，十二日接到初八、九日两禀。星泉业到金陵，接得讣函，想已飞轮西上矣。

余在徐州阅武毕，十一日起行南旋。感冒痊愈，脚肿亦未再发，惟目光似更昏蒙，或以船轿中看书稍多之故。余以生平学术百无一成，故老年犹思补救一二。尔兄弟总宜在五十以前将应看之书看毕，免致老大伤悔也。

余十五日可达清江，十九、二十应可南渡阅看镇、常。兹有寄澄、沅两叔信并刘毅斋信，尔速寄去。七月杪所寄之信，湘中久未接到，何也？

酱蟹剔粪后似须着姜着花椒乃行捆缚，偶忘，试一询之，此谕。

同治十年九月十二日

与纪泽书·抵清江，买川笋，读《通鉴》

字谕纪泽儿：

十四日接尔初十、十一日两禀，十五日又接十二日禀，具悉一切。

余十一日自徐州起行，按程行走，十五已抵清江，惟末一日下雨，余皆平畅。身体痊愈，并未服药。惟此七日未吃夜饭，亦食馒头烧饼之类，酒席则未尝耳。

王逸梧以主考过此，余应送百金。叶亭赴鄂，尽可即行。筠仙有信一件，或请叶拟稿复之。途次接霞仙信，偶寻未见，不知包封夹回署中否？余本欲托尚斋买川笋，长约二寸余，圆围约比茶碗略小。今叶甥赴鄂，即交银五六两，托其带住者若干斤。此外如有函稿，令其开单寄叔耘办可也。

定枚得扬州局差，不无小补。牧云兄处拟寄五十金及挽联、挽幛，十一月专差送。亲族年礼，再行汇寄。丁心斋事处置尚可，余不一一。

再，余带来《通鉴》十一本，系一百四十八卷至百八十三卷止，其中缺少一百七十八、九、百八十之三卷，系少一本，不知在家中否？其书系雨生中丞所赠，另有一直箱存于签押房之西一间，尔试往一检查。如寻出即将此本寄来，并添寄百八十四卷以下八本，合现带者为共二十本。若寻不出，则将托苏州书局补刷矣。又及。

同治十年九月十五日

与二子书·告知近况

字谕纪泽纪鸿儿：

迭接纪鸿廿二日、纪泽廿三、四、五日所发各禀，具悉一切。

余于廿二日未刻抵常州。廿三日看操。廿四、五过无锡、常熟。廿六日在福山看操。廿七日季君梅、杨滨石及府县请游虞山二寺。廿八申刻抵苏州，将上岸小住三日。初二日计可离苏赴松。

廿五、六、七三日皆连夜行船，体尚平安，惟眼蒙较甚于在署时，到上海当一找张石谷，然内障总无治法也。

吾望尔兄弟殚心竭力，以好学为第一义，而养生亦不宜置之第二。吾近日寄澄、沅两叔信甚稀，纪泽宜常寄禀，以十日一次为率。

壬秋、星泉廿五果成行否？宝秀果痊愈否？常常挂念。署中用度，宜力行节俭。近询各衙门，无如吾家之靡费者，慎之，此谕。

同治十年九月廿八日

与纪泽书·抵苏会客戏酒

字谕纪泽儿：

初三夜接三十及十月初一日禀，具悉。

余于廿八日抵苏后，廿九竟日拜客，夜宴张子青中丞处。卅日在家会客，织造及质堂、眉生、季玉公请戏酒。初一日在恽次山家题主后，接见候补百六十余人，司道府县公请戏酒。

初二日早看操，夜湖南同乡公请戏酒。

初三日下河赴松江，仅行三十里即泊宿，约计明日初五可抵松江，初八当可抵上海，十一日当可抵吴淞，归署在十四五矣。

身体粗健，惟眼蒙日甚，恐左目又将蹈右目之辙。苏抚送魁将军入川程仪二百两，藩百两，臬百元。余与抚军事同一律，亦须送二百两。尔问明藩及道各送若干，即封二百金送去。

江龙三来署，闻其病未痊愈，当于十一月令其旋湘。沅叔有一信由镜初封内来者，具道纪寿入学事，兹寄汝阅看，余不一一。

同治十年十月初四日

与纪泽书·起行赴金陵

字谕纪泽儿：

接尔十月初四、五、六、七等日来禀，具悉一一。

澄叔及纪瑞、纪官各信亦均阅过。吾乡廿四都进学五名之多，洵为从来所未有。

吾自松江初七起行，申刻即至上海。应酬三日，毫无暇晷[1]。初十日各官备音尊为余预祝，十一日又将备音尊正祝。余力辞

1 暇晷：空闲的时间。

之，而自备酒面款接各客，内厅抚、提、藩等二席，外厅文武印委等二十席，虽费钱稍多，而免得扰累僚属，此心难安。已正席散，即登舟起行，傍夕抵吴淞口。十二日可看水陆操演，十三再看半日，即驾轮舟西还，计十四可达金陵。

彤云以轮船三号送我。如魁将军尚未起身，当以“恬吉”一号送之赴鄂。

第冬令水涸，九江以上节节浅阻，彤云深恐轮舟能往而不能返，坚请到鄂不停留一日，即放该船回沪。尔可与将军订定，若将军十五后再行，则程仪可待余归再送。第此信到宁，恐余已先到耳，余不一一。

同治十年十月十一日